Keywords : A vocabulary of culture and society by Raymond Williams
Originally published in the English language by Fontana under the title Keywords, 1976.
This revised and expanded edition first published by Flamingo 1983, reissued by Fontana 1988.
Copyright © Raymond Williams 1976, 1983
Raymond Williams asserts the moral right to be identified as the author of this work.

学术前沿
THE FRONTIERS OF ACADEMIA

关 键 词
文化与社会的词汇

[英] 雷蒙·威廉斯 著

刘建基 译

*

生活·讀書·新知三联书店

Simplified Chinese Copyright © 2016 by SDX Joint Publishing Company.
All Rights Reserved.
本作品简体中文版权由生活·读书·新知三联书店所有。
未经许可，不得翻印。

图书在版编目（CIP）数据

关键词：文化与社会的词汇／（英）威廉斯著；刘建基译．—2版．—北京：生活·读书·新知三联书店，2016.10（2023.3重印）
（学术前沿）
ISBN 978-7-108-05730-3

Ⅰ.①关… Ⅱ.①威…②刘… Ⅲ.①社会发展-社会习惯语-研究 Ⅳ.①K02

中国版本图书馆CIP数据核字（2016）第134034号

责任编辑　冯金红
装帧设计　罗　洪　蔡立国
责任印制　卢　岳
出版发行　生活·讀書·新知 三联书店
　　　　　（北京市东城区美术馆东街22号 100010）
网　　址　www.sdxjpc.com
经　　销　新华书店
印　　刷　河北品睿印刷有限公司
版　　次　2005年3月北京第1版
　　　　　2016年10月北京第2版
　　　　　2023年3月北京第6次印刷
开　　本　880毫米×1230毫米　1/32　印张 18.375
字　　数　378千字　图01-2018-3202
印　　数　29,001-32,000册
定　　价　49.00元
（印装查询：01064002715；邮购查询：01084010542）

学术前沿

总　序

　　生活·读书·新知三联书店素来重视国外学术思想的引介工作，以为颇有助于中国自身思想文化的发展。自 80 年代中期以来，幸赖著译界和读书界朋友鼎力襄助，我店陆续刊行综合性文库及专题性译丛若干套，在广大读者中产生了良好影响。

　　第二次世界大战结束后，随着世界格局的急速变化，学术思想的处境日趋复杂，各种既有的学术范式正遭受严重挑战，而学术研究与社会——文化变迁的相关性则日益凸显。中国社会自 70 年代末期起，进入了全面转型的急速变迁过程，中国的学术既是对这一变迁的体现，也参与了这一变迁。迄今为止，这一体现和参与都还有待拓宽和深化。由此，为丰富汉语学术思想资源，我们在整理近现代学术成就、大力推动国内学人新创性著述的同时，积极筹划绍介反映最新学术进展的国外著作。"学术前沿"丛书，旨在译介二战结束以来，尤其是本世纪 60 年代之后国外学术界的前沿性著作（亦含少量二战前即问世，但在战后才引起普遍重视的作品），以期促进中国的学科建设和学术反思，并回应当代学术前沿中的重大难题。

　　"学术前沿"丛书启动之时，正值世纪交替之际。而现代中国的思想文化历经百余年艰难曲折，正迎来一个有望获得创造性大发展的历史时期。我们愿一如既往，为推动中国学术文化的建设竭尽绵薄。谨序。

生活·读书·新知三联书店
1997 年 11 月

目 录

词语的政治学(代译序) ················· 陆建德(1)
译者导读 ···································· (13)

导言 ·· (23)
第二版序言 ································ (45)

A

Aesthetic(美的、审美的、美学的) ········· (47)
Alienation(异化、疏离) ···················· (50)
Anarchism(混乱、无政府主义) ············ (56)
Anthropology(人类学) ····················· (59)
Art(艺术、技艺) ···························· (63)

B

Behaviour(行为、举止) ····················· (67)
Bourgeois(资产者、资产阶级分子) ········ (71)
Bureaucracy(科层制、官僚制) ············· (76)

C

Capitalism(资本主义) …………………………………(79)
Career(职业、生涯、历程) ………………………………(83)
Charity(爱、慈爱、慈善) ………………………………(86)
City(城市) …………………………………………(89)
Civilization(文明) …………………………………(92)
Class(阶级、等级、种类) ………………………………(97)
Collective(集体的、集团的) …………………………(112)
Commercialism(商业、贸易) …………………………(114)
Common(普通的、公众的、粗鄙的) ……………………(116)
Communication(传播) …………………………………(119)
Communism(共产主义) …………………………………(121)
Community(社区、社群、共同体) ……………………(125)
Consensus(共识) ………………………………………(128)
Consumer(消费者) ……………………………………(131)
Conventional(惯例的、传统的、协定的) ………………(134)
Country(国家、乡村) …………………………………(136)
Creative(创造性的) ……………………………………(138)
Criticism(批评) ………………………………………(143)
Culture(文化) …………………………………………(147)

D

Democracy(民主) ………………………………………(156)
Determine(决定、决心) ………………………………(164)
Development(发展) ……………………………………(171)
Dialect(方言) …………………………………………(175)
Dialectic(辩证法、辩证的) ……………………………(178)
Doctrinaire(空论家、空论的) …………………………(181)

Dramatic(戏剧的、引人注目的) …………………………（183）

E

Ecology(生态学) ………………………………………（185）
Educated(受过教育的、有教养的) ……………………（187）
Elite(精英分子) …………………………………………（189）
Empirical(经验的) ………………………………………（194）
Equality(平等) …………………………………………（198）
Ethnic(种族的、民族的) ………………………………（201）
Evolution(发展、演化、进化) …………………………（203）
Existential(存在的、存在主义的) ……………………（208）
Experience(经验) ………………………………………（213）
Expert(专家、熟练的) …………………………………（218）
Exploitation(开发、利用、剥削) ………………………（220）

F

Family(家庭) ……………………………………………（222）
Fiction(小说、虚构) ……………………………………（227）
Folk(人们、百姓、民族) ………………………………（231）
Formalist(形式主义者) …………………………………（234）

G

Generation(世代) ………………………………………（239）
Genetic(起源的、遗传学的) …………………………（243）
Genius(天才) ……………………………………………（245）

H

Hegemony(霸权) ……………………………………………… (247)

History(历史) ………………………………………………… (250)

Humanity(人性、人道、慈爱、人类) ……………………… (254)

I

Idealism(观念论、唯心论、理想主义) …………………… (260)

Ideology(意识形态) ………………………………………… (263)

Image(意象) ………………………………………………… (270)

Imperialism(帝国主义) ……………………………………… (272)

Improve(改善、充分利用) ………………………………… (275)

Individual(个人、个体) …………………………………… (277)

Industry(勤勉、实业、工业) ……………………………… (283)

Institution(制度、机制、机构) …………………………… (288)

Intellectual(有知识的、知识分子) ………………………… (290)

Interest(兴趣、利害、关怀、利息) ………………………… (294)

Isms(主义、论) ……………………………………………… (297)

J

Jargon(行话、隐语) ………………………………………… (299)

L

Labour(劳动、劳工) ………………………………………… (302)

Liberal(自由的、变革的) ………………………………… (307)

Liberation(解放) …………………………………………… (311)

Literature(文学) …………………………………………… (314)

M

Man(人类、男人) …………………………………… (321)

Management(资方、管理、技巧) ………………… (323)

Masses(民众、大众) ……………………………… (327)

Materialism(唯物主义、唯物论) ………………… (336)

Mechanical(机械的) ……………………………… (342)

Media(媒介、媒体) ………………………………… (345)

Mediation(调解) …………………………………… (347)

Medieval(中古的、守旧的) ……………………… (352)

Modern(现代、现代的) …………………………… (354)

Monopoly(专卖、垄断) …………………………… (356)

Myth(神话) ………………………………………… (359)

N

Nationalist(民族主义) …………………………… (362)

Native(本土的、原住民的) ……………………… (365)

Naturalism(自然主义) …………………………… (367)

Nature(自然、天性) ……………………………… (372)

O

Ordinary([官员等]常任的、普通的、平常的) ……… (380)

Organic(器官的、有机体的) …………………… (384)

Originality(独创性、创造力) …………………… (389)

P

Peasant(农民) …………………………………………… (392)

Personality(人格、性格) ……………………………… (394)

Philosophy(哲学、人生观) …………………………… (399)

Popular(民众的、通俗的、受欢迎的) ………………… (401)

Positivist(实证主义者) ………………………………… (404)

Pragmatic(实用的) …………………………………… (407)

Private(个人、私人、非公开的) ……………………… (410)

Progressive(进步主义的) ……………………………… (413)

Psychological(心理的、心理学的) …………………… (417)

R

Racial(人种的、种族的) ……………………………… (421)

Radical(根本的、激进的) ……………………………… (425)

Rational(理性的、有理性的) ………………………… (428)

Reactionary(保守的、反动的) ………………………… (434)

Realism(实在论、唯实论、现实主义) ………………… (437)

Reform(改革、重新形成) ……………………………… (445)

Regional(地区的、区域的) …………………………… (448)

Representative(象征、再现) ………………………… (452)

Revolution(革命、大变革、天体运行) ………………… (457)

Romantic(浪漫主义的、浪漫派的) …………………… (464)

S

Science(科学) ………………………………………… (468)

Sensibility(感觉力、感受性、识别力) ………………… (474)

Sex(性、性别、性行为) ……………………………………… (479)
Socialist(社会主义者、社会主义的) ………………………… (484)
Society(社会、协会、社交) …………………………………… (492)
Sociology(社会学) ……………………………………………… (499)
Standards(标准、规范) ………………………………………… (501)
Status(身份、地位、状态) ……………………………………… (506)
Structural(结构的) ……………………………………………… (509)
Subjective(主观的、主体的) …………………………………… (519)

T
Taste(味道、鉴赏力、品位) …………………………………… (526)
Technology(工艺、技术) ……………………………………… (530)
Theory(理论、学理、原理) …………………………………… (532)
Tradition(传统、常规) ………………………………………… (537)

U
Unconscious(无意识、未知觉的) ……………………………… (540)
Underprivileged
(所享权益较少的、社会地位低下的、下层社会的) ………… (547)
Unemployment(失业、失业状态) ……………………………… (549)
Utilitarian(功利主义的、以实用为目的的) …………………… (553)

V
Violence(暴力) ………………………………………………… (557)

W

Wealth（财富、资源、大量） ………………………………（560）

Welfare（福利、幸福） ……………………………………（563）

Western（西方的） ………………………………………（564）

Work（工作、事、劳动、产品、作用） …………………（567）

参考书目 ……………………………………………………（573）

词语的政治学(代译序)

陆建德

近年来"文化研究"成为显学,雷蒙·威廉斯的名字常见于报章。刘建基先生在本书《译序》中对威廉斯的生平与思想,尤其是他的大众文化观如何有别于艾略特、利维斯等人的精英文化观,已作了详细的分析介绍,我就不再重复了。在此我想谈一谈读了《关键词》后的感想。

威廉斯在1963年为他的代表作《文化与社会:1780—1950》①写的后记里曾说,他正在准备该书的续篇《再论文化与社会》,"此书除了详细探讨关键词的历史之外",还要讨论休谟、潘恩、戈德温、华兹华斯、雪莱、狄更斯和哈代等人的思想。十三年后,亦即1976年,《关键词》才作为续篇的一部分问世,而关于那几位作家的研究计划竟断了音讯。

《关键词》对英国的新左派运动产生过不小的影响。它的批评者因此说,威廉斯虽然在追溯关键词的词源时尊重历

---

① 《文化与社会》于1958年出版,现有北京大学出版社1991年的中译本,译者为吴松江、张文定。

史的原则,但他自己的文化政治观点渗透在释文之中,全书多党派之见。其实涉及文化和社会的词语在具体使用过程中常常会有或隐或显的政治倾向,读者被期望对某些预设前提做出"正确"反应。如果人文学者只顾埋头穷究"学理",对词语背后的政治学和利益懵然无知,事事套用别人的命名,那是很可悲的。看一看威廉斯如何在释义过程中表述党派之见很长见识。且以"标准"(standards)为例。

威廉斯先借助《牛津大辞典》(OED)发掘该词的拉丁文和古法语词源,然后揭示它在历史上的引申义。该词的现代用法始于15世纪,指一种权威的来源,度量衡的标准规格,有褒扬肯定的意味。19世纪后期,在科学研究与工业生产上有必要使用统一标准,"标准化"(standardization)一词出现。但该词一旦进入文化的范围,就带有贬义。威廉斯指出,主张维护"标准"的人士往往反对在精神与经验的领域推行"标准化"。他在剑桥的师长利维斯就是这类人士的代表。利维斯曾说,救火龙头接口当然应该标准化,但是致力于大规模生产的社会在文化上削高就低,商品的标准化可能导致人的标准化。① 威廉斯接着点评"生活标准"。媒体经常使用这一短语,但是生活应有怎样的标准大家并不清楚,仅依靠一堆数字还难以衡量生活的品质。威廉斯提议,为了真正令人满意的生活,我们应该想到应实现而尚未实现的社会状况,着手设计并规划新的标准,以将来的标准取代无法

---

① 详见利维斯的《大众文明与少数人的文化》(剑桥,1930年)和利维斯与但尼斯·汤普森合著的《文化与环境》(伦敦,1933年)中评"标准化"的章节。虽然威廉斯取工人阶级的立场批判利维斯所倡导的"少数人的文化",但他的文化批评得益于利维斯对流行报刊、广告和电影的分析。

适应需求的过往和现行的标准。一旦目标明确,整个社会将向更高的境界迈进。写到这里,威廉斯提醒读者,不要忘记"标准"还有"旗帜"一义。

《关键词》所标举的旗帜是英国式社会主义的旗帜。在这面旗帜的指引下,未来的标准将有怎样的具体内容?对此威廉斯未在书中作正面回答,他更感兴趣的是揭示一些关键词所掩盖的社会真相。例如我们现在常说的"status"(身份、地位)一词似乎取消了"阶级"的概念,但它所反映的是这样一种社会模式:人与人之间竞争激烈,每个人的阶层等级取决于消费能力以及这种能力的炫耀。在独重"status"的社会,个人的流动性大大增强,相对固定的群体的观念不重要了,原本复杂的社会问题可以由便于操作的技术手段来解决,而这些手段通过各种以商品、服务或"民意"为调查目标的市场研究来确立。所有这一切不能改变一个基本事实,既尊卑之别依然存在,财富依然集中在少数人手里。

依照古典政治经济学的观点,少数人的财富会逐渐向社会下层渗漏,从而造福整个社会。而威廉斯则用"财富"(wealth)一词的历史演变做了针锋相对的文章。该词起源于"well"(副词,意为"好")和 weal(名词,意为"福利"),在15世纪的时候指"幸福",例如1463年的例句"为了我灵魂的福祉"中"福祉"一词用的是"wealth"的异体"welth"。与此相关的"commonwealth"(全体国民,国家,现英联邦即以此称呼),原来等同 commonweal,意指"公益","公共福利"。一直到17世纪和18世纪,"wealth"一词才与金钱、财产发生直接联系,它背后的"个人主义"与"占有"的意涵渐渐突出,原先所含的"幸福"(happiness)与"福祉"(well-being)的词义竟被人遗忘。19世纪下半叶英国艺术史家约翰·罗斯金也是一位社会主义宣传家,目睹当时"财富"一词已与(社会整体的)福祉无关,他根据该词古义发明新词"illth",作为"幸福"的反义词。罗斯金借此告诫国人,不应遗忘"财富"的本义,更不要让集中在少数人手中的财富成为整个社会不幸的根源。"Illth"已为《牛津大辞典》收录("经济人"*homo economicus* 还没有),威廉斯在该词问世一百多年后重提罗斯金的本义,仍然大有必要。顺便说一下,罗斯金和卡莱尔等维多利亚时期的作家没有写过小说、诗歌和戏剧,但他们在19世纪英国文学史上却是关键人物。①

由上述两例可见,威廉斯讨论关键词的词义时偏重历史考察,不过他在词源学上的兴趣是与他的政治关怀难分彼此的。因此,本书中的各个词条读来像一篇篇长短不一的论争文章,论争的题材不是泛泛的纲领,而是语言背后的情感色彩和隐含动机,这是《关键词》的魅力。在讨论"失业"(unemployment)时威廉斯提到,专治维多利亚时期英国社会的史学家G.M.扬格曾说,在19世纪60年代之前的文献里,从未见过"失业"这词。左翼史学家、《英国工人阶级的形成》一书作者E.P.汤普森则发现,在1820年至1830年之间的各种英国工会文献中,与"失业"相关的词汇(如"the unemployed")已不断出现,当时的社会改革者对失业现象避而不谈必有原因。威廉斯在此基础上将"失业"(unemployed)与"闲散""懒惰"(idle)相比。他认为两者断然不同,应区别对待,然而这种必要的区分一直受到某种意识形态的抵制。我

---

① 详见本书"文学"词条。

们知道,维多利亚时期的英国政府较少干预经济行为,整个社会都强调所谓的"自助"(请阅通俗作家斯迈尔斯的《自助》),有人无所事事,那是个人的道德品质低下(如不思进取、懒散)所致,社会不必对此负责。可见把"失业"与"闲散"两词混淆起来,无形之中是在为原始资本主义生产方式或绝对的自由市场开脱罪责。到了20世纪50年代,没有一个文明国家的政府会说,工人失业罪在个人,补助救济不在政府应管事务之列。虽然如此,一种类似英国维多利亚时期的心态仍时时会在当代某些著作中表露出来。作为对这些观点的回应,威廉斯对一些带"under-"前缀的词也深感不安。他举例说,当人们把处于劣势者或竞争中的失败者称为"underdog"时,他们是在表示同情,但是使用该词时暗含一种意识形态的设定,即造成这种不公平现象的制度将永远存在。

既然《关键词》有论辩的特征,我们应对书中论辩的风格予以特殊的关注。有些地方我们稍不留心就可能捕捉不到嘲讽、挖苦的话外之音。

1942年,以经济学家威廉·贝弗里奇为首的调查委员会为英国战后重建发布《贝弗里奇报告——社会保险和相关服务》。[①] 1944年,英国政府根据该报告的建议发布社会保险白皮书,并制定了保证国民福利的法律。二战结束后英国很快成为一个福利国家,而贝弗里奇则被称为"福利国家之父"。一国的福利政策是政府进行社会财富再分配的重要手段,在资本主义(或市场)原教旨主义者的眼里这是一种劫

---

① 中国劳动社会保障出版社已于2004年6月出版了该报告的中英文对照本。

富济贫的国家干预行为,应当逐步取消。威廉斯如何定义"福利"(welfare)可以从他对"财富"的释义推知。词条很短,收尾那句格外有力:"福利国家(the welfare state)这个词汇出现在1939年,它有别于战争国家(the warfare state)。"这是谁的观点?威廉斯未作说明。1939年是二战爆发之年,"战争国家"首先令人想到纳粹德国。将头尾押韵的"welfare"和"warfare"对照,那些在上世纪七八十年代呼吁削减福利待遇的政界人物就有法西斯分子之嫌了。威廉斯对撒切尔夫人及其追随者的回击,尽在不言中。

如果在福利国家的问题上威廉斯维护工党左翼的社会主义传统,在文学批评与文化研究中他经常取较为温和的马克思主义视角。英国人重经验,"主义"听起来像是舶来的抽象理论,名声自然不好。在"主义"(Isms)的词条下威廉斯引用的卡莱尔、爱默生和洛威尔的例句都是语带讥诮或轻蔑。威廉斯自己作为某某主义者也一定受到保守派的取笑,他不动声色地在词条结尾处反击:"Isms 与 ists……甚至被科学家(scientists)、经济学家(economists)与那些宣示爱国情操(patriotism)的人士拿来使用。"这些人只顾把"主义"或"主义者"用作否定他人的杀手锏,忘了自己的身份和立场也带有"isms"和"ists"的尾巴。

阅读《关键词》的中译本,还看到一些有趣的中英语言文化上的差别。英语中的"institutions"很难译成中文,在本书中它被译为"制度""机制"和"机构"。这些译法都不错,但是好像缺少了什么。《牛津大辞典》中该词第六条释义是:"一个民族的政治或社会生活中已确立的法律、风俗习惯、常例、组织或其他要素;一种规范性的原则或惯例,有助于满足一个安排有序的共同体之需或实现文明的一般目标。"长期以来被人们普遍接受的行为规范(或模式)往往是不成文的,但都可以称为"institutions",例如《水浒传》里送人银子(为谋求利益、扩张势力)就是当时社会中人们普遍认可的"规范性的原则或惯例"。中文里的"制度"有所不同。请看《现代汉语词典》中该词的两条释义:一、要求大家共同遵守的办事规程或行动准则;二、在一定历史条件下形成的政治、经济、文化等方面的体系。第一义所举的两例分别是"工作制度"和"财政制度",在词典的英汉双语版中它们被译为"work rules and regulations","fiscal regulations",读起来都像是成文的规定。第二义指的是"社会主义制度""资本主义制度"中的"制度",要译成英文的话应该是"order"或"system",不可能是"iustitution"。每个社会都有自己的习惯法和约定俗成之事,它们反映了行为方式的基本价值支撑,其生命力远远强于文字的规定。很多成文的制度能否实行取决于社会习俗,取决于历史地生长的"institutions"。希望我们的社会科学家和人文学者都来检讨我们社会中无形但又无处不在的"institutions"。

现代汉语中很多关键词是外来语,它们在中国的语境中生出特有的内涵,例如"知识分子"。在上世纪60年代初拍的电影《年轻一代》里,一位小顽童打扮的高中毕业生自称"知识分子",十分得意。"文革"后"知识分子"一度成为政治运动牺牲品的同义词,因此想获取这一称号以及相应的道德特权(或自怜的资格)的人也就更多了。但是在英国自称"知识分子"就显得唐突,甚至可笑。威廉斯在书中引了诗人拜伦在1813年说的一句话:"但愿我的身体好起来,可以去听听这些知识分子[的高论]。"讽刺的口吻十分明显。威廉斯指出,在英国,知识分子往往指那些过分依赖理性原则并根据这些原则来形成自己政治社会观点的人,这大概就是保守派心目中的左翼人士。正是由于这一原因,自称知识分子也是表明政治立场的行为。关于知识分子和知识阶层(intelligentsia)的话题,爱德华·萨义德的《知识分子论》(三联,2001年)和以赛亚·伯林的《俄国思想家》(译林,2003年)作了较为详尽的探讨。受到威廉斯影响的萨义德乐于自称知识分子并以知识分子的道德使命感为弱者争取权利,伯林则会拒绝加入知识分子的行列。撇开他们的族裔背景不论,这恰恰是两人的政治立场差异所致。

《关键词》于1983年出了第二版,增加了"无政府主义"等二十一个词条。二十多年过去了,如果作者健在,他会将"全球化""恐怖主义"和"大规模杀伤性武器"等新的关键词列入讨论的范围。如果威廉斯来界说"恐怖主义者",他势必会注意到立场的变化导致"自由战士"向"恐怖主义者"演变,他大概还会引述《牛津大辞典》对"恐怖主义者"的定义:任何试图以一整套高压恐吓手段来推行其观点的人。威廉斯的功绩在于他通过一个个实例提醒我们,词语的使用既反映了历史的进程,也改变了历史的进程,它们始终与政治社会利益和合法性问题紧紧相联。他在解释"民族主义"(nationalism)一词时请读者注意一个奇怪的现象:在英语世界,"民族感情"(national feeling)是积极健康的,"民族主义感情"(nationalist feeling)就不足取;"国家利益"(national interest,也可译为民族利益)是正当的,"民族主义"就应该打压。某些国家参众两院的政客自己不断在讨论如何动用一切手段保护并扩大本国的"国家利益",他们容不得别国人士以一半甚至远远不及一半的热情讨论同样的话题,自己的霸权政策受到批评就会搬出"民族主义"的罪名施压。我国读书人对这类文字游戏背后的政治利益认识模糊,读读《关键词》倒可以及时培养这方面的鉴别力。为了荣誉和利益,任何国家都可以而且应该在有的场合说不,美国是全世界说不最多的国家,联合国安理会的投票记录就是证明。但是一旦有中国人站出来抨击美国的单边主义,提出中国也可以说不,一顶"民族主义"的帽子就扔过来了。我国有人昧于词语的政治学,也学模学样地宣告有一个民族主义的幽灵在中国知识界徘徊。不过美国的少数战略思想家很高明,他们不以"nationalism"称不利于中国地缘政治和国际形象的狭隘民族主义的情绪化反应。今年1月4日的《纽约时报》上有文章评中国政府对印度洋海啸灾民的救助,作者显然不大高兴,他在结尾时说,中国网站上有反对救助的观点,理由是前些年曾有华裔妇女在某受助国受辱。这位先生如此关心中文网站,大概还会化名发帖子要中国人民永远不忘民族的耻辱。他本应提醒他的国人永远不忘某些受灾国的穆斯林曾在示威游行时焚烧星条旗。

　　仅仅从文化研究的角度来认识威廉斯是不够的。文化研究在我国学界只是停留在空洞的"理论"关怀的层面上,它和"后现代"之类的词语泡沫一样,是一个给人以方便和制高点的口号,一种"与世界接轨"的动人姿态。我们的社会迷恋概念和标签,各行各业(如房地产业和股票市场)都时兴炒作概念,粘贴标签,文学和文化研究领域亦不例外。威廉斯本人强调历史意识,热爱文学艺术,没有他对历史和文学的出色理解，就不会有《文化与社会》和《关键词》。作为剑桥大学英文系的戏剧教授，他是《现代悲剧》(1958年)和《从易卜生到布莱希特的戏剧》(1968年，系《从易卜生到艾略特的戏剧》的改扩本)的作者。他在这两部著作中提出的"感情结构"(structure of feeling)概念是对马克思的"意识形态"批判的重要补充。他的《英国小说：从狄更斯到劳伦斯》(1970年)和论乔治·奥威尔、威廉·科贝特的小册子都是把社会历史研究与文学批评相结合的典范。除此之外，威廉斯还从事小说与电视剧的创作。与利维斯不同的是，威廉斯关心并研究各种非文字的交流方式(如电影)，反对狭隘地理解"文学"一词，但如果文化研究彻底脱离文学遗产并以此为荣，作为祖师的威廉斯或许会剥夺某些信徒的文化财产继承权。

  末了，还想借此机会说几句"多余的话"。清末民初以来，一些外来的词汇在我国的政治文化生活中成了一面面号召力极强的"旗帜"，是非黑白要由或武断或客观的"标准"来衡量，例如"赛先生"和"德先生"。本书中威廉斯对"科学"和"民主"的梳理或许会多少消解我们对它们的绝对崇拜。且看"民主"。19世纪中期以前，它在英文里出现时都含贬义，伯克甚至断言"彻底的民主是世上最无耻的事物"。随着"民主"概念的神圣化，所有政治运动都声称赞成"民主"或所谓"真正的民主"，对立的派别都用"反民主"的口号来打击对方。威廉斯区别了"直接民主"和"代议制民主"，并强调经济上的平等和大众权利应该是民主社会的目标。但是他又说，"民主"一词的本意不断受到歪曲，选举、代议和授权等重要环节变为便于操作的形式，"大众权利"和"为民谋利"的旗号掩盖了官僚统治和寡头政治的真面目。还有一些源自外文的概念在变幻莫测的新语境下不断变形,以致失去本来面目。我们可以比较一下威廉斯对"革命"一词的释义和我们对该词的理解。"革命"在我国已不仅仅指"反抗现存秩序"或"朝代更替"。它弹性极强,可在任何场合使用("文革"期间各派都用它的名号图方便),仿佛是"政治立场永远正确"的标签。时间一久,"革命"的本意变得扑朔迷离。梁启超在1902年的《新民丛报》上发表《释革》一文已一个多世纪了,但是分析这关键词的文章却十分罕见,它像是一个天使不敢涉足的领域。

这样的领域应该有人涉足。约翰·斯图亚特·密尔在《论自由》第二章鼓励社会就信仰等话题展开广泛的讨论,他说不然会造成道德上的危害。他以基督教的教义在19世纪中期的命运说明,有的信条因无法透入情感而不能支配行为,于是与人的内心生活完全失去联系。对当时的基督教徒而言,基督教教义是承袭的,心灵接受它是出于被动,最终教义变成干巴巴、不具内在生命的教条。表示教义的关键词的意义也大大萎缩:

> 鲜明的概念和活生生的信仰是没有了,代之而存在的只有一些陈套中保留下来的词句;或者假如说意义还有什么部分被保留下来,那也只是外壳和表皮,精华则已尽失去了。

以威廉斯的批判精神和历史感讨论、界说对我们的社会产生重大影响的关键词,这是保护文化生态的必要条件。簸思想之谷,扬去"外壳和表皮",留下并光大"精华"。这词语的重任,何等艰难。

译者导读

"我们要推广民主,/发展'另类文化',/要让弱势者有创造知识的机会/有很多方面/可以向威廉斯/和他的朋友们借镜。"① 这个题辞简明扼要地概述了英国文化思想家雷蒙·威廉斯(Raymond Williams)一生的志业。威廉斯精通文艺批评,是当代英国文化研究的重要奠基者,亦是英国传播研究的启蒙者。1988年去世时,他被誉为"英语世界中最具权威、最言行一致、最有原创性的社会主义思想家";"英国在社会和文化方面最重要的思想家";"战后英国最重要的社会主义思想家、知识分子与文化行动主义者"。

1921年,雷蒙·威廉斯出生于威尔士的劳工家庭。父亲是积极、活跃的工会会员,全家的生活都与工人社区有密不可分的关系。高中毕业后获得奖学金,进入剑桥大学三一学院就读,主修文学。大学时期,对于当时的政治、社会事件及劳工教育保持高度的关注,经常发表与时事有关的政论文章,并且积极地投入由政党所发起的读书会活动。大学期间适逢第二次世界大战,被征召入伍,学业因而中辍。直到

---

① 这段话引自1994年12月1日《自立早报》副刊第十一版《希望之源:英国文化思想家雷蒙·威廉斯的志业》中的题辞。

1945年战争结束后,方得重返剑桥,继续未完成的大学学业。威廉斯出身劳工阶级,体认到唯有提升工人教育,才能推广社会主义式的民主。大学毕业后,遂将时间和精力完全投入成人教育上。他加入了由牛津大学一些社会主义教员负责的"工人教育协会"(Workers' Educational Organization),从事成人劳工教育,白天备课,夜间时分奔波数个地方从事教学;直到1961年被母校剑桥大学延聘为讲师时,他才离开成人教育体制。成人教育"对于威廉斯来说,重点都是在'重新界定政治',他认为自己的存在价值在于为造就一个具有参与意识,具有识见的教育公众而尽心"(敦诚,11)。他的教学首重师生平等讨论及学生独立批判能力之启发,《关键词》这本书即是他在"工人教育协会"教书时和学生讨论后的结晶。《文化与社会》(*Culture and Society*,1958年)与《漫长的革命》(*The Long Revolution*,1960年)这两本重要巨著也是在这段教学期间完成的。

如果我们要了解威廉斯的思想,则必须先了解他对文化的看法。威廉斯对于阿诺德(Mathew Arnold)与利维斯(F. R. Leavis)所主张的文化精英主义颇有微词。他理想中的文化不是由少数的精英建构,由下层阶级或普通百姓接受、体会的精英文化。对威廉斯而言,"文化"这个词的意涵可以不断被扩大,其所指涉的是全面的生活方式,包括文学与艺术,也包括各种机制与日常行为等实践活动;文化不是抽象的概念,它由各个阶级共同参与、创造与建构而成,绝非少数精英的专利。他注意到,长久以来,英国文化论述皆是从支配阶级出发,以统治阶级、贵族阶级或是中产阶级为讨论中心,而大部分的工人阶级文化则被排除在主流论述之外,未曾受到重视。他洞悉传统英国文化论述的阶级性,认为阶级文化论未免失之偏颇,因此他反对任何利用文化观念来贬抑社会主义、民主、劳工阶级或大众教育。这即是《文化与社会》一书写作的背景。

威廉斯指出:"即使在一个由某一阶级为主导的社会里,其他阶级的成员对一般共同资产显然也可能有所贡献,而且这些贡献可能不受支配阶级的观念与价值的影响,甚至还与之对立。"(《文化与社会》,353页)他对大众化的电影、广告、媒体、流行音乐与通俗文学抱持肯定的态度,认为这些属于大众文化的东西是建构工人文化经验的重要部分。整体说来,威廉斯的文化观是立基于文化物质主义(cultural materialism),强调文化的物质基础。这种文化观摒弃了"传统马克思主义文化理论中基础与上层结构的从属关系:基础既未决定上层结构,上层结构也未反映或复制基础"(李有成,29)。对威廉斯而言,"文化物质主义不会强调文化的自主性或超越性,也不会将文化贬抑为经济与社会实践的附庸。具体而言……文化从来就不是真空的存在,可以抽离其他的社会实践。"(李有成,29)

《关键词》原是属于《文化与社会》一书的附录部分,后来分离出来,独立成书。第一版在1976年发行,1983年的第二版收录了更多的词汇,且做了一些修订与补充。威廉斯在《导言》里,对于《关键词》得以付梓的过程做了一些感性的说明。1945年第二次世界大战结束后,他从陆军退役回到剑桥继续大学学业。仅仅四年半的时间,他强烈感受到一种陌生、惊异之感。他察觉到语言发展过程中所产生的社会差异性(social differences)及不同的价值观,并且注意到在政治、宗教、经济等领域里,某些重要的观念有显著的改变。威廉斯指出:在语言演变的过程里,某些语词、语调、节奏及意义会被呈现、察觉、检试、证实、确认、肯定、限定与改变;演变的过程中,有时候是非常缓慢的,有时候可能非常快速——例如在战争时期,这种过程可能非比寻常的快速并且极易察觉(《导言》,10)。《关键词》一书即是探讨各关键词在语言演变过程中词义的变化,以及彼此间的相关性、互动性。在《导言》里,威廉斯以"文化"(culture)为例,探讨这个词在战前与战后——20世纪30年代与40年代末期——意涵的转变。战前,"文化"具有两层意涵:一方面它代表一种"社会优越"(social superiority)感,另一方面它是一个常用的词,用来表示诗歌或小说的创作,电影制作、绘画,及剧场工作等活动。战后,这个词则被用来指涉价值(values)的形塑过程(这也是文学本身所要强调的);另外它也指涉一种特别的生活方式,与"社会"(society)一词的某些用法接近。威廉斯当时对"文化"一词在用法上的改变感到相当困惑,于是他反复思索,将其联想到其他相关词汇:"阶级"(class)、"艺术"(art)、"工业"(industry)与"民主"(democracy)。他体会到这五个词其实是属同一种思想、历史结构。这于是引发他对一系列重要词汇的探讨与省思。

　　读者也许会问:为何威廉斯将其所收录的词汇称之为"关键词"?《关键词》与一般的英文辞典到底有何不同?对于这两个问题,威廉斯的解释如下:

　　　　我所做的不只是收集例子、查阅或订正特殊的用法,而且是竭尽所能去分析存在于词汇内部——不管是单一的词或是一组惯用语——的争议问题。我称这些词为关键词,有两种相关的意涵:一方面,在某些情境及诠释里,它们是重要且相关的词。另一方面,在某些思想领域,它们是意义深长且具指示性的词。它们的某些用法与了解"文化"、"社会"(两个最普遍的词汇)的方法息息相关。对我而言,某些其他的用法,在同样的一般领域里,引发了争议与问题,而这些争议与问题是我们每个人必须去察觉的。对一连串的词汇下注解,并且分析某些词汇形塑的过程,这些是构成生动、活泼的语汇之基本要素。在文化、社会意涵形成的领域里,这是一种纪录、质询、探讨与呈现词义问题的方法。(《导言》,15)

威廉斯将《关键词》定位为一种对词汇质疑探询的记录。他指出:《关键词》既不是一本词典,也不是特殊学科的术语汇编;既不是词典发展史的一串注脚,也不是针对许多语词所下的一串定义之组合;这本书包含了英文里对习俗制度广为讨论的一些语汇及意义——这种习俗、制度,现在我们通常将其归类为"文化与社会"(《导言》,15)。大体而言,这本书可以帮助读者认识各关键词意义转变的历史、复杂性与不同用法,以及创新、过时、限定、延伸、重复、转移等过程;同时也可以让读者了解威廉斯的质疑、批判精神:

当一个特别的历史时期结束时,我们每一个人便会对这个词有清晰的概念并且抱持着轻松的态度。但是"文学"(literature)、"美学"(aesthetic)、"再现的"

(representative)、"经验主义的"(empirical)、"潜意识"(unconscious)、"自由主义的"(liberal)这一类以及其他的词汇对我而言似乎存在一些问题,然而在各自所属领域里其语意似乎纯然透明、毋庸置疑,好像只要通过教导便可获得正确用法。另外,对于"阶级"(class)、"民主"(democracy)、"平等"(equality)、"进化"(evolution)、"唯物主义"(materialism)等词汇,我们深知必须对其加以质疑、争辩,然而我们却将特殊用法归属于不同学派,并认为自己以外的学派具门户之见。我们可以这么说,语言所依赖的就是这种自信,但是在任何主要的语言里,尤其处在一个变动时期时,过度的自信及追求明确的意义,可能很快就会踢到铁板——假如没有真正去面对所牵涉的种种问题。(《导言》,16)

对威廉斯而言,尽管《牛津大辞典》在词义方面下了很深的功夫,但主要是在语料及词源方面;他认为《牛津大辞典》对词的涵盖范围与词义变化的梳理,优于对词与词之间的"关联性"(connection)的探讨(《导言》,19)。因此,在《关键词》一书里,他所要彰显的正是《牛津大辞典》所欠缺的"关联性"。

约翰·艾瑞基(John Eldridge)与莉姬·艾瑞基(Lizzie Eldridge)在讨论威廉斯的《关键词》时归纳出"关联性"的特质:(一)找出词与词之间的关系及其变异用法;(二)将用法与语境(context)串联在一起;(三)将过去的各种用法与新近的用法并列;(四)寻构各知识领域间的相互关系性;(五)由对普遍通用词汇的省思,来分析各阶段的社会生活之关联性;(六)辨识出专门语汇与普通用语的相关性。(42)如果我们以《关键词》所收录的 imperialism(帝国主义)这个英文词为例来说明,便可以对上述的"关联性"特质有比较清楚的了解。首先,我们看到这个词的拉丁词源(*imperialis*、*imperium*)、其出现在英文的时间(19 世纪中叶以后)以及其他相关词(imperialist、imperial)的词义演变。接着,我们可以了解 imperialism 在 19 世纪的意涵;它可以被定义为"使用军事力量来控制殖民地,并将其纳入单一的经济——通常是被保护的——体系";其意涵亦可等同于"文明"(civilization)与"教化使命"(civilizing mission)。此外,我们认识了 imperialism 在 20 世纪初期的新意涵(被定义为一种经济体系或政治体系),其与现代资本主义经济的复杂纠葛以及后来所衍生出的语汇——例如 American imperialism(美帝国主义)、neo-imperialism(新帝国主义)、neo-colonialism(新殖民主义)、Soviet imperialism(苏维埃帝国主义)等。最后,我们了解到 imperialism 与 democracy(民主)的对比关系。

如果读者想要从这些关键词中找到单一的、放诸四海皆准的意涵,必定会大失所望。事实上,这样的期待仿佛是忽略了词义的变异性,因为"不论过去或现在,意义的变异性其实就是语言的本质"(《导言》,24)。因此,《关键词》一书除了强调词汇间的关联性(connection)与相互影响(interaction)外,也彰显了语言在演变的过程中"意义的变异性",并且试图呈现出各关键词的"主流"与"非主流"意涵。诚如威廉斯所言:

我们应该对于意义的变异性有所认知,因为意义的

变异性呈现出不同的经验以及对经验的解读,且以互相
关联却又互相冲突的形态持续下去,超越学者或教育委
员会对词义所下的定义。我们所能做的贡献并非解决
词义演变的问题,而是希望从词义的主流定义之外,还
可能找出其他边缘的意涵。在社会史中,许多重要的词
义都是由优势阶级所形塑,大部分是由某些行业所操
控,因此有些词义被边缘化。这本书对词义的评论并非
不持任何立场,其中所探讨的是一些在社会、文化等领
域中重要的词汇。(《导言》,24)

事实上,这种强调语词本身"意义的变异性"符合了20世纪
60年代"后结构主义"(post-structuralism)语言哲学所强调的
"意义不定性"(indeterminacy of meaning);此外,威廉斯重视
语词的"边缘意涵"与他对弱势阶级、非主流文化的关怀有
很大的关系。严格说来,威廉斯在《关键词》里的分析模式
与讨论方法是属于"历史语义学"(historical semantics)的论
述方式,其特征是:不仅强调词义的历史源头及演变,而且强
调历史的"现在"风貌与"现在"意涵;肯定过去与现在的"共
联关系"(community),但也须承认"共联关系"并不是唯一
用来说明过去与现在关系的词汇;同时也须承认的确有变
异、断裂与冲突之现象,且这些现象持续发生,成为争论的焦
点(《导言》,23)。

读者也许想知道这本书在中文世界有何回响?对我们
的文化评论家有何启发?当代文化评论家南方朔在其最近
一系列的文化评论里,以文字的演变探讨历史、文化、社会现
象,这显然是受到威廉斯《关键词》一书的启发。例如南方

朔在《抬杠——毫无建设的口水浪费》[①]一文中,以"抬杠"这个词贯串主题,借讨论"抬杠"的词义演变来臧否台湾的政治事件、社会状况与文化现象。南方朔析论"抬杠"这个词的起源(中国北方的一种习俗——"抬杠会")、其中文意涵的转变过程以及在不同文化中的相关说法(例如,中国章回小说中主帅厮杀之前的"叫阵"、《圣经》中大卫王与巨人戈里亚的"隔阵对骂"、古希腊文中意指"语词奸诈"的"logomachy"、美国黑人社会的"仪式性对骂"——"Dozens"),并以此针砭台湾新起的"口水文化",批评台湾的政治口水战就像"抬杠"与"仪式性斗嘴"中的无厘头漫骂,天天都是"嘴巴假期",每个人都成了东北地区"抬杠会"中那个坐在轿子里与围观者随机谩骂的小丑。威廉斯《关键词》一书在中文世界中启发了南方朔新的文化评论书写模式。

《关键词》展现了威廉斯博学的一面,书中所涵盖的学科领域极为广泛,且涉及多国语言的考证。现今学术界所强调的跨领域与科际整合,其实早在威廉斯二十多年前的著作中就已见端倪。当今"文化研究"(cultural studies)蔚为风潮,成为学术界的显学,威廉斯委实居功厥伟。

引用资料

Eldridge, John and Lizzie Eldridge. *Raymond Williams: Making Connections*. London and New York: Routledge, 1994.

Williams, Raymond. *Keywords: A Vocabulary of Culture and Society.*

[①] 参见《新新闻》第 828 期,2003 年,页 60—63。

NewYork:Oxford University Press,1983.

——. Introduction. *Keywords: A Vocabulary of Culture and Society.* NewYork:Oxford University Press,1983. 11 – 26.

雷蒙·威廉斯,《文化与社会》,彭怀栋译。台北:联经出版社,1985年。

敦诚,《"重新界定政治"——威廉斯的"成人劳工教育"给台湾的启示》。《自立早报》,1994年1月23日,页11。

成令方,《希望之源:英国文化思想家雷蒙·威廉斯的志业》。《自立早报》,1994年1月23日,页11。

张汉良主编,《方法:文学的路》。台北:台湾大学出版中心,2002年8月。

李有成,《阶级、文化物质主义与文化研究》。张汉良,《方法:文学的路》,页17—43。

南方朔,《抬杠——毫无建设的口水浪费》。《新新闻》,第828期,2003年,页60—63。

导　言

　　1945年结束了与德国、日本的战争后,我从陆军退役回到剑桥。大学已经开学,各种社会关系已确立,并且有许多团体、机构成立。离开基尔运河(Kiel Canal)炮兵团,来到剑桥大学的一个学院,这种经验无论如何对我而言都还显得陌生、不习惯。我离开此地仅仅四年半,但是在战争期间,我跟大学朋友失去联络。之后,历经了无数陌生的日子,碰到了战争第一年的工作伙伴。他也刚从陆军退役,我们聊得非常投机,但是并没有谈及过去。我们俩对于当时周遭新奇的世界非常地关心,不约而同地说出:"事实上他们并没有讲同样的语言。"

　　那是一句普通的话语,通常是在下一代之间使用,甚至于在亲子之间也使用。六年前,当我从威尔士的一个劳工阶层的家庭来到剑桥时,我也曾使用过。在我们的共同语言里,尤其是在英国,我们可以察觉到社会性的差异,或者是年龄上的差异。但是大体而言,在日常生活的活动中与事物上,我们使用相同的语词——虽然在节奏、腔调与语调上有明显的不同。有一些意涵不同的词,譬如说,lunch、supper、dinner,很可能被强调,但是其差异性并不是那么重要。当我们说"我们讲的不是同一种语言"时,这句话其实包含更广泛的意涵。那就是说,我们有不同的价值观或者是有各种不同的评价;或是说,我们对于能源及利益的产生与分配有一种——往往是模糊的——认知差异。在这种例子里,每一种团体讲的是自己特有的语言,但是用法上有很明显的不同,尤其是涉及情感的强度或概念的重要性时。从语言的任何准则来看,没有哪一个团体是"错的",虽然短暂时间里,居于主流的团体会强调自己的用法是"正确的"。通过这些语词上的交锋、对立,上述所发生的情况(很可能会被意识到而让人产生某种惊异、不安的感觉),实际上就是一种语言发展的重要过程:某一些语词、语调、节奏及意义被赋予、感觉、检试、证实、确认、肯定、限定与改变的过程。在某些情况里,这种演变过程的确是非常缓慢的。它需要几世纪的时间累积,才能蓬勃发展,表现出积极活力。在其他的情况下,这种过程可能非常快速,尤其是在某些重要的领域里面。在一个具规模且活跃的大学里,以及在一个大变动的时期(譬如说,战争),这种过程可能异常地快速并且极易被察觉。

然而我们俩都说,这一切仅仅是在四五年之间发生的事。真的有可能改变那么多吗?遍寻一些例子,我们发现政治、宗教上的某些普遍观念已经改变了。我们也同意这些是重大的改变。然而,我发现了我自己相当关心一个语词——"文化"(*culture*)。这似乎是我较常听到的语词,从两方面的比较可以得知:很明显不只是从炮兵团里的谈话或是与自己家人的谈话,而且是通过过去那些年来在大学里所做的直接比较。我先前所听到的这个词,具有两层涵义,第一层是出现在"边缘地区"(fringes),例如茶馆以及类似茶馆的地方。在这些地方,"文化"似乎是比较受欢迎的词,代表一种社会优越感——并不是在思想或是学问上,也不只是在金钱或地位上,而且是在更加无形(intangible)——与行为相关——的层面上。第二层意涵出现在我的朋友里,"文化"似乎是一个活跃的词,表示诗歌或小说的创作、电影制作、绘画,及剧场工作等活动。当时所听到的是两种截然不同的意涵,我没有办法真正理解。首先,在文学研究里,这个词是以强烈但不明显的方式来表达一些主要价值的形塑过程(这也是文学本身所要强调的);其二,在较广泛的讨论里(对我而言,这似乎具有非比寻常的意义),有一种用法是将"文化"这个词几乎等同于"社会"(society):一种特别的生活方式——如"美国文化","日本文化"。

今天我可以解释当时发生的事。在英国,有两种重要的传统很明显可以追溯其形塑过程:在文学研究里,有一种主流的批评观念——从阿诺德(Arnold)到利维斯(Leavis)——皆将"文化"视为主要的语词之一,在讨论到社会时,将层面扩及人类学的意涵而加以广泛讨论。在更早的时候,人类学这方面的词汇很明显是属专门领域,但是后来受到美国与日俱增的影响及思想家——譬如说,曼海姆(Mannnheim)——的影响,于是渐渐为大家所接纳。先前所听到的那两层意涵很明显地已经弱化了。"茶馆意涵"(teashop sense),虽然普遍通用,然而却离我们较遥远且显得滑稽、好笑。艺术活动的意涵虽全国通行,但是似乎越来越被唾弃,因为各家批评所强调的重点不同,以及"文化"这个词的意涵不断被扩大,用来指涉全面的生活方式。然而,那个时候我毫无所悉。那是一个很难定义的词;我只能把这个词想象为变动中的一个例子,而我们当时曾试图用各种方法来理解。

我在剑桥的求学生涯结束后,找到一个成人教育工作。1948年,艾略特(Eliot)出版了《文化的定义刍议》(*Notes To-*

wards the Definition of Culture）。那是一本我可以理解但无法认同的书。艾略特出书那两年期间,所有我回到剑桥最初几个礼拜的陌生、不定的感觉,又清晰浮现心头。我开始在成年班的课程探索"文化"这个词的涵义。由于这个词的用法困惑我心,我戮力思索,将其联想到其他的词:"阶级"（class）、"艺术"（art）、"工业"（industry）以及"民主"（democracy）。我可以感觉到这五个词是属同一种结构。它们之间的关系变得越复杂,我越是用心思考它们。于是我开始大量阅读,试图更清楚地了解每一个词的内涵。然后,有一天在西佛得（Seaford）——这是我们过去住过的地方——公共图书馆的地下室,随手查询了"文化"这个词。我查询的是我们今天所通称的《牛津英文大辞典》（OED）十三册中的一册,辞典全称是《新英文辞典:根据历史原则编撰》（New English Dictionary on Historical Principles）。那简直就像是一种惊觉。我明白了我一直尝试想要了解的概念:"文化"这个词在英文中意义的转变似乎是开始于十九世纪初期;其与"阶级""艺术""工业""民主"所产生的关联性蕴含了一种不仅是思想的而且是历史的结构。今天我所看到的这些转变,比从前复杂多了。"文化"本身现今具有一个相关的,但却是相异的演变史。然而,就在那个时刻,通过探索,我得到了一种特别的轮廓、概要,有助于对传统的了解。这种探索最初的用意是要了解当前若干迫切的问题——实际上,就是了解我们现今的世界问题。这就是我在1956年所完成的工作——我的著作,《文化与社会》。

要从一个特殊的学术主题来界定这部作品,就当时而言并不容易,现在更不容易。这本书在标题上被归类到各种不同的范畴:如文化历史、历史语意学、思想史、社会批评、文学历史以及社会学。这种归类有时候可能会令人不安甚至极度困惑——学术主题的归类并非永恒。在冀望能够以某些特殊方式来处理某些广泛的问题时,我发现一个事实:我所想到的那些关联性,以及我试图要勾勒、关心的领域,实际上许多人也曾经思索过或经验过。对这些人而言,我的这项特别研究是在跟他们对话。这个研究领域主要特色之一就是它的词汇;这种词汇很明显不是属于专门学科领域的专门词汇。虽然它与若干学科的词汇经常有所重叠,但它涵盖范围普遍,包含了(一)日常用法中激烈的、难懂的、具说服力的语词,及(二)从专门的、特别的情境衍生出的极普遍语词——用来描述范围较大的思想领域及经验领域。当我们想要讨论共同生活中许多重要过程时,很明显这就是我们跟别人共享的词汇,然而通常我们会对这些词汇觉得不甚满意。"文化"这个具有创意但很难下定义的词,就是一个很好的例子。在专门的研究领域里,它有专门特别的意涵。然而,将这些特别意涵做简单的分类似乎是一项妥适的工作。它的用法普遍,然而意义往往不同(并不是出现在个别的学科领域里,而是出现在一般的讨论中),是最初吸引我的地方。"文化"一词过去在两种不同领域——艺术与社会——很重要。就是这项事实开启了一些新的问题并且暗示了新的关联性。当我持续探究时,我发现这种现象似乎也出现在一连串意义深远的词汇中——从"美学"(aesthetics)到"作品"(work)。于是,我开始收集这些词汇,并且试图了解它们。可以这么说,挑选这些语词显得格外有意思。我了解到将某些语词收录或者是排除,其过程在别人看来似乎过于武断。我先选了大约两百多个词——这些常用的词是我在一般的讨论里所看到或听到的,而且在用法上有些是很有趣的,有些是很难下定义的。接下来,我从中选了六十个词,并且写上注解及短评来讨论它们。我想要让它们成为《文化与社会》那本书的附录。探讨许多个别作家与思想家是那本书的主要内容。但是当书写完时,我的出版社通知我内容必须删减。其中一个可以被抽离出来的部分就是这个附录。我几乎没有选择的余地,于是我勉强同意了。我附上了一封短笺,承诺这份资料是属个别文件。这个附录的资料一直搁在我的书架上。二十年来我一直不断地增补:收集更多例子,寻找新的分析观点,收录其他语词。我开始觉得这样可以单独构成一本书。我再仔细检查了整份资料,将所有的注解与短评重写,删掉一部分的语词,并增补其他的部分。目前这本书就是最后的结果。

我一直在强调《关键词》付梓成书的过程,因为对我而言,这似乎可以说明它的目的以及它所包含的面向。它不是一本词典,也不是特殊学科的术语汇编。这本书不是词典发展史的一串注脚,也不是针对许多语词所下的一串定义之组合。它应该算是对于一种词汇质疑探询的记录;这类词汇包含了英文里对习俗制度广为讨论的一些语汇及意义——这种习俗、制度,现在我们通常将其归类为文化与社会。我所收集的每一个词在某些时刻里或是在某些讨论过程里,的确曾经引起我的注意;对我而言,其本身的语义问题似乎与当时讨论时所出现的语义问题息息相关。我所做的不只是收集例子、查阅或订正特殊的用法,而且是竭尽所能去分析存在于词汇内部——不管是单一的词或是一组习惯用语——的争议问题。我称这些词为关键词,有两种相关的意涵:一方面,在某些情境及诠释里,它们是重要且相关的词。另一方面,在某些思想领域,它们是意味深长且具指示性的词。它们的某些用法与了解"文化""社会"(两个最普遍的词汇)的方法息息相关。对我而言,某些其他的用法,在同样的一般领域里,引发了争议与问题,而这些争议与问题是我们每个人必须去察觉的。对一连串的词汇下注解,并且分析某些词汇形塑的过程,这些是构成生动、活泼的语汇之基本要素。在文化、社会意涵形成的领域里,这是一种记录、质询、探讨与呈现词义问题的方法。

当然,这些争论不可能只靠分析这些词汇就可全部了解。相反地,大部分的社会、思想问题——包括渐进的演变及最明显的争议与冲突——在语言分析的范围里或是范围之外一直存在。然而,我发现这些议题有许多是无法真正地被完全了解,而且我深信其中有一部分甚至是不可能找出焦点,除非我们能够明了这些词本身就是问题的要素。这种观点现在已被人广为接纳。当我最初提出问题,指出"文化"这个词的不同用法时,人家对我的观感(不管是出自善意或非善意)是这样:那主要是因为我的教育不足使然。当时每个人相信这种看法的确是事实(现在亦然),如此便把真正的议题焦点模糊了。一个团体或是某一个时期使用特殊的词时,若是对其过度地信赖,那么就很难去质疑了。我想到18世纪的一封信,信上有这么一段:

根据你的看法,这个在上流社会广为流行的词"*sentimental*"(多情的;情感上的)是什么意思? 从这个词可以了解到任何愉快、巧妙的事情。当我听到下列的话我经常会感到讶异:这是一个 *sentimental* 的人;我们是一伙 *sentimental* 的人;我做了一个 *sentimental* 的散步。

那种流行风潮已成为过去。"Sentimental"的词义改变了,渐渐带有负面意涵。现在询问这个词义的人,不会碰到那种看来熟悉的、带点冷漠,但仍具礼貌的眼神。当一个特别的历史时期结束时,我们每一个人便会对这个词有清晰的概念并且抱持着轻松的态度。但是"文学"(*literature*)、"美学"(*aesthetic*)、"再现的"(*representative*)、"经验主义的"(*empirical*)、"潜意识"(*unconscious*)、"自由主义的"(*liberal*)这一类以及其他的词汇对我而言似乎存在一些问题,然而在其各自所属领域里其语义似乎是纯然透明、毋庸置疑,好像只要通过教导便可获得正确用法。另外,对于"阶级"(*class*)、"民主"(*democracy*)、"平等"(*equality*)、"进化"(*evolution*)、"唯物主义"(*materialism*)等词汇,我们深知必须对其加以质疑、争辩,然而我们却将特殊用法归属于不同学派,并认为自己以外的学派具门户之见。我们可以这么说,语言所依赖的就是这种自信,但是在任何主要的语言里,尤其处在一个变动时期,过度的自信及追求明确的意义,可能很快就会踢到铁板——假如没有真正去面对所牵涉的种种问题。

　　这些不仅仅是关于意义的问题。在大多数的场合里,无可避免地,这些问题必然牵涉到意义。有些人看到一个词时,他们所想的第一件事情就是对其下定义,词典于是产生。

词典显示当时大众所认为的适当解释,虽然这些词义会因时间空间而不同,但这并无损词典的权威性。过去我从报上刊登的书信以及公开的辩论去收集类似"我从我的韦氏辞典看到""我从我的牛津辞典发现"的各种话语。从其中可以看出,引起争论的焦点就是那些难以说明的专门术语。但是这些话语——充满"拥有/所有"(possession)意涵的弦外之音(我的韦氏辞典)——语调令人印象深刻,其目的是挪用辞典中适合其辩论题材的词义,并且排除那些不合适的词义(这些定义往往是某些被认定为无知、愚蠢的人才使用)。当然,假如我们想要对于这些词——*banxring*、*baobab*、*barilla*,或是 *barbel*、*basilica*、*batik*,或是 *barber*、*barley*、*barn*——有清楚的观念,辞典上的定义方式必然有效。但是对于不同种类的词,尤其是那些牵涉到思想及价值观的词,此种定义方式不只是缘木求鱼而且是不伦不类。我们目前所使用的这些词典(提供定义的词典),会根据其功能与优点,列出一系列现在通用的意义。其所涵盖的词义范围对我们而言是很重要。当我们超越这些意义,更进一步去查询历史词典,或是阅读历史随笔、当代小品文时,我们实际上已跨越"适当意义"(proper meaning)的范围。我们可以发现意义转变的历史、复杂性与不同用法,及创新、过时、限定、延伸、重复、转移等过程。我们也可发现,词义的变化有时候为我们所忽略,以至于它们似乎几世纪以来都是长久不变,但其实词义本身及其引申的意涵会随时代而有相当的不同与变化。"工业/努力"(*industry*)、"家庭"(*family*)、"自然"(*nature*)等词汇很可能从其源头冒出;"阶级"(*class*)、"理性的"(*rational*)、"主体的/主观的"(*subjective*)的意涵很可能经过几年后便受到质疑了。在这些例子,词义的问题一直盘踞我心,令我更深刻体会出任何种类的定义皆有其难处存在。

这本书所要记录的工作已经完成。我们可以看到很多学科汇集在一起,但是大体而言没有交集。它所根据的是若干专门的知识领域,其目的就是要让这些知识领域——通过书中所选的例子——得到普遍的了解。这件事毋须辩护,但其中的复杂性的确需要解释。这些复杂性可以归类为两大范畴:资讯的问题(problems of information)与理论的问题(problem of theory)。

资讯的问题很重要。然而任何讨论英文词义结构及演变的人皆受惠于《牛津大辞典》良多。对于编辑——Murray, Bradley 及其后继者——而言,这本辞典不仅是学术的里程碑,而且是集体努力——从最初"语言学协会"(the Philological Society)的工作到后来数以百计之通讯员的投入——的心血结晶。对于特别词汇的探讨,很少人会以《牛津大辞典》的记载作为定论,但是如果没有这本辞典,没有几个人能够自信地去探讨。燕卜荪(William Empson)在其著作《复杂词汇的结构》(The Structure of Complex Words)中,发现了《牛津大辞典》里的许多缺失。我同意他的观点:"对于词义之探讨,我所能做的事就是几乎完全倚赖这一个呈现在眼前的庄严物品。"然而,在感谢之余,我仍必须指出我自己对《牛津大辞典》的发现,这可从三方面来概述。我对于辞典编辑的时期了若指掌:实际上是从 19 世纪 80 年代到 20 世纪 20 年代(现今的第一册补编只是一种附加而非修订)。这有两种不利之处:在一些重要的词汇里,有关 20 世纪的用法例证并非实际有用;在许多例子里,尤其是在一些敏感的社会、政治的术语里,对于正统观念的预设不是过于明显,就是流于肤浅。任何人只要一读约翰逊博士(Dr. Johnson)了不起的《辞典》,很快就会了解其活跃的党派性格及卓越的学识能力。我深知在我的注解以及短评里,虽然我试图把意涵呈现出来,但是我自己的立场及偏好却显露无遗。我相信这是不可避免的。我所要声称的就是:虽然《牛津大辞典》标榜不具个人色彩,但实际上并不是如其所声称的那样不具个人观点、那样纯学术性、那样不含主观的社会与政治价值观。的确,对这本辞典仔细地探究后,有时候会有意想不到的发现,让人洞悉所谓的编辑群之意识形态,而我认为这样的体认是必须被允许、接纳的。我们不需要像一般人一样,认为学术应该是要避开这种事。第二点,尽管这本辞典在词义方面下了很深的功夫,但主要是在语料及词源方面。因此,对词的涵盖范围与词义变化的探讨,优于对词与词之间的相关性、互动性的探讨。在很多场合里,我从意义与语境的探询中找到非常宝贵的历史证据,但是,我从其中得到的却是不同的——有时候甚至是相反的——结论。第三点,我深知在某些领域,观点是会改变的,正如最近发生在语言的研究领域里一样。如果单从"死的语言"(dead language)这方面的基础、保守之训练来看,原因其实是相当明显。书面语言(written language)过去被视为权威的真正源头,而口头语言(spoken language)实际上被认为是源自于书面语言。然而,现在我们可以清楚地了解到事实正好是相反,并且情况复杂。在一些与思想有主要关联的词汇里,书面语言是比较接近可靠、真实的来源。假如我们要追溯、探查"心理学"(psychology)

这个词,书写记录——在19世纪末前——也许足够。但是,另一方面,假如我们想要追溯、探查"工作"(job)这一个词,我们很快就得承认,每一个时期的词义演变,在进入书写记录之前,必定早已在日常生活语言里发生过了。因此我们必须承认书写本身有其局限——这种现象不只出现在《牛津大辞典》里,而且发生在任何历史文献中。在某一些领域里,某些删减或偏见实际上是不可避免的。我们对词义起源及转变的划分时期应持保留的态度,知道这种划分事实上有其局限。我可以从我个人过去的经验举例。当我在《牛津大辞典》的最新补编中,查询 communications 这个词的现代一般用法,我意外地发现其中有一个用法恰好是从我自己的文章举例。书写的例子也许可以在更早的时候被找到,举例而言,《牛津大辞典》以我的文章说明 communications 的其中一个用法,但我知道这个用法早就一直在言谈或讨论之中被使用,尤其美式英文很早就这么用。我不是要抱怨什么,因为这种情况在任何类似《牛津大辞典》的著作中都会发生,但当你们阅读我的文章时格外要注意。

　　从我过去的博览和精读之中,我又为一些词加入我个人的说明例子。当然,任何的叙述都必然是不完整的。严格说来,那都是有选择性的。是否有充足的资讯是一个严重、甚至有时是相当困扰的问题。要经由分析的过程指出这个问题并非总是可行的,不过这个问题必须被牢牢谨记。我所探讨的重要词汇中,有许多已经在英文以外的语言发展出重要的意义,或是经历过一种错综复杂、相互影响的发展过程。我所能了解的仅是一部分。以 alienation 或 culture 为例,其意涵看似明显,以致我们忽略其存在,因此在探索其词源时显得力有所未逮。要对这些词做充分的比较研究,必然需要国际性的合作才能达成,故其难度是可以理解的。民主(democracy)这个概念是联合国教科文组织(UNESCO)所倡导,并且希望其能变成放诸四海而皆准的价值,经得起任何比较与考验。即使是纳奇斯(Naess)与其同事所需倚赖的那种狭义的民主概念也是相当具有启发性的,但当我们探询民主这个概念时,势必会碰到各种困难。我曾经试图讨论英文中的两个马克思主义词汇——基础(base)与上层建筑(superstructure)。除了讨论这两个词与其德文词源的关系,我还跟我的法国、意大利、俄罗斯及瑞士朋友讨论到它们在其他语言的意涵。讨论的结果令我感到又兴奋又困惑,且了解到这种分析在语言学及知识的传达中扮演重要的角色。我们深切地期望,这种比较性的分析工作能获得鼓励与支持。同时我们也应该牢记:虽然有些词其重要的演变发展——现在已具有国际重要性——是先在英语里出现,然而仍有许多词并不是如此,仅能通过与其他语言不断的比较才能了解其意涵。读者诸君在读我的注解及评论时,务必要了解这种局限。这种局限在早期的发展过程、古典语言及中世纪的拉丁文里尤其明显。我所能倚赖的是当时的权威专家,虽然有些问题我心中充满疑惑,无法得到解答。这种问题在探讨各类词源时的确存在,因此对探源必须持保留态度。

从这方面来思考,我们会注意到一个理论问题。一般人习惯通过词源的探讨来认定某个词的意涵为"贴切"或是"严谨"。古典教育其中的一个训练——尤其在与词典的定义功能相提并论时——就是发掘语词的神圣属性,并且对于当代的误解与误用这种粗暴的行为提出相关的批评。每一个词的原始意涵总是引人注意,然而通常最引人关注的是后来的变异用法。报纸上对于误用的抱怨必然与词义的最新演变有关。我们几乎可以找到任何实际的例子来说明一个事实:现在被认定为"正确"的英语——包括那些抱怨者所使用的许多语汇在内——就是这种词义演变的结果。例子不胜枚举,在此无法列述。虽然 organic, evolution 及 individual 这些词是明显可见的例子,但是一般读者只需通过思考 interest, determine 或 improve 等词即可。语言的活力包含了引申、变异及转移等变化层面。这种变化出现在我们这个时代(尽管我们会为一些特别例子感到遗憾),正如其出现在过去年代一样。那些过去所发生的变化现在已被赋予神圣的外貌(a sacral veneer)。(以 sacral 这个词为例,其含义历经演变,从身体上的骶骨意涵,延伸用来描写一种对圣教〔the sacred〕的虔敬态度,暗含轻蔑。这种语意的延伸并不是我本人所开的玩笑,但是它却是一种已经存在、富有意义的玩笑,因此成为有意义的用法。)

另一方面,还有其他更棘手的理论问题。在分析意义的形成过程时,往往会碰到相当基本且复杂的问题。其中的一些问题可以被独立出来,归为普遍的表意问题:语词与概念的复杂关系;或者是意义与指涉的一般过程;另外是存在于语言本身或社会规范的一般规则——这些规则使意义与指涉成为可能,并且相当程度地主宰它们。在语言哲学及纯理论的语言学里,这些问题一直出现并且经常被探索。毫无疑问,这些具有分量的基本问题与各种特别的分析息息相关。

然而,正因为"意义"(meaning)——就其主动层面而言——指的不只是一般的"表意"(signification)过程,且正因为"规范"(norm)与"规则"(rules)指的不只是任何抽象的过程或系统所包含的特质,所以其他种类的分析仍属必要。我自己的分析重点是针对社会和历史层面。指涉(reference)与适用性(applicability)是分析特别用法之两大基石。就这两方面而言,我们必须强调的是:(一)关于意义的最大问题往往是存在于日常实际的关系中;(二)在特殊的社会秩序结构里及社会、历史变迁的过程中,意义与关系通常是多样化与多变性的。

这并不是意味着语言仅是映照社会、历史过程。相反地,这本书的主要目的是要指出一些重要的社会、历史过程是发生在语言内部,并且说明意义与关系的问题是构成这些过程的一部分。通过不同的方式,语言里出现了各种形式的新关系及对现存关系新的认知。这些方式包含了:(一)创造新的语汇(如 *capitalism*);(二)对旧语词的适应与改变,甚至有时候是翻转(如 *society* 或 *individual*);(三)延伸(如 *interest*);或(四)转移(如 *exploitation*)。我们应该从这些例子了解到这些变化未必是简单或是具决定性的。我们看到早先的含义与后来的含义同时并存,或者是被选择性地使用。在后者的情况里,新的概念及其相关意涵的问题会被提出来讨论。将这些及后来出现的问题视为一般的语义问题并且加以分析,的确有其必要;但是我这本书主要是针对那些慎重挑选的——具有争议且备受关心的——语汇来分析其意涵。

正如我前面所言,我是以所谓的一串语词(一组看似彼此相关的特殊语词)做出发点,然后根据这串语词,做更进一步的筛选。因此,这本书中的一个主旨是强调各语词的相互关联（interconnections），对我而言这些关联有一部分有脉络可循，尽管它们存在着我在这本书中将要讨论的问题。当然我们可以这么说：单一的语词不应该被分离出来，因为这类语词的意涵是视实际的语境而定的。就某一个层次而言，这个论点是很容易被接受的。在我所分析的语意中，有许多实际上是由语境来决定。这就是我为何借由实际使用的例子来说明各种不同意涵的原因。

但是，意义的问题不可能靠语境完全解决。的确，没有一个语词可以个别独立，因为它必然是语言社会化过程的一个要素，并且它的用法是由语言体系（虽然会有变化）的复杂特性来决定。然而，挑选出某些（尤其是具有争议性的）语词，并且"在此刻"（for the moment）去思索其内在的演变与结构，仍然是有助益的。虽然有一部分读者肯定关联性（connection）及相互影响（interaction）之事实（我整本书的讨论是从这两方面开始），但他们忽略我在这本书所写的其实还是有"在此刻"的限制。尽管如此，上述的看法还是站得住脚。只有在分析中采取化约的（reductive）方式，才能探讨各个单元之间相互关联及影响的过程，仿佛各单元本来就存在着这些过程。专门语汇的意涵往往是错综复杂、变化不定，而这些过程有许多实际上是发生在复杂、变化的意涵里。要举例说明用法、指涉与意涵的密切关系，唯一之道就是"在此刻"专注于一般所谓的内部结构。这并不会阻碍我们了解那些广泛、复杂的词义，反而能帮助我们见到各种语词间的活跃互动与密切关系。

如何由作家与演讲者著述的内容或词义演变的历史过程中，挑出一些相关联且特殊的词义出来研究，需要经过深思熟虑。这种挑选非常明显有其局限性,但这种局限是可以被接受的。不过,我们为何会做这样的挑选同样非常明显且可以被人理解。有一派语义学是研究意义本身;另外有一派是探究指涉(signification)的系统。本书中的注解与短评所属的语义学则是"历史语义学"(historical semantics)的分支,其明显的特征是不仅强调词义的历史源头及演变,而且强调历史的"现在"风貌——现在的意义、暗示与关系。正如一般的语言研究,这类的语义学必须承认过去与现在的"共联关系"(community),但也须承认 community——这个很难下定义的词——并不是唯一用来说明过去与现在关系的词汇;同时也须承认的确有变异、断裂与冲突之现象,且这些现象持续发生,成为争论的焦点。我书中所挑选的语词包含了与这些现象有关的关键词,其中可以见到词义的延续、断裂,及价值、信仰方面的激烈冲突等过程。在分析不同的社会价值及观念体系时,这些过程必须以清楚、直接的语汇来描述。通过语汇本身来呈现另一种研究方法是我写那些注解与短评的目的。

我相信借由挑选常用的词汇来讨论研究,我可以对这些词义有新的认知并且有某种程度的厘清。这个动机明确,我一直将其视为写书(无论是这本书或其他我的著作)的最大目标。我有相当足够的资料可以用来研究某些词汇(如 class 与 culture),或者是分析某些词汇的形构(如 *art*, *aesthetic*, *subjective*, *psychological*, *unconscious*)。这些资料可以让我从事广泛、另类的专门研究,其中有些部分可以写成书。也许我终将会去写书,然而要选择一种能包含最广泛内容的体裁是需要经过深思熟虑的。战争期间与现今的语意学都认为:经由厘清难词的意义,有助于解决词汇引发的争议与困惑。但对这种论点,我并不持乐观的态度。我相信了解阶级(class)这个词的复杂意涵对于解决实际的阶级纷争与斗争问题助益不多。不仅无人能将"种族、部落的语言净化(purify)",而且任何真正了解自己是社会一分子的人也不会笨到去这么做。此外,意义的变异性与其所产生的困惑并非只是语言系统里的缺失或使用时的错误,也不是因教育程度不足所导致;我认为在许多例子中都可发现,意义的变异性不论在过去或现在其实就是语言的本质。事实上我们应该对于意义的变异性有所认知,因为意义的变异性呈现出不同的经验以及对经验的解读,且以互相关联却又互相冲突的形态持续下去,超越学者或教育委员会对词义所下的定义。我们所能做的贡献并非解决词义演变的问题,而是希望从词义的主流定义之外,还可能找出其他边缘的意涵。在社会史中,许多重要的词义都是由优势阶级所形塑,在很大的程度上是由某些行业所操控,因此有些词义被边缘化。这本书对词义的评论并非不持任何立场,其中所要探讨的是一些在社会、文化等领域中重要的词汇。这些主要词汇都曾真实地在历史或社会场景中出现,其词义经由长期延续与变化而流传至今。如果数百万使用这些主要词汇的人都把它们视为"积极词汇"(active vocabulary),那么我们就有必要凸显这些词去让别人了解。("积极词汇"并非是一种"经由学习的传统"或"大家所接受的共识",亦非仅因其存在于我们的语言之中,就被认为具有权威性;而是由于一些对词义不同的精辟见解,并且在实际情况中意义被塑造或重新塑造的词汇。此外,"积极词汇"亦是一种我们知道如何使用的词汇;它的词义会在我们需要它改变时改变,也会在我们"制造"语言或历史的过程中发生变化。)

　　当我在写这本有关词义的书时,我一直希望能够设计出一种清楚的阐述方式,使得一些特别的词汇在我的分析之中能够表现出内在的关联性(有些时候这些关联性是以复杂的方式呈现)。最后我决定以"按照字母的排序"方式呈现,并且以"互相参照"(cross-reference)的方式提醒读者注意词汇重要的关联,但这种方式似乎还是会隐蔽词汇内在的关联性。然而当我们以"学科""主题"等其他方式来编写时,虽然可以呈现出词汇在某一方面的关联,却也相对隐蔽它们在另一方面的关联性。举例而言,如果 representative 这个词被放在政治主题的这组词汇中,我们也许会强调它民主的意涵,却忽略了 representative government(代议制政府)与 representative art(表征的艺术)意涵有部分关联的重要问题;如果 realism(写实主义、现实主义)被放在文学主题这组词汇中,我们也许会着重它在文学艺术方面的意涵,而它的哲学基本意涵以及商业、政治上的意涵将不易显现。在我们所熟知的学术领域及关心的议题里,有许多专门词汇不但非常实用,而且很容易描写及编排。这本书所选的词汇也许可以更完备,并且经由刻意把词义局限在一些专门领域的定义之中,就可以避免词义部分重叠的问题。但既然这本书是要去探寻广泛的词义以及词义彼此之间的关联性,我就无法达到所谓的"完备",也不能刻意把词义局限在一些专门领域的定义之中。当我选取一些在社会文化广泛讨论的主题中对我而言非常重要的词汇时,我就不能再遵循传统以主题的方式、而必须以另一种按照字母顺序的传统方式编排。然而,因为一本书只有当它被读者阅读完之后才算真正完成,所以虽然"按照字母顺序"的编排方式可提供读者立即的效用,但我还是希望这种对词汇不同的选取原则与编排方式,可以让词义的相互比较与关联性呈现在读者面前。

就如同其他许多事情一样,我也深知在"词义"这方面我需要做更深入的思考与研究;而更进一步的研究是需要经由不断探讨才能达成,这也是我编写这本书的宗旨之一。在这本书的注解或短评之中,若是我有不同的见解(譬如一些理论主张或是对社会、历史详细的探索),我都会费一些篇幅来加以阐明。假如我当初以其他方式来编排,那么这本书中所能讨论的词在数量与范围上都会有所局限,而我对这本书中所选择的词能否清楚阐明,是我的优先考量。但我也非常希望读者诸君能够对这本书加以指正、补述、回应与批评,因为这本书本来就存在对词的讨论空间。字典本身所能做的事实上有所局限,因为它只是参照前人不断修订的词义,就认为它所认定的词义是放诸四海而皆准的。虽然这本书在词义的探索方面,可能会因其不是一本词典而有所局限,但却也同样因此更具有弹性。很感谢这本书的出版者允许它留有一些空白的页数。这些空白部分不仅是为了方便读者做笔记,而是作为一个讨论园地。这种探讨是开放的,而且作者将欢迎所有指正、补述、回应与批评,此为这本书精神之所在。

我要感谢的人很多,远比我所知道名字的还要多,这些人过去几年来不论是在正式或非正式的讨论里,对于这些词义的探讨都有所贡献。我尤其感谢 R. B. Woodings 先生,他是本书的编辑,对这本书贡献良多。他也是我过去的同事,当我积极地考虑是否要将这些档案、文件汇整成书时,他正好来看我,当时他的鼓励对这本书的出版影响很大。在这本书出版的所有阶段里,我太太的助益也不小。我也必须说明一下 W. G. Heyman 先生的实际帮助。三十年前,他是我所教授的成人班之学员,有一次在讨论一个词之后,他告诉我他年轻的时候,就开始购买登有《牛津大辞典》的报纸版面。令我感到惊讶的是,几年之后,他来我班上上课的时候,带着三个装得满满的硬纸盒,坚持说要送给我。对于他,我有一种特殊的情感,并且对于这些报纸版面本身也有特别的情感——这些是与装订成册的书,以及图书馆里具有平滑纸张的书籍截然不同。这些粗糙而未经切割的报纸版面,已随岁月的推移而日渐泛黄与破损。在我查阅这些报纸版面里的词汇时,令人难忘的是这些标题:《*Dejection* 到 *Depravation*》,《*Heel* 到 *Hod*》,《*R* 到 *Reactive*》等等。这一本小书之所以出版,为的是要回馈很多人对我的关心与帮助。

剑桥,1975,1983

第二版序言

这本书的初版,深受欢迎,远超过我的预料。由此,驱使我对这本书再做修订——以第一版导言中所提的方式加以修订。这也就是说,作品一如往昔被视为必然是"未完成的"(unfinished)以及"不完备的"(incomplete)。在这个新的版本中,另外增添二十一个新词汇,并加以注释说明:*anarchism*, *anthropology*, *development*, *dialect*, *ecology*, *ethnic*, *experience*, *expert*, *exploitation*, *folk*, *generation*, *genius*, *jargon*, *liberation*, *ordinary*, *racial*, *regional*, *sex*, *technology*, *underprivileged* 以及 *western*。这些词汇有一部分是从我原先所收集的词汇目录引介而来,另一部分则是属于晚近陆续出现的重要词汇。同时我也对第一版做了一些修订(更正错误与补充说明)。

在此,我要由衷地感谢许多对这本书提供意见的人——不论是借由书信讨论或是直接与我对话的方式。这些新收录的语汇,有一些就是出自于他们的建议。另外,对第一版所做的错误更正与补充说明,有许多也是经由他们的提议。虽然我无法将所有的错误更正与补充说明的意见完全纳入,但是在此我还是要特别感谢下列这些人:感谢 Aiden Foster-Carter,因为他提供了一系列的注释说明,尤其是针对 *development* 这个语汇所提出的意见;感谢 Michael Mckeon,因为他提供了意见,尤其是针对 *revolution* 这个语汇;感谢 Peter Burke,因为他提供了一系列的宝贵的注释;感谢 Carl Gersuny,因为他提供了一系列的注释说明,尤其是针对 *interest* 与 *work* 这两个语汇所提出的意见。我特别要感谢 Daniel Bell,对于 *generation* 这个词汇所提供的意见;感谢 Gerald Foler,对于 *scientist* 这个词汇所提供的意见;感谢 Alan Hall,对于 *history* 这个词汇所提供的意见;感谢 P. B. Home,对于 *native* 这个词汇所提供的意见;感谢 R. D. Hull,对于 *industrial* 这个词汇所提供的意见;感谢 G. Millington,H. S. Pickering 和 N. Pitterger,对于 *education* 这个词汇所提供的意见;感谢 Darko Suvin,对于 *communist* 与 *social* 这两个词汇所提供的意见;感谢 René Wellek,对于 *literature* 这个词汇所提供的意见。同时我也要感谢下述这些人,因为他们提供了宝贵的建议与资料:Perry Anderson, Jonathan Benthall, Andrew Daw, Simon Duncan, Howard Erskine-Hill, Fred Gray, Christopher Hill, Denis L. Johnston, A. D. King, Michael Lane, Colin MacCabe, Graham Martin, Ian Mordant, Benjamin Nelson, Malcolm Pittock, Vivien Pixner, Vito Signorile, Philip Tait, Gay Weber, Stephen White, David Wise, Dave Wootton, Ivor Wymer 与 Stephen Yeo。

剑桥,1983 年 5 月

Aesthetic(美的、审美的、美学的)

Aesthetic 于 19 世纪初出现在英文的词汇里。一直到 19 世纪中叶,才被普遍使用。尽管它具有希腊文的形式,但实际上它是在历经一段重要且充满争议的发展过程后,由德文借来的外来语。Aesthetic 一词第一次出现时,是被用来作为鲍姆加登(Alexander Baumgarten,1714—1762 年)所著的两册书(*Aesthetica*,1750—1758 年)的书名;它是以拉丁文的形式出现。鲍姆加登把美定义为"非常完善",而当我们想到艺术,他的定义最重要之处就是相当强调美是经由感官(*senses*)来理解。这可以用来解释鲍姆加登的重要新词;其可追溯的最早词源为希腊文 *aisthesis*——意指感官的察觉。在希腊文中,*aesthetic* 的主要意涵是指可以经由感官察觉的实质东西,而非那些只能经由学习而得到的非物质、抽象之事物。鲍姆加登对 aesthetic 的新用法有一部分是在强调主观的感官活动,以及人类特有的艺术创造力,尽管他的书并未被翻译也乏人问津,但他所著的 *Aesthetica* 其书名意义在这些领域已变得相当通行。康德(Kant)也视美为本质且绝对的感官现象,但是他反对鲍姆加登的用法,并如同原希腊文一样对美的定义较为宽广:一种利用感官察觉情况的科学。两种用法都散见于19世纪初的英文,但到19世纪中叶aesthetic作为"美"(the beautiful)的定义已经非常普遍,通常与艺术有紧密的关联。刘易斯(Lewes)1879年在定义"抽象的感官科学"时,使用了aesthetic的一个变异词——aesthesics。但是自从18世纪初,意指失去知觉的anaesthesia(麻醉)已被使用。自从19世纪中叶随着医学的进步,anaesthetic成为aesthetic这个形容词的反义词。Anaesthetic被普遍用来表示"失去知觉"或是指涉"使失去知觉的药剂"。这种意指失去知觉的反义用法,导致unaesthetic或nonaesthetic的产生。无论是unaesthetic或nonaesthetic,在当时被视为是aesthetic的相反词,与美或艺术有关的语汇。

1812年时,柯勒律治(Coleridge)希望他能为有关品味(Taste;参见本书)或批评(Criticism;参见本书)的著作,找到比aesthetic更贴切的词,然后迟至1842年时aesthetics才被视为"掉书袋、卖弄学问的愚蠢词汇"。在1859年时,汉密尔顿(Sir William Hamilton)尽管将aesthetic理解为"品味的哲学、美术的理论、美的科学等等",并承认"不只是德国,其他欧洲国家"也已接受这个看法,但他仍认为apolaustic(享乐的学问)这个词较为适当。尽管aesthetic在造词时就已隐含了模糊性(其指涉意涵或为艺术、或为较广泛的美),但是却已变得相当通用。在1880年,aesthete(唯美主义者)这个名词才被广泛地使用,通常是具有贬抑的意涵。以佩特(Walter Pater)为主的美学运动,其原则与实践受到挞伐及讪笑，最为人所熟知的就是吉尔伯特（Gilbert）在1880年所写的歌剧《佩兴斯》（*Patience*）。这种情况与当时马修·阿诺德（Matthew Arnold）及其他人使用 *culture* 这个词时的情况相似。Aesthete 一直是被负面使用。Aesthetician（美学家）作为与美学研究有关的中性词，出现在19世纪中叶。Aesthetic 这个形容词除了用于专门讨论文学或艺术的议题，现在也普遍与视觉映象、视觉效果有关。

Aesthetic 意指艺术（Art；参见本书）、视觉映象与"美"的范畴，而从词汇演变的历史来看，这个重要词汇强调人的主观的（Subjective；参见本书）知觉是艺术或美的基石，却又同时吊诡地把人的主观知觉排除于艺术与美之外；这与对 *social* 及 *cultural* 两个词汇的解释有所不同。Aesthetic 是现代人对 *art* 与 *society* 有不同认知的重要因素之一。Aesthetic 与 culture 包含一个特别意涵（超脱社会评价之外的意涵），指的是一个被主流社会所排除的人类空间。Aesthetic 的意涵——强调人的主观认知是艺术与美的基石——是可以理解的，但另一个意涵——把人的主观认知排除于艺术与美——却是说不通的。正如 art 与 society 相对立一样，"美学的考量"（aesthetic consideration）是不同于"实用的"（*practical*）考量、或"功利的"（Utilitarian；参见本书）考量。"美学的考量"这个词，虽然普遍流行，但用法有其盲点；无可避免地这个词已被错置及边缘化。

参见 Art, Creative, Culture, Genius, Literature, Subjective, Utilitarian

Alienation(异化、疏离)

Alienation 是现在语言中最难定义的一个词。除了一般的用法外,它在社会、经济、心理与哲学等学科中,还有一些特别且受争议的意涵。尤有甚者,20 世纪中叶它已不只是学术的用语,而变成一般的用语。然而由于 alienation 具有多重意涵,且在过去具有较广泛的意义,以至于其在一般用法上常常被使用,但意义却不相同,因而造成困惑。

alienation 这个具有广泛意义的英文词,虽然看似当代的词汇,但其实它已存在于语言中好几个世纪。最接近的词源是中古法文 *aliénacion*,它是由拉丁文 *alienationem* 演变而来;可追溯的最早的词源为 *alienare*——意指疏远、疏离。此外,alienation 又与拉丁词 *alienus* 有关,而 *alienus* 这个词——意指属于其他地方或人——最接近的词源是拉丁文 *alieus*——意指 other 与 another。Alienation 具有许多的意义:(一) alienation 在 14 世纪的英文中被使用来描述疏离的行动与疏离的状态,意指切断或被切断与神的关系,或是一个团体或个人与当时所被接受的政治权威关系产生决裂。

(二)自从15世纪,它又一直被用来描述转让所有权或任何事物给他人的行为,尤其是有关权力、财产与金钱的转让。此外,它还有一些附属次要的意涵,意指这些转让是由受益人所偷偷谋划,或是这些转让被视为是从专属拥有者的不当转让。这些负面的意涵最后变得相当通行。虽然alienation在法律上"志愿转让"的意涵依然存在,但是"不适当、非志愿甚至是被强迫转让"却是主要的意涵。(三)第二个意涵后来又被引申为转让的结果,或者是被疏离的状态。(四)同样地,alienation这个词从早期15世纪的拉丁文中就意指损失、撤回或心志错乱(疯狂)。

在 alienation 这个词的现代意义及一般用法中,其早期的意涵已被广泛地使用。到了20世纪初,alienation通常主要在两个特别的语脉中被使用:(一)是财产的剥夺;(二)是沿用19世纪中期 alienation of affection(情感的疏离)之意涵,指的是刻意谋划介入别人的家庭关系,尤其是夫妻间的关系。但这个词在现代强大且日渐发展的知识体系中,已经变得相当重要,有时甚至是主要的概念。

Alienation 的(一)意涵在现代产生很多变异用法。现存于神学上的意义是描述人与有关上帝的宗教知识、上帝的恩宠及对上帝的崇拜产生疏离,甚至是完全被切断的状态而非指行动。这有时与一般普遍的用法部分重叠。一般的用法是源自于卢梭,意指人被视为与他们原来的本性产生疏离,甚至完全被切断。这层意思又有许多变异用法,其中两种变异用法又极端不同,一种意指人与他们原始的自然产生疏离,一种意指人与他们永恒的本质天性产生疏离。学者对这些变异的原因的解释,意见相当分歧。有一个一直存在的观念,认为由于人类文明(Civilization;参见本书)的发展,人类丧失了他们原始的本性;人类要克服其与原始本性产生的疏离,不是主动回到原始的本性,就是对文明的压迫产生抗压性,甚至是去对抗它。Alienation 在意指"人类与本质天性产生疏离"的这个意涵中,又有两个最普遍的变异用法。其一是,在宗教上意指人与其内在的神性产生疏离;其二是,在弗洛伊德或受弗洛伊德影响的心理学中,意指人在文明中或在文明过程中的某些阶段,与他们原始的利比多(libido)或性欲产生疏离。克服宗教意涵的疏离,就是恢复人内在的神性;克服心理学意涵的疏离,是恢复人全部或部分的利比多(libido)与性欲。就某一个角度来说,疏离是文明发展所必须付出的代价,要克服它是很困难甚至不可能的;而就另一个角度来说,克服疏离就是要终结资本主义(Capitalism;参见本书)与中产阶级家庭(the Bourgeois Family;参见本书)所造成的巨大疏离,而这需经过系统的规划及极端的手段。

在黑格尔或马克思的理论中,上述 alienation 的(一)意涵被融入上述的(二)意涵,因此产生了一个非常重要的变异用法,意指人与本性所产生的疏离是由自我所造成,而这种疏离的过程被视为历史发展所产生的必然结果。人的性格是由自我所创造,而不是天生决定的。人类经由物化(objectification)的过程(在黑格尔的学说中是精神的过程,在马克思是劳力的过程),创造了他们自己的本性,而终止疏离就是要跨越之前不可避免的疏离。这种论点是很难理解的,尤其是当我们比较一些重要的德文和英文词汇关系的时候。德文 *entäussern* 主要与上述 alienation 的(二)意涵相符,意指离开、转移与转让给别人,同时它又有一个重要的附加意涵:

使置外于本身。德文 entfremden 更接近 alienation 的(一)意义,尤其是在人与人之间疏离的行动或状态这个意义上。(讨论 Entfremdung 词义的历史,请参阅 Schacht。)第三个词是马克思使用的 vergegenständlichung,这个词有时候被翻译为 alienation,但现在通常被理解为 reification(物化)——广义上是指人被物化的过程。虽然这些难解意涵所造成的翻译问题已被解释清楚,但由于意义的不确定性,且 alienation 的(一)意涵和 alienation 的(二)意涵丧失了明显的界线,因此在英文上对 alienation 意义的讨论令人更加困惑。在 alienation 词义演变的过程中,alienation 的(一)意涵和(二)意涵丧失了明显的界线:相互融合是一件很重要的事,尤其是在马克思的学说之中。在黑格尔的理论中,经由主体与客体的辩证,这种疏离过程被视为是在世界史上的精神发展(spiritual development),而这种辩证最后由更高一层的融合(unity)所总结。随后费尔巴哈(Feuerbach)在对宗教的批判之中,认为就人类的心理投射与情感转移的层面而言,上帝与人类的最大潜在力量产生疏离。这种论点在人文主义及神学上的论辩之中一再被提及。马克思把这种疏离的过程视为是经由劳动的历史演变所产生。在劳动的历史之中,人经由创造他们的世界而创造了自己;但在阶级社会中,由于劳力的分工、私有财产制的形成以及在资本主义的生产模式下,资本家剥夺了劳工的劳力结晶与参与生产的感觉,因而使得人们与他们的本性产生了疏离。人们用他们的力量创造了世界,但他们所创造的世界却反过来宰制他们;当他们在面对他们所创造的世界时,自己却显得像是陌生人与敌对者。虽然这种疏离主要被描述成人类现代的生产过程所产生的结果,但这却也与 alienation(二)或 *Entäusserung* 在法律及商业的完整意义有关。因此,alienation(二)渐增的且详尽的历史过程,造成了 alienation(一)最普遍的意义:疏离的状态。Alienation(一)的次要意涵与 *Entfremdung* 相符合,意指由于劳力与生产的竞争,使人与人之间产生的疏离。这种在城市或工业资本主义的工厂中所产生的疏离现象,被视为社会在工业化、资本化后所产生的结果。

在各种知识体系的内部意涵、外部影响的讨论中,这些特别意涵理所当然不断成为争论的主题,并在现代用法中日益通行。这些 alienation 的特别意涵导致人们互相指责对方错用、误解了 alienation 的意义,但事实上 alienation 本来就具有多层的用法。现代最广泛的用法可能是源自于心理学,意指人们与他们内心深处的情感、欲求产生疏离。但还有另一种非常普遍的用法:就是在 alienation 原本心理学的意涵中,加入"我们处于一个疏离的社会"这层意义,这与现代工作、教育与社会形态的本质所产生的疏离特别有关。alienation 词义最近的分类是由西曼(Seeman)在 1959 年所提出,他把 alienation 的定义归类为下列诸项:(a)*powerlessness*(无力感)——无力或感到无力对我们所处的社会有所影响。(b)*meaninglessness*(虚无感)——感到失去行为的准则与信仰的依归。(c)*normlessness*(失序感)——感到非不择手段不能达到目的。(d)*isolation*(孤立感)——感到与特定的目标与规范产生疏离。(e)*self-estrangement*(自我疏离)——无法找到真正令自己满意的活动。这种抽象分类的特色是把疏离简化为心理的状态,忽略它在社会、历史方面的意涵,但这种分类仍呈现 alienation 这个词汇在现代用法中所包含的广大范围,故仍是非常有用的。涂尔干(Durkheim)所用的 anomie(离群;个人与社会间的疏离)这个词汇已为英文所接受,其意义尤其与 alienation(b)和(c)的意涵有部分雷同,意指人无法找到作为社会关系与自我实现的适当准则。

从 alienation 现代用法的范围与使用频率来看,这个词及其特殊的意义很明显提供了我们广泛且重要的经验去描述或诠释疏离的意涵。有些人对 alienation 词义的难解感到不耐,也有人把它贬为只是一个时下流行的语汇,但我们最好去面对 alienation 词义难解的问题,以及其多种不同用法与不寻常的词义演变历史所衍生出的困难。Alienation 其"广泛地感到人与社会产生疏离"的意涵,是作为 alienation 其他意涵的主轴概念。

参见 Civilization, Individual, Man, Psychological, Subjective

Anarchism(混乱、无政府主义)

37　　　Anarchy 这个词 16 世纪中叶以后在英文中出现,它最接近的词源是法文 *anarchie*,可追溯的最早词源是希腊文 *anarchia*——意指没有领袖的状态。Anarchy 最早与带有贬义的民主(Democracy;参见本书)用法类似,而 1539 年的文献记载"民众毫无法度的自由与放纵被称作 Anarchie",但 anarchy 这个词在英文中出现的时候,主要是指任何形式的失序(disorder)或混乱(*chaos*;其希腊词义为裂缝)。然而 17 世纪中叶出现的 anarchism(无政府主义)与 17 世纪末出现的 anarchist(无政府主义者)更具有政治方面的意涵:Anarchism 在 1656 年时成为那些提倡无政府状态者的信条、立场与手段,也意指人民处于没有统治者的状态。从上述 anarchism(无政府主义)的定义所衍生出的 anarchists(无政府主义者)事实上与 *democrats*(民主主义者)和 *republicans*(共和主义者)旧的意涵相当接近;在卡德沃思(Cudworth)1678 年的著作中,anarchist 又与 *atheists*(无神论者)有关。非常有趣的,一直迟至1862年斯宾塞（Spencer）才写道："anarchist（无政府主义者）……就是否定任何政府……有权力去侵犯他们个人的自由。"上述的这些词汇在某些现代自由主义或极端保守主义那里经常被用到。

然而在法国大革命时，吉伦特派党员批评其极端的对手为anarchists（取其早期较广泛的定义），因此在法国大革命这个语脉之下，anarchist的意义开始转变，使得anarchism具有极端政治倾向的意涵。在1840年时，这个原本诋毁的词汇被普鲁东（Proudhon）首度用作正面的意涵。从这个时期之后，anarchism成为社会主义与劳工运动主要的趋势，与主流的马克思主义及其他的社会主义（Socialism；参见本书）对抗。1870年代以后，那些原本把自己定义为 *mutualists*（互助主义者）、*federalist*（联邦主义者）或 *antiauthoritarian*（反权威主义者）的人纷纷刻意向无政府主义靠拢；而这到处燃烧的无政府主义运动后来发展为反对"国家社会主义"（state socialism）与"无产阶级专政"（dictatorship of the proletariat）的革命团体。重要的工团主义（anarcho-syndicalism）运动是主张以由工会组成的"自我管理组织"来代替任何形式的政府组织，作为社会组织的基石。

然而，主要在19世纪70年代到1914年之间，有少数无政府主义者主张以暴力和谋杀作为对抗政治领袖的手段。虽然这种主张明显与主流的无政府主义大相径庭，但却使anarchist（无政府主义者）这个词至今仍带有强烈的恐怖分子（*terrorist*；其与 *terrorism* 这个词一起在18世纪出现）意涵。

Mutualists（互助主义者）、*federalist*（联邦主义者）或 anti-authoritarian（反权威主义者）所鼓吹的无政府主义依然是很重要的政治潮流。但是非常有趣的,许多无政府主义者的主张与计划已经被后期马克思主义者或其他激进社会主义者所接纳,不过他们仍小心地保留马克思主义与社会主义原有的理念,作为与 anarchism（无政府主义）的区隔。

参见 Democracy, Liberal, Liberation, Radical, Revolution, Socialism, Violence

Anthropology(人类学)

Anthropology 16 世纪末时出现在英文之中,其最早的使用纪录是哈维(R. Harvey)1593 年时在其著作中所记载的文字——"他们所拥有的系谱(genealogy),他们所学习的艺术,他们所做的活动。这部分的历史就名为 Anthropology"——就已经具有 anthropology 的现代意涵。但是在这之后的三个世纪,anthropology 的另一个完全不同的意涵变成主要流行的意涵。*Anthropologos*(希腊词义为对人的论述与研究)具有 *anthropologia* 这个词的实质意涵,为亚里士多德所用,并于 1594—1595 年时再度被使用在卡斯曼(Casmann)的著作 *Psychologica Anthropologica, sive Animae Humanae Doctrina*(《心理人类学》)与 *Anthropologia:II, hoc est defabrica Humani Corpris*(《人类学第二卷,关于人类的身体》)中。卡斯曼这两部著作以现代的语汇来讲 psychology(心理学)与 physiology(生理学),但显然它们的重点是强调这两者的联结——这个概念在 18 世纪依然相当普遍:"Anthropology(人类学)是研究人类身体(body)和心灵(soul)、人类身体与心灵的统合,以及统合之后所产生的感官知觉和行为等。"之后,人类学在身体部分的研究有细分的趋势:(一)与感官知觉有关——如同柯勒律治在1810年所说:"大部分的人类学书是一种对于感官知觉的分析。"(二)与人类体质的多样性(参较 Racial)与进化(Evolution;参见本书)的问题有关。因此一直到19世纪末,anthropology 最通行的意义就是我们现在所谓的"体质人类学"(physical anthropology)。

Anthropology 19世纪后逐渐发展形成"社会、文化人类学"。这个较广义的定义(哈维也曾提出类似的概念,所以也可以说是再度出现),与文明(Civilization;参见本书)及文化(Culture;参见本书)这两个概念的发展息息相关(尤其是与文化有关)。在英语世界中,泰勒(Tylor)在1870年所著的《原始文化》(*Primitive Culture*)事实上被视为奠立这门新学科(社会、文化人类学)的作品。这些发展就某个角度来看,可以追溯到18世纪末赫尔德(Herder)对多元文化(plural *cultures*)的定义:不同的生活方式需要分别被当作整体来研究,而不能被视为只是处于朝向欧洲文明发展(Development;参见本书)的不同阶段;就另一个角度来看,这可以追溯到18世纪启蒙思想家所主张的"人类发展有不同阶段"之概念,同时也很明显可以追溯到克莱姆(G. F. Klemm)的著作《人类文化通史》(*Allgemeine Kulturgeschichte der Menschheit*,1843—1852年)与《文化通史》(*Allegemaneine Kulturwissenschaft*,1854—1855年)。克莱姆把人类的发展分为从蛮荒(savagery)、驯化(domestication)到自由(freedom)三个阶段。1871年时,美国语言学界研究亲属关系的先锋摩尔根(Lewis Morgan),在其著作《古代社会——人类从蛮荒经野蛮到文明之研究》(Ancient Society or Research in the Line of Progress from Savagery through Barbarism to Civilization)中对"人类发展三阶段"所下的定义对后世有很大的影响。经恩格斯的引进,这个定义对早期马克思主义有很大的影响。就这些发展而言,不论是否由"进步发展"的观点来看,anthropology的概念是在强调"原始"("蛮荒")文化。在欧洲帝国主义与殖民主义,以及美国与被征服的印第安部落发生冲突的时期,有很多资料可以提供人类学在科学以及其他更广泛方面的研究(后者常常被归类为"实用"、"应用"人类学:将人类学在科学方面的知识与执政者的政策做联结)。所产生的最重要影响其实是把人类学的研究范围局限在原始文化,然而这种局限却也树立了对"整体或特别生活方式"的研究模式;这种研究模式对"人类结构"(human structure)的研究产生重大的影响。"人类结构"的研究在某些学派中被概称为结合语言学与人类学的"结构主义"(Structuralism;参见本书);在另一些学派中则被概称为"功能主义"(functionalism),主张社会机制是对人类基本需求的各种不同的文化反应。此外,人类学广泛的比较研究使"不同文化有其不同发展过程"的概念大为盛行,与过去认为文明的发展都是经由一定的步骤与阶段的概念迥异。

因此在20世纪中叶,"体质人类学"以及对原始民族有广泛深入研究的"文化人类学"普遍流行;除了这两个学派之外,还有些人把人类学视为一种研究的模式,抑或是作为包括"人类生活方式"等更广泛层面的研究基础。在这个时期,当然社会学(Sociology;参见本书)已经以不同形式出现,被视为研究现代社会(在某些学派是现代文化)的学科。社会学的研究领域后来又和作为与"体质人类学"区分的"社会人类学"(或称文化人类学)有不易厘清的重叠部分。(在英国通常称为"社会人类学";在美国则称为"文化人类学",不过文化人类学在美国经常含有研究工艺品等物质的意涵。)

　　经由研究词意复杂的历史,anthropology 这个词汇及这门学科的复杂性所引发的学术问题就会被呈现出来(但也许是被隐蔽起来)。有趣的是自从 20 世纪以来,一些相关且研究主题部分重叠的学科结合成一门新学科——就是日渐为我们所知的"人类科学"(human sciences)。这在法国尤为盛行,称为 les sciences humaines。human sciences(人类科学)在现代语言中以复数的形式出现,但它事实上是由 anthropology 过去一些较狭义的定义演变而来。

参见 Civilization, Culture, Development, Evolution, Psychology, Racial, Sociology, Structural

Art（艺术、技艺）

Art 这个词原来的普遍意涵是指各种不同的技术（skill），这种意涵在现代英文中依然相当常用。然而 art 另一个与艺术、艺术家（artist）有关的专门意涵现在变成最主要的定义。

自从 13 世纪 art 这个词就一直在英文中被使用，它最接近的词源是中古法语里的 *art*，可追溯的最早词源是拉丁文 *artem*——意指 skill（技术）。一直到 17 世纪末 art 这个词都没有专门的定义，它被广泛地应用在很多地方，譬如数学、医学、钓鱼等领域都会使用到这个词。在中世纪的大学课程里，所谓的七艺（seven arts）以及后来所谓的人文学科（liberal arts，参见本书）是指文法、逻辑、修辞、算术、几何、音乐与天文学；此外，虽然 artist 自从 16 世纪渐渐发展成为指技艺精湛的人（artist 事实上到 16 世纪末一直等同于 artisan〔手工艺者〕），或指专精于七个缪斯女神所管辖的历史、诗歌、喜剧、悲剧、音乐、舞蹈与天文学的人，但它也同时在 16 世纪时被首度使用在"七艺"与"人文学科"的语境中。自从 17 世纪末，art 专门意指之前不被认为是艺术领域的绘画、素描、雕刻与雕塑的用法越来越常见,但一直到 19 世纪,这种用法才被确立,且一直持续至今。不过更早在 18 世纪末,artist(艺术家)与 artisan(手工艺者)这两个词的差别就已日渐分明且被大家接受:artist 专门意指绘画、素描、雕塑(不包含雕刻,那时新成立的皇家学院不认为雕刻家是艺术家)等领域里的艺术家,而 artisan 则专门意指技术纯熟的手工艺者,已无具有学术性、想象力与创造力的意涵。由于 artisan 这个词在词义上的发展演变,以及 19 世纪中叶以后对 *scientist*(科学家)的定义,使得 artist(艺术家)的定义趋向专门化,也凸显出 art 是指美术(*fine arts*)而非人文学科(*liberal arts*)。

具有抽象概念的英文大写的 Art 有其内在广泛的原理、原则,但却很难认定说它是哪一个时期出现的。18 世纪时 Art 的定义与用法不尽相同,但 19 世纪时这些定义与用法都被接纳,因而使 Art 的定义更为广泛。这种发展主要与 Culture(文化,参见本书)和 Aesthtic(美学的,参见本书)的定义在历史上的发展有关。1815 年时,诗人华兹华斯(Wordsworth)写信给画家海登(Haydon)说:"我们的职业、我们的朋友与我们的创造性艺术(Creative Art)是高尚的。"Art 现在普遍与 *creative*(具创造力的)和 *imaginative*(具想象力的)有关,这确实可以追溯到 18 世纪末与 19 世纪初。Artistic(艺术家的、艺术的)这个重要形容词的出现,确实可以追溯到 19 世纪中叶,而 artistic temperament(艺术家的气质)与 artistic sensibility(艺术家的敏悟)的用法也可以追溯到同一个时期。此外,artiste(艺人)这个词也出现在同一个时期,专门用来指涉演员与歌手等演艺人员,而 artist(艺术家)这个词专指画家或雕刻家,并且从 19 世纪中叶起也指作家和作曲家。

观察在不同时期有哪些词汇是与 art 这个词成为对比或有所区分是一件很有趣的事情。在 17 世纪中叶之前,artless 这个词就已意指"没有技能"(unskilled 或 devoid of skill),而这个意涵至今存在。但是在更早之前 art 是以 nature 作为其对比,art 意指人类技能下的产物,而 nature 意指人类天生内在本质下所产生的东西。自从 17 世纪中叶以后,更确切地说,特别是 18 世纪末,artless 已经有正面的意涵,意指 spontaneity(自发性),甚至是指在 art(艺术)里的"自发性"。当 art 仍然意指 skill(技能)、Industry(勤勉,参见本书)与 diligent skill(经由勤勉而得的技能)时,这些词汇是密切相关的;但自从 19 世纪中叶,它们被各自抽离出来而意义变得较狭窄,进而产生对比时,art(艺术)变成与 imagination(想象力)有关,其余则与 utility(实用、效用)有所关联。大部分的 sciences(科学)一直到 18 世纪都被通称为 arts。science 与 art 这两个词在现代定义上有所区别与对比,science(科学)与 skill(技能)有关,而 art(艺术)与 effort(努力)有关,两者基本上有迥然不同的方法与目的;虽然早在 19 世纪中叶之前,science 与 art 有时候在词义上就已形成对比:前者与 theory(理论)有关,后者与 practice(实用)有关,但我们还是可以说,science 与 art 这两个词的现代定义上的区别与对比,实际上是从 19 世纪中叶开始的(参见:Science, Theory)。

"人类技能"与"人类技能的基本目的"在历史演变下会不断发生改变。要去区分它们是一件很复杂的事情,而这种区分很明显与"劳动的实际分工"与"技能的使用目的"的意义转变有关。这种区分是把"使用价值"(use values)的定义局限在"交换价值"(exchange values)上,这与资本主义下商品生产的内在变化有很大的关联。为了因应这种区分,有一些"技术"或"目的"则被专门归类为人文学科(the arts 或 *the humanities*)。这些各种不同形式的人文学科的用处与目的是一种抽象的概念,并非通过"立即的交换活动"(immediate exchange)就可以看出它们的价值;而这个概念也是作为 art(艺术)与 industry(工业)、fine arts(美术)与 useful arts(实用的技艺)的区分——useful arts 最后演变为一个专门的词汇技术(Technology,参见本书)。

Artist(艺术家)在这一种基本的意义脉络里,不仅是有别于 scientist(科学家)与 technologist(工艺学家,技术专家)——在早期这两者皆被视为 artist——而且是有别于 *artisan*(手艺人)、*craftsman*(工匠)以及 skilled worker(技术工人);这三种类型的人,就一个特别的工作(Work,参见本书)定义与组织而言,他们是 operatives(技工)。当这些实用的区别在一个特定的生产模式里被迫接受时,art 与 artist 有着更广泛的(更不明确的)相关性,表达了一个普遍的人文的(亦即非功利主义的)趣味,同时反讽的是,艺术作品实际上被视为商品,且大部分的艺术家被视为是属于独立自主的工匠或技术工人这个范畴(即使他们很合理地宣称自己不是工匠或技术工人),可以生产出某种非主流的商品。

参见 Aesthetic,Creative,Culture,Genius,Industry,Science,Technology

Behaviour(行为、举止)

Behave(行为、举止)是一个非常奇特的词,其词义目前仍不易理解。它源自于古英文词 *behabban*,意指 contain(包含)。可追溯的最早词源是 *be*(意指 about)和 *habban*(意指 hold)。但是这个现代词汇似乎在 15 世纪才被引介,当时是作为动词 have 的一个形式来使用(参较德文的 *sich behaben*),尤其具有"to have(bear)oneself"(处身、举止)反身动词的意涵。16 世纪时,它的动词过去式可能是 *behad*。其主要意涵是与公众行为或举止有关——与现代词汇 *deportment* (举止、行为)或是 *manners*(礼仪;参较 14 世纪的 *mannerly*)的意涵最为接近。behave 这个词虽是动词,但仍保有那些名词的通用意涵。behave(yourself)在口语英文里仍然通用,意指"循规蹈矩",其反义为 behave badly"不守规矩"。behave 最初的词义局限在高贵的公众行为(约翰逊特别强调"外在的"行为),后来泛指一般的活动。在词义演变的过程中,这个词有时语义模棱两可。这种情形对于后来的名词 behaviour 之词义演变尤其重要。用名词来指涉公众行为或是具有道德意涵的一般活动,这种用法仍然非常普遍。典型的例子是"我们遭逢厄运,其原因通常是行为(behaviour)过度放纵"(《李尔王》,I,ii)。然而重要的演变是将这个词汇视为中性来使用,不具任何道德色彩。它被用来描述某个人或某个东西在某种特殊的情况下所产生的反应(回应)方式。这种用法始于17世纪的科学论述,但是在19世纪前并不普遍。重大的转变似乎出现于对物质、物体的描述,且强调"可以观察"这一层含义。这与早期主要意涵——"可以观察到的公众行为"——也许有关。我们可以看到赫胥黎(Huxley)这样描述:"观看……水由充满淤泥的平坦海岸流出的行为动作(behaviour)。"(1878年)behavior这个词汇亦可用在对植物、动物及低等生物的描述里,一直到19世纪其通用的意涵一直是:"生物的外部明显活动。"(参较 animal behaviour〔动物行为〕,及具有专门意涵的同义词 ethology〔行为学〕) *ethology* 在17世纪被定义为 mimicry(模拟);18世纪则是 *ethics*(伦理学);19世纪是 science of character(性格学;穆勒,1843年)。*Ethology* 词义演变从具有道德意涵转而为中性意涵,其过程很明显与 behaviour 及 *character* 的词义演变过程相同。

后来有人将物理、生物科学的方法学应用到心理学的重要分支,于是先后分别产生了(沃森〔Watson〕,1913年)具有特别意涵的词汇——behaviourist(行为主义者)与behaviourism(行为主义)。这种方法将心理学定义为"自然科学中的一个纯客观和实验性的分支"(沃森),且将心理的(mental)或经验上的(experiential)资料视为"非科学"(unscientific)而加以排斥。这种定义主要是凸显"可以观察到"(*observable*)

的意涵。这层意涵最初是指"在物理学上能以客观方式来测量"(objectively physically measurable)。后来的行为主义或称为新行为主义(neo-behaviourist)(用希腊文 neo 这个词汇来说明新的学说、原理始于 17 世纪,但是迟至 19 世纪末才成为普遍)将"可以观察到"的意涵修订为:"可以通过实验的方法来度量"——各种"心理的"或"经验上的"(参较 Subjective〔主观的〕)资料皆可通过观察来掌控。除了有关心理学方法论上的观点外,比较重要的也许是 behaviour 在心理学上的词义演变。其词义由行为主义学派及若干相关的社会、思想潮流延伸出来,呈现新的广泛意涵,指涉所有(?可以观察到的)活动,尤其是指人类的活动;而这些活动均被解释为"生物体"与其"环境"之间的"互动"——通常是指"刺激"(stimulus)与"反应"(response)。在一些领域里,这种意涵将有关人类活动的研究与人类活动之本质完全局限在由环境所决定的(Determined,参见本书)互动上,其他的"意向"或"目的"之概念则不列入考量,或者充其量只被视为次要,因为 behaviour 的意涵主要是强调"可观察的"结果。传播(Communications,参见本书)与广告(*advertising*)是属社会实用(socially applied)——绝非中性、不带色彩(neutral)——的领域。*advertising* 在 15 世纪之普遍意涵为 notification(通知),其词义后来(尤其在 19 世纪末后)演变为影响消费者(Consumer,参见本书)行为的一套体系。在人类科学及社会实用领域里,"刺激"与"反应"原先是具有较中性的物理学意涵,但后来演变为一套简化的"行为控管"(controlled behaviour)体系,意指所有人类重大活动的缩影。Controlled 这个词很有趣,因为它的词义用法在下面两种情况里有部分重叠:(一)"可以观察到"的实验(这方面的意涵是源自15世纪商业会计的核对系统)。(二)运用权力、掌控他人(同样是源自于15世纪)。虽然这两层现代意涵被视为分开独立的,但是实际上它们相互为用,并且产生了重大的结果:某些"与意图有关"(intentional)及"具目的性"(purposive)的习俗与制度被描绘成仿佛是"自然、客观"(natural or objective)的刺激(stimuli);而针对这些刺激所产生的种种反应(responses)则被归类为"正常"(normal)、"不正常"(abnormal)或是"反常"(deviant)等不同等级。于是,"自主性"(autonomous;independent)反应的意涵(就其广义而言,或是就其被排除在归类、等级之外而言)被削弱,并且在许多方面产生重大影响。例如,政治学与社会学(参较"deviant groups"〔偏差团体〕、"deviant political behaviour"〔偏差政治行为〕)、心理学(参较 Rationalization)及对于智能或语言(language behaviour〔语言行为〕)的了解;在这方面,有两种解释——行为主义学派的广义解释(behaviourist explanations)与根据诸如"生成的"(generative)或"创意的"(Creative,参见本书)等专门语汇所产生的解释——彼此看法不同,争论不休。

除了这些既特别又主要的议题外,有意义的是,我们看到一个意指"公众行为"的词汇演变成一个具有明显中性意涵("各种各类的活动")的通用词汇。

Bourgeois（资产者、资产阶级分子）

Bourgeois 是一个词义用法不易界定的英文词。原因有三：（一）尽管这个词在英文里被广泛使用，然而它很明显是一个法文词。早期英语化了的法文词 *burgess* 是源自于古法文 *burgeis* 及中古英文 *burgeis*, *burges*, *borges*——意指自治市的市民、公民。burgess 的词义一直很固定，保有原来的专门意涵。（二）这个词汇尤其与马克思主义的论点有关，而马派的论点可能引发敌意与排斥。我们可以这么说，在马派的脉络里，bourgeois 这个词不能完全以我们较为熟悉的英文词 *middle-class*（中产阶级）来翻译。（三）bourgeois 这个词汇的概念部分是从马克思主义而来，但主要还是根据早期的法文意涵。在最近二十年的英文里，它已延伸为一个语义普遍（但通常是不明确）的词汇，成为社会上的贬抑语汇。要了解它的词义所涵盖的范围，我们有必要追溯这个词在法文的演变，并且必须对于德文词汇 *bürgerlich* 翻译成法文与英文时所遇到的特殊困难加以留意。

在法国封建社会制度下，bourgeois 的定义是由法律范畴来界定的，例如居留时间的长短等条件。这个词的基本定义是：生活稳定、没有负债的可靠"居民、市民"（citizen）。最早的负面意涵来自社会较高的阶级——贵族。贵族对 the bourgeois（资产阶级）的平庸表示轻蔑。尤其在 18 世纪时，这种轻蔑的态度在哲学家及学术界人士身上表露无遗。他们看不起这种"中产"阶级的狭隘（即使是稳定）生活及浅薄见识。在 17、18 世纪时，bourgeois 的词义用法被拿来与 *citizen* 及其缩写词 cit. 作比较。the bourgeois（资产阶级）始终与 trade（商业、贸易）结合在一起。要做一个成功的资产阶级分子并且过资产阶级生活（live *bourgeoisement*），典型的例子是退休靠投资所得过日子。一栋资产阶级房子（A bourgeois house）是指不进行任何交易或任何行业活动（后来，律师与医生不受此限）的房子。

在商业不断扩张的世纪里，资产阶级的人数呈现稳定的增长，且其重要性与日俱增。这种情况对政治思想产生了重大的冲击，而此种政治思想的变化对 bourgeois 这个词有着既深远又复杂的影响。尤其在 18 世纪，society（社会，参见本书）这个词出现了新的观念，于是产生了 civil society（公民社会）这个英文语汇。然而，civil 这个形容词在当时其同义词是法文 *bourgeois* 及德文 *bürgerlich*（在某些意义层面上，现在仍然是如此）。在后来的英文用法里，这两个词被翻译成英文 bourgeois，保留了 19 世纪时的特别意涵。于是，bourgeois 的词义用法变得混淆不清。

"资产阶级"（bourgeois）这个词在马克思主义里具有特殊的意涵。在此之前，它不但是一个贬义词，而且也是备受下层阶级钦羡的语词。军人或流动的劳工视那些居有定所的资产阶级为敌手;工人视资本化的资产阶级为雇主。到了18世纪末之前,这种看法在社会上已经相当普遍,尽管贵族与哲学家对资产阶级仍存有不同程度的轻蔑态度。

马克思对"资产阶级社会"(bourgeois society)这个词下了定义并且视其为一个重要的概念。然而,尤其是在其早期的一些作品里,这个词的意义含混不清。对黑格尔(Hegel)而言,"公民社会"(*civil/bürgerlich society*)是一个重要的词汇,其意涵与国家(State,参见本书)不同。马克思将这些早期的思想融入到后来的观念里。他对于"资产阶级社会"的新定义是根据bourgeois这个词早期的用法而来——范围涵盖了生活稳定、没有负债的可靠居民及与日俱增的中产阶级(由商人、企业家及雇主所组成)。他将"公民社会"理论称之为"资产阶级"政治理论并且提出批判。他对"资产阶级政治理论"的批判是根据他对"公民社会"的观察。他认为公民社会的概念与机制不具普遍性;这些概念与机制实际上是源自于某种特别的资产阶级社会;这是一种资产阶级(the bourgeoise;这个阶级名称此时已经变得格外有意义)蔚为主流的社会。不同的资产阶级社会导致不同阶段的资本主义(Capitalist,参见本书)经济生产模式。或者,根据后来较严谨的说法就是:不同阶段的资本主义生产模式导致不同阶段的资产阶级社会、资产阶级思想、资产阶级情感、资产阶级意识形态、资产阶级艺术。按照马克思的说法,资产阶级这个词的用法已成普遍。然而,在某些方面,我们通常很难将这种马派用法与贵族、哲学家对"资产阶级"这个词的贬抑用法作区别。同时也很难与后来通行于艺术家、作家及思想家的用法作区别:虽然这些在社会上没什么地位的艺术家、作家及思想家可能不认同马克思定义的主要概念,但他们仍然对那些平庸、生活稳定、具有社会地位的人不屑一顾。

由上述的讨论我们可以看出 bourgeois 词义的复杂性。甚至在严格的马克思主义用法里也存在着复杂问题,因为同样的一个词(bourgeois)可以用来描述历史上不同时期或阶段的社会、文化发展。在某些语境里,这种情形势必令人困惑:对于居有定所、独立自主的居民而言,其资产阶级意识形态很显然不同于流动频繁的跨国公司经纪人。"小资产阶级"(petit-bourgeois)这个词试图保留一些早期的历史特点,它同时也用来指涉复杂、变动社会中的某一特殊类别的人。资产者(bourgeois)与资本家(*capitalist*)这两个词之间的关系存在一些问题。这两个词通常在用法上没有区别。然而,对马克思而言,作为社会、经济的语汇,这两个词有明显不同的意涵。将"非城市"(non-urban)的资本家(例如,经营农业的资本家、雇主)视为资产者(bourgeois),并且保有残存的"城市意涵"(urban sense),这种看法也有问题,虽然这些"非城市"的资本家所形成的社会关系明显是资产阶级式的(从19世纪 bourgeois 这个词的演变意涵来看)。此外,"资产阶级社会"(bourgeois society)与资产"阶级"(the bourgeois or bourgeoise as a class)之间的关系亦难厘清。根据马克思的看法,"资产阶级社会"就是资产阶级蔚为主流的社会。然而,在用法上有很大的争辩:同样的一个词(bourgeois)可以用来指涉一整个社会,其中存在着一个主导阶级(必然也有其他阶级);也可用来指涉整个社会中的一个特别阶级。语义上的困难在 bourgeois 当形容词使用时特别明显,尤其是用来描述一些无法用资产阶级的社会、经济内涵来定义的习俗惯例。

因此,bourgeois 这个词的使用在英文上遭到抗拒并不会令人感到意外,但是我们必须说,关于这个词汇在马派及其他的历史、政治论述里的正确用法,我们无法找到真正的英文替代词来说明。"中产阶级"(*middle-class*)这个翻译词提供了 bourgeois 在 19 世纪前的大部分意涵,它指向同样阶层的人、其生活方式及观念态度。*middle-class* 所涵盖的意涵就是 *bourgeois* 及更早的 *citizen*、*cit* 及 *civil* 等词汇所指涉的意涵。18 世纪末之前 *citizen* 及 *cit* 为普遍通用的词汇,但 18 世纪末 middle-class 出现之后,就变得不那么普遍了。然而,middle-class 虽然是一个现代语汇,其所根据的是古老社会阶级的三种区分——上层、中层、下层。这种区分对于封建社会及封建制度之后的社会有重大的意义,但是无法用来描述已开发的资产阶级社会。在已开发的资本主义社会之历史脉络里,"统治阶级"(*ruling* class)这个词具有社会主义的意涵。这个词不能很明显或轻易地用不同意涵的 *middle class* 来取代。基于这个原因——尤其在这种历史脉络下——bourgeois 这个词,尽管其词义不易理解,仍然持续被使用。

参见 Capitalism, Civilization, Class, Society

Bureaucracy（科层制、官僚制）

Bureaucracy 这个词汇从 19 世纪中叶开始，出现在英文里。卡莱尔（Carlyle）在 1850 年的著作《后期论丛》(*Latter-day Pamphlets*) 提到"欧洲大陆惹人厌的东西——官僚制（Bureaucracy）"。穆勒在 1848 年的著作中指出，在"主导、支配的官僚制"（dominant bureaucracy）里，集中所有"组织行为之权力"（the power of organized action）是不妥当的。在 1818 年，摩根（Morgan）女士使用了一个较早的说法。她写道："官僚制的专制或政府部门的专制（bureaucratic or office tyranny），爱尔兰长久以来一直受此统治。"bureaucracy 这个词源自法文，其最接近的词源为 *bureaucratie*，可追溯的最早词源为 *bureau*，意指办公桌（writing-desk），后来也指 office（办公部门）。bureau 最初的意涵是指用来覆盖桌面的一种厚毛呢（baize）。bureau 在英文里当成 office 来使用，可以追溯到 18 世纪初期；这种用法在美国更为普遍，尤其是在外国的公司部门里；这与法文的普遍影响有关。随着商业组织、机构的规模日益扩大，政府干预与法律管制也相对地增加，并且具有组织与专业部门的中央政府其重要性日益增加。针对这些有关政府体制的现况,新的词汇于是应运而生,呈现不同的评价。在英国及北美的用法里,bureaucracy 这个外国词汇被用来指涉行政机关的严苛与滥权,然而像 *public service* 或 *civil service*(公职或文职)等语汇则被用来指涉公正、无私的专业精神。在德文里,*Bureaukratie* 这个词有较正面的意涵(例如,在施莫勒〔Schmoller〕的作品里,它被视为"阶级战争中唯一公正的要素"〔君主政体除外〕;韦伯〔Weber〕赋予这个词更进一步的意涵,视其为"法律上站得住脚的理性"〔legally established rationality〕)。这些林林总总的词汇令人对有关政治体制的评价产生困惑,并且将公仆团体(a body of *public servants*)与官僚制所效劳的各种不同政治体制之间的差异性变得更加模糊。尽管如此,bureaucracy 这个词仍然保有一种更广义的贬抑用法,不仅指涉官员这个阶层,而且指涉某种具有现代组织形式、中央集权式的社会阶层。这与古老的"贵族"(*artistoratic*)社会及大众化的"民主政治"(Democracy,参见本书)之用法明显不同。在社会主义思潮里,这一直是个重要的词义用法;"公众利益"(public interest)的概念是随着 public service 与 bureaucracy 二者的词义演变而有所不同。

在狭义的用法方面,bureaucracy 被用来指涉繁复的官方手续。1871 年,《日报新闻》(*Daily News*)将这个词描述为"一个行政部门……具有一成不变令人厌烦的常规,包含了公文上系红带、封蜡、盖印及官样文章"。不过这个词的词义仍有不确定性,它游移在两个词汇——"企业方法"(business methods)与"机关组织"(office organization)——之间。这两个词汇是因应商业用途所创造的中性语词,而 bureaucracy 这个词通常用来解释政府部门里的类似或相同的步骤与程序。

参见 Democracy, Management

Capitalism(资本主义)

Capitalism这个词汇意指特别的经济体系,从19世纪初期开始出现在英文里。其出现在法文与德文里的时间几乎与英文同时。Capitalist(资本家)当作名词来使用,时间上则更早一点。扬格(Arthur Young)在其期刊《法国旅游》(*Travels in France*,1792年)中使用这个词,但是意义相当松散:"有钱人,或称capitalists。"柯勒律治在其著作《茶话》(*Table-talk*,1823年)里,将词义延伸:"capitalists……拥有其需求的劳力。"霍奇金(Thomas Hodgkin)在其著作《劳方对资方主张之辩驳》(*Labour Defended against the Claims of Capital*,1825年)中提到:"所有欧洲的资本家,尽管他们具有流动资本,自己本身仍无法提供一周的食物与衣着。"另外,也提到:"处在生产食物者与制造衣物者之间、在制造工具者与使用工具者之间,资本家既不制造也不使用,却是将这些生产挪为己有。"这一段很明显是对经济制度的描述。

Capital(资本)这个词汇的经济意涵从17世纪起出现在英文里,到了18世纪其经济意涵更加明确。钱伯斯《百科全书》(Chambers, *Cyclopaedia*)提到:"国会赋予南太平洋公司扩张资本的权力。"亚当·斯密(Adam Smith)对于"流动的资本"曾经下过定义(1776年)。这个词的狭义用法是源自其通用的意涵——head(头)或 chief(首位):最接近的词源为法文 *capital* 与拉丁文 *capitalis*,可追溯的最早词源为拉丁文 *caput*——意指 head。后来衍生出很多特别专门的意涵。这个词的经济意涵是从惯用语"capital stock"(股票总额、股本)简化而来,意指"物质上的拥有"或是"货币基金"。古典经济学对资本的功能及各类型的资本功能有清楚的描述及定义。

从资本主义(Capitalism)这个词可以看出词义的演变史。这个词一直被用来指涉一种特殊的、历史性的经济制度,而不是指涉任何一般的经济制度。Capital 及最初使用的 capitalist 是任何经济体系的专门术语。后来,capitalist 的词义用法在特殊的历史发展阶段里具有特别的意涵。就是这种用法,capitalism 的概念得以明确化。Capitalist 这个词汇包含下列意涵:在生产者之间,其被视为无用但具有掌控能力的调解人;capitalist 亦可解释为劳工的雇主;或定义为生产资料的拥有者。这些意涵的形成终究与 capital 与 capitalism 在意涵上的区分有关(在马克思的著作里尤为可见):capital 被定义为一种正式的经济范畴,capitalism 被定义为一种"生产资料集中占有"的特别形式(含有工资—劳动体系)。就此而言,capitalism 便是"发展中资产阶级社会"之产物。资本主义的生产(capitalist production)模式很早就存在,但是资本主义作为一种制度,其时间——马克思称为"资本主义时期"(the capitalist era)——仅能溯自 16 世纪,且一直要到18世纪末期与19世纪初期才达到"工业资本主义"(industrial capitalism)阶段。

上述这些细节仍存有许多争议。当然,关于制度本身的优点及运作也有无数的争议。然而,从20世纪初期开始,在大多数的语言里,capitalism的词义是指一种独特的经济制度,有别于其他制度。"资本主义"作为一个专门术语,其时间似乎不会早于1880年代,那时它开始被用在德国社会主义的著作里,并且扩及非社会主义的著作。英文及法文的最早用法似乎只能追溯至20世纪初年。在20世纪中叶,为了对抗社会主义的论述,资本主义拥护者经常用"private enterprise"(私人企业)与"free enterprise"(自由企业)来取代"capitalism"与"capitalist"这两个词。"私人企业"与"自由企业"这些语汇令人回忆起早期资本主义的概况。这些语汇很快地适用到极大型的或是具跨国性的"民间"企业,或者适用于被这些企业所控制的经济体系。然而,在其他时刻里,资本主义仍以目前通用的名称capitalism来使用。后来发展出"后资本家"(post-capitalist)及"后工业主义"(post-capitalism)之语汇,用来描述制度上的可能变更,例如从对股东的监督转移到对专业管理部门的监督,或者是允许某些"国有化的"(Nationalized,参见本书)或"国有的"(state-owned)企业同时存在。这些描述是经过挑选,用来修正资本主义的概念。这些叙述的可信性端视其对资本主义的定义而定。虽然它们很明显修正了某些派别的资本主义,但是就其中心意涵而言,它们仍然不是主流的论述。"国家资本主义"(state-capitalism)这个新语汇在20世纪中叶相当流行,它保留了20世纪初期capitalism的部分意涵;这个语汇描述

52

Capitalism(资本主义)

各种形式的国有化，其中关于 capitalism 的原初定义（意指：由生产资料集中占有产生的工资—劳动体系）并未改变。

我们也有必要去注意另一种趋势：将 capitalist 的形容词用法延伸扩大，用来描述整体的社会——"资本主义的经济体系"（capitalist economic system）所主导的社会——或是社会的特色。Capitalist 与 Bourgeois（资产阶级分子，参见本书）这两个词的词义有很大的重叠，且偶尔也会造成困惑。从严格的马克思用法来说，capitalist 是用来描述一种生产的模式，而 bourgeois 是用来描述一种社会形态。关于"生产模式"与"社会形态"之间究竟存在何种关系，这是一个争论性的问题。就是这种争议引起词义的重叠。

参见 Bourgeois, Industry, Society

Career(职业、生涯、历程)

Career 这个词汇通常被用来说明一个人的生活历程,或者由此意涵引申为个人的职业或行业。在这种情形下,很少人会记得这个词的原始意涵——指的是 racecourse(赛马场)或 gallop(骑马奔驰)——尽管诸如"career about"(四处飞奔)的片语现在还在使用。

Career 从 16 世纪初出现在英文里,最接近的词源为法文 *carrière*——意指赛马场。可追溯的最早词源为拉丁文 *carraria*——意指 carriage road(马车道)。*Carria* 则是源自于拉丁文 *carrus*——意指 wagon(马车)。Career 这个词在 16 世纪时其词义为"赛马场""骑马奔驰",并且被引申为"任何快速、持续的活动"。虽然这个词有时候被当成中性的来使用(例如,用来描述太阳运行的方向),但是在 17 与 18 世纪时,它有一个普遍的用法——指的不仅是急促而且是放纵的活动。要分辨出 career 这个词在意涵上的变化是不容易的。举例来说,要区别以下两则用法上的词义变化是很难的。1767 年的用法:"一个……美女……在毫无拘束的爱情追求中(in the career of her conquests)"与1848年的麦考莱(Macaulay)的用法:"在事业的巅峰状态中(in the full career of success)"。或许从19世纪初期开始,career这个词便不具负面之意涵(尤其是用来指涉外交官或政治家生涯或职业时)。到了19世纪中叶,这个词变得很普遍,它指涉职业上的进展,后来也指涉职业本身。

在19世纪中叶,尤其是20世纪,career这个词与一组难解的词相提并论。例如,Work、Labour与Job(参见本书)等词皆是明显的例子,尤其以job最为明显。Career这个词的抽象、特别意涵(指涉政治人物与演艺人员之生涯)仍然被使用,但是它被广泛地——词义隐含或多或少的阶级属性——用来指涉具有某种发展前景的工作(work或job)。它最常被用来指涉具有明显的内在进程之工作——"公职生涯"(a career in the Civil Service)——但是它可以扩及到任何合宜、满意的职业(occupation),如"采煤业"(a career in coalmining)。Career这个词不必然包含"升迁"(promotion, advancement)之意。它通常隐含"连续性"(continuity),而career与job的区分有一部分是依此来判定,并且这种区别经常与各种不同工作的阶级属性息息相关。另一方面,将career的词义引申——例如"生涯建议"(careers advice)——有时候会切断它与各个阶级属性的关联。美式英文有一种说法,是将"技术半生不熟的工人"(semiskilled worker)视为"事业毫无前景"(flat career trajectory)的人。

有趣的是,某些与原始隐喻(具有17或18世纪负面意涵)相类似的语汇后来也出现在一些关于工作、升迁领域的描述中,例如 ratrace(无意义的竞争)。然而,贬义的意涵是直接表现在衍生的词汇里，如 careerism（对名利的追求）与 careerist（追求名利的、不择手段的）。这两个具负面意涵的词汇与具正面意涵的 career 是截然不同的。Careerist 与 careerism 分别是在 1917 年与 1933 年开始出现在文献里。早期的用法指的是国会政治。

参见 Labour, Work

Charity(爱、慈爱、慈善)

54 　　Charity 在 12 世纪成为英文词。最接近的词源为古法文 *charité*、拉丁文 *caritas*。可追溯的最早词源为 *carus*——意指"亲爱的"(dear)。拉丁文的词源形式具有"价格的昂贵"及"感情上的亲爱"(dearness of price as well as affection)双重意涵——这种关联性从古英文起就一直绕着 *dear* 这个词的意涵持续不断地出现。然而,charity 这个词的主要意涵是来自《圣经》。(拉丁版的——the Vulgate——《圣经》将希腊文 *agape* 区分为 *dilectio* 及 *caritas* 两类,后来威克利夫〔Wyclif〕将此二词分别译成英文 *love* 及 *charity*。廷德尔〔Tyndale〕则将 *caritas* 翻译成英文 love;在 16 世纪有关教义的激烈争执中,廷德尔的翻译备受争论。在 Bishop 版的《圣经》与钦定版的《圣经》里,charity 则是较受欢迎的翻译词。19 世纪《圣经》修订版中,love 成为一个重要的专门词汇。)Charity 即是基督之爱,存在于人与上帝之间,也存在于人与其邻居之间。Charity 指涉"对邻人的慈善,尤其是对于穷人的施舍",这种意涵很早就出现。然而,这个意涵最初与基督之爱有直接的关联。例如,使徒保罗(Paul)说过:"我若将所有的周济穷人……却没有爱,仍然与我无益"(歌林多前书13);此处,没有感情的行为被视为毫无价值,但是"济助穷人"这个主要意涵一直稳定地持续着。也许在16世纪时,这个词就已经非常通行,并且从17世纪末及18世纪初起被赋予新的抽象意涵。

这个词有另外一种词义演变。"慈善先自家中始"(Charity begins at home)在17世纪初期时已经是一个普遍流行的格言,而且在14世纪开始便有一些例子可以阐释这个概念。较有意思的是cold as charity(极其冷淡、冷漠)这个片语,它也许是将《马太福音》24:11的原初用法做了一个有趣的逆转。《福音》里预言"打仗和打仗的风声"及"好多假先知出现",接着又提到:"只因不法的事增多,许多人的爱心变得渐渐冷淡了(the love of many shall wax cold)。"这即是最普遍的基督教的意涵。更早的《圣经》翻译本(例如,Rhemish,1582年)是以charity来代替love:"许多人的慈善(charity)变得渐渐冷淡了。"布朗(Browne,1642年)提及"这些时期所出现的普遍抱怨即是……慈善(charity)变得冷淡了"。到了18世纪末,这层意义被逆转,它不再指爱心或慈善的干涸或凝固,取而代之的是较有趣的意涵:受惠者在多数慈善机构的长期济助下,对于善举(charitable act)的感受。这一层意涵一直很重要。有些人仍然会说他们将不会"接受施舍"(take charity),即使这些施舍是来自他们所捐赠的公共基金。事实上,这种态度包含了一种排斥他人援助、强调独立自主的意识。Charity词义所蕴含的厌恶感是源自于个人的自尊、尊严的受损。这些受伤的情感有其历史意涵,是慈善心(charity)与阶级情感(class-feelings)在施与受之间交互影响的结果;这种相互影响的重要特征之一为:将 charity 之意涵专门限定在那些"该得到援助的穷人"(the *deserving poor*)身上(指的并非是友善之爱,而是对于所认可的社会行为的一种奖励)。另外的特征在杰文斯(Jevons,1878年)概述中产阶级的政经考量时可以看出:"所有政治经济学家所坚持的是,慈善即是真正实质的慈善,不应该伤害到那些原本需要被援助的人"(他们所强调的不是贫穷救助,而是"慈善"如何被使用来当作激励劳工的因素)。不足为奇的是,charity 这个词汇在过去是被用来表达对他人的至为普遍的关爱,现在这层意涵却打了折扣(除了特别情形外,例如法律上对于慈善机构的现存定义),以至于现代的政府必须去宣扬福利补助"不是慈善(charity),而是一种权利(right)"。

City（城市）

City 这个词自从 13 世纪就已经存在，但是它的现代独特用法——用来指涉较大的或是非常大的城镇（town）——以及后来用作区别城市地区（urban areas）与乡村地区（rural areas, country）的用法源自于 16 世纪。后来的词义用法很明显与 16 世纪以来都市生活日渐重要有关，然而在 19 世纪之前，这种用法经常局限在首都城市——伦敦。较普遍的词义用法是因应工业革命期间城市生活的快速发展而产生的。工业革命使得英国在 19 世纪中叶成为世界史上第一个人口大部分集中在城镇的国家。

City 这个词的最接近词源为古法文 *cité*，可追溯的最早词源为拉丁文 *civitas*。然而，*civitas* 并不是具现代意涵的 city，拉丁文 *urbs* 才是。*Civitas* 是源自于拉丁文 *civis*——意指 citizen（市民、公民），而 citizen 是较接近 national（国民）的现代意涵。*Civitas* 当时是指一群市民而不是指一种特别的"定居地"（settlement）。罗马作家用 *civitas* 这个词来说明高卢（Gaul）部落。历经长期且复杂的演变，*civitas* 及其衍生词变成专门指涉一国之主要城镇。borough（其最接近的词源为古英文 burh）及 town（其最接近的词源为古英文 tun）是比 city 更早的英文词。Town 之词义由其原初的"圈地"（enclosure）或"院子"（yard）演变成"圈地里的建筑物"。13 世纪才开始具有现代的意涵。Borough（自治市镇）与 city 两词经常是互通的。在不同时期以及不同形态的中世纪及其之后的政府里，这两个词具有许多不同的法定特征。16 世纪以后，传说中的一项区别即是大教堂（cathedral）的存在与否。虽然这种观念不正确，但一直流传至今。当 city 与 town 开始由面积的大小来区别时（主要是从 19 世纪开始，但从 16 世纪伦敦作为首要都市起便有一些先例存在），两者在行政体系上仍然是 borough，且 city 变成专门指涉一种地方政府或地方行政机关的词。从 13 世纪起，city 无论如何比 town 高贵多了，city 被用来描述《圣经》上所记载的村落，也可以指涉一个理想的或是重要的"定居地"。到了 16 世纪，比较普遍的用法是，city 指的是伦敦。到了 17 世纪，city 与 country 所形成的对比变得非常普遍。City 指涉金融与商业中心的狭义用法（源自于伦敦市的实际地理位置状况）从 18 世纪初起变得非常普遍，这个时期金融与商业活动有显著的扩张。

City 作为一个独特类型的定居地，并且隐含着一种完全不同的生活方式及现代意涵，是从 19 世纪初期才确立的，虽然这种概念有其悠久的历史渊源，源自文艺复兴甚至是古典的思想。这个词所强调的现代意涵可以从其形容词的用法日渐抽象化（摆脱"特殊地点或行政体系"的具体观念）及对于大规模的现代都市的描述日渐普遍化两方面看出。据此而言，拥有几百万人口的现代城市大体而言是不同于具有早期"定居地"特色的数种城市——参较 *cathedral city*, *university city*, *provincial city*。同时，现代的城市已经被细分为不同类型。例如 inner city（市中心区）这个词在当代日渐为人使用，它是相对于各种不同的 *suburb*（郊区）而存在。从 17 世纪起，suburb 一直是指外围、较差的地区，而这种意涵在形容词 *suburban* 的一些用法里——指涉"褊狭"（narrowness）——可以看出。然而，自从 19 世纪末期以后，资产阶级对于其居住地的偏爱由市中心转向郊区。郊区变得比较吸引居民，而办公室及贫民窟则位于市区。

参见 Country, Civilization

Civilization(文明)

Civilization 通常被用来描述有组织性的社会生活状态。这个词与 culture 长久以来相互影响,不易厘清。Civilization 原先指的是一种过程,而且在某些语境里这种意涵现在仍然保存着。

在英文里,civilize 比 civilization 出现得早。Civilize 出现在 17 世纪初期,源自于 16 世纪的法文 *civiliser*,最接近的词源为中古拉丁文 *civilizare*——意指使刑事(criminal)事件变成民事(civil)事件,并且由此引申为"使……进入一种社会组织"(to bring within a form of social organization)。可追溯的最早词源为 civil,这个词源来自拉丁文 *civilis*(公民的、市民的)及 *civis*(公民、市民)。Civil 这个词汇从 14 世纪以来就出现在英文里,直到 16 世纪其引申意涵一直是 orderly(有条理的、有秩序的)及 educated(受教育的)。1594 年胡克(Hooker)提到"公民社会"(Civil Society)——在 17 世纪、尤其是 18 世纪时,这是一个重要的词。然而,civility 这个词大体上是用来描述"井然有序的社会"(an ordered society),其最接近的词源为中古拉丁文 civilitas——意指 community（共同体、社区）。17 世纪及 18 世纪，civility 这个词通常被当成我们现在所用的词 civilization 来使用。在 1772 年时，鲍斯威尔（Boswel）造访约翰逊，"发现他忙着准备第四版的对开本字典……他不收录 civilization，只收录 civility。尽管我对他有无比的尊敬，我却认为作为 barbarity（野蛮）的对比词，civilization——源自 to civilize（使文雅、教化）——是比 civility 更适合得多了。"鲍斯威尔已察觉出，civilization 词义的主要用法即将出现。这种用法所强调的，与其说是一种过程，倒不如说是一种社会秩序及优雅的状态，尤其是刻意凸显这个词与 barbarism（野蛮、未开化）的历史、文化对比。Civilization 出现在 1775 年的 Ash 版字典，既指涉一种状态也指涉过程。到了 18 世纪末期，尤其是 19 世纪，civilization 成为普遍通用的词。

　　就某种意涵而言，从 18 世纪末期以来，civilization 之新词义是由"过程"及"确立的状态"（an achieved condition）两种概念特别组合而成。这个词背后潜藏着启蒙主义的一般精神，强调的是世俗的、进步的人类自我发展。Civilization（文明）不仅表达这种历史过程的意涵，而且凸显了现代性的相关意涵：一种确立的优雅、秩序状态。浪漫主义是针对"文明"的一种反动。在浪漫主义时期，另外的词汇被选用来表达其他方面的人类发展及作为衡量人类福祉的其他标准；Culture（文化，参见本书）这个词是个明显的例子。在 18 世纪末期的英文与法文里，将"文明"与"优雅的礼仪"相提并论是很正常的。伯克（Burke）在《法国大革命反思》(*Reflections on the French Revolution*)中提到："我们的礼仪（manners）、我们的文明(civilization)及所有与礼仪、文明有关的美好事物。"这里所提到的名词看起来几乎是同义词,虽然此处 manners 所涵盖的意涵远超过这个词的现代的用法(这是我们必须留意的一件事)。从 19 世纪初期起,civilization 的词义逐渐演变成现代意涵,所强调的不仅是优雅的礼仪与行为,而且还包括社会秩序与有系统的知识——后来,科学(Science,参见本书)亦包含其中。大体而言,这种词义演变出现在法文的时间比英文稍早。然而,在 1830 年代,在英文世界里有一个重大的事件发生,那即是穆勒写了一篇讨论诗人柯勒律治的散文:

> 让我们以这个问题为例——人类究竟从文明获得多少利益?有一位观察家强烈地感受到物质生活的舒适;知识的增进与传播;迷信的衰落;相互交往的方便;举止、态度的温柔;战争与个人冲突的减少;强者对弱者的欺凌持续地减少;集全球众人之力所完成的伟大工程。

这些都是穆勒所举有关 civilization 之正面例子,并且其词义具有十足的现代意涵。他接着又描述负面的影响:自主能力的丧失;人造品的产生;单调、刻板的机械式理解;不公平与毫无希望的贫穷。柯勒律治与其他人将 civilization 与 *culture*(或 *cultivation*)作了区别:

> 在 cultivation 与 civilization 之间存在着永久性的差异及偶然性的对比……国家的永恒……以及它的进步

> 与个人自由……端视文明（civilization）的永续与进步而定。但是文明本身只不过是"好坏参半"（a mixed good）——如果它不再是一种腐蚀的力量，不再是疾病的潮红而非健康的红润。如果一个民族的"文明"不是根植于 cultivation（"教化、修养"）、根植于人类智能与特质的和谐发展，那么这个民族（不管如何显赫）充其量只能称为"虚有其表的"（varnished）——而不是"文雅的"（polished）——民族。（《论国家与教会之组成》，第五章〔On the Constitution of Church and State, V〕）

在这一段文字里，柯勒律治很明显将"文明"与"举止、态度的优雅"（polishing of manners）联想在一起；这即是有关"虚有其表"（varnish）这段话的重点。civilization 与 cultivation 的区别使人想起 18 世纪时的英文与法文里 polished, polite 词义的巧妙重叠（这两个词有相同的词源）。然而，将 civilization 形容为"好坏参半"——正如同穆勒一样，详细说明其正面与负面的结果——凸显了一个观点：这个词代表了整个现代化的社会过程。从这个时候起，这层意涵变成主流，不管结果是好、是坏，或是好坏参半。

无论如何，civilization 这个词主要还是指一般、普遍的过程。词义演变的重大关键是将 civilization 这个名词赋予复数的形式。Civilizations 出现的时间比 cultures 晚。在 1819 年，法文里（巴朗什〔Ballanche〕）首度出现这个用法。在此之前，英文里就有比较含蓄的用法，提到了"早先的文明"（an earlier civilization），但是复数的用法一直要等到 1860 年代才开始。

在现代英文里，civilization 仍然指涉一般的状态，并且与 *savagery*（未开化），*barbarism*（野蛮）形成对比。然而，经由词义的比较所得到的相对概念及 civilization 的复数形式之用法，这个词的前面通常会被加上一些具定义性的形容词：Western civilization（西方文明）、modern civilization（现代文明）、industrial civilization（工业文明）、scientific and technological civilization（科技文明）。于是，civilization 成为一个相当中性的词，指涉任何"确立的"社会秩序或生活方式。就这层意涵而言，这个词与 *culture* 的现代社会意涵有着既复杂且具争议性的关系。然而，它所指涉的"确立的状态"之意涵仍然居于主流，所以它保留了它的一般特质。就这层意涵，civilization（文明）、a civilized way of life（一种文明的生活）、the conditions of civilized society（文明社会的状态）很可能被视为是得失参半。

参见 City，Culture，Development，Modern，Society，Western

Class(阶级、等级、种类)

Class 很明显是一个难解的词,不仅是在其词义的层面上,而且是在其描述"社会分工"(social division)这个特殊意涵的复杂层面上。拉丁词 classis——意指根据罗马人民的财产所做的区分(division)——在 16 世纪末以拉丁文的形式成为英文词,其复数形式为 classes 或 classies。16 世纪末有一则似乎很现代的用法(金〔King〕,1594 年):"所有的浮华阶级与阶层"(all the classies and ranks of vanitie)。然而,classis 主要是用于与罗马历史有明显关系的事物;后来词义被引申,于是它变成教会组织的一个专门术语。例如,"集会(assemblies)指的不是长老监督会(classes)就是宗教会议(synods);1593 年。"接着,它变成一个普遍的用语,指涉 division(分类上的部、门)或 group(群、类)。例如,"植物的各种分类"(the classis of Plants;1664 年)。值得注意的是,拉丁词 classicus——在 17 世纪初期进入英文,成为 classic(最接近的词源为法文 classique)——在被赋予下列的广义、狭义意涵之前,便具有社会意涵;其广义意涵为"标准的权威"(a standard authority），而其狭义意涵为"属于古希腊、罗马"（现在明显通用的词为 classical；这个词最初是与 classic 互通的）。格利乌斯（Gellius）写道："*classicus…scriptor*, *non proletarius.*"（classical…writer, was no poor man，古典……作家没有穷人。）然而，class 在 17 世纪成为英文词时，与教育产生了一种特别的关系。布朗特（Blount）在 1656 年为 *classe* 这个词做了一个注释，将罗马人所采用的主要意涵——"依据百姓的身份地位所做的一种分类"——纳入，并且也提到："在学校里，这个词最为常用，指的是学生所就读的年级（Form）及所上的课（Lecture）"，这种用法在教育领域非常普遍。Classic 和 classical 与古典名著的关联深深影响其词义的演变。

从 17 世纪末期开始，class 被用来当作一个群体（group）或一个部门（division）的用法日趋普遍。最复杂的是，class 可以用来描述植物与动物，也可用来描述人，而不带有现代的社会意涵。（参较斯梯尔〔Steele，1709 年〕："这一类的现代才子——this class of modern Wits"。）然而，在 1770 至 1840 年间，class 开始演变成具有现代意涵的词，且对于特别的阶层皆有相对的固定名词来称呼，例如 lower class（下层阶级）、middle class（中产阶级）、upper class（上层阶级）、working class（劳工阶级）等等。这一段时间也是工业革命与关键性的社会重整时期。我们不难区分以下这两种截然不同的 class 意涵：（一）class 作为一个指涉任何群体的普遍语词，与（二）class 作为一种描述社会组织的特别语词。我们很容易分辨出 class 这个词在以下两个例子里的不同意涵：斯梯尔的"这一类（class）的才子"与 1830 年"伯明翰政治工会宣言"里所记载的"中、下层阶级百姓（the middle and lower classes of the people）的权利与利益在下议院里无法有效地陈述出来"。然而,在词义重大转变期间,以及之前的一段时间,我们的确很难确定一个特别用法究竟是属第(一)种意涵或是第(二)种意涵。我所了解的早期用法——也许可以用现代的意涵来解读——出现在笛福的作品:"明显的是,工资的高低将我们的百姓区分成更多的阶级(classes),总数超过其他国家"(Review〔《评论》〕,1705年4月14日)。但是,这种用法即使在经济的意涵脉络里绝非是确定的。对于1772年汉韦(Hanway)所下的标题——"对于下层阶级(the lower class)堕落之因的见解"——必定有人存疑。我们可以用严格的社会意涵来检视这个标题(正如我们解读笛福的作品一样),但是第(一)种意涵与第(二)种意涵之间的确有许多重叠,令我们无法将其区隔开来。在类似这种词义的演变过程中,出现了一项重大事件:以另类的词汇来指涉"社会分层"(social division)这个意涵。事实上,一直到18世纪末期、19世纪期间,甚至到20世纪,最普遍的词汇一直是 rank(阶级、阶层)与 order(阶级、等级),而 estate(阶级、地位)与 degree(阶级、等级)仍然是比 class 更普遍。Estate, degree 与 order 从中世纪开始就被广泛用来描述"社会地位"(social position)。Rank 从16世纪末一直就是个很普遍的词。实际上在所有我们现在称为 class 的语境里,上述这些另类的词是符合标准用法的,而且 lower order 与 lower orders 在18世纪变得尤其普遍。

Class 这个词取代了其他意指"社会分层"的旧名词,其词义演变与人们的认知有关。人们越来越相信"社会地位"是建构的,而不全然是由继承而来。之前的那些旧语词

(其本身包含了地位、阶层与分类等意涵的隐喻)是属于"人的地位是由其出身决定"的旧社会。"个人的流动"(individual mobility)可以被视为是从一种阶层(estate, degree, order 或 rank)移动到另一种阶层。影响人们改变认知的因素不仅是这些与日俱增的"个人流动"(其意涵大部分源自旧的词汇),而且还包含一些新意涵——对于不断创造新层级的"社会"(Society,参见本书)或特殊的"社会制度"(social system)赋予新意涵。我们可以从麦迪逊(Madison)的《联邦主义者》(*The Federalist*; USA, 1787 年左右)找到一个明显的例子:金融与制造业者"在文明国家必然增加,且随着价值观的不同产生了各种不同的阶级"。工业革命所带来的经济变化与美国独立战争、法国大革命所产生的政治冲突使人们对于这方面的认知更加敏锐。于是,class 这个新词汇应运而生,取得主导地位。然而,这个过程相当缓慢且历经波折,原因不只是旧的语汇仍然被沿用,并且保守派的思想家仍坚守其原则:尽可能舍弃 class 这个词,而采用旧有的词汇(或者是后来的新语汇);另外的主因是,将 class 视为一个普遍通用的(通常是指特别的)词汇来指涉"群体"——而不是视为专门语汇,指涉"社会分层"——难免与其他的词汇在意义上有所重叠。

据此,我们可以探索 class 这个词汇——具有新的特别意涵——的形成过程。Lower class(下层阶级)在 1772 年被使用,lowest class 与 lowest classes(最下层阶级)自从 1790 年代开始成为通用的词汇,这些词汇具有"过渡"色彩,并不能涵盖 class 的全部意涵。根据旧有的一般意涵,the lower class 与指涉"平民"的 Common(参见本书)*people* 没什么两样。比较有趣的是,middle classes(中产阶级)这个新词的定义比较少依从旧有的一般意涵。这个自觉意识浓厚的词是中产阶级本身所使用的词。之前有一些例子可循,如 1716 年的"men of a middle condition"(中等状况的人),1719 年笛福所提到的"the middle Station of life"(中等地位的生活),1718 年的"英格兰的中等阶层百姓(the Middling People of England)……一般而言是既和善且勇敢"及 1789 年的"中、下层阶级"(the middling and lower classes)。吉斯伯恩(Gisborne)在 1795 年写了一篇"探讨大不列颠社会高阶层(Higher Rank)与中产阶级(middle classes)百姓的义务"的文章。莫尔(Hannah More)在 1796 年提到"middling classes"(中等级)。1809 年记载了"税收的重担"重重地落在"中产阶层上(on the middle classes)"(《文萃月刊》〔*Monthly Repository*〕,501)。1812 年提到了"社会的中产阶级(the Middle Class of Society)遭逢倒霉的日子"(《审察者》〔*Examiner*〕,August)。Rank 这个词汇一如往常地被使用,詹姆斯·密尔(James Mill)在 1820 年写道:"被普遍描述为社会上最具智慧且最有道德的阶级(class)即是中产阶级(the middle rank)"(《论政府》〔*Essay on Government*〕),但是此处 class 这个词汇已具普遍的社会意涵,有其自身的用法。这种带有自我膨胀的叙述以 1831 年布鲁汉姆(Brougham)的演说最为明显:"我所提到的人,即是'中产阶级'(the middle classes),他们是国家的财富与智慧,英国的荣耀名称。"

对于这种词义的演变,我们始终存有一种好奇。*Middle*在空间的配置上是介于 *lower* 与 *higher* 之间。在 1791 年,伯克使用了 higher classes(高等阶级)这个词(《对法国事件的思考》〔*Thoughts on French Affairs*〕),而 upper classes(上层阶级)则是从 19 世纪 20 年代起被记载。这种分类的模式明显保有一种旧式的层级分类:"中产阶级"(the middle class)是一种自我意识浓厚的词——摆荡在"有社会地位的人"(persons of *rank*)与"平民"(the *common people*)两种阶层之间的一个词。当然,意义始终不是很明确。这也就是为什么 class 这个具有集体意涵的词,而不是具有特别意涵的 *rank*,被青睐的原因之一。很明显的是,继布鲁汉姆之后,"上层的"(*upper*)或"高等的"(*higher*)的用语实际上已消失。或者,我们可以这么说,对于"高等阶级"的认知已转移到另外的层面——亦即是指那些残留下来的、备受尊敬的,然而实际上是流离失所的贵族。

　　上述论点引发了另一个复杂议题。在 18 世纪 90 年代与 19 世纪 30 年代之间,有关政治、社会、经济权利的激烈辩论里,class 是被放在另一个分类模式——关于"生产的或是有用的阶级"(productive or useful classes)的特征(这是与"贵族"明显相对立的词汇)——里来讨论。法国史家沃尔内(Volney)所著的《废墟》(*The Ruins*)又称《各大帝国的革命概观》(*A Survey of the Revolutions of Empires*)(2 卷,1795 年)。在这本广为阅读的英文翻译版里,我们看到两种不同阶层的人有一段对话:第一类是指那些"通过有用的劳力对于维系社会命脉有所贡献的人"(意指那些大多数人,"劳动者、工匠、零售商与每一种有利社会的行业;这些人即是所通称的 *People*〔百姓〕")。第二类是指"特权阶级"(Privileged class)("教士、朝臣、公家会计师、军队指挥官。简言之,即是隶属于政府部门的行政、军事、宗教官员")。在法文的描述里,"百姓"(the people)与"贵族政府"(aristocratic government)彼此对立。这种对立的语汇转化为英文后被广为接受,这个特殊事件与18世纪90年代及19世纪30年代之间改革运动中的实际政治情况相吻合。不管是自觉意识浓厚的"中产阶级"(middle classes)或者是在这期间里自认是"工人阶级"(working classes)而非中产阶级的人,都能接纳以"有用的阶级"或"生产阶级"的词汇来描述他们,使他们有别于"特权人士"(the privileged)或是"游手好闲人士"(the idle)。说也奇怪,这种用法与区分为 lower, middle 及 higher(下层、中层、上层)的分类模式一致。这种用法颇为重要,然而却也令人困惑。

就是通过"有用的"或"生产的"意涵,"工人阶级"这个词得以问世。其意涵与其他词汇有许多重叠:参较"中产与工业阶级"("middle and industrious classes," *Monthly Magazine*〔《月刊》〕,1797年)与"贫穷与工人阶级"("poor and working classes,"欧文〔Owen〕,1813年)——后者也许是英文中第一个使用"working class"的词汇。在1818年欧文出版的《代表劳工阶级的两份请愿书》(*Two Memorials on Behalf of the Working Classes*),同一年《蛇发女怪》(*The Gorgon*,11月28日)在讨论"工人"(workmen)与"其雇主"(their employers)的明显、特殊关系时,使用了"工人阶级"(working classes)一词。这种用法于是很快地被接纳。到了1831年,《全国工人阶级工会》强调,他们的敌人与其说是特权倒不如说是"制订保护……财产或资本的……法律"——他们将这种法律与那些尚待制订、用来保护"勤劳、努力"(Industry,参见本书,依其旧有意涵解释)的法律区隔开来。在《穷人守护报》(1833年10月19日),奥布赖恩(O'Brien)提到"为生产阶级"确立"支配权,让其对自己的劳力果实拥有完全的支配权",接着将这种改变视为"工人阶级所期待的事情"。此处,"生产阶级"与"工人阶级"两词互通。另外也出现相关的复杂语汇,如"labouring classes"(劳工阶级)与"operative classes"(技工阶级)。这两个词似乎是将一种"有用阶级"(useful classes)与另一种"有用阶级"区隔开来,并且符合了"工人"(workmen)/"雇主"(employers)的区分,或是"雇工"(men)/"雇主"(master)的区分:这种区分就经济层面而言是不可避免的,并且自从19世纪30年代起在政治上成为普遍的用法。"工人阶级"这个名词原先是由其他阶层所给定的。后来它被接受,并且像另外的词"中产阶级"一样,被骄傲地拿来使用:"工人阶级已经创造所有的财富"(瑞朋登合作社《社规》〔Rules of Ripponden Co-operative Society〕;引自 J. H. Priestley,《瑞朋登合作社社史》〔History of RCS〕;1833—1839年)。

到了19世纪40年代,"中产阶级"(middle classes)与"工人阶级"(working classes)成为普遍通用的词。前者变成为单数名词(middle class),在时间上是先于后者。后者自从19世纪40年代后成为单数名词(working class),然而时至今日单、复数二者并用,通常具有意识形态的意涵;在社会学的用法里,单数形式是正规的,而复数形式则是普遍用在保守的叙述里。然而,这种词义演变产生了一个重大的结果;那就是说,这两个词现在成为通用的词,不断地被用来作为比较、区隔与对比,适用在不同的领域里。另一方面言,middle 暗示"层级"上的高低,因此暗指"下层阶级"(lower class):

不只是在理论上,而且在实践的层面上。此外,working 暗示着"生产性的或有用的活动";如此一来,非"工人阶级"就成为不事生产的或无用的阶级(提到贵族,这个论点是很容易讲得通的,然而具有生产力的中产阶级几乎无法接纳这种观点)。至今,这种困惑仍然持续。早在 1844 年,科伯恩(Cockburn)提到:"所谓的工人阶级(working-class),仿佛是说,唯一的工人就是用手操作的人。"然而,"工人"(*working man* 或 *workman*)一直指的是"以手操作的劳工"(a manual labour)。在 1875 年的法案里,有一个法律上的定义:"workman 这个词……指的是与雇主订定契约或是根据契约替雇主工作的任何人——劳工、农仆、技士、技工、手艺工人、矿工或是其他从事手工的工人。"workman 与 working class 间的关联性于是变得非常密切,但值得注意的是,这个定义包含了与雇主的契约及手工的工作。1890 年的一个法案提到,"'工人阶级住宅法案'里的第 11 条款将会生效,仿佛'工人阶级'这个词包含了所有的依赖'薪水'(wages)或'工资'(salaries)过日子的阶层百姓。"于是,我们看到"工人阶级"与那些完全依赖服务费(专业阶级)、利润(贸易阶级)或财产(独立自主人士)过日的人是有所不同的。然而,尤其随着办事员与服务业的兴起,关于这些人——为薪水或工资而工作,但从事的并不是手工工作的人——的阶级界定仍然不是很清楚(薪水从 14 世纪起,指的是固定的待遇)。"工资与薪水"(*wages and salaries*)在 19 世纪仍然是一个普遍的词汇;然而,在 1868 年,"银行或铁路的经理,甚至于工厂里的监工或是办事员,据说领的是薪水。"欲将薪水跟工资做区分是非常明显的:到了 20 世纪初期,薪水阶级(*salariat*)是不同于无产阶级(proletariat)的。此处，class 的两种类型很明显地被呈现出来。薪水所得者通常把自己归类为"中产阶级"。"中产阶级"是表达相对的社会地位的一个语词，因此其本身具"社会优越性"的概念。"工人阶级"之概念现在局限在"有用的"或是"有生产力的"阶级。"工人阶级"表达的是社会关系。因此，"中产阶级"与"工人阶级"这两种现代、普遍的阶级词汇，分属不同的类型。对于那些自认具有某种社会地位与社会优越性，然而在经济关系上却是出售或是倚赖其劳力的人而言，其位阶属性刚好在这两种类型之间，很明显与其中任何一类有部分的重叠。如果下这种结论，认为只有"工人阶级"从事工作(Work，参见本书)，是很荒谬的。但是假如那些从事其他"手工"工作的人，从相对的社会阶层(中产阶级)的角度来描述自己，那么意义的混淆势必无可避免。这种词义的繁复难解，产生了一个副作用：对于classing(分类、归类)这个词本身，有更进一步的解释(从 18 世纪末到 19 世纪末这一段期间，出现了大量的衍生词，如 classify, classifier 与 classification)。从 19 世纪 60 年代起，中产阶级开始区分为"低层"(lower)与"高层"(upper)两部分。后来，劳工阶级区分为"有技能的"(skilled)、"半技能的"(semi-skilled)和"劳动的"(labouring)三部分。之后，其他的分类体系相继而来，最明显的是"社会经济群"(socio-economic group)这个体系。它试图结合两种类型的阶级(class)与身份(Status，参见本书)。

最后，我们有必要将各种 class 的变异词视为抽象的观念。早期的一个用法是将这个词视为单数形的名词、一个专门的社会语词。格拉伯(Grabb)写道：

> 对于每一个阶层（class），我们都有指定的学校
> 所有阶层的规则与每个心灵的食物

此处 class 的意涵实际上等同于 rank（阶级、阶层）；"中产阶级"（middle class）这个词在被定义时，就是这样使用。但是 class 作为一个指涉"群体"（grouping）的普遍词汇，其影响力同样非常深远。并且"有用的"或是"有生产力的"阶级这种词汇主要是源自于此。然而，将"生产力"视为一种活跃的经济体系之特质导致了另一种意涵——class 既不是 rank 的同义词，也不是用来描述"群体"，而是用来描述基本经济关系的词汇。在现代用法里，"阶层"（rank）的意涵虽然残存下来，但仍占有分量；在某一种用法里，class 这个词的用法，仍然是由出身（birth）来界定。然而，比较严肃的用法，是将描述群体之意涵与指涉经济关系的意涵分开。明显的是，有关基本经济关系的专门词汇（例如"雇主与员工"之间、"有产与无产"之间），将会被视为不够周延或是意义过于广泛，无法针对群体性质的不同做正确的描述。因此，持续且令人困惑的论点逐一出现。有的人以"基本关系"的意涵看待 class，提出两或三种的"基本阶级"（basic classes）；有的人试图以 class 来描述群体，认为必须将分类做得更精细。从 class 这个词义的演变历史来看，其意涵基本上一直含糊不清。

当 class 这个语词，在 19 世纪开始被大量使用时，出现了各种流派。《蛇发女怪》（The Gorgon；1818 年 11 月 21 日）很自然地提到了"一个小阶层（class）的贸易商，名之为阁楼主人"。但是，科贝特（Cobbett）在 1825 年，有了新的意涵："因此，这里有一个社会阶级（one class）联合起来对抗另外

一个阶级(another class)。"霍尔(Charles Hall)在1805年指出：

> 文明国家的百姓,可以分为不同的阶层(orders),但是为了要探讨他们如何享受或被剥夺支撑身心健康的生活必需品,他们仅仅需要被区分为两种阶级:那就是富者与贫者。(《文明对于欧洲国家人民的影响》〔The Effects of Civilization on the People in European States〕)

此处,"阶层"(orders, ranks)有别于"有效的经济群体"(classes),一个纺纱业者(引自《英国工人阶级的形成》〔The Making of the English Working Class〕,汤普逊〔E. P. Thompson〕,p.199)在1818年,将雇主与工人描述为"两种不同阶级的人"。这种二元对立的分类方式,虽然是以不同面貌呈现,却显得很传统。虽然它可以再细分为三部分:"社会群体"可区分为上、中与下(upper, middle and lower)三层；"现代化的经济群体",根据约翰·斯图亚特·穆勒的看法,可区分为三种阶级:地主、资本家与劳工(Monthly Repository, 1834, 320)；或者是马克思的"三种伟大的社会阶级……赚取工资的劳动者、资本家与地主"。(《资本论》〔Capital〕, III)在实际的资本主义社会发展过程中,一分为三的分类方式,渐渐地被新的二元对立所取代。用马克思主义的术语来说,就是bourgeoisie(资产阶级)与proletariat(无产阶级)(一方面是因为一分为三的分类方式所产生的复杂纠葛,另一方面是因为"middle class"〔中产阶级〕这个英文词汇的定义普遍为社会所接纳,所以bourgeoisie与proletariat这两个外来词通常是不太容易翻译清楚的)。更棘手的是:class 在不同的阶层里头,到底是用来指涉"群体"或者是指涉"经济关系",一直摇摆不定。从经济关系所看到的 class,可以视为是一种"类别(category)"(如,靠工资生活者)或者是一种"形构群(formation)"(如,工人阶级)。马克思倾向于将"阶级"描述为"形构群":

> 不同的个体构成一个阶级,仅仅是因为他们必须对另外一个阶级打一场共同的战争;否则他们会彼此树敌,视对方为竞争对手。另一方面,阶级从而可以独立存在,反过来对抗个体,因此后者将发现他们的生活状况是被预先安排好的,并且任由他们所属的阶级来安排生活上的职位与个人发展……(《德意志意识形态》〔*German Ideology*〕)

这一种不易理解的论点,再度令人困惑。一个 class 有时候是一种"经济类别",包含所有身处那种客观的经济状态的人。但是一个 class 有时候(在马克思的论点里更常见)指的是一种"形构群";随着历史的发展,对于所处的经济状态的意识(consciousness),及处理这种经济状况的组织(organization)于是产生。

> 数以百万的家庭,处在这种生存的经济状态下——其生活模式,利益、文化与其他阶级不同,因而产生对立——于是,他们形成一个阶级。在这些小自耕农间,只存在着地方性的相互联系,其相同利益无法产生社会共同体、全国性的结盟或是政治的组织,因此他们无法

形成一个阶级。(《路易斯·波拿巴的雾月十八日》〔Eighteenth Brumaire of Louis Bonaparte〕)

"类别"(category)与"形构群"(formation)是有所区分的,但是 class 拥有这两种含义,所以当 class 这个词出现时,到底是指哪个含义,常混淆不清。然而这仍是一个重大的问题,导致下面这些争论持续不断地发生:(一)关于"被认定的阶级意识"(an assumed class consciousness)与"被客观衡量的阶级"(an objectively measured class)两者间的关系;(二)关于阶级属性的"自我认定"(self-description)与"自我归属"(self-assignation)的不确定性。后来衍生的许多词汇,意义仍然混淆不清。"阶级意识"(class consciousness)很明显只是属于"形构群"。"阶级斗争"(class struggle)、"阶级冲突"(class conflict)、"阶级战争"(class war)、"阶级律法"(class legistration)、"阶级偏见"(class bias),端视"形构群"的存在而定(虽然在阶级内部或者是阶级之间,这现象可能是局部发生的)。另一方面,"阶级文化"(class culture),可能摆荡在两种意义之间:"工人阶级文化"(working-class culture)可以指涉这种"形构群"的意义、价值、机制,或是指涉这个"类别"的品味与生活方式(参见 Culture)。在当代的讨论与争论中,所有的这些关于 class 的各种不同意涵——呈现,通常没有很清楚的区别,因此我们有必要重复 class 所涵盖的基本意涵(跳脱出一般的分类及教育学里的非争论性的意涵):

(一)group(群、组或类;就客观的意义而言):社会或经济上的各种不同类别。

(二) *rank*(阶层、阶级):相对的社会地位;借由出身(birth)或流动(mobility)所产生。

(三) *formation*(形构群):可以感知的经济关系;社会、政治与文化机构组织。

参见 Culture, Industry, Masses, Ordinary, Popular, Society, Underprivileged

Collective(集体的、集团的)

Collective 从 16 世纪起以形容词的形式出现在英文里，17 世纪起以名词出现。这个词汇是从 collect 的专门意涵演变而来；collective 最接近的词源为拉丁词 collectus——意指"聚在一起"（另一个接近的词源为古法文 collecter——意指"收税或累积金钱"）。作为形容词的 collective，最初是用来描述人们集体行动；或是用在相关的片语里，如"collective body"（集团组织）（胡克〔Hooker〕,《基督教会律法》〔Ecclesiastical Polity〕, VIII, iv；1600）。早期的名词用法，是用在文法上或物理学上的描述。Collective 作为某一种特别的群体来解释——"集团（the Collective）里的诸位弟兄们"（科贝特,《乡村旅行》〔Rural Rides〕, II, 337；1830 年）——其政治、社会意涵是源自于 19 世纪初期新的民主意识。这种用法在后来的某些时期（包括 20 世纪中叶）再度被使用，但是现在不太通用。Collectivism（集体主义）主要是用来描述社会主义的经济理论。在 19 世纪末期，collectivism 的词义是经由 collective 的政治意涵衍生而来，并且普遍被接受。在 19 世纪80年代,虽然collective这个词被视为一个新近的词汇,但它的用法早在19世纪50年代就有文献记载。在法国,这个词在1869年被使用,当成一种对抗"国家社会主义"(state socialism)的方式。

参见 Common, Democracy, Masses, Society

Commercialism(商业、贸易)

70   Commercialism 从 16 世纪起,是一个贸易上常用的英文词。最接近的词源为法文 *commerce*、拉丁文 *commercium*;可追溯的最早词源为拉丁文 *com*(意指"一起")与拉丁文 *merx*(意指"货物或商品")。Commerce(商业、贸易)从 16 世纪起,其意涵被延伸,用来描述人与人之间的各种交际——会议、互动。Commercial(商业的)从 17 世纪末期出现,其涵义较为狭窄,专指与贸易有关的活动,有别于其他的活动。Commercial 这个形容词,最初主要是一个描述性的语词,但是从 18 世纪中叶开始衍生出重大的关联词,这个相当重要的词就是 commercialism(商业主义、精神)。从 19 世纪中叶以来,它意指"金钱获利超越其他的考量"的制度。这个时候,commerce 的用法是维持中性意涵,而 commercial 可以用于正面或负面的意涵。commercial 有一个有趣的当代用法,指的是广播节目的宣传。从 20 世纪 60 年代开始,在某一些相关的大众娱乐里,commercial 有一种用法,指的是成功而且有效率(力)的工作。例如,在流行音乐里,有令人满意的"commercial sound"(应听众或舞者要求演奏的曲调)。同时,"commercial broadcasting"(商业广播)喜欢把自己描述为"独立派"(*independent*;参较 Capitalism 与 *free* 或 *private enterprise*)。

Common(普通的、公众的、粗鄙的)

Common 这个词,在英文里的意义极为广泛。它的几个特殊意涵,仍然与目前社会历史脉动有不可分的关系。可追溯的最早词源为拉丁文 *communis*。*communis* 这个词源自于拉丁文 *com-*(意指"一起")与拉丁文 *munis*(意指"有义务"),或是源自于 *com-* 与拉丁文 *unus*(意指"一个")。在早期的用法里,这些意涵被合并使用:common 可以指涉 community(从 14 世纪开始,community 意指一个具有组织的人民团体),亦可指涉一个特殊的团体,或是一般的人。这些用法,虽有些不同,然而在意涵上却有很高的重叠性。有趣的是,common 这个词在早期被当成是具有"社会分层"(social division)意涵的形容词和名词:common, the common, commons(平民、百姓)与 lords, nobility(贵族)形成对比。这两种意涵一直保持着对立关系,common 这个词可以指的是一整个群体,或者是有共同之处的人,或者是一个规模既大又特殊的从属团体。(参较埃利奥特〔Elyot〕对于"commune weale"〔公共福祉〕与后来出现的"commonwealth"〔共和国〕的用法所提出的抗议:"在英文里,publike weale〔大众福祉〕与 commune weale〔公众福祉〕之间似乎不同,就好像拉丁文中 Res publica〔public〕与 res plebeia〔common〕二者之有差异"。〔Governor, I, i; 531〕)

当 common 作为"一整个群体"的意涵——亦即,被当成"具一般性"来解释——被延伸时,产生了两种相对意涵:Common 可以被用来表示"共有的"或者是描述一般的(ordinary)事物(ordinary 这个词本身具有两层意涵。它与解释成"秩序"的 order 有关,因此 ordinary 的意涵指的是日常事物里的"一般状态"。同时,它与解释成社会"阶层"或者军中"阶级"的 order 有关,所以 ordinary 包含了"没有显著特色""平凡"的意涵);另外一个用法是,用来描述"低级的(low)"或"粗鄙的(vulgar)"事物(vulgar 这个词源自于拉丁文 vulgus——意指平民、百姓)。我们很难确定 common 这个词的贬义意涵究竟何时出现。在封建制度的社会里,它被明确地界定,鲜少带有其他意涵。有意思的是,17 世纪中叶内战时期,国会的军队拒绝被称为 common soldies,坚持用 *private soldiers*。这就表示当时 common 已具有贬义意涵。有趣的是,这些军队,是在为"百姓"(commons)奋斗,进而建立一个"共和国(commonwealth)",然而却舍 common 这个词而不用。他们舍 common 就 private(私人的)是值得注意的,因为这种取舍具有革命的精神,且肯定了他们是自己的主人。从 common 转移到 private,其过程充满了许多的社会历史意涵。意涵对立的词被替换后,产生了"private soldiers in a common cause"(士兵为共同目标奋斗)这样的句子。在后来的英国军队里，private 被剥夺了这方面的意涵，变成专门指涉军中最低阶层的一个术语。

从 16 世纪末期开始，要区别 common 这个词的一些较具中性的用法（例如：普通货品——*common ware*）与那一些意识较强、却是较不明确的用法（指的是"粗俗的""不精致的"与"低级的"），是一件极端困难的事情。当然，明显的贬义用法从 19 世纪初期起与日俱增。在这一个时期，可以感受到明显、普遍的阶级差异（参较 Class）。到了 19 世纪末期，"她的演讲非常普通"（her speech was very *common*）这一句话具有明确的意涵。这种用法持续用来描述各种不同的行为。同时，其他的意涵，不论是中性的或正面的，都被广为使用。人们说，有时候是同类型的人说："在街道上吃冰淇淋是很常见的（common）"（的确，common 这个词的意涵已转变成另一种意思）；同时他们也会说："提到需要共同努力，是很普遍的（it's *common* to speak of the need for a common effort）"（假如需要达成目标的许多人都是普通〔*common*〕人，这目标可能很难达成）。

参见 Class, Folk, Masses, Ordinary, Popular, Private

Communication(传播)

　　Communication 这个词自从 15 世纪以来,其现代的普遍意涵就已经存在。最接近的词源为古法文词 *communicacion*。这个古法文词源自拉丁文 *communicationem*;它是一个"表示行动的名词"(noun of action),是从拉丁文 *communicare* 的过去分词演变而来,可追溯的最早词源为拉丁文 *communis*——意指"普遍"。因此,*communicate* 是指"使普及于大众""传授"的动作。Communication 最初指的是这种动作。然而,从 15 世纪末期起,指涉物体的用法变成普遍:"a communication"。这一直是它的主要用法。但从 17 世纪末起,有一个重要的引申意涵,指的是"传播媒介、通讯工具",特别是在诸如"lines of communication"(通信线)的一些片语里可以见到。在道路、运河与铁路蓬勃发展的时期里,communications 通常是一个普遍的抽象名词,代表这些通讯设施。进入 20 世纪,随着其他传递讯息与维系社会联系的工具不断发展,communications 也可用来指涉这些媒介(Media,参见本书),例如:新闻、广播——虽然这一种用法(在美国比在英国更早使用)在20世纪之前,并没有被确定。现在所通称的"传播工业"(communications industry)与"运输工业"(transport industry)有别。Communications 指的是报纸、广播里的资讯与观念;transport 是指载运人们与货物的交通工具。

要了解关于"传播系统"与"传播理论"方面的争论,我们有必要回溯到 communication 最初尚未定论的名词意涵——由"transmit"(传达、传递)这个动词所代表的二极意涵:单向(one-way)的过程与相互分享(share;参较 communion;尤其是 communicant)的双向的过程。最接近的意涵——"使普及于大众"与"传递"——可以指的是单向或是双向,而单向或双向的词义选择通常是重要的。因此有人企图将这种相对立的片语——例如,manipulative communication(s)(操纵式的传播)与 participatory communication(s)(分享式的传播)——做一般的区分。

参见 Common

Communism(共产主义)

共产主义(communism)与共产党员(communist)这两个词出现在 19 世纪中叶,其在欧洲最为人所熟知的来源,是 1848 年马克思和恩格斯的《共产党宣言》(*The Communist Manifesto*)与相关的"共产主义联盟"。然而,communism 这个词,在此之前就已经被使用一阵子了。"伦敦共产党宣传协会"(*The London Communist Propaganda Society*)于 1841 年由巴姆比(Goodwyn Barmby)所创设。这个词在用法上明显与"*communion*"有关:"共产党员(the Communist)赋予 Communion Table(圣餐台)高度的意涵,将其视为一种神圣千禧年的生活共享。"因为这个词与一些源自于 Common(参见本书)的词义雷同,其意涵是很容易理解的,且一些与 Common 相关的意涵,是由基督教乌托邦社会主义者刻意塑造出来的。同时,这个词很明显与非宗教的及共和政体的专门术语——基本上是源自于法国大革命——在意义上相重叠。巴姆比宣称他"首次说出共产主义(communism)的名字,从此共产主义打开了在全世界的知名度"。这是发生于 1840

年的事情，但是"共产主义"的名字很明显是，"与某一些法国大都会观念最先进的人士"，尤其是"与一些当时称作平等主义者(Equalitarians)的Babeoeuf(原文如此)的信徒们一起讨论时产生的"。文献上有记载，卡贝(Cabet)曾使用 *communiste* 这个词，时间也是在1840年。*Communisme* 与 *communism*（在英文里，也可以写成 *communionism*）这两个词在19世纪40年代很快地流传。在法国与德国，而不是在英国，communist 是比 Socialist（参见本书）更难懂的词。恩格斯后来解释说，他跟马克思不可能将《共产党宣言》称为"社会主义宣言"，因为一个是工人阶级运动，另外一个是中产阶级运动；"社会主义至少在欧洲大陆是受人尊敬的，共产主义正好相反。"communist 与 *socialist* 这两个词在现代的区分，通常可追溯到19世纪40年代。但是这个区分容易被误解，不只是因为 *socialist* 与 *socialism* 在马克思主义者或其他党派中比较被广泛地使用，而且是因为 communist 在英文里仍然被广泛地理解为与 community 有连带关系，且与共产制度的实验有关。在19世纪80年代的英文里，*socialism* 几乎是一个较难懂的词，因为它很明显地与整个社会的改造有关，尽管它有不同的流派。Communist 的现代意涵是根据1870年巴黎公社(the Paris Commune)的例子衍生而来。这种意涵的正确性却明显地遭受一些人的质疑。他们认为正确的词应该是 *communard*。威廉·莫里斯(William Morris)在19世纪90年代明确地使用 communism 与 communist 这两个词，表达了他对费边社会主义(Fabian Socialism)的反对。

然而，一直到俄国大革命之前，主要的通行用语仍然是 *socialism*。在1918年，俄国"社会民主劳工党"被当时主流派布尔什维克更名为"全俄罗斯共产党"（All-Russian Communist Party），并且几乎所有的现代用法均源自于此。重新命名这件事情，可以追溯到马克思与恩格斯所感受到的名称上的差异，同时也可以追溯到巴黎公社的成立；但是，那是对于名称所做的历史改造行动，而不是一种承先启后的行动。在这个传统里，communism（共产主义）是高于 socialism（社会主义）的一个阶段，社会主义是共产主义所必经的一个历程。然而，这个概念对于 communism（共产主义）的普遍意涵的影响少于下述这种区分：这是 1918 年之后（虽然稍早时期有许多的先例发生），关于"革命社会主义者"与"民主社会主义者"（Revolutionary and Democratic Socialists，参见本书）两者间的区分。共产主义运动，后来历经分裂，产生了更多的流派——虽然 communist 是最常被用在与苏维埃定义有关的政党里，而且 *revolutionary* 与 *Marxist-Leninist* 这两个变异词一直是普遍用来描述其他持不同政见的共产党。

在此复杂且充满激烈争议的过程里，特别困难的就是关于 *Marxist* 这个词的用法。实际上所有革命社会主义党派，包括共产党派（Communist Parties），都宣称自己是"*Marxist*"（马克思主义者），虽然在争议中他们通常拒绝用这种名称称呼对方——其他同类、竞争的党派。在社会主义运动之外，*marxist* 这个词也广泛地被使用，部分的用法是作为一种笼统的描述语，描述各种不同的革命社会主义与共产主义的党派。另外，部分的用法是作为一种描述理论、知性的工作与流派，通常不具政治的意涵、或不含直接与政治有关的意涵。在后者的用法里，*marxist* 通常是 communist socialist（共

Communism（共产主义）　　123

产社会主义)或是 *revolutionary socialist*(革命社会主义)的婉转语词——虽然这种结合理论与实际的马克思主义原理(marxist principle)赋予了当代用法其他一些意涵。

参见 Socialism

Community(社区、社群、共同体)

Community 这个英文词,自从 14 世纪以来就存在。最接近的词源为古法文 *comuneté*,拉丁文 *communitatem*——意指具有关系与情感所组成的共同体。可追溯的最早词源为拉丁文 *communis*,意指普遍、共同(Common,参见本书)。这个词在英文里,有明确的下列意涵:(一)平民百姓,有别于那些有地位的人(14 世纪至 17 世纪);(二)一个政府或者是有组织的社会——在后来的用法里,指的是较小型的(14 世纪起);(三)一个地区的人民(18 世纪起);(四)拥有共同事物的特质,例如:共同利益、共同财产(16 世纪起);(五)相同身份与特点的感觉(16 世纪起)。我们可以看到第一到第三种意涵指的是实际的社会团体;第四及第五种意涵指的是一种具有关系的特质(例如,*communitas*)。从 17 世纪开始,有些迹象显示 community 与 society 这两个词含义的不同。自从 19 世纪以来,这些迹象变得格外重要:community 被认为比 Society(社会,参见本书)与我们的关系更直接(immediate）——虽然我们必须记住，society 这个词在 18 世纪之前，与我们的关系较接近，而且"civil society"（公民社会，参见 Civilization），一如 society 与 community 二词，最初是用来区别"由直接关系所构成团体"与"有组织的王国或政府"二者间的不同。从 19 世纪开始，这种"直接性"（immediacy）或"区域性"（locality）的意涵，在规模较大而复杂的工业社会里，被凸显出来。在一个另类的群体生活里，community 是经常被挑选出来具有实验性质的一个词。这个词现在仍然是如此使用，而且在较狭义的意涵上，是与 commnune（人民公社）连接在一起（法国的 commnune——指的是最小的行政区域，与德国的 gemeinde——指的是行政与宗教的区域，彼此间产生互动，且与 community 产生互动，进入社会主义思想〔尤其是 commnune〕、社会学〔尤其是 Gemeinde〕来表达特殊种类的社会关系。）以下两种对比在 19 世纪，日益明显：（一）更直接的、更完整的、因而更具有意义的社群关系。（二）更具形式的、更抽象的、更功能性的国家关系或是具现代意涵的社会关系。这种对比，是在 1887 年由特尼斯（Tönnies）归类为"礼俗社会"（Gemeinschaft）与"法理社会"（Gesellschaft）的对比。此种归类颇具影响力。这些术语，现在有时候在其他的语言里使用；用的仍是未经翻译的原文。有一个类似的区别，很明显地可以在 20 世纪中叶 community 的用法里找到。在一些用法里，这一直具有激烈的争议，正如同在 community politics（社群政治）里。"社群政治"不仅不同于"国家政治"（national politics），而且不同于形式上的"地方政治"（local politics）；"社群政治"通常包含了各种不同的直接行动、直接的地方组织，"直接与百姓工作"。因此，它不同于"社群服务"(service to the community)。"社群服务"具有较古老的"自愿服务"意涵,用来辅助官方所提供的有给服务之不足。

Community 这个词的复杂性是与历史过程中所发展出来的各种思潮复杂的互动有关:一方面,它具有"直接、共同关怀"的意涵;另一方面,它意指各种不同形式的共同组织,而这些组织也许可能、也许不可能充分表现出上述的关怀。Community 可能是充满感情、具有说服力的词,用来描述一组现存的关系,或者是另一组的关系。也许最重要的是:不像所有其他的社会组织的语汇(例如:*state*, *nation*, *society* 等),community 似乎从来没有用负面的意涵,并且不会被赋予明确的反对意涵或具区别性的意涵。

参见 Civilization, Common, Communism, Nationalist, Society

Consensus(共识)

Consensus 在 19 世纪中叶成为英文词,原先具有生理学的意涵,其最接近的词源为拉丁文 *consesus*。从 16 世纪起,它具有这个拉丁词源的专门意涵——一个协定或一种共同情感。可追溯的最早词源为拉丁文 *con*——意指"一起"和 *sentire*——意指"感觉"。因此在 1861 年我们看到一个用法:"构成一个国家的文明的各部分之间,有一个普遍的关联。如果你愿意的话就称之为一个共识(consensus),假如这种身体器官的观念没有脱离这个词汇的意涵。"Consensual 这个词出现得更早,从 18 世纪中叶起,具有两种特殊的意涵:法律的意涵——罗马法律的共识契约;生理学的意涵——神经系统自发的或者是反射的动作。Consensus 与 consensual 这两个词的意涵后来转为"普遍一致":"新教传教士的共识(consensus)"(1861 年)。同时期,有一些辅助性的用法,以比较清楚的形式出现,例如"证据的共识(consensus of evidence)"。

这个词在 20 世纪变得较为普遍,且在 20 世纪中叶成为一个重要的政治用语。在政治层面上,其普遍的意涵——指涉的是"意见一致"——通常是被巧妙地改变。广义而言,"共识政治"(Consensus politics)可以指的是根据现存的整体共同意见所采取的政策,而且在实际上,更常指涉一种避免或避开意见分歧的政策,目的是要"走中间路线"或者是"采折中立场"。这很明显与 coalition 不同(coalition 从 17 世纪起,指的是各个政党的组合;最接近的词源为拉丁文 *coalitionem*,它源自于 *coalescere*——意指一起成长;这个意涵仍然可以用 *coalesce* 来表示,但是从 17 世纪开始,指的是党派的联盟或联合,并且从 18 世纪起,指的是经由深思熟虑且通常是正式的协议所产生的组合)。"共识政治"(consensus politics)的负面意涵就是用来指涉刻意避开彼此基本原则的冲突,而且用来指涉一种过程;在此过程中,某一些议题被有效地排除于政治争论,并不是因为在这一些议题上,能实际地达成协议,也不是因为政党联盟已经达成妥协,而是因为在各个党派互相较劲,寻求"折中立场"的时候,这些被视为不重要的议题,已经无讨论的余地(不重要的原因是因为它们与日常生活有一些脱节——遥远的、陌生的议题,或者是因为它们的影响是长期以后才看得到的,或者是因为它们仅仅影响到少数的人)。因此 Consensus 这个词虽然保有了"普遍一致"的正面意涵,但是仍然具有低调地或不光彩地避开需要讨论的议题或争端的负面意涵。实际上,这个词具有正反两面的意涵,所以现在变成一个难解的词:从追求"普遍一致"的正面意涵,到具有"比较缓和的"或者甚至于是"潜意识的(Unconscious,参见本书)同意"这个意涵——参较 *orthodox opinion*(正统观念)与 *conventional wisdom*(传统智慧)——到具有一种"操控式"的政治意涵:其目的是要塑造一种"沉默的大众"作为权力的基础,以排除或压抑反对运动、不同的声音。值得注意的是,consensus 这个带有温和意涵的词汇内含强烈的情绪,但是现在一些选举政治与"舆论"政治,走了一段很长的路才了解到这一些。

值得注意的是在某一些令人惊讶的区域(其中包括拼词能力令人诟病的地方),现在这个词被拼成 concensus。可能的原因是:跟 census(统计调查)有关。如果是这样,concensus 是有趣的,因为它习惯上(假如是潜意识里)被视为与意见的统计有关:例如民意调查。但是长久以来,字母 c 和 s 的拼词差异,一直令人困惑(参较英式英文 *defence* 与美式英文 *defense*。这两个词可以追溯到中世纪英文所产生的变异词)。16 世纪以前,Consent 这个词通常就被拼成 *concent*。

参见 Conventional

Consumer(消费者)

在现代英文里,consumer(消费者)与 consumption(消费)为普遍通用的描述性名词,意指享用各种各类的货品与服务。有意思的是,这两个词被广为使用,是与源自于一种特殊经济体系里的特别活动有关。我们从 consumer 这个词的词义演变史就可以看出来。

Consume 自从 14 世纪起,就出现在英文里,最接近的词源为法文 *consumer* 与其变异词法文 *consommer*(这些变异词,在法文里有一个复杂但是最终的、独特的演变史),可追溯的最早词源为拉丁文 *consumere*——意指完全消耗、吞食、浪费、花费。在几乎所有早期的英文用法里,consume 这个词具有负面的意涵,指的是摧毁、耗尽、浪费、用尽。这个含义仍然出现在"consumed by fire"(毁于大火)的片语里,而且出现在这种描述肺结核"consumption"的普遍词汇里。从 16 世纪开始,consumer 的较早用法,具有同样的"毁灭"或"浪费"的一般意涵。

从 18 世纪中叶开始,consumer 这个词开始以中性的意涵出现在有关中产阶级的政治、经济的描述里。在有组织、有系统的新兴市场蔚为主流时,制造与享用货品、服务的行为被重新定义:这种制造与享用的行动是以较抽象的一组词汇——生产者(*producer*)与消费者(*consumer*)、生产(*production*)与消费(*consumption*)——来定义。然而,consume 的负面意涵,一直持续到 19 世纪末期。就是在 20 世纪中叶,这个词从狭义的政治、经济用法转为较广义的一般用法。*Customer*(顾客)这个词从 15 世纪以来,被用来指涉购买者,此时它的用法相对地式微,因为 customer 向来暗示着与供应者(supplier)有某种程度的规律、持续的关系。然而 consumer 是指更抽象市场里的更抽象人物(the more abstract figure in a more abstract market)。

现代的词义演变,虽然主要是美式的,但是流传很广。这个词被广泛地使用,以至于消息灵通、有辨识能力的购买者与使用者组成一群群的消费联盟。这种发展,主要是与有企图的、有计划的市场控制有关,这一种控制是潜藏在大规模的工业资本主义(与国营资本主义)的生产里;在这些生产里,尤其在 19 世纪末期经济萧条之后,制造业不仅仅是与供应已知的需求(顾客或使用者会充分去描述这种需求)有关,而且是与特定种类或数量的生产计划(这件事情需要在较早的、可预知的阶段里做大型的投资)有关。现代商业广告(Commercial advertising)——说服或市场渗透——的发展,是与同时期的资本主义有关:创造各种需求以及满足它们的特殊方法;这与早期宣传的方式——通知可购买货品的供应量——有所不同(这种说服可以被视为夸大的宣传:"*puff*"与"*puffery*")。Consumer 作为一个普遍而通用的词汇,是制造商以及他们的经纪人所创造的。反讽的是,这个词就像早期一样,暗示着耗尽即将生产的东西,虽然这个词一旦被确立,它就会带有一些自主性的含义(正如同这一个令人好奇的片语所显示的意涵:"consumer choice"〔消费者的选择〕)。从这词义演变历史来看,后来用"消费社会"一词来批判一个浪费的、"随意丢弃"的社会,是合理的。然而,这种资本主义的模式成为主流,力不可挡,扩及到政治、教育、卫生的领域。不只是在这些领域中,而且是在一般的货品与服务的领域里,都是使用 *user* 而不是使用 consumer,其目的就是要强调两者之间的差异。

参见 Wealth

Conventional（惯例的、传统的、协定的）

Convention 原先指的是集合或集会，最接近的词源为法文 *convention*，拉丁文 *conventionem*——意指集会。可追溯的最早词源为拉丁文 *convenire*——意指集合。自从 16 世纪以来，在英文中这个词就被使用，现在仍然经常以这方面的意涵来使用。从 15 世纪起，在英文里一直有一个普遍的用法：将这个词的词义延伸为"协定"。

Convention 与（尤其是）conventional 的比较难解的用法，与协定的意涵的引申（引申为某一件惯例、常规）有关，而且与另外一种不同的引申意涵（尤其是在文学与艺术方面，引申为"传统手法"）有关。从 18 世纪末期，其意涵被引申为"习俗、惯例"。在与"权利"（rights）有关的政治争论里，这是很重要的事；反讽的是，这些"权利"在其他地方（美国与法国）是由政党会议所正式界定（conventions）。但最普遍的用法就是出现在讨论礼仪与行为的问题时。后来很快地出现了一个负面的意涵：即，conventional 指的是"人为的"或者是"形式的",并且由此引申为"守旧的"。有关 conventions 与 conventional ideas(传统思想)的抱怨,从 19 世纪中叶起,可以很容易地发现。在艺术与文学里,早期的大部分特殊用法是相同的。一般说来,浪漫主义者(Romantic,参见本书)对于自发性(spontaneity)及创新(innovation)有特别的偏好,因此视 conventional 为一个具负面意涵的词。但是,conventional 有一种比较技术性的意涵,在此意涵中我们可以看到所有的艺术形式通常是包含着基本的——且隐含着传统的——方法与意图;这种技术性的意涵也是从 19 世纪中叶变得很明显,而且从那时起,在专门领域的讨论里一直是很重要的。原先出现在 convention 这个词里的重要意涵——形式、常规——现在几乎完全不见,除了在这种专门的意涵里。在一般的用法里,convention 的确是"正式协定"(formal agreement)的反义词,而且可以视为中性的词来使用。然而,conventional 经常表达负面的意涵。另一方面,在原子弹和氢弹发明之后,传统武器(conventional weapons)被视为一个具有正面意涵的词,拿来跟核子武器(*nuclear weapons*)作对比。

参见 Consensus

Country（国家、乡村）

Country 在现代英文里，有两个不同含义：大体而言，指的是"国土、国家"（native land）及其乡村或农业的部分。

这个词在词义演变史上非常奇特，因为它源自于文法上具有阴性的形容词——中古拉丁文 *contrata*。可追溯的最早词源为拉丁文 *contra*，意指对抗、相对。例如在"*contrata terra*"（意指"位在对面或者是面对着"的土地）这个片语中就包含对抗、相对的含义。在其最早期的用法里，它是指呈观测者眼前的一大片土地。（参较 16 世纪的 *landskip*、18 世纪的 *landscape*；在古英文里，*landscipe* 是指一个地区的、或者是指一大片的土地；这个词后来被接纳成为绘画的一个专门术语——源自于荷兰文 *landschap*。）*Contrata* 在英文出现，是由中古法文 *cuntrée* 与 *contrée* 衍生而来。从 13 世纪开始，它就具有住民的土地之意涵；从 16 世纪初期以来就具有独特的乡村地区之意涵。廷德尔（Tyndale）于 1526 年翻译部分的《马可福音》5:14，写道："在城市（cyte）与乡村（countre）讲这件事情。"

在 16 世纪末期，随着都市化的持续扩大——尤其是首都伦敦的不断发展，country 的普遍通用且具专门意涵——相对于城市（city）的意涵——的用法，应运而生。在那个时候，country people（乡下人）与 country house（乡下宅邸）就一一出现。另一方面 countryfied（乡下的）与 country bumpkin（乡下土包子）是 17 世纪都会区所使用的俚语。Countryside（乡村、乡间）原先是苏格兰的一个语词，指的是一个特别的地点。在 19 世纪变成一个普遍的词汇，不仅用来描述乡村地区，也用来描述整个乡村的生活与经济。

在普遍的用法里，就"国土、国家"而言，country 比 nation 或 state 更具正面的意涵：参较"为国家（country）效力""为 nation 效力""为 state……"。Country 通常包含了土地与人民，而 nation 是比较抽象的；state 具有"权力结构"的意涵。的确在政治的领域里，country 可以用来代替 people 的含义：参较"the country demands（人民需求）"。这种意涵也会随着观点的不同而改变：参较，1945 年英国的女士说："他们选了一个社会主义的政府（socialist government），the country（全国）将不会支持它。"在某一些用法里，country 与 government 的含义不同：参较 going to the country——意指"举行选举"。另外，也有一个与都会有关的专门特别意涵，例如：在邮政服务体系里，所有在非都会区的城市就是 country。

Countryman（同胞、乡下人）具有政治上的意涵与乡村方面的意涵，但是后者的意涵较常被使用，而前者现在通常都被 fellowcountryman 所取代。

参见 City，Dialect，Native，Peasant，Regional

Creative(创造性的)

Creative 在现代英文里,有一个普遍的意涵——"原创的"(original)、"创新的"(innovating)——以及一个相关的意涵——"生产的"(productive)。它也被用来区别某些种类的作品,例如:creative writing(创作), creative arts(创意艺术)。我们去观察如何使用这个看似普遍,却令人惊异的词,是很有趣的;同时,观察这个词如何与现在我们所碰到的复杂意涵产生关联,也是很有趣的。

Create 这个英文词,可追溯的最早词源为拉丁文 *creare*——意指制造或是生产,是从拉丁文 *creare* 的过去分词的语干演变而来。这个词与"某种被创造出来的事物""过去的事件"有一个内在的关系,因为它主要是用来描述天神初始创造的世界:creation(创造)与 creature(创造物)。尤有甚者,在信仰体系里,正如同奥古斯丁(Augustine)所主张,"被创造者(creature)本身是没有能力去创造的(creatura non potest creare)。"这种意涵,一直到 16 世纪之前,都是很重要的。将这个词的词义加以延伸,指涉"现在或未来的创造"(present or future making)——亦即,一种人为的创造——是人类思潮重大变化(亦即我们现在所称的文艺复兴时期的人文主义)的一部分。"有两种创造者",塔索(Torquato Tasso,1544—1595年)写道,"上帝与诗人"。"人类的创造"这一层意涵,特别是在充满想象力的作品里,是现代意涵的重要来源。在《为诗辩护》(*Apologie for Poetrie*)里,锡德尼(Philip Sidney,1544—1586年)指出:上帝创造"大自然",但是上帝也依照他的形象造了人,赋予人"神圣的气力",去想象并且创造超越"大自然"的事物。

然而,creative 这个词因其具有"原创的"(original)之意涵,其用法仍然不易理解。邓恩(Donne)将诗视为"counterfeit creation"(仿造的创作)。此处,显然存在着"艺术即模仿"(art as *imitation*)的古老意涵,且 *counterfeit* 并不应该被解释为具有强烈的"虚假"意涵。在伊丽莎白时期的作家里,creature 与 creation 具有贬义的用法:

或者你只不过是
心中的一把刀,一种幻象(false Creation)
狂热的头脑里产生出来的呢!

《麦克白》

这不过是你脑海里虚构的意象;
一个人在心神恍惚之中,
最容易发生这种幻妄的错觉(Creation extasie)

《哈姆雷特》

你是神吗?你愿意把我创造(create)成新的东西吗?

《错误的喜剧》

于是从可怜的创造物（creature）被改变成一个造物者（creator），现在我必须创造无法忍受的谎。

《人人高兴》（*Every Man in His Humor*）

的确，create 的引申词义最明显的就是与"社会阶层"有关、不具负面的意涵。这种意涵是由君主的权威所赋予的："国王的恩典，封（create）他为公爵"（1495 年）；"我将你们这些同伴们册封（create）成为我们的人"（《辛白林》）。这仍然不完全是"人类的创造"（human making）之意涵。

然而，到了 17 世纪末期，create 与 creation 这两个词已普遍具有现代的意涵。在 18 世纪期间，其中的任何一词都明显与 ART（艺术，参见本书）有关联（Art 这个词不断地演变，提供了补充的意涵）。由于这种关系，creative（独创性的、创造的）在 18 世纪被新创出来。在 create 与 creation 这两个词被广为接受并且被解释为"人的行动"之后，creative 意指"人的心智能力"（faculty）之明显意涵（不必然指涉一个过去神圣的事件）于是出现。到了 1815 年，华兹华斯以自信的态度写信给画家海登（Haydon）："我们的职业是高尚的，朋友，创造的艺术（Creative Art）。"这可以追溯到我所发现的最早特殊文献："缪斯，创造力，想象力（Muse, Creative Power, Imagination）"（马莱〔Mallet〕，1728 年）。（creative 的较早用法出现在 1678 年卡德沃思〔Cudworth〕的一个句子里，不过它仍然带有旧的意涵："这个神圣的、奇迹的、具创意的力量〔this Divine, miraculous, creative power〕"。）Creative 的重大词义演变就是它与 art（艺术）、thought（思想）产生了关联。在 19 世纪初，creative 这个词充满高度的自主意识；到了 19 世纪中叶,变得普遍通用。Creativity 在 20 世纪成为一种普遍的语汇,意指"心智能力"。

显然,这是一个重要的且具意义的演变过程。在强调"人的能力"(human capacity)的意涵时,creative 已经变得很重要。但是,很明显这个词的词义复杂难解,它必然强调"原创性"(originality)与"创新性"(innovation)。当我们回想此段词义演变史时,我们可以看到这两个被强调的意涵是很重要的。的确,借由区别 innovation(创新)与 *novelty*(新奇)的不同,我们试图去阐述这个论点(尽管 *novelty* 包含了严肃的与普通的意涵)。当一个词(过去具有某种固定的、且经常被用来表达崇高而严肃的意涵)变得普遍通用,被用来描述"一般类型的活动"及适用到实践层面时,其词义的复杂难解是可以了解的。于是,任何模仿的或定型的文学作品按例皆可以称为"创意的作品"(creative writing),且广告文案撰写者往往描述自己是具有创意的(creative)人。如果一种对事物的描述具有——存在于大多数的书写、视觉艺术里的——意识形态的(Ideological,参见本书)、霸权式的(Hegemonic,参见本书)"再制"(reproduction)特质,那么称这种描述为"具有创意"(creative)可能会令人困惑,且有时候会传达严重的错误概念。尤有甚者,当 creative 这个词变成一种专门用语时,要去清楚地思考这个词所要强调的重点——人的创造与创新——是很难的。Creative 与相关的 *imagination* 同样都是词义复杂难解的词。*Imagination* 的意涵一方面可以解释为"梦想"(*dreaming*)及"幻想"(*fantasy*),与这些称为"想象的艺术"或是"创造的艺术"(imaginative or creative arts)没有必然的关系。另一方面,它也可以解释为"延展"

(*extension*)、"创新"(*innovation*)与"远见"(*foresight*);这些词不仅具有实际的意涵与效果,而且可以在某些具创意的活动、作品里实际感觉到。从 creative 的词义演变史来看,当它的意涵被扩大延伸,用来表示思想、语言及社会实践之活动时(不必然包含 *imagination* 的特别意涵),其词义的复杂性尤其明显可见。Creative 的现代词义必然包含对于人类活动的诠释。如果我们了解其所涉及的复杂性与广度,则不难理解其词义的复杂难解是无法避免的。

参见 Art,Image,Fiction

Criticism(批评)

　　Criticism 已经变成一个难解的词,因为虽然其普遍通用的意涵是"挑剔"(fault-finding),然而它有一个潜在"判断"的意涵,以及一个与文学、艺术有关且非常令人困惑的特别意涵(这个意涵是根据一些假说而来的,而这些假说目前可能逐步瓦解,即将被后起的假说所取代)。这个英文词在 17 世纪初期形成,是从 16 世纪中叶的 critic(批评家、批评者)与 critical(批评的)衍生而来。最接近的词源为拉丁文 *criticus*、希腊文 *kritikos*。可追溯的最早词源为希腊文 *krités*——意指法官(a judge)。Criticism 这个词早期普遍通用的意涵就是"挑剔":"处在批评的焦点(marks of criticism)……众矢之的"(德克〔Dekker〕,1607 年)。Criticism 也被用来作为对文学的评论,尤其是 17 世纪末期以来,被用来当成"评断"文学或文章。最有趣的是,这个普遍意涵——亦即"挑剔",或者至少是"负面的评论"——持续沿用,终成为主流。这导致了 criticism 与 *appreciation* 两个词的区别:*appreciation* 被视为是用来评论文学较柔性的词。然而,在 criticism,critic 与

critical 词义的演变过程里，有意思的是，这些关于评论的假说被视为是主流的，甚至于是自然的反应。Critical 有另外重要且持续的特别用法，不是用来评论，而是源自于一个医学上的特别用法，指的是一个关键时刻，因此其意涵为："决定性的、重大的"（decisive）。Crisis 这个词的意涵当然可以指任何艰难以及关键时刻。

Censure（责备、严厉批评）这个词是源自 17 世纪的一个负面的而非中性的意涵。当 criticism 的最普遍的意涵朝向"censure"解释时，其专门特别的意涵却是指向 taste（品味、鉴赏力，参见本书），*cultivation*（教化），culture（文化）与 *discriminatin*（识别力）。（discrimination 是一个意义分歧的词，它具有正面的"良好的或有见识的判断"之意涵，而且具有排除异己的"歧视"意涵：强烈地排除，或是不公平地对待一些不属于自己的团体，参较 Racial。）有关 criticism 的词义演变的复杂过程是不易理解的，因为它早已深入人心。在最早时期，这个词的意涵是与"博学或知识能力"（learned or informed ability）有关。它现在仍保留此方面的意涵。然而，从 17 世纪中叶起，重要的演变是"个人的印象反应"的意涵被抽离出来——我们可以这么说，读者是一系列作品的"消费者"（Consumer，参见本书）。在一个特定的阶级与职业之间，criticism 的普遍意涵端视 taste 与 cultivation 所代表的假说而定：从这些假说可以窥见一种——包含个人印象与反应的——社会发展；这些假说可以被当成评论的标准（Standards，参见本书）。这种用法在卡姆斯（Kames）的《批评要素》（*Elements of Criticism*，1762 年）里，似乎是明确的。"反应就是判断"（response was judgment）的观点，所根据的当然是社会各阶级与行业的自信心。这种自信心来自各种不同的特别渠道：学问、学术、教养、鉴赏力与敏悟力（Sensibility，参见本书）。在不同时期，这种信心的类型会瓦解；尤其是在20世纪，已被客观的（*objective*，参较 Subjective）方法学——这些方法学提供了另一种评断的基础——取代。目前尚未被质疑的就是"权威式的评论"（authoritative judgment）的假说。在诉诸权威的时候，这种假说当然不断遭受挑战；critic 这个词的普遍专门意涵——指的是戏剧、电影、书籍等方面的评论家（*reviewer*）——虽暧昧不明，却可以理解；但是这种暧昧不明不会因为 critic 与 reviewer 之间的身份、地位不同而使问题被厘清。问题的症结不仅在于"批评"（criticism）与"挑剔"（fault-finding）两者之间的关系，而且在于"批评"与"权威式的"（authoritative）评论两者之间存在着更基本的相关性：二者皆被视为普遍的、自然的过程。作为表示社会的或专业的普遍化过程的一个词汇，criticism 是带有意识形态的，不只是因为它具有"消费者"（consumer）的立场，而且是因为它通过一系列的抽象词（如 *judgement*，*taste*，*cultivation*，*discrimination*，*sensibility*，*disinterested*，*qualified*，*rigorous* 等等）来隐藏这种身份立场。Criticism 被持续解释为"挑剔"，是源自于语言学的影响，用来对抗这种（来自社会各阶级与行业）习惯性的自信。criticism 的定义（被解释为一种有知觉的反应）有时候被唾弃；与此同时，我们可以明显看到这种自信的习惯亦被唾弃。这个事件所显示的意义是：在从事同一种活动时，不是要去寻找其他的词汇来取代，而是要去除掉上述自信的习惯——这种习惯基本上是将实际状况的反应抽象化：将 criticism 提升到"判断"的意涵，并且进而明显指涉一般的过程。然而，事实上，criticism 需要被解释为一种具特殊性的反应，而不是被视为一个抽象的"判断"。在复杂而活跃的关系与整个情境、脉络里，这种反应——不管它是正面或负面的——是一个明确的实践(practice)。

参见 Aesthetic, Consumer, Sensibility, Taste

Culture(文化)

英文里有两三个比较复杂的词,culture 就是其中的一个,部分的原因是这个词在一些欧洲国家语言里,有着极为复杂的词义演变史。然而,主要的原因是在一些学科领域里以及在不同的思想体系里,它被用来当成重要的观念。

最接近的词源是拉丁文 *cultura*,可追溯的最早词源为拉丁文 *colere*。*Colere* 具有一系列的意涵:居住(inhabit)、栽种(cultivate)、保护(protect)、朝拜(honour with worship)。其衍生的名词,虽然各具意涵,但偶尔会有部分重叠。因此"inhabit"是由拉丁词"colonus"(聚居地)衍生而来。"Honour with worship"是由拉丁词 *cultus*(礼拜)衍生而来。*Cultura* 具有"栽种"或"照料"的主要意涵,包含了西塞罗所使用的词"*cultura animi*"(心灵的陶冶)——尽管它另外具有中世纪时的"礼拜"意涵(参较卡克斯顿〔Caxton〕在 1483 年将 culture 视为"礼拜"的英语用法)。*Cultura* 的法文形式是古法语 *couture*(这个词具有自己专门的意涵)与 *culture*(这个词到了 15 世纪初成为英文词),主要的意涵就是在农事方面照料动植物的成长。

　　Culture 在所有早期的用法里，是一个表示"过程"（process）的名词，意指对某物的照料，基本上是对某种农作物或动物的照料。Coulter 意指犁头，源自于拉丁文的 culter、古英文 culter；它经不同的语言渠道进入英文，具有不同的拼法：culter, colter, coulter；到了 17 世纪初期，culture 这个不同拼法的词才出现（韦伯斯特〔Webster〕，《马尔菲公爵夫人》〔Duchess of Malfi〕, III, ii："hot burning cultures"〔烧烫的犁头〕）。通过隐喻，这种词义演变为下一个重要阶段的意涵奠立基础。从 16 世纪初，"照料动植物的成长"之意涵，被延伸为"人类发展的历程"。直到 18 世纪末期与 19 世纪初期，除原初的农业意涵外，这其实就是 culture 的主要意涵。莫尔（More）写道："对于他们心灵的陶冶（culture）与益处"（1605 年）；培根提到："心灵的陶冶（culture and manurance）"（1651 年）；约翰逊写道："她忽略了理解力的培养（culture）"（1759 年）。在词义演变的过程中，有两个重要的变化产生。第一，惯于使用隐喻，于是"人为照料"的意涵变得明显；第二，将几种特殊过程扩大延伸为一般普通的过程——这就是 culture 让人立刻联想到的意涵。很明显就是从后者的词义演变，"文化"这个独立的名词开始它的复杂的演变史，但是变化的历程是非常复杂的，且潜藏的词义有时候相当接近，以至于无法确定各个衍生词义的确切日期。作为独立名词的"文化"——一个抽象化的过程或这种过程中的产品——在 18 世纪末之前，不被重视，而且在 19 世纪中叶之前并不是很普遍。然而，早期阶段的这一种词义演变，并不是突然的，在弥尔顿的《建立自由共和国的简易之道》(*The Readie and Easie Way to Establish a Free Commonwealth*, 1660 年) 第二(修订) 版里, 有一个有趣的用法: "是的, 宗教, 散布更多的知识与礼仪 (Knowledge and Civility), 经由陆地的各个地方, 通过传递, 将政府与文化的大自然热能 (natural heat of Government and Culture) 广泛地传到遥远的地区; 这些地区现在是处在麻痹僵冷、无人过问的状态。" 此处, 隐喻的意涵——"大自然热能"(natural heat)——仍然存在, 而 "*civility*" (参较 Civilization) 依然出现在 19 世纪 culture 被预期使用的地方。然而, 我们也可以用非常现代的意涵来解读"government and culture"。从弥尔顿的整个论点的大意来看, 他所写的是关于普遍的社会过程; 这即是一个明确的发展阶段。在 18 世纪的英国里, 这一种"普遍过程"与阶级有明确的关系——虽然 cultivation 与 cultivated 的使用是比较普遍。但是在 1730 年有一封信 (Killala 主教写给 Clayton 太太; 引自普兰姆〔Plumb〕所著的《18 世纪的英格兰》〔*England in the Eighteenth Century*〕), 表达这一种清楚的意涵: "对于出生高贵的、有教养的人(persons of either birth or culture)而言, 将孩子抚养长大成为神职人员, 并不是惯例。"艾肯塞德(Akenside)(《想象的愉悦》〔*Pleasures of Imagination*〕, 1744 年) 写道: "……既不是高贵的政府也不是文化(culture)所能够授予。"华兹华斯写道: "在这个地方, 优雅的文化完全无人知晓。"(1805 年) 简·奥斯汀(《爱玛》, 1816 年) 写道: "每一种教养与文化(culture)的优点。"

因此, 很明显的是, culture 的词义在英文中, 不断地演变, 朝向部分的现代意涵。这是在新的社会思想运动产生重大的结果之前。然而, 如果要了解——借这一种 18 世纪末期与 19 世纪初期的运动——词义演变的过程,我们必须留意其他语言的演变,特别是在德国。

在法文里,一直到 18 世纪,culture 总是伴随着一个含义,指的是"正在被栽培或培养的事物"(the matter being cultivated),正如同上述的英文用法。它偶尔被使用来当成独立的名词,时间可以追溯到 18 世纪中叶。比起英文中相同的用法,时间上是晚得多了。另一个独立名词"*civilization*"也出现在 18 世纪中叶;它与 culture 的关系从那时起就非常地复杂(参较 Civilization 与下述的讨论)。在德国,此时有一个重要的词义演变,这个词借自于法文,18 世纪末期拼为 *Cultur*,19 世纪起拼为 *Kultur*。它主要的用法仍然是作为 *civilization* 的同义词:(一)指的是抽象意涵——"变成 civilized (有礼貌)与 cultivated(有教养)的一个普遍的过程";(二)指的是启蒙时期的历史学家——通过 18 世纪流行的普遍历史观——所确立的 *civilization* 的意涵——作为一种描述人类发展的世俗过程。在赫尔德(Herder)的作品中,有一个重大用法的改变。在他的未完成著作——《论人类的历史哲学》(1784—1791 年)里,他提到 *Cultur*:"没有比这一个词的意义更不确定的事情;将这个词应用到所有国家与历史时期是最虚假的一件事。"他批判这一些普世历史学的假说:civilization 或 culture——人类自我发展的历史——就是我们现在所称的非线性的历程,导致了 18 世纪欧洲文化的高峰。的确他抨击他所谓的欧洲对于全球四个区域的征服与宰制,并写道:

> 全球所有地区的人,你们随着岁月而毁灭。你们活着并不是仅仅要用你们的骨灰为土地施肥。死后,你们

的后代应该会因为欧洲的文化而变得高兴。"优势的欧洲文化"这个念头其实是对于大自然尊严的一种极大的侮辱。

他主张在一个重大的改革里,有必要提到复数的 culture:各种不同国家、时期里的特殊与不同的文化,而且是一个国家内部,社会经济团体的特殊与不同的文化。这一种意涵,相对于正统、主流的文明(*civilization*),在浪漫主义运动中广为流行。它首先被用来强调国家的文化与传统的文化,包括"民间文化"(folk-culture)的新概念(参较 Folk)。它后来被用来批判这一种新兴的文明所具有的"机械的"(Mechanical,参见本书)特质,因其具有抽象理性主义与现代工业发展的"无人情味"(inhumanity)。它被用来区分"人类的"与"物质的"。就政治的层面而言,在这个时期,它经常摆荡在极端主义与反动之间,而且经常在主要的社会变化所产生的混乱中,融合了这两种要素。(我们应该注意到,虽然它的词义变得更加复杂,但是一直到 1900 年,类似的区别,尤其是"物质发展"与"精神发展"的区别,才由洪堡〔von Humboldt〕与其他人所提出:将词汇的意涵做个大逆转,culture 指的是物质层面,而 *civilization* 指的是精神层面。然而,大体而言,这一种与他人不同的区别却成为主流。)

另一方面,在德国从 19 世纪 40 年代起,*Kultur* 这个德文词被使用,其意涵与 18 世纪的"普遍历史"(universal histories)所使用的 *civilization* 相同。重大的创新,就是克莱姆(G. F. Klemm)的《人类文化史通论》(*Allegemeine Kultturgeschichte der Menschheit*,1843—1852 年)——这本书追溯了人

类的发展:从野蛮、驯化到自由。虽然美国人类学家摩尔根追溯到可与之相比的阶段,使用了"古代社会"一词——其发展的极致为"文明"(*civilization*)——但是克莱姆所提到的意涵仍持续存在。英文里泰勒的《原始文化》(*Primitive Culture*,1870年)直接引用此意涵。循此方向,我们可以追溯现代社会科学里的普遍通用意涵。

这个词的现代词义演变的复杂性与现代用法的复杂性,于是可以被察觉出来。我们很容易可以辨识出这种"依赖一种持续性的自然过程"之意涵:如"甜菜文化"(sugar-beet culture),或者辨识出19世纪80年代以来,应用在专门的细菌学方面的意涵,如"细菌文化"(germ culture)。但是一旦我们跨越这一种有关自然的意涵,我们必须认清下述三大类的区别,其中两大类我们已经讨论过:(一)独立、抽象的名词——用来描述18世纪以来思想、精神与美学发展的一般过程;(二)独立的名词——不管在广义或是狭义方面,用来表示一种特殊的生活方式(关于一个民族、一个时期、一个群体或全体人类),这是根据赫尔德与克莱姆的论点而来,但是我们也必须了解第三类;(三)独立抽象的名词——用来描述关于知性的作品与活动,尤其是艺术方面的。这通常似乎是现在最普遍的用法:culture是指音乐、文学、绘画与雕刻、戏剧与电影。"文化部"(Ministry of Culture)负责推动这些特别的活动,有时候会加上哲学、学术、历史。第三类的用法,在时间上较晚出现。我们很难知道明确的时间,因为它是由第一类的意涵衍生而来:这种指涉思想、精神与美学发展的一般过程的概念,被有效地应用,进而延伸到作品与活动中。然而,它也从早期的意涵——"过程、历程"——衍生出其他含义,参较"进步文化的美术"(Progressive culture of fine arts);米勒(Millar)的《对于英国政府:一个历史观点》(*Historical View of the English Government*, IV, 314, 1812 年)。在英文里,第一类与第二类的意涵仍然很接近;有时候基于内在原因,它们是无法区分的,例如:在阿诺德的《文化与无政府状态》(*Culture and Anarchy*, 1867 年)里;而第二类意涵是由泰勒——《原始文化》——继克莱姆之后,强力地引介进入英文。第三类的重大演变,是在 19 世纪末 20 世纪初。

面对 culture 持续复杂的演变,我们很容易会用这种方式来回应——选择一种"真实的""合适的"或是"科学的"意涵,而排斥其他不严谨或是令人困惑的意涵。在克罗伯(Kroeber)与克拉克洪(Kluckhohn)的杰出研究著作《文化:对于观念与定义的评论》(*Culture: a Critical Review of Concepts and Definitions*)里,北美洲人类学的用法实际上是被视为一种常规。很明显的是,在一个学科领域里,观念性的用法必须被澄清。但是一般而言,就是词义的变化与重叠才显得格外有意义。这种复杂的意涵,说明了复杂的关系:(一)普遍的人类发展与特殊的生活方式,两者间的关系;(二)上述两者与艺术作品、智能活动的关系。格外有趣的是,在考古学与"文化人类学"(*cultural anthropology*)里,"文化"或"一种文化"主要是指物质的生产,而在历史与"文化研究"(*cultural studies*)里,主要是指"表意的"(*signifying*)或"象征的"(*symbolic*)体系。于是,这个核心问题——"物质的"生产与"象征的"生产两者间的关系——经常变得困惑难解,然而却更常被隐藏起来。这两者间的关系,在最近的一些争论里——参较本人著作《文化与社会》(*Culture and Society*)——总是彼此相关而不是互为对立。在这一种复杂的争论里，存在着基本对立的观点，同时也存在着重叠的观点。可以理解的是，也存在着许多尚未解决的问题与困惑的答案。但是这一些争论与问题，是无法借降低实际用法的复杂性来解决的。这个观点，对于 culture 这个词在其他语言的用法也是相符的。在德文、北欧语言与斯拉夫语系里，人类学的用法是很普遍的，但是在意大利文与法文里，culture 这个词的人类学意涵很明显次于艺术与知识的意涵，也次于"人类发展的普遍过程"的意涵。各种语言之间，一如一种语言内部之间，意义的复杂与变异显示了思维观点的不同、暧昧或重叠。这些不同的含义，无论以何种形式出现，必然包含了对于活动、关系与过程的不同观点——这些不同的观点，是蕴含在 culture 这个复杂的词里。那就是说，这种复杂性并不是在 culture 这个词里，而是在于这些不同的含义所呈现的问题里。

我们有必要检视相关的衍生词：cultivation（耕种、栽培、教化）与 cultivated（被耕种的、有教养的、优雅的）。这两个衍生词在 17 世纪经历了同样的意涵演变——其隐喻的延伸意涵是由自然界扩及到社会教育的层面。在 18 世纪，这两个词格外具有意义。柯勒律治在 19 世纪初期，将文化与文明做了一个典型的区分，他写道（1830 年）："恒久的差别，以及与偶然性的对比，存在于 cultivation 与 civilization 两者之间。"表示文化的意涵之名词 culture 实际上是消失了。然而，形容词 culture 仍然被普遍使用，尤其是关于"礼节"与"品味"的意涵。Cultural 这个重要的形容词的使用，始于 19 世纪 70 年代；它在 19 世纪 90 年代变得相当普遍。在现代用法里，culture 这个词只有在被普遍视为具有艺术的、资讯的或人类学意涵的独立名词时，才会出现。英文里，对于 culture 这个词的敌视似乎源自于对阿诺德的文化观的批判。在 19 世纪末与 20 世纪初，这种敌意加深，可以和对 aesthete 与 Aesthetic（参见本书）的敌意相提并论。culture 与 class distinction（阶级差异）二者间的关联性产生了一个谐拟词——culchah。另外一方面的敌意，是与 1914—1918 年世界大战期间或之后的反德情绪有关（反对德国人对于 Kultur 观念的宣扬）。这种敌意一直持续存在，可以由最近美国常用的一个片语——culture-vulture（文化秃鹰）——看出端倪。有意思的是，所有的敌意（唯一的例外是临时性的反德联盟）皆与强调下述意涵有关：知识优越（参较 Intellectual 这个名词）、精致幽雅、"高雅"（high）艺术——culture——与通俗（popular）艺术、娱乐的差异。它因此记录了一个真正的社会历史，以及一个非常困难与困惑的社会文化发展阶段。有趣的是，culture 与 cultural 及其衍生词 sub-culture（次文化——一种可以辨识的小型团体之文化）的社会与人类学的意涵，稳定、持续地扩大。这种用法，除了在某一些领域（很明显的例子是大众娱乐）外，不是避开就是有效地减低敌意及其相关的不安与困窘。Culturalism（文化主义）——与社会分析里的 structuralism（结构主义）形成一种方法学上的对比——的最近用法仍保留了许多早期的晦涩难解之意涵；这种用法未必避开这一种敌意。

参见 Aestheic, Anthropology, Art, Civilization, Folk, Development, Humanity, Science, Western

Democracy(民主)

Democracy 这个词很久以前就存在,而它的意义一直都很复杂。它于 16 世纪时出现在英文中,其最接近的词源是法文 *démocratie* 与中古拉丁文 *democratia*。这两个词是从希腊文 *demokratia* 翻译而来,而这个希腊文是由最早可追溯的词源 *demos*(意指人,people)与 *kratos*(意指统治,rule)所组合。1531 年时,democracy 这个词被埃利奥特(Elyot)定义,他特别以希腊为例,其言:"一种存在于雅典人中的公众福祉,在这之中人人平等……这种统治方式在希腊文被称为 *Democratia*,在拉丁文被称为 *Popularis potentia*,在英文被称为 rule of the comminaltie。"Democracy 这个词的意涵是由 *people* 与 *rule* 所组成,这很明显与它希腊词源的用法有关。早期 democracy 的意涵范围大致包括在梭伦所说的"服从的不是统治者而是法律"与克里昂(Cleon)所说的"民有、民治、民享"之间(是否是梭伦与克里昂所说,其实很难考证)。比较可以确定的例子是在希罗多德的著作中,他把"暴君的傲慢"与"不驯之民的傲慢"做比较,并且把 government(政府)

定义为 democracy（民主政体），因为政府的行政权是在多数人，而非少数人手中；此外，在修昔底德（Thucydides）的著作中提到：" 只要是反对暴君政权就可以称为 democracy。" 亚里士多德在他的著作《政治学》（*Politics*）（IV, 4）中写道："在 democracy（民主政府）之中，占多数的自由人与穷人被赋予政治权力。" 但是 democracy 的意涵主要是立基于"被赋予权力"这层含义上（不论这种权力是"最高统治权"，还是另一个意义迥异的"实际独裁统治"）。柏拉图在他的著作《理想国》（VIII, 10）中引述苏格拉底的话："democracy 是在穷人征服他们的对手，屠杀、放逐其中的某些人，然后与剩下的人共同享有同样的自由与权力之后，才会形成。"

这些用法的范围非常接近 democracy 词源的意涵，也使得这个词在词义方面无法再做过多的衍生。然而，democracy 在这些用法之中的含义，有许多与现代西方正统的"民主"定义有所差别，尤其是那些带有"大众阶级统治"意涵的用法。西方正统"民主"定义（但事实上所谓"正统定义"还是有其意义上的不确定性）的出现是一件值得研究追溯的事情。Democracy 这个词我们现在通常认为可以追溯到中世纪，并且主要是承袭其希腊词源的意涵。但事实上在我们所知的文献里，除了少数的例外，一直到 19 世纪 democracy 仍然是一个带有贬义的词眼。自从 19 世纪末到 20 世纪初这段期间，多数的政党和政治流派才开始宣称他们相信 democracy（民主）的价值。这种转变在 democracy 词义演变的历史上非常重要。

阿奎那把 democracy 定义为"群众的力量"；占大多数的一般人利用"群众的力量"统治、压抑有钱人；"多数人"这个整体就像是一个暴君一样。Democracy 的通行意义在 18 世纪末与 19 世纪初之前,都带有强烈的"阶级意识"意涵;一直到 19 世纪中叶,在相当程度上仍然保有这层意涵。因此,1576 年时弗莱明(Fleming)写道:"democracie 就是当群众(multitude)掌有政府的时候。"(要了解 multitude 词义里所蕴含的阶级意识意涵,请参见 Masses。)1586 年时有人说:"在 democratie 之中,占大多数的自由人和穷人是不同阶级里的统治者。"1680 年时,菲尔默(Filmer)在《族长》(*Patriarcha*)中提到:"democracy 就是一种群众的力量。"在这种将 *people*(人民)视为 *multitude*(群众)的定义里,蕴含着一种统治形式的概念:在实行 democracy 的国家中,每一个人都有权力治理这个国家,实际上也真正能治理这个国家;甚至斯宾诺沙还把这种实行 democracy 的国家拿来与由少数代表(包括选举出来的代表)所治理的国家做对比。罗德岛(Rhode Island)在 1641 年时所制定的法律中用到 democracy 这个词,这是 democracy 第一次出现在法律条文中,而这部法律对 democracy 的理解是"民主政治",拥有上述"每一个人都有治理国家的权力"的意涵。这也就是说,"自由人"经正式的会议,有权力可以颁定公正的法律,而人人都须遵守这部法律;"自由人"也可以根据这部法律,从他们之中委任一些行政官员,以让这部法律在民众之中被彻底执行。

我们必须非常重视这部法律,因为它所意指的"民主制度"(democracy)与从前所认知的"民主制度"有所不同,而 democracy 这个词的意涵也是由此开始转变的。在罗德岛的"民主制度"里,大部分的人都可以在会议中参与制订法律的过程,而选出的官员将会确实地执行这部法律。这种罗德岛式的"民主制度"与汉密尔顿在 1777 年时所定义的"代议制民主制度"(representative democracy)有所不同。其言:"当全部或大部分的人都有发言及参与司法的权力时,你必须预料到很多错误、困惑和不安将会发生(他在这里是取'民主制度'的早期意涵)。但是在'代议制民主制度'里,投票的权力将会被保障与规范,而且行政、立法与司法的权力将会被交与所选出来的代表……"这个在美国转变的"民主制度"意涵,就是现代"民主制度"意涵的发端。边沁把原本意涵广泛的"民主制度"具体化为"由多数人统治",并且在比较"直接民主"与"代议制民主"的差异之后,他提倡"代议制民主",因为他认为"代议制民主"才能真正普遍地在广大的社会中被长久实行。他这个从实际角度来衡量"代议制民主"较可行的论点,被某些人接受也被某些人反对。但在 20 世纪中叶以后,那些提倡"罗德岛式的民主"或"边沁所认定的直接民主"的人,都可能会被视为"反民主"人士,因为"民主制度"的首要原则已经变成是"由选出的代表来治理"。边沁的实际观点对"民主制度"的意涵朝向"代议制民主制度"发展有很大的影响,甚至是决定性的影响。但是 democracy 词义的两大转变,其中之一就是:试图排除 democracy 的原始意涵,而与 democracy 从原始意义衍生出的意涵产生密切的关系。

Democracy 意涵的第二次大转变与对何谓"*the people*"的诠释有关。"The people"的范围在历史上很明显被刻意限定在"某一群具有资格的人":例如自由人、财产拥有者、智者、男性白人、男人等等。这种制度虽然对选举人资格有所限制,但仍然被称为"完全的民主",因为"民主"的定义已经变成是"由选举的过程选出代表",至于到底有多少比例的人可以参与选举并不重要。要追溯democracy的意涵为何会做这样的演变,必须从那些采用"代议制民主"的机制来看,而不是根据全体人民与政府的相对关系。在大多数对"英国民主发展"的记述中,其所谓的"民主"其实也是"有限制的选举制度"。Democracy的意涵事实上是经不同阶段不断延伸,才渐渐很明显是意指"有投票选出代表的权力",而不再是其旧义"群众的力量"(19世纪中叶之前,这是democracy在英文里通行的意义)。这种区别在法国大革命时非常重要。当伯克1790年时在《法国大革命反思》中提到"完全的民主是世界上最可耻的事情"时,他所表达的就是当时对"民主"的观点,因为当时"民主"被视为一种无法控制的群众力量,而"少数人"(特别包括拥有大量财产的富人)将会被这种力量压抑。Democracy一直到19世纪中叶,都具有"革命、颠覆"的意义(就算没有,至少也带有"极端"的意涵);"民主制度"的意涵会渐渐演变成"代议制民主制度",不单单只是因为"代议制民主制度"可以普及且长久被实行,更或多或少是对这种极端"民主"意涵的反动。

现代民主的两个意涵就是由这里开始产生分歧。在社会主义的传统里,democracy一直是指"群众的力量"(*popular power*)。在这种群众力量之下,"多数人"的利益才是最重要的,而所谓的利益事实上也是掌控在"多数人"的手中。在自由主义的传统里,democracy意指人民可以公开选举代表,以及拥有诸如言论自由等"民主的权利",使得选举可以公开实行,并在政治上容许不同的声音。这两个"民主"概念现在都以其极端的方式呈现,彼此水火不容。如果民主的要义是"为群众谋求利益的群众力量",那么其他"民主"的准则都将变为是次要的(譬如说在共产主义"人民民主"〔People's Democracies〕的概念里),并且被认为其只是在强调"资本主义民主"与"资产阶级民主"的概念。如果"民主"的要义是选举和言论自由,那么其他的"民主"准则都将被视为是次要的,甚至应该被排除;为了群众的利益而意图去操控"群众力量"的行为(譬如说大罢工),都将被视为是反"民主",因为"民主"已经有另一种定义;那些宣称"经济平等"(economic equality,参见 Equality)的言论,都将被视为是导致"混乱""极权式的民主"与"工会组成的政府"的祸根。这两大派别及其差异细微的分支,使 democracy 的现代意义产生分歧,但这并不被认为是 democracy 在词义演变历史上的转折;每一个派别都自认为是"民主"的唯一真谛,然后将其他派别的主张视为只是一种"夸大宣传",不具任何真理。

自从 19 世纪中叶,democratic(民主的)是这些"民主思想"与"民主机制"的形容词,但我们必须注意 democratic 还有两个更进一步的用法。Democratic 的一个明显用法是描述"公开辩论"的状态,但其与"选举"或"权力"没有必然的关联。另一个用法是特别意指"言论自由"与"集会自由",但其与"政治权力"的本质或机制无关;这个用法是源于"自由主义"所强调的"民主概念"。"自由主义"认为完整的"民主概念"必须包括"选举"以及"人民主权"(虽然并非意指"大众统治"),但除非是在适当的时机,否则它也同时反对那些对"选举出的领袖"及其政策不断无端质疑的"民主运动"。此外,democratic 还有一个意涵是由从前意指"群众"的阶级意涵所衍生:"民主"就是人们不会感觉到"阶级"的不同，或是在日常生活中刻意去忽略"阶级"的存在，而不论这是否是真实的情况，人们都要表现出他们认为每个人都是平等的，都应该得到同样的尊重。因此，任何人对于他所遇见的每个人都不会感到自己与对方有所不同，也可能更坚定他对"言论自由"与"集会自由"的信念，但是他所相信的"民主"概念就只是这些，他还是可能会反对诸如"普选权"等主张，更不用说那些只为"多数人"谋求利益的政府。Democratic 的这些意涵是从其之前意指"政治权力的本质"的意涵（可能现在依然存在）做部分地延伸，但也同时排除了之前某部分的意涵。*demagogy*（煽动家）与 *demagogie*（煽动家）这两个词最接近的词源是希腊文 *demagogós*，可追溯的最早词源为希腊文 *demos*——people（人民）、*agogós*——leader（领袖）与 *agein*——lead（领导）。这两个词是取它们在希腊词源里"不负责任的煽动者"的贬义，而非另一个"群众领袖"的含义，带有政治偏见的意味；而其在英文里的用法，自从 17 世纪以后也与此类似。我们可以把这个词和 *agitator*（煽动者）作比较。*Agitator* 这个词第一次是以 agent（代表）的意涵呈现，在 1647—1649 年期间为国会里的军人代表所使用，而自从 18 世纪以后它才带有贬义。

要厘清"民主"的中心概念是一件很困难的事情，分析其词源演变虽然可以稍稍厘清，但却不能解决这个问题。在不同的世纪里，我们可以发现几乎所有的政治运动都宣称它们代表的是"民主的真谛"，而其中有无数其实是刻意扭曲"民主"的意义。他们表面上虽有"选举""代表制"与"授权"等"民主"形式，但实际上却只是在操弄这些形式；或者名义上打着"群众力量""为民谋利的政府"的旗号，实际上却只是借此来掩饰他们的"官僚统治"或"寡头政治"的真面目。身处于这个世纪,对于何谓"民主"我们必须同时接纳"自由主义"与"社会主义"传统里正反两面的概念。如果"民主"的意涵在19世纪没有发生改变,还是带有它原来"民众的力量"的负面意味,也许人们将更容易相信"民主"的价值,进而捍卫这个价值。但"民主"的概念已经发生改变,其现代的意义是由过去复杂的意涵演变而来的。

参见 Anarchism, Class, Common, Equality, Liberal, Masses, Popular, Representative, Revolution, Socialist, Society

Determine(决定、决心)

Determine 的意涵范围在现代英文中非常复杂,尤其当这个词汇与 determinant(决定性的事物), determinism(决定论)以及 determined(决定的)的特别用法发生联结时,它的词义更加难解。determine 这层难解的意涵是非常重要的,因为它与当代思潮关系密切。

14 世纪时 determine 在英文里出现,它最接近的词源是古法文 *determiner* 与拉丁文 *determinare*,而可追溯的最早词源是意为"设定界线"的拉丁文 *terminare*。许多词首是拉丁文 *de* 的词,意义往往相当复杂,但在 determine 这个词所有早期的用法之中,几乎都是"设定界线"这层意涵。当 determine 被用作"设定一个过程的范围,并进一步去终结这个过程"时,它便有"完全的结束"之意,这也使 determine 的意涵变得复杂难解。在提到一个过程的范围(limit)与结束(end)的时候,determine 这个词及其衍生出来的词常常被使用,意指问题或争议已经由权威人士"裁决"(determined)。Determine 的这个用法以及其在法律上的用法(例如在租贷关系中),广义来说与 decide(决定)同义。例如:"on a date to be determined"(日期由双方决定)。这里 determine 的意涵与 settle 等同,意指通过观察、估算及其结论来"确定"。在这些用法之中,determine 这个词很明显是意指在一个过程之中,最后结束那一刻的"行动";其词义通常没有必然的指涉意涵,有时甚至完全没有任何指涉意涵;determine 在这些用法之中,所隐含"最后的决定、安排以及定夺"的特点,本来就内在于一个"过程"之中。Determination 这个词是意指一个过程的"确定"或"完成",而不是可以预先控制或预见这个过程。

  Determine 可能还有一个与上述意义部分相同的意涵:一个已经被"决定"的过程——可以由它可预知的最后结果回过头来说明。Determine 现代难解的意涵就是源于这些相同部分的意义,而这些相同部分的意义主要是源自于神学的概念:上帝可以决定(have determined)人一生的境遇,包括人必然会面临的死亡(神学上的意涵是由"权威人士的裁决"这层意涵延伸出的),也就是上帝可以决定一个人的命运。自从 16 世纪初期以后,有些书中会提到圣经上"上帝决定未来的神谕",譬如说我们在廷德尔的著作中就可以见到。这些"早已命定的结果"所指的是什么?在人生中会有多大的影响?又会造成什么后果?长期以来人们一直对这些复杂的问题有所争论。在这些争论之中,一般来说 *predestination*(前定、命运、预定)这个词比 determination 更常用,但有时候这两个词很明显互有关联。Determination 这个词"被决定而无法改变的事情"的意涵主要就是从这里开始,不过这层意涵自始至终都无法涵盖 determinate 的所有意涵。当人们不断争论 determine 的意涵到底是"决定过程的条件",还是"由可预知的最后结果所决定的过程"时,determine 的意义变得相当令人困惑。

当 determination 这个词自从 17 世纪开始被用在科学领域时,其在科学上的意涵就已形成。它有时候是用来描述物质最终或基本的状态,但早期的物理学著作(博伊尔〔Boyle〕,1660 年)提到:"那些在运动中具有相反趋力(determination)的物质",这里所指的 determination 事实上是一种"趋力"(tendency)。1710 年时克拉克(Clarke)写到:"当一个物体以任何特别方式移动的时候,是因为趋力使然而非其他因素,这就是我们所谓的 Determination。"这里所指的趋力是内在于物体的本质之中,因此任何过程里的决定因素仍具有其特殊性。determine 的意涵就是从广泛的法则中(例如后来形成的科学法则以及早期的自然或宗教法则)延伸到抽象的层次:从特别的"果因"关系概念延伸到"不可避免的决定过程"的概念。但是当这个抽象的意涵形成时,我们就很难厘清"由法则所控制的过程"与"被视为不可避免的结果"(不论这些结果是源于内在的本质,还是突发的因素)有何不同。当 determine 的意涵在"前瞻"或"回顾"中都常常被使用时,它的意涵显得更加难解;而 determine 所具有的"不可避免"(这可以是观察的结果或回顾)意涵投射到未来事件时,又变为另一层意涵。

几世纪以来在神学、伦理学、物理学以及后来的社会、经济理论之中,对于 determine 的意涵一直有所争论。19 世纪"决定论"(determinism)的出现对这些争论来说是一个很大的转折。determinism最广泛的用法是指那些可以决定"事件过程"的"先决条件"以及一般的"外部条件"。"外部"(external)通常只是指在"那些参与过程的人其意志与欲望"所能掌控之外;"决定性的条件"(determining condition)仍然是内在于"过程"本身。但determinism还有一个源于上述过程的用法,其所特别强调的是"外部的决定特质"。我们所谓"决定性的过程"远的来说可以是指太阳系,近一点来说可以是指生物进化或遗传,以及与我们切身相关的社会、经济体系,但人们并无法掌握这些"决定性的过程"。"决定论"先前是作为神学以及哲学上的信条(虽然那时不称做决定论);自从19世纪中叶以后,虽然它最确定的意涵是在物理学上,但它也特别被应用在生物学与经济学上。在物理学的例子里,"决定论"意指"可以完全由已知的原因来预测事件"的狭义意涵变成一种传统,以至于当人们在观察那些"本质上不可预测的事件"或"仅仅是可能发生的事件"时,便又产生了"决定论"的相反词——"非决定论"(indeterminism);自从20世纪以后,"非决定论"就像早期"决定论"一样被草率地应用到其他领域中。从这个时期开始,"决定论"很明显不只具有"不可避免的因素"的意涵,也同时具有"基本的外在因素"的意涵。这也是为何原本只是在"可观察的特别过程"中产生的"非决定论"会被草率地延伸应用到一般的生活状况中。这个演变其实是很有趣的。

"决定论"(Determinism)的现代通行意涵已变得与人类的生活状况(不论是在生物方面还是在经济方面)息息相关。这些"广泛的过程"已经被"决定",所以虽然它们或许存在于人们的认知之中,但人们却无法掌控它们。事实上在所有与这些相关的争论之中,人们试图仔细地去区分 determination 已经确立的现代意涵与其过去有关命运(*fate*)的非理性意涵之间的差别。(*fate* 原来是指"上帝的审判",其最早可追溯的词源是意指"说"的 *fari*;之后意指非人所能决定的"决定过程",而 14 世纪以后又意指"被决定的结局";自从 17 世纪起,它又由 *fatal*——致命的——这个词得到毁灭的意涵,而其他"被决定的结果"则被描述为 *fortune*——好运或 *providence*——慈爱的看顾。)"理性决定论"(rational determinism)主张人有能力去理解那些广泛的过程,甚至多少可以控制这些过程。这层意涵之后更为明显,因为它使得"决定性条件"(determined conditions)或"决定要素"(determinants,在早期的用法中意指那些会产生限制或压力的必要因素)在广泛的过程之中与其他意外、不可预测或自发的因素产生区别;这种区别也是作为大部分"决定性条件"或"决定性过程"的理性讨论的基础。然而,如果我们观察那些"决定性因素"(会产生限制与压力的力量),我们也许会把它的意涵扩充到"宿命论"(fatalism/determinism);在宿命论之中,所有的事情都已经被决定(我们通常用"事先决定"来强调这个意涵),我们只能等待那些"被决定的事情"发生。另一方面,determinism(决定论)其词义的难解使得我们茫然,感到不论是在假设上或实际上任何必要因素都是不存在的。这实际上是一种疯狂的失序,而且只有相信其他的论点都是"决定论",才能避免这种疯狂的失序。这个论点在马克思主义中尤为重要;马克思主义不断强调绝对的"经济决定论",同时也强调经济所产生的政治、社会与文化等结果。(这些就是历史的法则,以及意指"社会的经济结构"的 *base*

〔基础〕与意指"其他社会生活"的 superstructure〔上层建筑〕的法则。)马克思主义的其他派别认为,人类在某些决定性的事物(determinants)里,可以主动去创造自己的历史。激进的实证主义者(Positivist,参见本书)认为"过程"是可以完全且广泛地被预测,因而把"事物演变的过程"(play of events)化约,而这种简约的观点就是意涵较为狭窄的 Empiricism(经验主义,参见本书)或 Pragmatism(实用主义,参见本书)。

这种严肃且复杂的事物将无法由词面的定义来解决。如果我们坚持对这个意涵复杂的词与其衍生词下一个假权威的定义,只会使这个问题更加令人困惑,毕竟在这个词的演变历史中,它包含了另一条演变路径。Determine, determined 与 determination 在这条演变路径中,不但与 limit(限制)和 end(结果)无关,也与任何的"外部因素"(external cause)无关,但却特别与"意志的行为"(acts of will)有关,例如说:"我'决定'(determined)去做这件事。"一开始这个用法似乎是源于上述早期的"做一个决定"(come to a decision)的意涵;若干早期的用法是采用 determine"自己做决定"的意涵,其与 resolve(决定)和 resolution(决心)的词义演变有关。可能没有人说过"我'决定'不被'决定'"(I am determined not to be determined)这句话,但这句话显示出 determine 的意涵范围。自从 16 世纪初期,determine 与 determined 通常用于"自己下定决心"这方面的意涵。Determined 一般的衍生意涵最迟是在 19 世纪末之前确立。一般来说,它不见得有"决定"这个动作的意涵(例如说"决定"去做或"决定"不去做),而是一个意指"不动摇"(unwavering)与"坚持"(persistent)的形容词,其意义与"被注定而不可避免的过程"之意涵有绝对的关联,但其在对"人类行为"解释的实际用法中,却呈现出相反的意涵。一般而言,现代意涵中对 determinism(决定论)与 determination(决定)的有效区别,很明显使得由 determine 这个词所衍生出来的正反两面意涵都得以保留。但就我们一般所见,determine 和 determined 这两个词用法的差别比较难理解。

参见 Development, Empirical, Evolution, Pragmatic

Development(发展)

Develop(ed)这个词在 17 世纪中叶继 *disvelop*(16 世纪末时)变成英文的语汇,而其最接近的词源是法文 *développer* 与古法文 *desvoleper*;其词源的意义是与 wrapping(包裹)、bundling(捆扎)相对立,意指 unfold(展开)与 unroll(舒卷)。18 世纪时,这个词的词义以隐喻的方式被延伸,进而包含 1750 年沃伯顿(Warburton)所提"发展人类心灵能力"的意涵(参较 Culture 与 Evolution)。18 世纪中叶以后,development(发展)也变为英文的语汇,但 1752 年时这个词仍然被切斯特菲尔德(Chesterfield)以它的法文形式使用。Development 第一次词义的扩张,主要是在与"进化"(Evolution,参见本书)的概念有密切关系的新兴生物学。

Develop 及其相关词类的现代用法中,最有趣的是一些与经济变迁的概念有关的用法。19 世纪中叶,"社会有明确的进化阶段(*evolutionary* stage)"的概念是指:"国家会照着一条发展(Development)的路径前进,而国家之后会呈现出什么样子,可能在早期的发展因素中就已显现。"尤有甚者,这个概念背后所隐含的是1861年所记载的"进步的发展"(*Progressive development*)概念(参见 Progressive)。1878年后,develop这个词又与工业(Industry,参见本书)有关。例如,莱基(Lecky)写道:"苏格兰工业的'发展'可以追溯到1707年时的工会",而1885年时有家报纸写道:"贸易也可能会无限制地'发展'。"

Develop指"工业"与"贸易经济"过程的用法,在19世纪末益加明显,之后在20世纪成为正式的用法。它的反义词可以是简单形式的 *undeveloped*(未开发的)。然而,它最常用的反义词是 *underdeveloped*(发展不完全的、低度开发的)这个具有影响力的新词。这个反义词在1945年以后出现,包含两个概念:(一)土地的"天然资源"(natural resources)没有被充分"开发"(developed)与"利用"(Exploited,参见本书)。resources 这个复数形式的词从18世纪末以后一直被用作这个意涵,而"天然资源"在1870年一直很明显被定义为"矿场里的矿物,未开采的石头与未砍伐的木材等等"。(二)经济与社会必定会根据一个我们所知的模式,经历一些可以被预知的"发展过程"(stages of development)。非常有趣的是,development 和 developmental 这两个在心理学上描述人类"成长过程"的相关意涵,或多或少影响了"低度发展的社会"(underdeveloped societies)的定义(无论这种心理学的意涵是用来确认或是用来定义这种社会的身份——相对于"高度发展的"社会)。在过去,"低度发展的社会"被轻率地描述为"落后"(*backward*)社会——"落后"一词是"与发展有关的"(developmental)词。*Underdeveloped* 的每一种意涵是与下列观点息息相关:这种观点就是将贫穷的、殖民的或旧殖民的社会,视为一种可以用既有的 development 的概念来解释的场所。对于这一类社会的描述,后来有较讨好的词出现,例如"发展中的"(developing)或是"在发展的过程中"(in the course of development)。

极复杂、争议的政治与经济问题已经被这些表面上简单的词普遍模糊了。因此,一块特殊的土地依其自身用途而言,可能是"已开发的"(developed),正如同在"生计经济"(subsistence economy)的一些类型里;然而,就他人所宰制的世界市场而言,它却被视为"低度开发的"(underdeveloped)。于是,"低度开发"(underdevelopment),根据极端派的经济学家的说法,就是一种由外部的经济压力所产生的状况,因为"开发"可以指一个社会对其资源,依其用途,充分地利用,或是为了另外其他的经济效益,依照外部的市场需求,对于部分资源的利用。"开发地区"(development areas)这个概念,在一些如英国之类的国家,实际上同样也会有不同的解释。从某一个观点而言,dependent(依赖的、从属的)这个词是比 developing 这个词更被人喜欢用来描述"低度开发"(underdevelopment)的现状,但是仍然有实际的问题存在:因为一个内部产生的开发(development),可能不仅不同于外部所强加的开发,而且其本身在内部利益的冲突下,可能也会有所变化。

明显的是,通过上述的复杂纠葛的语词,我们可以看到"援助发展中国家"(*aid to the developing contries*)这个经常被提到的仁慈概念常与下述的不义之举混为一谈:(一)抹灭他国开发程度(因其被贬抑为"低度开发的"国家或"较不开发的"国家);(二)为了控制世界市场,对于他国开发的过

Development(发展) 173

程,强加宰制。"第三世界"(Third World)这个词汇的现代意涵,与上述词汇的意涵一样地暧昧不明。这个词汇源于20世纪50年代初期的法国《第三世界》(Tiers Monde),与法国大革命的"第三阶级"(Third Estate)相类似。在现代的政治词汇里,这种描述是建立在"第一世界与第二世界"架构的前提下。虽然这两种世界通常没有被详细说明,也许指的就是资本主义世界与社会主义世界。"第三世界"这个词汇原来不是贬义词,然而当它与"低度开发"的意涵重叠时,它可以指一个普遍的领域(其中我们可以看到第一世界与第二世界彼此竞逐),同时它也融合了各种不同的地域,使其处在一个实质上没有区分的状态。"第三世界"这个词,正如同与之相关的词——"不结盟的"(non-aligned)——一样,其意涵端视"东方—西方"(East-West)的普遍定义而定(参较 Western)。这种依赖的程度可能会使更重大的关系变得模糊了;这种关系就是现在常提到的"南—北"(North-South)关系(虽然这种关系,有它自己的复杂而难解的意涵)。事实上,如果我们没有去检视分析 development 的概念,那么对于目前世界经济秩序的普遍认识就会受到限制,并且因而产生困惑。对于 development 所包含的实际层面的分析,可以让我们有更明确的认知。

参见 Evolution, Exploitaion, Imperialism, Industry, Native, Western

Dialect(方言)

Dialect 在 16 世纪末成为英文词,最接近的词源为法文 *dialecte*,可追溯的最早词源为希腊文 *dialektos*。原初的希腊意涵——为"言说"(discourse)与"谈话"(conversation)——已经延伸为"一种说话的方式"或者是"一个国家或地方的语言"。在英文里除了偶尔的一些用法外,从 17 世纪起,尤其是 18 世纪以来,这个词的词义局限于现代普遍的意涵——不仅指一个地区的语言,而且指,正如《牛津大辞典》的定义,"一种语言的附属的形式或变体(subordinate forms or varieties)——具有地方特质的词汇、发音或片语";此处的关键词为 subordinate(附属的);这个词必须通过《牛津大辞典》更进一步地说明才能了解:"不同于标准'语言'或优雅'语言'(standard or literary 'language')的各式各类话语。"

在上述的定义中,对于"语言"这个词加上的引号,可以被视为一种很谨慎的做法。在词义的演变史里,争论的点并不是这个明显的事实——说话的方式,会因为在一个国家里的各个区域,或者是随使用其他语言的地区,而有所不同——而是在于语言的"附属的"形式。这与"标准的"（Standard，参见本书）英文（或其他语言）的概念的发展有密切的关系；在此发展的过程里，一种被选定的（在英文里，具有阶级意识的）用法，于是成为权威的、主流的（"正确的"）用法。另外所提到的"literary language"主要的并不是指文学（Literature，参见本书）——以现代之意涵，是指"富想象力的创作"——语言，而是指具有谈吐优雅、文辞优美的语言，这就是"literary language"的旧意涵。

　　词义令人困惑是很明显的。早期的用法，并不包含上述所提到的"附属"形式。从1635年起，有一个用法是将dialects视为我们现在所通用的 *languages*："斯拉夫语（the Slavon tongue）涵盖很广，其中包含许多Dialects。例如，俄罗斯语、波兰语、波希米亚语、伊利里亚语……"在这些语言里，我们会提到一种"民族语言"（national languages）的语系。的确在"民族语言"的稳定化与标准语言的普遍化过程中，全然本土的（Native 参见本书）、实际的、长期的变异被视为是文化上的附属现象。从中性的角度来看，语言就是由这一些变异的类型组合而成。但是在文化宰制的过程里，所投射出来的，不仅是一种经过筛选出来具权威式的类型（除了这个类型以外，其他所有的变异类型，可能被判定为低劣或不正确的），而且是一种完全抽象的概念：将语言视为存在于实际变异的情境之外，不仅有标准英文（*standard English*）与方言（*dialects*），同时根据这一种投射，也存在这一种单数形式的英文（*a singular English*）与英文的方言（*dialects of English*）。

　　有趣的是，随着其他社会关系的变迁，我们可以在一些具有宰制性的描述（dominating description）里，观察到一些修正。一个明显的例子,就是从"Yankee dialect"(扬基方言)转为"American English"(美式英文);这种改变于20世纪中叶,在大西洋这一边才完成。这个例子跟"少数语言"(minority languages)这个普通的语词相类似;这个语词带有"较不重要"的意涵,通常是与"多数语言"(major languages)形成对比。这也是一种宰制的形式。的确有属于少数族群的语言;人们之所以处在那一种社会少数的状况,通常是因为他们的国家或者是地方已经被并入到一个较大的政治实体。其实这些语言不算是"少数语言",除非是从"宰制"的观点来看。就他们自身而言(如果他们仍能够抗拒那些难以对抗的压力),他们自己的语言,就像其他语言一样,具有独特性。比较说来,dialect 只是一种在特殊的地方讲话的方式。

参见 Literature, Nationalism, Regional, Standards

Dialectic（辩证法、辩证的）

Dialectic 从 14 世纪起出现在英文里,具有拉丁文的通用意涵——指的是我们现在所通称的逻辑(logic)。古法文 *dialectique*、拉丁文 *dialectica* 与希腊文 *dialektike* 三者之主要意涵为讨论与辩论的艺术;后来,引申为"通过讨论以探索真理"。不同的学派有不同的解释。柏拉图的观点产生了一个重大的词义演变: *dialektike* 意指"定义观念的艺术"(the art of defining ideas),且指通过单一原则来判定各观念间的相关性之方法。这两种意涵指的就是后来被区隔开来的逻辑(*logic*)与形而上学(*metaphysics*)。在早期的英文用法(正如同在一般的中世纪用法)里,dialectic 即是"形式论证的技巧"(the art of formal reasoning):"第二种科学就是逻辑,亦称为 dyaletyque"(卡克斯顿〔Caxton〕,1481 年);"Dialectike 或 logike 就是通过争论来探讨所有事物的真相"(1586 年);"Dialectike 是说话的技巧;通过讨论者的问题与答案,我们可以证实或反驳任何事物"(斯坦利〔Stanley〕,1656 年)。从 17 世纪开始,dialectic, dialectics 与 dialectical 三个词的意义被延伸,指的是一般的辩论、争论,而这层延伸的意涵一直持续不辍。

在德国观念论哲学里,dialectic 有一个特别的、具影响力的用法:"将讨论或争论过程里的矛盾"之概念,延伸到"现实生活中的矛盾"之概念。Dialectic 的延伸意涵与柏拉图的定义——通过单一的原理来判定各观念间的相关性之方法——有关。通过后来许多复杂的争论,这种延伸的意涵变成相当普遍的——如果经常是很难理解的——用法。对康德(Kant)而言,辩证的批评(dialectical criticism)显示出知识原理——当其被延伸到"形而上的实在"(metaphysical realities)——的相互矛盾之特点。对黑格尔(Hegel)而言,在思想(thought)与世界史(world-history)两方面——世界史就是思想的客观特质,具有高度的、统一的真理——的一些矛盾会被超越:辩证的(dialectical)过程,就是持续不断地将对立的部分统合起来,使部分与全体维持一个复杂的关系。其中的一个辩证过程的形式——正、反、合,三段论辩证法——由费希特(Fichte)提出。Dialectic 的意涵指涉的就是经一种对立事物的矛盾,持续不断产生的统合过程。Dialectic 的意涵在马克思主义里具有特殊性,恩格斯用辩证唯物主义来称呼它(dialectical materialism)。黑格尔对辩证过程的观点,是将精神视为主要,世界视为次要。然而,在马克思主义里这种优先顺序被逆转。Dialectics 就是"有关运动(motion)的一般定律的科学,包括外在世界与人类思想两方面——这两套定律在本质上是相同的,但是在外在表现上是不同的"(恩格斯,《论费尔巴赫》)。这就是"唯物主义的辩证"(materialist dialectic),也就是后来所称的"辩证唯物主义"(dialectical materialism），可以适用于历史以及大自然（恩格斯，《自然辩证法》）。隐含在这种过程的形式论证的原理，可以被视为量到质的变化、对立事物的确认以及否定的否定；这些是历史与大自然的"定律"。

关于辩证唯物论与马克思的思想关系（马克思本身并未使用这个词汇）、与观念论思想家前辈的关系、与自然科学的关系，存在着激烈的辩论。有些马克思主义者喜欢具有较独特意涵的"历史唯物论"，不希望将辩证的论述延伸到大自然的过程。其他人则坚持，同样基本的定律可以适用到两者；也有一些马克思主义的思想排斥整个辩证的定律，却同时保留了 dialectic 较宽松的意涵——描述矛盾的或对立的力量间的互动。这种宽松的意涵较为通行，沿用了较古老的意涵——辩论的过程或辩论的方法。在当代的辩论里，我们通常很难看出这些不同的意涵，有哪些是正在被使用，或者看出他们具有什么样的引申含义。

参见 Materialism，Science

Doctrinaire(空论家、空论的)

Doctrinaire 是一个古怪的词,因为它现在被普遍使用在政治语脉里,指的是一个团体、一个人或是根据一套特殊的概念所形成的一种立场。其暗示的意涵总是负面的:根据一套特殊的概念所形成的政治行动或立场是不受欢迎的,而且是荒谬的。这种暗示是从 doctrinaire 在政治学上的原初意涵改变而来。从 1815 年起,这个词是以法文的形式出现,用来描述企图化解两种极端立场的一个党。Doctrinaire 这个词之所以受到鄙视,其原因如下:它指出了这个企图只是理论的空谈,没有对相互对立的党的真正利益与观念有实际的了解。我们可以这么说:原初的那些"调和意见的党派"(doctrinaires),试图在我们现在所通称的"空谈理论的人"(doctrinaires)之间达成一个和解。这种词义的改变,很难去追溯它的源头,但是在 19 世纪末已经确立,并且在 20 世纪中叶变得尤其普遍。这种词义的改变,也许是因为 doctrine(学说、教条)这个词的意涵趋向贬义而产生的——从"学说"(中性的或正面的意涵)到抽象的、一成不变的立场(参较

dogma 这个词的词义相关演变；这个词现在具有较强烈的负面意涵)。这种词义的改变，尤其与神学的立场有关，并且在19世纪期间，明显地转移到政治领域。Indoctrinate 与 Indoctrination(灌输、教授)这两个词从17世纪以来，就具有中性或正面的意涵——教导或教诲。从19世纪初期起，它们开始具有明显的负面意涵；现在它们像 doctrinaire 这个词一样，完全是具负面的意涵。很奇怪的是，在1868年帕蒂森(Mark Pattison)的著作里我们还会读到："哲学科学(philosophical sciences)，只可以通过大师来教授(indoctrinated)。"现在有一个明显的区别：存在于(我们的)*teaching* 与(你们的)indoctrination(与贬义词里的"施加压力"的意涵相关但并不很明确)之间。同时，doctrinaire 这个词的现代意涵经常视其与具有专门意涵的——经常是用来描述与自我有关的——词汇成明显的对比而定，例如 sensible(明智的)，practical(讲究实际的)，或是常见的 Pragmatic(务实的，参见本书)。(我的) *ideas* 或 *principles* 是有别于(你们的) *ideology* 或 *dogma*。这两者间的区分，与上述的区分有密切的关联。这些词义的形构，在政治学上变得有意义，因为思想运动与观念的发展是根据其与现存的社会制度里相左的或相异的立场与原则。对于 doctrinaire 的指责，可以由相类似的专门区分看出：有原则的(*principled*)政治行动、方案与无原则的(*unprincipled*)政治行动、方案二者之间的区别。

参见 Ideology

Dramatic(戏剧的、引人注目的)

　　Dramatic 是一组有趣的英文词中的一个。这一组词原先一直被用来描述某种特别的艺术,现在则被广泛地用来描述实际的事件与情况。一般而言,从 18 世纪起,dramatic 指涉一种具有情景(spectacle)与惊异(surprise)特质——与剧本或上演的戏剧所包含的特质相类似——的行动或情况。*Picturesque*(绘画般的、逼真的)这个词在 18 世纪出现在英文里,其意涵指的是一个景物、一件服装或一个行动,具有与图画相同的特质,且看起来像画一样的好看。*Theatrical* 这个词用来描述某些行动中的夸张特质,这种用法似乎是开始于 19 世纪。*Tragic*(悲剧的、悲惨的)用来描述一个像悲剧里发生的灾难事件,这种用法也许是从 16 世纪开始的,但是自从 19 世纪以来变得相当普遍。*Role* 指的是戏剧里的人物或角色。在社会学一个主流的观念论(*idealist*)派别里,其意涵被延伸,用来描述一种社会功能。自从 20 世纪初期,这种意涵变得很普遍。*Scenario* 这个词是指剧情概要,尤其是在歌剧里。在20世纪中叶,其意涵被扩大解释,用来描述政治、军事的情况,并且不断地被用来描述一种实际的计划方案。

这一组词中的词义引申用法颇具争议。有一些词,例如 *picturesque*,涉及一种心智习惯:通过艺术来看人生。其他词——例如,*dramatic* 与 *tragic*——的词义演变似乎是通过习惯性的联想,较自然地产生。虽然 role 现在被广为使用,不带特殊意涵,但是这个词的词义似乎是源自于一种特殊的、抽象的社会行动与组织,而且一如 scenario 词义的大部分用法,*role* 的词义尤其依赖一种形式主义的社会活动。Theatrical 词义不甚讨好,然而也是无可避免的事。

整组词中最重要的例子当然是 *person*(人)与 *personality*(个性)。这需要另外个别讨论。

参见 Personality

Ecology(生态学)

Ecology 这个词虽然在科学上的用法(原初为 *oecology*)开始于 19 世纪 70 年代(主要是由德国动物学家海克尔〔Haeckel〕的词汇翻译而来),然而在 20 世纪中叶以前并不是一个普遍的词。自 1858 年起,梭罗(Thoreau)有一个明显独特、出奇的适当用法。这个词源自希腊文 *oikos*(意指家、户)以及词尾 *logy*(源自 *logos*——意指言说,后来指有系统的研究)。*Economy*(经济学)除了具有 ecology 的部分词源意涵,其词尾部分 *nomy*(参较 *astronomy*)出自于不同的来源:希腊文的 *nomia*(意指管理)与 *nomos*(意指法则)。Economy 的意涵已经由早期的"家庭管理"(16 世纪),扩大为"政治经济"(源自法文,16 世纪至 17 世纪),并且从 18 世纪起成为现代普遍通用的"经济学"(economics)意涵。Ecology(海克尔的 *ökologie*)具有"栖息地"(habitat)这个意涵(从 18 世纪以来,habitat 是一个表示具有特色的居住地,源自拉丁文的动词形式的意涵——"it lives"),后来指的是研究动植物彼此之间的关系以及动植物与其栖息地的关系。接着 *Ecotone*(生态交界区)、*ecotype*(生态型)、*ecospecies*(生态种)这些词在科学的用语里出现。1931

年,威尔斯(H. G. Wells)将 economics 视为"生态学(ecology)的一个分支……人类的生态学"。这种看法加速了后来的词义演变;在这个演变里,生态学是一种较普遍的社会关怀。然而,表示对人类与天然的居住地的关怀,最普遍的词是 *environmentalism*(环境保护论)。实际上 *environmentalism* 一直具有较专门的意涵;它被视为是一种有关自然环境对于开发方式的影响的学说,有时候是被拿来与拉马克(Lamarck)的演化论联想在一起,而与达尔文的进化论(Evolution,参见本书)形成对立。*Environment* 这个词在19世纪开始使用,其意涵为"周围的环境"(surroundings),正如同 *environs* 一样(最接近的词源为法文 *environner*,意指环绕;可追溯的最早词源为古法文 *viron*,意指围绕);其意涵被扩大解释,例如在卡莱尔(1827年)的作品里:"由各种情境组成的环境"(environment of circumstances)。Environmentalist(环境保护论者)与其相关词,从20世纪50年代变得普遍,用来表达对于环境保护(conservation, preservation)的关心,以及对于污染防治措施的关心。Ecology 与其相关词,从20世纪60年代末期起,大量地取代了与 *environment* 相关的词群,且其延伸的用法持续扩大。就是从这个时期开始,我们可以发现 *ecocrisis*(生态危机)、*ecocatastrophe*(生态灾难)、*ecopolitics*(生态政治学)和 *ecoactivist*(生态活跃人士)这些词,以及更具组织的生态团体与政党的成立。由于重视环保的潮流日趋重要且持续成长,所以经济学、政治学与社会理论被重新解释:其宗旨是关怀人与大自然的关系,并且视这种关怀为制定社会与经济政策的必要基础。

参见 Consumer, Evolution, Exploitation, Nature, Work

Educated(受过教育的、有教养的)

Educate 这个动词,原先指的是抚养小孩,可追溯的最早词源为拉丁文 *educare*——意指抚养或养育(其词源并不是来自 *educere*——其意为引导、发展;而 *educare* 是具有最明显的这种意涵的词)。最接近的词源为拉丁文 *educationem*——同样具有上述普遍意涵。这种普遍意涵从未消失,然而自从 17 世纪初期,尤其明显的是,从 18 世纪末期起,这个词的意涵被局限在有系统的教学与教导上面。当大多数的小孩没有接受这种有系统的教学时,educated(受教育的)与 uneducated(未受教育的)二者的区分很明显就出现,但令人感到奇怪的是,自从一般系统的教育与普遍的教育普及后,这种区分变得日益普遍。这种用法存在着一种强烈的阶级意涵;"educated"(受教育的)所代表的"阶层"意涵一直在持续地改变,以至于大多数接受教育的人竟然变成不属"educated"(受过高等教育的、高级知识分子的)阶层。这种意义结构,也许可以由现存的普遍意涵——"教养"(bringing-up)——

所强化,例如:在"*properly brought-up*"(教养良好)这个片语里,它可以指涉任何一个特殊团体想要指的意思。Over-educated(过度教育的)与 half-educated(未受正规教育的)这两个词是在 19 世纪中叶,尤其是在 19 世纪末期形成的。它们保留了 educated 的专门意涵。此用法与 intelligent 这个词汇的专门用法有所互动,将"特别的智能"与"普通的智能"区分出来。值得注意的是,在英国经历了将近一世纪的普及教育之后,在这个用法里,大多数的人竟然被视为 uneducated 或是 half-educated,但是否受教育的人(educated people)以自满或自责或无奈看待这个愚蠢的用法,则不得而知了。

参见 Culture, Intellectual

Elite(精英分子)

　　Elite 是个古老的词,自从 18 世纪中叶,就被赋予一种特别的社会意涵,并且从 20 世纪初期起,被赋予一种相关却又有所不同的社会意涵。Elite 原初是用来描述被选举出来的人或被正式挑选出来的人。最接近的词源为古法文 *elit*;这个古法文 *eli* 源自 *élire*——意指选举。可追溯的最早词源为拉丁文 *eligere*(选择)与拉丁文 *electus*(被选举)。同时,elite 最初也是用来描述这一组有关选举的英文词:elect, election, electoral。在 15 世纪,elect 的意涵是由"通过社会某种过程,正式选出来的人",延伸为"被上帝特别挑选"的人(在神学与相关的社会思潮里,是指 the elect——选民),以及在其他领域里的"被挑选出来的人"("select"或"choice")——最被中意的、卓越的人。在神学或社会行动里,elect 一直被解释为某种正式被挑选出来的人,现在被扩大解释,指的是区别或分辨的过程。在此过程中,说到 elect 通常就会令人联想到 best 或 most important。许多描述这一些复杂的、意义重叠的过程的词汇——*distinguished*(优越的)与 *preferred*(较被喜欢的），或这两个形容词 select（精选的）与 choice（精选的）——显示出同样的复杂与重叠性。

Elect 的词义通常等同于 18 世纪中叶后期 elite 的用法。就这层普遍的意涵而言，elect 是较受欢迎的英文词，然而也许由于它具有争议性的神学意涵（这种神学意涵与"社会精英"的意涵有特别的差异），所以法文词的形式 elite 重新被采用，并且终于取代了 elect 作为名词的普遍意涵。当然这个动词仍然存在着，而 elected 与 the elected 这两个词是用来描述那些正式被挑选出来的人——不包括现在所残存下来的一些用法。例如，Bishop-Elect（主教当选人）与 Professor-Elect（教授当选人）等。

从 18 世纪中叶，尤其是从 19 世纪初期起，elite 这个词主要表达了因为阶级所产生的社会性差异，但是它也用来表达群体之间的差异。参较拜伦（1823 年）："与其他来自布兰克的伯爵夫人在一起——除了显贵外；马上，这些群众的精——精英（the 'lie' and 'élite' of the crowds）"（《唐璜》〔Don Juan〕，XIII。此处所暗示的意涵是负面的；élite 那时仍然是比较新奇的词，其英文的发音不甚明确）；"俄国贵族的精英（élite）"（译自法文书，1848 年）；"一个较有教养的世代中的精英（élite）"（1880 年）。当 elite 的意涵朝着这方面演变时，它实际上等同于"the best"（最佳者）。在 19 世纪新的社会情境里，词义间的差异不甚明确，如 rank，order，Class（参见本书）。处在这些不确定的词义中，elite 可算是一个重要的词。

不足为奇的是，elite 的现代专门意涵的出现是与对"阶级"（class）的看法有关。这包含了两个主要观点：（一）旧制度下的方式——以阶级、世袭来区别谁是适合治理国家、行使权力的人——已经解体;通过正式的(国会或民主的)选举来区别出这些人的新方式已经失败;(二)有效力的统治与权威是要靠精英(elites)——而不是阶级(classes)——的形成。这种看法是针对社会主义所提出的阶级统治、"政治即是阶级斗争"等概念的一种回应。第一种观点是较不正式的,这种观点可以由 19 世纪许多替代词的使用而显示出来:柯勒律治的"*clerisy*"(知识、文化阶层),密尔的"*the wisest*"(最具智慧的),阿诺德的"*the best*"(最佳者)与"*the remnant*"(残存者)。上述的每一个词皆是假定这群人士与现存有影响力的社会阶层有所不同。在 20 世纪的普遍用法里,上述这些假说已具有 elite 的意涵。elite 经常被避而不用,因为部分与之相关的词——如,具抽象概念的 *excellence*(卓越)与 Standard(标准,参见本书)——现在经常被用来表达相关、类似的意涵。第二种的观念较为正式,这种观点——来自于帕累托(Pareto)与莫斯卡(Mosca)的社会理论——被有效地引介到社会理论的流派里。帕累托将"统治的"(governing)与"非统治的"(non-governing)精英(elite)这两类做了区分。他主张,革命与其他种类的政治变迁的发生,是因为前一类的精英分子变得不胜任与堕落,因而真正的新兴精英分子起来反抗、取代或推翻他们:这些新的精英分子通常宣称他们是代表某个阶级。这种概念的 elite 指的就是一种小规模的、有能力的团体,其中人员的流动与补充是经常性的。另一方面,阶级的一成不变与延续使得真正的精英无法有效、持续地形成。精英分子的出现被莫斯卡视为是革命成功之钥。阶级斗争的其他理论,结合了有关"公开竞争的社会"(an openly competitive society)的概念,产生了"有竞争力的精英分子"(competitive elites)这个概念。他们是有能力的群体,"代表"(representing)且"使用"(using)竞争的或敌对的社会利益;或者较中性的说法,他们是有能力的另类群体,为了政治的权力而奋斗。这两种类型中的一种,已经被应用到现在的政党,并且每一种都被视为对于民主(Democratic,参见本书)政府——尤其是代议制(Representative,参见本书)民主——的普遍理论的一种彻底修正。这些精英分子并没有去"代表"(represent);他们不是"表达"(express)其他利益,就是"使用"(use)其他利益(是否为了他们自私的目的,当然不得而知,因为主张这种理论的人宣称,精英分子的存在必然可以将整个社会带向最好的方向)。

自从1945年起,上述论点受到抨击,因此elitism(精英主义)与elitist(精英主义者)的负面意涵变得普遍。最近的词义用法结合了两种反对论调:(一)反对非正式的观点:由"最佳的"(the best)人来管理政府、施展权力;(二)反对较正式的观点:通过政治与教育措施来培育精英分子(elites)。更进一步说,这可以说是(一)反对少数人的统治或为少数人而设的教育,包括与这一些过程所有相关的措施与态度;或是(二)普遍反对各式各类的社会差异,不论这些差异是否被正式制定或施行。这两层意涵经常重叠,混淆不清。精英分子的概念与阶级或统治阶级的概念,这两者关系似乎成为社会争议的焦点。有意思的是,在政治上有其他正面意涵的词来代表这些有能力的少数人,例如,*vanguard*(先锋、先驱)与*cadre*(核心、小组、干部)。虽然这些词义在右派政党与左派政党(参较*leadership*——领导阶层;这个集体名词,双方都拿来使用)之间有不同的意涵(与政党的终极目标有关),然而在某一些用法里,它们与 elite 的正式意涵还是有很大的重叠。同时 elite 与 *elected* 两个词之间的词源关系,已被遗忘,且为人所误解。

参见 Class, Democracy, Representative, Standards

Empirical(经验的)

Empirical(经验的)与其相关的 empiricism(经验主义)是现在语言中词义最难解的其中两个词。Empirical(与 empiric)在 16 世纪成为英文,最接近的词源为拉丁文 *Empiricus*,希腊文 *empeirikos*。可追溯的最早词源为希腊文 *empeiria*——意指经验,希腊文 *empeiros*——意指熟练的,希腊文 *peira*——意指试验或实验。但在早期的英文用法里,这种词义演变有了重大的改变——受到了希腊医学对于这个词的特别用法的影响。在希腊医学里,有一些不同的流派——*Empiriki*,*Dogmatiki* 与 *Methodiki*。*Empiriki* 依赖观察与被认可的方法,怀疑纯理论的解释。这种用法在英文中被重复,大部分是用在医学的领域里,而且除了它的中性意涵以外,还带有强烈的贬义:"mountebanks(江湖骗子)、quack-salver(庸医)、Emperick(庸医)"(布朗〔Browne〕,1621 年)。这种贬义的意涵,被延伸到其他活动,指的是无知或欺诈。从 17 世纪起,empiricism 被用于负面的意涵。

在哲学与科学运动里,有一些比较广泛的讨论影响到

empirical 与 empiricism 的现代意涵。最简单普遍的现代意涵是与观察到的经验(*experience*)有关；几乎每一件事情，皆视经验如何被了解而定。*Experience*（经验）就其主要意涵而言，在 18 世纪之前是与 *experiment*（实验：参较现代法文）互为通用词。这两个词可追溯的最早共同词源为拉丁文 *experiri*——意指尝试、试验。*Experience* 是源自此词源的现在分词，它不仅是具有高度自我意识的试验或尝试，而且是一种知觉，能察觉到所试验与尝试的事物，进而知道其结果与状态。从 16 世纪开始，*experience* 具有更普遍的意涵——刻意地将过往事物（被尝试与试验过的事物）纳入其意涵——指涉源自真实事件与特殊观察的知识。*Experiment* 是一个表示行动的名词，具有简单的"试验"或"尝试"的意涵。

困难之处在于 empirical 与在某些情况里的 empiricism 在使用的过程中，一直受到复杂重复的词义的影响。因此，顺着 empiric"庸医"这个贬义意涵来看，在 17 世纪新的医学与科学里，有一个用法变得格外重要："经验疗法（empirical），那就是说，在于实际的试验"（1569 年）；"他有一间实验室，知道许多药物试验（empirical medicines）"（1685 年）。Empiricals 这个词是科学实验材料的用语。在英文里，其中一个重要的意涵——将观察与实验视为主要的科学步骤——直到今天，依然普遍地被使用。

但是，有两个因素使 empirical 这个词变得复杂。首先，*Empericks* 的特殊意涵与引申意涵——"未经训练的"（untrained）、"无知的"（ignorant）——不仅显示出对观察与实验的依赖，而且显示出对理论的绝对反对与全然冷漠。其次，关于 *experience*（经验）与 *reason*（理性）对于观念（ideas）的形成的贡献,哲学上有一个难以厘清的争论。这种争论产生了empiricism与empircist这两个词汇,用来说明有关知识的理论——知识完全源自于感官(senses);换言之,就新的特别意涵而言,就是源自于经验(experience),而不是源自于实验(experiment)。这个看法仍然众说纷纭。然而,在了解这个词的词义演变时,重要的是要注意其所指涉的各种意涵:从正面意涵的"直接观察"(direct observation)(参较 positive knowledge〔实证的知识〕与 positivism〔实证主义〕)到负面意涵的"纯粹"(mere)或"随意"(random)的观察——缺乏指导原则或理论。在知识理论里,存在着特别的、错综复杂的论点。这些论点产生了一种具有专门意涵与历史性的用法:这即是从洛克(Locke)到休谟(Hume)的英国经验论哲学家(empirical or empiricist philosophers)的用法。然而,现代的普遍用法与其说是跟哲学论点的细节有关,倒不如说是跟下述这两种知识的普遍区分有关:(一)根据观察——经验(experience)与实验(experiment)——所得来的知识;(二)将指导原则或观念(通过推理而得到的或由理智所掌控的)实际应用而得到的知识。这种区分是很困难的,有时候会使 empirical 的词义变得松散:被解释为"与理论无关的"(atheoretical)或"反理论的"(anti-theoretical)。这种意涵与这种较普遍的区别——存在于 practicl(实际的)与 Theoretical(理论的,参见本书)的区别——产生互动。

在现代英文里,很难不会碰到 empirical 与 empiricism 这两个词令人困惑的——或至少是困难的——用法。"A theory or proposition is 'put to the test of empirical inquiry'(一个理论或定理'受到经验上质疑的考验')"这个句子通常意指,一个理论或定理在"观察"(observation)与"实践"(practice)的检验下,虽然此处正确的说法是,一种理论或定理正在被检验。"A report is 'crudely empirical'""一个报告是'粗糙、凭经验的'"。这句话包含了17世纪的一个意涵——"未经训练的""无知的"——但主要是表示缺乏任何(或任何适当的)指导的概念或原则。然而,这个句子——"Another report is 'empirically adequate' or 'empirically convincing'""另一份报告'有足够的经验作为依据'或在'经验上是令人信服的'"——的意涵却是:这个报告里的知识是可靠的,或是其中的定理已经被证实了。在词义的演变过程里,有一些重大的争议出现。empirical 与 empiricism 的现在普遍用法,已被简化为正面与负面意涵。这种用法并没有将这些争议厘清,反而使它们变得模糊不清了。当这些词更进一步被具有国号的形容词修饰时,其涉及的概念将难以掌控:"the English empirical bent"(英国人的经验论倾向)与"the notorious An-glo-Saxon empiricism"(恶名昭彰的盎格鲁—撒克逊的经验主义)。

参见 Experience, Positivism, Rational, Science, Theory

Equality(平等)

Equality 自从 15 世纪初期以来,在英文里经常被使用着,最接近的词源为古法文 *équalité*、拉丁文 *aequalitatem*。可追溯的最早词源为拉丁文 *aequalis*;*aequalis* 这个词源自 *aequus*——意指水平的、平均的、公正的。Equality 的最早用法与物理的量有关,但是 equality 的社会意涵,尤其是"阶级平等"(equivalence of rank)这个意涵,出现在 15 世纪——虽然从 16 世纪以来变得更普遍。Equality 指涉"一种较普遍的状态"是从"阶级平等"这个概念开始延伸而来。这种意涵代表着词义演变的一个重大转变:指的不是一种阶级的对比,而是一种对于"更普遍的、正常的、标准的状态"的主张。这种用法很明显地出现在弥尔顿的作品《失乐园》(*Paradise Lost*, XII, 26):

　　……不满意
　　公正平等(fair equalitie)、友爱的状态(fraternal state)

这种广义的用法,一直到 18 世纪末期才变得普遍;在美国独立战争与法国大革命时,被特别强调。当时所强调的是一个基本的状态——"所有人皆生而平等"——以及一系列的特别要求,例如,法律之前人人平等——那就是说,对于"先前法定上的不平等"(在封建时期与后封建时期的阶级与特权方面),要求改革。Equality 与社会思潮相关,它有两种主要的派别,(一)平等化的过程,其基本前提是所有人是生而平等的——虽然在某一些特别的属性里未必如此;(二)废除天生特权的过程,其前提是所有的人要有"起点的平等"(start equal)——虽然结果很可能是他们在成就或其他状态里不是平等(unequal)的。在这两个派别的实例里,当然有大量的重叠意涵。然而,对于下述两种过程,有一个明显的区别:(一)一种持续的平等化过程;在这种过程里,任何世袭或新创的状态(强调某些人地位高于其他人,或赋予某些人权力去宰制其他人),在"规范性原则"(normative principle)下,必须被废除或减少(正如同弥尔顿的用法,这种规范性的原则,将 equality 与 fraternity 视为意义极接近的词)。(二)废除或减低特权的过程;在此过程里,equality 的道德意涵,整体说来局限在最初的平等状态,后来所产生的不平等均被视为不可避免或是正当的。第二种意涵最普遍的形式就是"机会均等",这个词可以解释为"变成不平等的机会均等"(equal opportunity to become unequal)。(比较"*underprivileged*"〔特权较少的、社会地位低下的〕的用法。在此用法里,特权是一种正常现象,只是有些人拥有的特权较他人少。这个词用来描述一个贫穷、被剥削或甚至于被压迫的团体。)对于第一种意涵的抱怨,较为人所熟稔的论点就是:它将每一个人拉到同一个水平,并且与经济平等的建设性方案连接在一起——这就是17世纪中叶"平等主义者"(*Levellers*)所提出的方案。在这两种意涵之间,很明显可以看出两种历史意涵不同的方案:(一)专门与政治、法律权利有关的方案;(二)同时涵盖经济平等的方案(不管是以何种形式出现)。有一种看法指出,19世纪初期,经济上持续的不平等(例如,在土地所有权的制度里,或是在资本主义生产资料所有权的制度里)使得法律或政治平等仅仅成为抽象而不可得。

受到法国大革命的思潮影响,equalitarian(平等主义者)这个较古老的英文词,从19世纪中叶起,被现代法文字egalitarian(平等主义者)所取代。

如果只将"equal"作为一个度量语词,坚持其物理意涵,则很明显会使相关的社会论述变得错综复杂。经济平等方案,甚至法律或政治平等方案仍然反对下述观点(虽然现在较不常见):就人类而言,可量化的属性(如身高、气力、智慧等),显然互有差异(unequal)。对此种观点,有人提出回应,认为我们应该强调的是:度量结果的差异,就某种社会意涵而言,其实是与"特殊的不平等"(particular inequality)有关——身高与此无关,虽然肤色长久以来被认为与此有关;气力、智慧可能也与此有关,而这即是当代论述严肃的课题。这种度量结果的差异尤其是与上述equality第二种派别的意涵有关。度量差异通常被认为——即使是真实呈现出来——是依存于上述equality第一种派别的意涵;在第一种派别的意涵里,人与人之间的差异或男人与女人之间的差异不能成为一方凌驾另一方的借口。

参见 Democracy, Elite

Ethnic(种族的、民族的)

Ethnic 自从 14 世纪中叶就出现于英文。最接近的词源为希腊文 *ethnikos*——意指"heathen""异教徒"。(在 *ethnic* 与 *heathen* 之间,存在一些可能、但未经证实的关联性;*heathen* 的最接近词源为古英文 *heathen*。)它的普遍意涵为 heathen,pagan 或 Gentile——异教徒。一直到 19 世纪,这种含义普遍地被具有"种族"(Racial,参见本书)特色的意涵取代。Ethnics 在美国被使用,其意涵正如 1961 年所描述的:"一种礼貌性的词汇,用来指涉犹太人、意大利人与其他次要的人种。"Ethnology(民族学)、ethnography(民族志)与各式各样的相关词,开始出现在 19 世纪 30 年代与 19 世纪 40 年代——也许是来自于德国的影响;早期与人类学(Anthropology,参见本书)有复杂的关系。其科学的意涵现在局限于人类学的专门领域,通常是"民族志"(ethnography 是对习俗的记录研究)与"民族学"(ethnology 是有关文化发展的理论)。

同时,在 20 世纪中叶,ethnic 再度出现;也许受到 ethnics(少数民族的人)的早期美国用法影响,其意涵接近 Folk(民间的、民俗的,参见本书),意指出现在当代的一种风格,最普遍的是在服装、音乐与食物方面。Ethnic 词义涵盖范围是从严肃的族群属性,到土著的(Native,参见本书)、附属的(*subordinate*)传统(正如在美国的社会团体之间),到都会商业的流行时尚。

参见 Anthropology, Culture, Folk, Racial

Evolution(发展、演化、进化)

　　Evolution 原先的词义是"展开、摊开某物"(unrolling something),后来指被展开、摊开的事物。现在有两种通用的意涵,其中之一与 Revolution 的专门意涵形成对比。这个词词义的复杂演变饶具深意。

　　Evolve 最接近的词源为拉丁文 *evolvere*——意指滚出、摊开,可追溯的最早词源为拉丁文 *volvere*——意指滚动。在 17 世纪中叶,它与 evolution 出现在英文里。Evolution 最接近的词源为法文 *évolution*。此法文词源自于拉丁文 *evolutionem*——意指"摊开一本书"。早期的用法主要是在物理学与数学方面,取其词根的意涵。然而,其隐喻意涵很快被应用来指涉"神的创造",也被用来指涉"观念(Ideas)与理想原则(Ideal Principles)的拟定与演变"。就其词根意涵与早期的衍生用法而言,其暗示的意涵显然是指"将存在的事物摊开"。在时间的永恒里,上帝了解到"整个岁月的进化(the whole evolution of ages)"(1667 年)。有一种"外部形式的进化(Evolution of Outward forms)"(莫尔,1647 年);有一个"完整的人类自然体系(the Whole Systeme of Humane Nature)……在进化的过程里;人类自然(the Humane Nature)的生生不息系于这种进化"(黑尔〔Hale〕,1677年)。

Evolution 在生物学里有一个明显的现代意涵。它具有生物学上的"发展"(development)的含义:从发育未成熟到发育成熟。博内(Bonnet)在 1762 年指出,进化论(theory of evolution)就是用来描述胚胎——具有成熟的生物体的各个部分,但发育未臻成熟——的发展:胚胎本身就是由一个先前存在的形体发展而来的。这个意涵——"从某个已经存在的事物展开(unrolling)出来"——现在仍在使用,而且是很重要的。然而,在各式各样的词义演变过程中,evolution 是被用来当成 development 的同义词(development 这个词出现在 18 世纪中叶,它源自 develop——17 世纪时,意指"展开、摊开";18 世纪时,指的是"完全地展开、完成")。但是我们仍然很难确定,是否任何一种特殊用法都具有此确定的意涵——"已经事先存在的事物或是隐含在内的事物"——因而使得 evolution 变成是一种自然或必需的过程。在一个不算特别普遍,但仍属正统的当代用法里,evolution 作为一种概念或观点,经常意指"一个必然或理性的发展"。

后来,出现了生物学对于 development 的解释,广义上是指从未成熟的形体充分发展为成熟的形体;狭义上的特别意涵是指生物体从"低级"发展到"高级"的状态。从 18 世纪末期到 19 世纪初期,development 的意涵——一种普遍而非特殊的自然过程——广为人知。这个意涵很明显地出现在 1832 年赖尔(Lyell)对陆地动物进化的讨论里。达尔文在 1859 年的《物种起源》(*The Origin of Species*)也提到这种看法；他说这个论点"现在"被"几乎所有的博物学家"认可，适用在"某些类别里"。1852年时，赫伯特·斯宾塞(Herbert Spencer)将一种普遍的"进化论"(Theory of Evolution)定义为从低级进化到高级的生活与组织。

达尔文当时所提出的论点是很新颖的，用来描述新物种的一些发展过程，并且将这些过程解释为"天择"("*natural selection*")。讽刺的是，这个非常新颖的隐喻——意指"大自然"(Nature)一方面将各类形式的生命抛弃，另一方面却令其发展开来——一直持续出现在我们所通称的"进化"(evolution)过程的描述里。这种进化的意涵包括了"展开所有已经存在的事物"，或是"让已经进行的发展变得成熟"。当然"天择"(Nature *selecting*)这个隐喻可能与另一不同意涵的"天生设定"(inherent design)有关。如果一种过程完全显现出来的是物质的、环境的，并且就某一种意涵而言，是偶发性的，那么这一种过程可以通称为大自然(Nature)展现其意图的过程。然而，当人们对于物种起源有了新的了解后，evolution在生物学上便失去了它的"天生的设定"之意涵，变成了"一种自然的历史发展过程"。它之所以会发生，就是因为它已经发生，并且它之所以会持续发生，原因就是它是一个自然的过程。"大自然的必然意图"概念后来只局限于一些特别的解释，如creative evolution(创造的进化)，Catholic biology(天主教的生物学)等。

在有关evolution生物意涵的辩论里，或是对于自然历史可否应用到社会历史的较大争议中，出现了另一个议题：evolution(进化)与revolution(革命)的对比。Revolution(参见本书)此时指的是突然、激烈的变化，同时也指新秩序的建立。Evolution 的意涵则为渐进的发展，与 revolution 的词义形成明显的对比，并且与"成长"、"有机体"（the Organic，参见本书）等隐喻有直接的关联。讽刺的是，正如社会达尔文主义（Social Darwainism）所显示，自然历史的普遍概念提供了种种意象来代表各式各样的社会行动与变迁：无情的竞争或相互间的合作；岩石的缓慢变化或外表上的突变；环境变迁过程中的激烈变化；或是无情斗争中物种的消失。所有这些现象皆可视为大自然"课程"的延伸或推广。如果我们说，社会变迁应该是"进化的"（evolutionary），这句话可能指涉上述任何现象或所有现象——从新机制的缓慢发展，到先前的种类（物种）被根除，以及后来被较高级的形式所取代。然而，evolution 的早期意涵对于其与 revolution 的对比有很大的影响。过去通常的意涵，指的是将某种已经存在的事物展开（如，一个国家的生活方式），或是指某事物根据其内在特质而逐渐发展成形（例如，一部现存的宪法或一种经济制度）。（参较"已开发的"〔developed〕社会与"低度开发的"〔underdeveloped〕社会二者之间的传统对比；这个对比是假定所有的社会注定要变成都市的〔urban〕、工业的〔industrial〕——并不是说资本主义的〔capitalist〕——社会，并且已被视为当然。）所谓"激烈的改变"（radical change），其范围包含了对某一些现存形式的排斥，或是对现有一些趋势的颠覆逆转。"激烈的改变"，就 evolution 所包含的隐喻意涵而言，可能被解释成"非自然"；并且当其与 revolution 的特别意涵形成对比时，"激烈的改变"被解释为与突发的暴力有关，且与"稳定成长"之意涵相左。

19 世纪时，进化／革命（evolution/revolution）的对比成为

普遍。evolution 的概念应用到社会历史层面,一直被视为荒谬。evolution 仅仅被小心翼翼地使用于"有计划的改变"(planned change)这个意涵;在实际的例子里、它是用来作为一种区分,区分下列两种变化类型:(一)一些缓慢的变化——此变化由既存事物所控制;(二)与日俱增、急速增加的变化——此变化是用来改变许多目前已经存在的事物。这种区别的确与政治过程或体系无关,而是与所属的政治联盟有关。"没有预先计划的改变"(unplanned change),是指存在于社会秩序里的力量与要素所产生的进化。在"没有预先计划的改变"里,毕竟一直都存在着相当多的偶发性与暴力,因此 evolution 与 *revolution* 的对比似乎只是武断的(arbitrary)。但是 evolution 在下述意涵间的重叠与混淆一直是我们讨论的焦点:(一)本质、内在的发展,(二)未事先计划的自然历史,(三)缓慢且受制约的变化。

参见 Development, Nature, Organic, Revolution

Existential(存在的、存在主义的)

　　Existential 在当代的英文里,其意义介于比较古老的、普遍的意涵(也许是源自于 17 世纪末期,很明确的是源自于 19 世纪初期)与一系列的、比较新的意涵(源自于存在主义的哲学派别)之间。Existence 这个词,从 14 世纪就开始出现,最接近的词源为古法文 *existence*,中世纪拉丁文 *existentia*——意指存有(being)的状态,可追溯的最早词源为拉丁文 *ex(s)istere*——意指出众、可察觉到的,也就是明显存在的。Existence 与另外一个明显可替代的词 essence(14 世纪;最接近的词源为法文 *essence*,拉丁文 *essentia*——意指存有)两者间的关系,在 17 世纪之前的用法里,并不明确,因此,"上帝本身具有它自己的自然存有(natural existens)"(1552 年);"人的实体(essence mortal)没有我可羡慕的地方,除了那个傻子的丰满脸颊"(马斯顿〔Marston〕,1602 年)。然而,神学里的一个用法是将 essence 视为存有(being);在这个特殊的意义脉络里,"三位一体"(the Trinity)里的三个 beings

(存有)其实就是一个 being(essence)。essence 这个词的词义,后来朝向两方面发展:"基本的或绝对的存有",或是"隐含在表面底下的真实"。这种词义后来成为与 existence 词义对比的重要依据,因为 essence 所强调的是"明显、有知觉、实际的存有"——虽然我们必须强调的是,existence 也具有"存有的持续性"(continuity of being)的意涵,并且这个意涵产生一些复杂的影响。17 世纪末期,有一项用法上的区别:"我可能相信它的存在(Existence),但不干涉与它本质(Essence)有关的事物"(莫尔,1667 年;关于心灵方面)。Essential 这个词的主要意涵,一直是"基本的""内在的"或"必要的",但是在许多特别的例子里,这个词与 existence 并没有绝对的对比性;的确这种对比只有在观念论的与形而上学的哲学中才成为必要。

就是在这一种纯理论的脉络里,existential 在 19 世纪初期开始被使用。在柯勒律治作品中我们可以发现这个词的用法。例如,他曾提出问题:"是否上帝在本质上(essentially)与实存上(existentially)都是明智的?"或是在其《朋友》(*The Friend*, III)里,他做了这种区分:"这一种邪恶罪行有其本质上的(essential)原因,当它化为实存的(existential)与非本质的(pheripheric)时……"但是也有一种广泛的用法,用来表达或是预测"现实性"(actuality):"传统上不允许我们说'它执行'(it executes)……但是我们可以权宜性地接纳这一种实存的形式(existential form)——'有一个执行'(There was an execution)。"(维恩〔Venn〕,1888 年)

20 世纪的用法,一直受到 *Existenzphilosophie* 这个词汇(我们现在将这个词翻译为存在主义——Existentialism)的重大影响。在 1945 年之后,这个词受到法国的影响,被广泛使用。其实这个流派源自于德国思潮,在 20 世纪 20 年代就已经众所皆知。通常可以追溯到 19 世纪中叶的克尔恺郭尔(Kierkegaard)。在此流派中,存在(existence)是指人类的一个特质,被视为与存在的其他事物及(在大多数的例子里)生物是有所区别的。Existence 再度与 essence 成为对比,但是其主要和次要的特质亦被重新评估。尽管将 essence 定义为某个"基本的"或"内在的"事物仍然是必要的,但它仍是被解释为源自于 existence 所具有的特点——亦即,"实际的存有"(actual being)。这种颠覆逆转的用法——"存在先于本质"——是对观念论与形而上学的一种批判:实际的生活是主要的,任何本质的特点,可以说是从实际生活里汲取。但是这个新的思潮(它通常被视为不是一个哲学的体系)其主要意涵是倾向于实际生活中的"独特性"(uniqueness)与"不可预测性"(unpredictability);同时这个新思潮也具有一个相关的意涵,那就是排斥决定论(Determination,参见本书)或排斥有关"内在力量"(inherent forces)的论点。这种自由的状态——通过一种独特的方式与不可预知的态度做自由的选择与行动——伴随着一种迫切、忧虑感;就普遍的形式而言,传统的或可预测的或"安排好的"(programmed)选择与行动是存在(existence)的失败例子;存在意味着对自己的生活负起责任,对既定计划的任何结果无法确定。然而,在面对"必然未知的"与"不可预测的"状态——就存在主义的特殊意涵而言,就是指"无意义的"(meaningless)状况;就目前普遍的特别意涵而言,就是一种"荒谬"(absurd)的状况——时,这种具有高度意识的责任承担提供了一种明显的焦虑感，这种焦虑既可怕又无可避免。不了解这就是事物的真相的人，仅仅是"自为存在"(exist *in themselves*)地存在；"自在存在"(to exist *for themselves*)就是要对这种处在荒谬的自由境况有意识地扛起一些责任。

存在主义衍生出许多不同的分支派别，这些流派企图将它与暗示某种"决定论"(*determination*)的体系连接在一起，例如：弗洛伊德主义与马克思主义。若干流派对于 existential(实存的)这个词都有其专门的用法，暗示某种形式的"存在主义"(existentialism)。然而，像"existential awareness"(存在知觉)这个片语与 existential 这个词的诸多用法(这个词与各种包含情感与行动的名词结合在一起)已经被扩大解释，超越任何流派的论点。这些用法——指涉"过程""现实性"或"即时性"等意涵——与存在主义的雏形意涵有关，而且实际上是与 existential 的词义演变史有关。这个哲学思潮与"选择""焦虑"和"不可预测"等意涵有关。就是在这种关系里，这个思潮(尽管在很多例子里，其定义是松散的)赋予这个当代词汇一种特殊的意义。然而，这种特殊用法未必能与 living 或 actuality 的简单的、描述性的用法区隔开来(在某一些例子里，缺乏区隔会造成意义的混淆不清)。因此，"现代都市生活中的实存特色"(the existential character of life in the modern city)其意涵可能指的是：(一)从现代城市居民中，即时观察到的日常生活——没有优先假定它的必然的(本质的)特点；或(二)城市居民奇异的、无意义的、疏离的生活——充满着临即的、未可预知的抉择，同时也充满着威胁与焦虑；(三)现代都市的荒谬情境(这些情境被视为一种社会形态)——具有内在的(本质上的?)情境：

奇特、缺乏目的与缺乏关联性。每当新的、具影响力的词被引用时,较好的方法也许是去找寻一些早期与存在有关的特殊意涵。

参见 Determine, Idealism, Individual

Experience(经验)

　　Experience 与 experiment 之间的旧有的相关性,在一些最重要的现代用法里,似乎已经不存在了(两个词之间的关系,在 18 世纪末期前被归类在 empirical 的词义下来讨论)。现在考量的问题就是自从 18 世纪末期以来两个主要意涵的种种关系。这些意涵可以概述如下:(一)从过去的事件里所累积的知识——不管是通过高度意识的观察,或者是经由考虑与沉思;(二)一种特别的"意识"(consciousness);这种"意识"在某一些意义脉络里,可以与"理性"或"知识"区隔开来。对于任何一个意涵,我们可以找到一个重要的例子。伯克在其著作《法国大革命反思》中写道:

> 如果我可以冒昧地求助于巴黎已过时的事物,我的意思就是去经验(experience)……

这就是对抗"草率的"政治革新的一个保守的论点;这个论点强调"缓慢、持续的进展"的必要性,同时接纳所发生的每一个步骤并观察其结果。我们可以看到这是如何由实验与观察的意涵衍生而来,但令人耳目一新的是这种对于"经验的教训"(lessons of experience)的范围有明确的归纳:归纳出特别的结论与特别的方法。巴黎的某个人,也许会回答说,革命本身就是一个"经验",意思就是说将一个新种类的政治拿来检验与观察,但是对于这个词的更古老的意涵而言,至少在英国,过去和现在都存在着一个更成熟且被广泛接纳的意涵:将 experience 视为教训(lesson)而不是创新(innovations)或实验(experiments)。

那就是 experience 的旧有意涵,在 T. S. 艾略特《玄学派诗人》(Metaphysical poets,1921 年)里,我们可以看到 experience 的现代意涵。

> 对约翰·邓恩而言,一个想法就是一个经验(experience),它可以修正他的敏锐度。

此处隐含了不同种类的意识;对某些人而言,似乎是,一个想法不算是一个经验而是一个较不重要的推理行为或意见。Experience 在这种主要的意义脉络里,就是最完整的、最公开的、最活跃的一种意识;它包含了思想与情感。在美学的讨论里,这一种意涵非常通行,源自于较早的宗教意涵;在较广泛的领域里,experience 可以和各类的意识(与推理、高度意识的实验有关)拿来相对比。

很明显的是,experience 的旧有意涵(经验、教训)和现代意涵(完整的、活跃的意识),其所根据的立场截然不同。然而,在一些行动与意识里,两者之间存有一种关联。这未必一定是如此;这两种不同的意涵从18世纪末实际上平行发展,具有共同的演变过程。

因为这两种意涵是源自于早期用法中的潜藏意涵,本身具有复杂性,因此很难界定其出现的确切时期。Experience的旧有意涵之普遍用法被广为认同,所以我们很难知道是谁对这种中性的用法产生质疑;这种中性的用法容许由各种管道所搜集到的——或经由诠释的观点所产生的——各种不同的结论。然而,反对"实验"(experiment)或是"创新"(innovation)的修辞用法,避开了这种中性意涵。有趣的是,布莱克(几乎与伯克同时)使用了 experience 这一个词,其用法更具争议:较不温和、较不具自我意识;这个词的确与 innocence(纯真无知)形成一个令人困惑的对比。Experience 绝非是一个可行的、正面的一组忠告,它是"付出个人的代价而得到的"(《四天神》〔Four Zoas〕,II,1800年)。实际上对于 experience 而言,没有什么特别的意涵可以被视为具有主导性的。从 experience 里有可能看出实验与创新的需要。

这一点比起 experience 的现代意涵的问题还容易理解。很明显的是,experience 的现代意涵强调完整的意识以及整个人的"存有"(being),不强调专门的或是部分的智能状态。因此,它是构成文化(Culture,参见本书)发展——以及与文化有关的发展——的普遍运动(movement)之一部分。这种强调"整体性"(wholeness)的诉求与某些派别的思想(排斥各种各类的意识,认为意识纯粹是个人化的、主观的或情感的)相对立,它(正如同在文化与艺术里)可能转变成一种"排外"的形式:将其他特殊性排除在外。这种发展出现在近代的美学上(当我们回想到美学——Aesthetics——本身的发展时,这是可以理解的);但是重大的发展也许出现在某些宗教教派里,尤其是在卫理公会教派(Methodism)里。

　　Experience 的词义演变是从"有意识的状态、情境下的主体"这个意涵(《牛津大辞典》,4)——尤其是从实际应用的例子——扩及到内在的、个人的、宗教的经验。虽然这种经验在许多宗教的教派里是可以找到的,但在新教的教义里它显得尤其重要,且在后来激进的新教运动里不断地被强调。因此,在卫理公会教派里,有一种称为"经验聚会"(experience-meetings)的课程,目的是陈述宗教经验。1857 年文献记载:"祈祷、劝诫、诉说经验(telling experiences)与吟唱……充满情感的圣歌",这就是一个"主观的(Subjective,参见本书)见证"之概念,它被提供出来与大家分享。大体而言,这个事件所凸显的是:此类经验提供出来,不仅是被当成真理来看待,而且是被视为最"真实的"真理。在神学里,这种主张一直是重大辩论的议题。爱德华兹(Jonathan Edwards)所提出的警语——"那些符合上帝旨意的经验是正确无误的"(1758 年)——是属于比较温和的反应。在 20 世纪里,很明显地,针对这种主张的正面看法及负面的怀疑与反对,已经引起广泛的讨论。在一个极端里,experience 的现代意涵被视为是所有后来的推理与分析的必然的(直接的、真正的)基础。在另外一个极端里,experience(在过去被当成现在分词的用法来使用,指的不是对事物的感觉,而是对事物的尝试或是检视)被视为是社会情境的产物,或者是信仰体系的产物,或者是基本的认知体系的产物,因而不是作为真理的资料,而是作为情境或体系的证据(experience 本身很明显无法解释这些情境或体系)。

这仍然是一个基本的争论。幸好,这个争论不是局限在其极端的立场。然而,许多争议自始即是令人困惑的,原因是 experience 的词义具复杂性与变异性。严格说来,experience 的旧有意涵总是包含着思考、反省与分析的种种过程;这些过程是 experience 的现代意涵——指的是一个没有争议的真实性(authenticity)与直觉性(immediacy)——中最极端用法所要排除的。同样地,将 experience 化约为产自其他地方的物质(material),其所根据的是"排除"原则:排除各种各类的思考、反省与分析(这些明显不是属于同一体系的个别类型)。并不是说这些种类不需要被检验;相反的是,在 experience 的深层意涵里,所有的证据及考量,应该被检视。

参见 Empirical, Rational, Sensibility, Subjective

Expert(专家、熟练的)

Expert 最接近的词源为法文 *expert*，可追溯的最早词源为拉丁文 *expertus*；这个拉丁文为 *experiri* 的过去分词——意指尝试(try)。Expert 于 14 世纪末期出现在英文里，被当成形容词来使用。同时它与 experience 这个词关系相当密切。从 19 世纪初起，在一个不断强调专门技术与资格的工业社会里，它开始被当成名词来使用(例如：*an expert*)。这个词持续被使用在各种广泛的活动里，有时候它的语意具有某种程度的模糊性——参较 *qualified*(有资格的)与更详细的 *formal qualifications*(正式资格)。有趣的是，*inexpert* 这个具有相反意涵的名词从 19 世纪末期偶尔被使用，但是当时其主要的意涵当然是 *layman*(门外汉)。Layman 的意涵可以由 *layman*(普通信徒)与 *clerics*(神职人员)的对比看出。Lay 最接近的词源为拉丁文 *laicus*——意指非神职人员，可追溯的最早词源为希腊文 *laikos*——意指"属于百姓的"。profession 也有一个相类似的演变。这个词出现在 13 世纪，可追溯的最早词源为拉丁文 *profiteri*——意即"大声宣告"。原先指的是宗教信仰的宣告，现在成为下述两个名词的词义根据：professor（教授）——14 世纪时指的是有社会地位的教师，15 世纪时指的是公开宣告者；professional（专业人士）出现在 18 世纪，包含广泛的职业与行业的意涵。Amateur（业余者）这个词的最接近的词源为意大利文 *amatore*，可追溯的最早词源为拉丁文 *amator*——意指爱好者（lover），因此指的是爱好某事物的人。从 18 世纪以来，Amateur 与 professional 是一组词义相对立的词（professional 最初是用来表达相关的技能，接着被当成一种阶级，后来表示财务方面的优越）。

参见 Intellectual

Exploitation（开发、利用、剥削）

Exploitation 在 19 世纪初期进入英文，它是直接从法文引进的外来语。可追溯的最早词源为拉丁文 *explico*——其意涵包括的范围从"展开""摊开"到"安排""解释"（最后一项意涵也就是 *explication* 的意涵；前面几项产生了 *explicit* 的意涵）。这个词的古法文为 *explecpation*——在封建时代有一种用法，就是没收土地上的作物（当佃农无法缴交租税时）。但是在 exploitation 的现代形式里，法文的主要意涵一直就是指工业或商业上土地、原料的使用，这与 18 世纪所用的词汇 "exploitation des salines"（盐田的开发）里的 exploitation 的意义相同。

这个意涵在英文中亦被沿用，例如，1830 年的例子："关于这一些在殖民地里的商业，未充分开发（exploitation）"，然而在 1825 年，这个意涵仍是相当新颖的："所有其他的开发（exploitations）未能充分达成。"Exploit 指的是成功的进展与取得优势，并且指涉某种功绩。这个词自从 14 世纪以来，以名词的形式出现在英文里；从 15 世纪开始以动词的形式出现。这种词性的变化,很明显导致了动词方面的新词汇的产生。自从19世纪初期以来,exploitation这个词普遍用在工业与商业上,但是这种用法应用到人的方面时便产生了负面的意涵,例如,"奴隶制度,剥削(exploitation)"(1844年);"通过贸易、投机或有效的劳力剥削(exploitation)"(1857年);"对于容易受骗的大众的剥削(exploitation)"(1868年);"剥削(exploitation)与征服"(1887年)。相关的词就一一衍生出来了:"资本家与剥削者(exploiters)"(1887年);"资本主义的股东,剥削(exploiting)受薪阶级的劳工"(1888年);"整个'剥削'阶级(exploiting class)"(1883年);"被剥削的阶级(exploited class)"(1887年)。然而,exploitation现在仍用在工业与商业的过程里,尤其是矿物的开采;这个词与矿物的开采有密切的关联。*Sexploitation*(色情利用)这个词出现在20世纪60年代,用来描述某一种类的电影或报章杂志。

参见 Development

131

Family(家庭)

  Family 具有特别的社会历史意涵。它于 14 世纪末、15 世纪初成为英文词,最接近的词源为拉丁文 *familia*,意思是 household(家/户);可追溯的最早词源为 *famulus*,其意为 servant(仆人)。相关的形容词为 familiar,普遍流行的时间似乎更早,其意涵让我们想到 17 世纪中叶前 family 所涵盖的主要意义。Family 含有原先拉丁词 *household* 之意义——其意为一群仆人,或一群同居于一户的血亲及仆人。Familiar 与此有关,如 familiar angel(守护天使),familiar devil(供人差遣的邪灵)等片语。后来衍生的名词——familiar(供人差遣的精灵)——其意与服侍、侍候有关。15、16 世纪有一普遍用语——familiar enemy(熟识的敌人),指的是家中、门户之内的敌人,并可引申为族内的敌人。但是,familiar 这个词最早的意涵,现代英语仍然沿用至今,其意为:维持友谊或是亲密关系(参较"don't be too familiar"〔不要过度亲昵〕,《亨利五世》);众所皆知、习以为常(参较"familiar in his mouth as household words"〔口中所悉如使用日常惯用语—

般〕,《亨利五世》)。这些用法源自于人们同居于一户的经验,彼此关系密切并且熟悉对方的生活方式。这些用法及 familiar 这个词本身并未涉及与血缘亲族有关的意涵。

从 15 世纪末起,Family 的意涵由 household 延伸到具特殊意涵的 *house*(家族、宗族),指的是特别的世系与宗族——通常是源自于同一祖先。这个意涵后来被引申为"民族"或"多元民族共同体",仍然具有同一祖先的特殊世系之意涵。亦可延伸至特别的宗教意涵及其先前所蕴含的社会意涵,如 "the Father of our Lord Jesus Christ, of whom the whole family in heaven and earth is named"(父王耶稣基督,天上地上的全家,都是从他得名)(《以弗所书》〔*Ephesians*〕,3:14,15)。Family 在钦定版的《圣经》(1611 年)里,取其广义,指的是大宗族(通常等同于种族、部落)(《创世记》〔*Genesis*〕,10:5,12:3;《耶利米书》〔*Jeremiah*〕,1:15,31:1;《以西结书》〔*Ezekiel*〕,20:32)或具有同一祖先的家族:"and then shall he (a brother) depart from thee, both he and his children with him, and shall return unto his own family, and unto the possession of his fathers shall he return"(那一位弟兄及其儿女要离开你,一同出去归回本家,到他祖宗的地业那里去)(《利未记》〔*Leviticus*〕,25:41;参较《民数记》〔*Numbers*〕,36:6)。16 世纪末、17 世纪时,"爱之家"(Family of Love)的宗教教派及其成员(Familist)便显得格外有意思,因为这个宗派的名称以格局较大的群体命名,涵义较广,以爱心为主,是一个公开、自发的团体。

Family 的现代意涵范围已缩小,只局限在具有直接血亲关系的小群体,这层意涵在 17 世纪之前是不可能找到的。当钦定版《圣经·创世记》强调这种亲子关系时,family 被解释为近亲(*near kin*)。然而,在17世纪与19世纪之间,其所指涉的小群体——通常指同居于一室者——的意涵明显成为主流。既成为主流,20世纪只好另创新词来区别其与大家族的不同。这种区别说明核心家庭(nuclear family)与扩展家庭(extended family)的区别。我们很难追溯这种演变,因为它涉及复杂的社会变迁。从1611年的文献里,我们仍然可以读到:"他的家人(family)是由他本人、妻子、女儿、两个女仆、一个男仆所组成。"很明显,family之意涵为 *household*(家、户)。Family的意涵包含同居一室、同食一桌的家仆,这种用法一直在农村沿用到18世纪末或19世纪初期。后来family与*servants*(仆人)被区分开来,然而却不受欢迎。长久以来受到贵族使用此词的影响,其意涵一直为 *lineage*(世系,门第);这种意涵在18世纪的独特用语"found a family"(奠立家世)中仍很普遍。19世纪末(甚至20世纪),阶级区分可以在诸如"a person of no family"(无显赫家世之人)等话语中表现出来。这个语词其意甚明,涵盖上述讨论的大家族,然而通常指带有家世可考之意。诸如"the family"(家世)之类的语汇一直沿用到20世纪,指的是与众不同的上层阶级:"the family is in residence"(家族世居于此),其包含的家族意涵显然不同于家或户,毕竟有家仆隶属于此(对他们而言,即使是"居住",也不应算是"世居")。

  Family之意局限在单户的小型亲属团体与现在所谓的"中产阶级家庭"(the bourgeois family)的兴起有关。然而至少到19世纪,这种具有家庭及财产之意涵,还是比较接近family这个词的古义。19世纪初,我们在詹姆斯·穆勒那里找到这个定义:"由父亲、母亲及小孩组成的团体称为一家

(a family)。"这个语意明确的定义,有其时代的必要性,且饶富其趣。17世纪末及18世纪,将family之意局限在小型亲属团体的若干用语,通常特别指涉儿童:"but duly sent his family and wife"(然需妥善安顿其小孩及妻子)(蒲伯,《致巴瑟斯特》〔*Bathurst*〕)。然而此用语中,家、户之概念犹存。Family-way(熟悉的;有喜、有孕)这个词自从18世纪以来就很普遍,意指familiar(熟悉的),后来因其具有"儿童"意涵,被用来指涉怀孕。17世纪中叶到18世纪末,其涵义介于世系、家户、大家族及小亲属团体之间,语意多所重叠。

小型亲属团体作为family之意涵,在19世纪前并不是主流。这个词一直要到19世纪中叶以后才成为主流;此时,与此词有关且涉及各类情感的定义开始出现。这可以从对"中产阶级家庭"的称颂表现出来。资本主义发展时,个别家庭明显被视为工作经济单位。这与早期资本主义的生产有较大的关联性。就某种层面而言,19世纪的发展标志出男人的工作(*work*)与其家庭(family)的区别。男人工作以养家活口;家靠其工作来维持。Family被定义为小型亲属团体是随着较小的家族——亦即是家/户——的发展演变而来。事实上,这种定义也许与新兴的工人阶级及中下阶级崛起比较有关——他们是由工资、劳力所界定。family已经不是指世系、财产,也不是指古老的household所包括的意涵,因为family已不包括家仆。family指的是近亲团体,这种近亲团体可以从正面看出它的社会关系。在一个复杂、庞大的社会——以赚取工资为生的社会——里,Family或family and friends所代表的是唯一的实际亲密情谊。有意思的是,阶级情感(class-feeling)——新兴社会中的主要产物——是以兄弟(brother)及姊妹(sister)称呼来表达阶级属性,就如同工会组织的会员一般;这与某些相关的教派组织明显相似。另一件有意思的事:在中产阶级的眼中,彼此以兄弟(brother)及姊妹(sister)来互称,似乎是矫揉造作且滑稽可笑。

Family 包含了两种强烈的意涵,就是最接近、可确定的血亲关系及所隐含的财产。Family 这个词的演变史,虽然有趣但是要追溯也不容易,仅仅可以通过这个词本身的演变来作部分的追溯。我想这段历史值得记住,尤其当我听到有人这么说:现在"家庭制度正在解体";或者听到有人说:过去"家庭是所有道德、秩序不可或缺的基础",希望现在仍保有这样的观念。在这一些例子及当代相关的用法里,记住这些主要的历史变革及其复杂性是有助益的。通过这些演变,了解这些急速变迁的定义彼此之间的基本关系,也是很有用的。

参见 Sex, Society

Fiction(小说、虚构)

Fiction 具有有趣的双重意涵,一方面是想象的(Imaginative,参见本书)文学(Literature,参见本书),另一方面是纯然的——有时候是刻意欺骗的——虚构。这两层意涵很早就出现在这个英文词里。这个词出现在 14 世纪,最接近的词源为法文 *fiction*,拉丁文 *fictionem*;可追溯的最早词源为拉丁文 *fingere*,其意为 fashion 或 form(制作、形成)。*Fingere* 这个拉丁词同时也是英文词 *feign* 的词根。*Feign* 自 13 世纪以来便具有虚构或伪造之意涵。卡克斯顿将 fiction 与 feign 结合起来使用:"fyction and faynyng"(1483 年),但 *fictions* 作为想象的文学作品要到 1398 年才有资料可考。*Poeticall fiction*(诗的创作)及 *Ancient Fiction*(古代创作)之用语于 16 世纪末出现。一般普遍用法是介于以下两种之间,彼此不分轩轾:其一是通过意识所形成的假说("mathematical fictions"〔数学上的假设〕,1579 年),其二是具争议性的人为假定("of his own fiction"〔他自己本身所虚构〕)。Fictitious(虚构的;虚假的)这个词的意涵由此衍生,指涉捏造、杜撰之意。

文学上所使用的为另一个后来产生的词：fictional（编造的；虚构的）。文学意涵的演变始于 18 世纪末期："dramatic fiction"（戏剧创作）（1780 年）；"works of fiction"（小说类作品）。一直到 19 世纪，fiction 与 novels（小说）几乎成为同义。小说普遍地受欢迎，导致 20 世纪图书分类上，产生一个奇特的逆构词 non-fiction（非小说类的写实文学作品）——这种作品有时候被视为严肃、非娱乐性的读本。有些公立图书馆会去预购任何非小说类的作品，但是不会采购小说（fiction）作品来设置小说区。从这个词的另一个层面来看，fiction 所具有的"纯属虚构"这层涵义，或传统（人为）的对比——fiction（虚构）与 fact（事实）之间的对比——或许有助于确立这种区分。

Novel（小说）现在几乎与 fiction 同义，有自己有趣的历史。它有两种词性，分别是名词（prose fiction——散文体小说）和形容词（new, innovating——新的、创新的；novelty 源自于此意涵），代表着两个不同演变的分支，可追溯的最早词源是拉丁文 novus——其意为 new。前者（名词）最接近的词源为意大利文 novella 和西班牙文 novela；后者（形容词）源自于古法文 novelle。直到 18 世纪初，novel 作为一个名词，它包含了两种意涵：第一个是 tale（故事），第二个是 news（新闻、消息）——这与我们现在的说法相同。因此，薄伽丘（Boccaccio）、阿里奥斯托（Ariosto）及其他人的故事被称为 novelle；指的是虚构的（fictional）或是历史性的（Historical，参见本书）短篇故事：参较"in these histories（which by another term I call Novelles）he described the lives... of great princes""在这些历史故事里——容我用另外一个术语 Novelle 来称呼——他描述君王的……生活"(佩因特〔Painter〕,1566)。另一方面,在 news 的涵义中:"听到他所杜撰的新闻(novells)"(斯宾塞,1579);"你承诺一定会带给我们一些消息,这些消息也许会令我们感到愉快"(马辛杰〔Massinger〕,1635)。即使是英国小说的创始者之一,菲尔丁(Fielding)在他的剧本里写下这段对话:

——这是什么样的新闻?(What novel's this?)
——的确,这对你来说是一则愉快的新闻。

所以从这些众多的意涵来看,小说家(novelists)的意思依序为创新者(17 世纪)、爱传播新闻的人(18 世纪)及散文体小说作者(18 世纪)。整个 17 世纪及部分 18 世纪,小说(novel)与大家较为熟稔的传奇故事(Romance,参见本书)可以替换使用,虽然一般人认为小说(novel)可以被区辨出来,因其篇幅较短,比较像故事(tale),且通常与实际的人生有关。弥尔顿在 1643 年提到"没有纯粹的言情小说(amatorious novel)"这句话。直到 18 世纪中叶,novel 就成为大家使用的标准词,虽然仍有很多不表赞同的论点,譬如哥德斯密(Goldsmith)提到:"可以创造小说(novel)的那些能力,足以产生一部多愁善感的喜剧。"更进一步的批评论点是:"世界上没有一部小说(Novel)能比历史更能打动人心,引人惊异"(韦斯利〔Wesley〕,1769)。到了 19 世纪初期,novel 这个词已成为散文体小说作品的标准语汇,另外一个新词 novelette(1820)被引用来代表篇幅较短的散文体小说。很多人对 novel 这个词的贬抑于是转移到这个新词 novelette(中、短篇小说),正

Fiction(小说、虚构)

如同在 20 世纪初期 *novelettish*(中篇小说式的;多愁善感的)受到贬抑一样。的确,有时候我们可以说,纯然虚构的小说就是 *novelette* 或是不好的小说,而严肃、非娱乐性的小说可以告诉我们有关真实人生的事情。

参见 Creative, Image, Myth, Romantic

Folk(人们、百姓、民族)

Folk 这个词是古条顿族语言中,众多拼法之一;在古英文中,它是 *folc*。它具有 people 的一般意义:此意义的范围涵盖特别的社会组织——包括 Nations(民族、种族,参见本书)及一般的民众。自从 17 世纪以来,它的复数形式(folks),在后者的用法中,常被普遍使用,指的是一般友善的民众百姓;folks 是民众百姓间互相称呼的用语,而不是位高权重者或局外人对他们的称呼——这一种口语用法,在某些形式的商业中仍被采用。单数的形式,也有一种特别的用法:folk 被放在国家的某些地名后面。

一个有意义的特别用法,开始于 19 世纪中叶。托马斯(W. J. Thomas)在 1846 年致文学学会(*Athenaeum*)的一封信函里写道:"英国所使用的'民间古籍'(Popular Antiquities)或'大众文学'(Popular Literature)——虽然……它……——可以用一个非常适切的撒克逊复合词 Folk-Lore(其意为 the Lore of People:民俗学;民间传说)来描述。" *Lore*(知识、传说)这个词最接近的词源为古英文 *lar*,原先就包括教学、教育、学问、学说等意涵。但是，其意涵渐有改变，尤其从18世纪开始，它的意涵便局限在过去的事物，令人联想到传统（traditional）及传奇（legendary）这两种意涵。托马斯建议使用 folk 来代替 popular，这个建议和1830年《绅士杂志》（Gentleman's Magazine）一位记者的提议一样，皆抱持相同的文化观点：lore 应该被用来代替希腊科学名称的词尾，例如以 starlore 代替 astronomy（天文学），以 earthlore 代替 geology（地质学）等等。正统的学术界及科学界，对于这一种更改希腊科学名称，使其成为具盎格鲁撒克逊意识的名称，不予回应，但是 folk-lore 及后来的 folklore 很快地就被采用，集中在"传统""传奇"两种古老意涵。到了1887年，有一个"民俗学会"（Folk-Society）成立，会长为托马斯。Folk 这个词及这个学会在其他的文化里被广泛接纳。Folk-song（民歌）这个词被收录，最早是在1870年。

这种特别的用法，有部分是与 Popular（参见本书）这个词的无法普及有关。自从18世纪末期以来，folk 这个词的吸引力一直不坠，并且在赫尔德的作品及格林（Grimm）兄弟的作品（《格林童话》）里被赋予较正式的地位。赫尔德写了 Kutrrur des Volkes（《民间文化》），施莱格尔（A. W. Schlegel）写了 Volkspoesie（《民间诗词》）。然而对于古老形式的诗、故事、信仰、风俗、歌曲及舞蹈的广泛兴趣与科学性探讨，并不是形成新字词的唯一要素。19世纪末，有人试图定义 folklore，将其意思集中在"survivals""存留下来"这个意涵，所根据的是1871年泰勒在《原始文化》（Primitive Culture）一书中，对于"存留"要素的定义：古老东西的存留必须借着习惯的力量，才能进入新的社会状态。在这一方面，这种新字词的形成对于新的工业化及都市化社会来说,是一系列的复杂回应所产生的组合。虽然"流行歌曲"(popular songs)——包括新兴工业的工人在工作时所哼唱的歌曲——仍然不断被创造出来,但是 Folksong(民歌)的影响力只局限在工业化、都市化、文字化以前的世界。在这个时期,folk 这个词产生了一个作用,就是把所有形成"大众文化"(popular culture)要素的时间往前追溯,并且经常被拿来与现在各种形式的大众文化做对比——不管是激进派的工人阶级文化形式或商业文化形式。这个具有特色的对比一直被持续强调,但也一直备受批判。批判分别来自两方面。一方面是"民俗学研究"(folklore studies):folk 的各种形成要素,说法不一且具复杂性,争论不断;另一方面是现代的"文化研究"(cultural studies):不愿意把工业化、文字化以前的 folk 意思分离出来,或者是不愿意明确区分这些不同的生产阶段——家庭的生产、自主的生产,有时候是集体、文化的生产等阶段。

　　这种情况有了进一步的改变,尤其是 20 世纪中叶的民歌(folksong)。那时候有一个组织复杂而影响普遍的民歌运动(folksong movement):将口语流传的乡村、工业歌曲记录下来并改编成新的作品来表演,仍保有原来的精神及模式。Folk 跟 Popular 两者间的关系界定,现在仍然捉摸不定,就如同 19 世纪中叶原先的界定一样。主要原因就是 Popular 这个词不易解释,深具复杂性。

参见 Culture, Ethnic, Myth, Peasant, Popular

Formalist(形式主义者)

　　Formalist 是个很古老的英文词,在 20 世纪,它被广泛地使用在比较新的脉络、情境里,沿用俄文词的用法。从 17 世纪初,英文中出现了 formalist 的两种意思。其一是拥护"纯粹形式"或宗教的"外在形式"的人:"形式主义者及趋炎附势者"(formalists and time-servers,1609)。其二是从表面特质而非实际特质来解释一件事的人:"观看这些形式主义者的善变……是可笑的……使表面看起来像实质一样,并且具有深度与广度"(培根,1607—1612)。这些用法近来日渐混淆,仅可以从 form 这个词的复杂演变来理解。其最接近的词源为古法文 forme 及拉丁文 forma——意指 shape(形状、形态)。英文的 form 一直重复拉丁语系的复杂演变,其中有两个主要相关意涵。其一是肉眼可见的或外部的形体,具有强烈的实体感:"他所碰到的一位天使,具有人的形体"(an angel bi wai he mette, In mannes fourm, 1325);"外形是一种讨人喜欢的表象,极其脆弱、最易消退"(forme is most frayle, a fading flattering showe, 1568)。其二是基本"形塑原则"(shaping principle),能将飘忽不定的事物化为明确、特定的事物:"身体只是物质,灵魂才是基本形构"(the body was only matter, of which〔the soul〕were the fourme,1413);"世上的事物是根据内部形构的多样性而区分为各种各类"(according to the diversity of inward forms, things of the world are distinguished into their kinds,胡克〔Hooker〕,1594)。Form 这个词显然包含两极化的意涵:从外部、表面的意涵到内在、明确的意涵。Formality(拘泥形式、符合形式)同样具两极化的意涵:从"衣裳……只是一种表面形式的东西"(the attire…being a matter of mere formalitie,胡克,1597)到"本质所赖以存在的各种形构"(those Formalities, wherein their Essence doth consist, 1672)。Form 这个词在普通用法中保有其全面性意涵,但是 formality,formalist 及从 19 世纪中叶后的 formalism 这些词,一直是用于负面、轻蔑的说法:"形式主义者崇尚礼仪"(the Ceremonies are Idols to Formalists,1637);"喔!你们这些铁石心肠、冷酷无情的形式主义者"(oh ye cold-hearted, frozen, formalists,扬格〔Young〕,1742);"没有用的形式主义"(useless formalism,金斯利〔Kingsley〕,1850);"言不由衷的词及形式主义"(Cant and formalism,1878)。以下的两个例子与后来词义的特殊演变有关:"形式主义者要求对文字做最清楚的解释"(Formalists who demand Explications of the least ambiguous Word,1707);"戏剧评论的形式主义者"(the formalist of dramatic criticism,1814)。

在 1916 年后的俄罗斯的文学研究中,"形构方法"(formal method)及"形式主义学派"(formalist school)这两个术语,已经可以很清楚地被区辨出来。因为 form 这个词具复杂性,及 formalist 这个词具有不同的意涵,因此对"形构方法"及"形式主义学派"有不同方式的理解,是不足为奇的。此外,随着 formalism 这个词的演变,它便包含不同面向的意涵及重点。它主要强调的是文学作品的特殊、内在(intrinsic)特质。这些特质在构成适切、相关的讨论——尤其是社会的或意识形态的分析——之前需要用文学自己的术语来分析。后来衍生的论点有明显的复杂性。form 与 content 有一个简单的对立关系;同时,局限在纯美学(Aesthetic)(见本书讨论)兴趣的"形式主义"(formalism)与关涉社会内容、意识形态倾向的"马克思主义"(Marxism)间,也有一个简单的对立关系。随着历史潮流的发展,形式主义(formalism)浓厚的负面意涵,在英文里广为所知,普遍被使用,仿佛等同于"为艺术而艺术"(art for art's sake)的概念。在 formalism 这个词的某些词义演变里——尤其是将"诗的语言"视为完全独立的范畴这个观念——以及在某些否定任何时期的"社会内容"或"社会意义"相关性的倾向里,通常就会出现这种论点。一直到 1950 年为止,形式主义及马克思主义,这两个学派的论点分别使用各自的特别意涵。在这段时期,形式主义者的形象,毫无疑问被早期的英文意涵——"外在形式"及"肤浅的表面"——所破坏。form 作为"形塑原则"的概念,既有趣但又极度难了解:不管是从广义——与"文类"(genre)之意重叠,或是狭义来说——指的是在作品里可以找出的统整原则(参较"没有一个真正天才的作品敢缺乏合宜的形塑原则"〔no work of true genius dares want its appropriate form,柯勒律治〕)。马克思主义主要精神涵盖了 form 的第二层含义(作为"形塑原则"),其论述重点可以合理地解释为一种"内容的形式主义"(formalism of content)——其中包含了 form 的第一层负面意涵(作为"外在形式")。关于一个作品的真正形构原则是什么,各种不同的问题都有可能被提出。我们需要针对作品里面特别的组织结构要素来做特别的分析,才能找到形构原则。正如同上面所述(虽然名称有很多的变化,语意因而产生混淆),形式主义(formalism)词义的演变包含一个趋势:它实际上容许、包容各种引申的涵义——从特别的形式、更广泛的形式,到(社会)意识、关系的形式。formalism 这个词甚至可以扩及描述"社会形式主义"(*social formalism*)(穆卡罗夫斯基〔Mukarovsky〕,沃洛辛诺夫〔Volosinov〕)。将"主体间的"(intersubjective)过程与"社会"(Social)过程两者之间、"共时性"(synchronic)的分析与"历时性"(diachronic)的分析两者之间做区分——有些人极度不同意这种区分,但没有很清楚地表述出来——的确令人产生困惑:这些术语是由语言学上的一个趋势演变而来,用来明确区分语言的自给自足体系(a self-sufficient system in language)与作为部分历史过程的体系(a system as part of an historical process),或者有时候是特别用来强调前者语言的体系,有时候用来强调后者时间发展过程的体系——其实这两者之间存在着紧密的互动关系。就整体而言,形式主义(formalism)(参较:*structuralism*——结构主义)强调的是前者(主体间性及共时、历时的区分)而不是后者。马克思主义主张把"形式"(form)视为"内容"(content)的"单纯表现"(mere expression)或是"外在表现"(outward show),因而反对形式主义。尽管如此,形式主义所具的特殊特质,用在分析上面,仍具说服力。Form(形式)这个词所产

140

生的负面联想,是否会妨碍我们承认词义的重要——虽然只是局部——演变,有待观察。而这些演变是形式主义及形式主义者所强调的。

参见 Structural

Generation(世代)

　　Generation 从 13 世纪以来,就出现在英文里。最接近的词源为拉丁文 *generatio*,可追溯的最早词源为拉丁文 *generare*,意思是繁衍自己的种族。在早期的用法里,从"生产的行动"(the action of generating)到"生产的产品"(the product of generation)都是在它涵盖的意义范围内,因此被用来指涉源自同一父母亲的后代、子孙。现代的用法由此引申而来,指的是家族中的世世代代。其词义的重要演变一直是朝向社会性及历史性的用法,并且跨越生物学上的特别意涵。要追溯这些用法是不容易的。诸如"古老的世代"(the olde generations)这类用法,自从 16 世纪以来,就已经具有某种历史意涵,因其关涉到引起回忆的或可资对比的过去生活。较早期的用法,是将 generation 用来计算历史时间,指的是一世纪里的三年或三十年。但是,generation 具特别影响力的现代意涵——独特的人群或是一种独特的观点——似乎在 18 世纪中叶之前,并不被重视。直到 19 世纪中叶开始,才完全普及。其中早期的一个用法就是圣-伯夫(Sainte-Beeve)使用的

"浪漫的一代"(Romantic generation)。正如贝尔(Bell)指出,狄尔泰(Dilthey)所提出的"共同经验的时间"概念对于了解"文化世代"的观念是很重要的。从那时起,这一种分析的形式,在文化史上的研究很普遍。

period(周期、时期)词义的演变与 generation 词义的演变可能相关,值得我们拿来做比较。其最接近的词源为法文 période,可追溯的最早词源为希腊文 periodos,指的是 circuit(循回)、cycle of years(岁月的循环)、rounded sentence(尾重句)。实际上,在18世纪之前,period 所有的用法以及之后的诸多用法——19世纪的 menstrual periods(月经)、periodical(周期性的)及一些用法里的 periodically(周期性地)——皆与"重现之行动"(action of recurrence)相关,通常这种"重现之行动"具规律性。从18世纪开始,在传记及历史里,period 词义被用来表示某个特别的一段时期——这段时期具有其独特的特点,"不再重现"(non-recurrent)也不具规律性——并且从19世纪中叶开始,在历史学研究及地质学的研究里,这种用法变得非常普遍。Generation 这个词,似乎也同样被广泛地使用,用来强调一段独特的时间,或一群独特的人,虽然其意涵(如同 period 一样)仍普遍带有承先启后的"延续"(continuity)观念。

因此我们在吉本(Gibbon)的书中(1781)发现"新兴的一代"(the rising generation)。这个词汇具有某种"变革"(change)的意涵。这种强调"独特"(distinctiveness)的概念不断被强化,甚至被形式化。这似乎是历史(History,参见本书)的新意涵演变的一部分——尤其是历史被视为不断演变、不断前进的一种过程。因此在1847年,出现了"世代的品味"(general taste)这个词。19世纪末期,在讨论"第一代移民"(first generation)、"第二代移民"(second generation)——尤其是美国的移民——时,generation这个词义有着明显的演变,呈现出不同的意涵。从这个角度来思索,generation这个词义具有明显的世俗及社会意涵。后来,generation与移民家庭的关联性,历经不同时期的文化变革后就被遗忘了。在广义的用法里,generation这个词所保留的主要是历史内涵,而不是独特的生物(biological)内涵。自从20世纪初期以来,这些用法一直不断地衍生。

"空袭世代"(The air-raid generation)从1930年开始出现在文献中。同样地,"世代意识"(generation-conscious)这个有意义的词汇也是从这一年开始被收录在文献中。也许是从20世纪50年代开始,"世代意识"这个词汇便隐含着"代沟"(generation gap)的意思(1964年开始被收录在文献中)。

Generation这个词的"世代"意涵被普遍使用,常常可以在某些虽奇特却很普遍的用法上看到:自从20世纪50年代末期及20世纪60年代初期以来,这个词一直被用来描述一系列的制造产品——如电脑、核武器,以及其他先进的科技系统。这个词的词义同时具有产品世代(一代产品、二代产品……)与"生物后代"(biological offspring)的意涵,说来似乎有点儿讽刺,也有点儿不伦不类。

Generation这个词的现代意涵不断被扩大,其不易被了解的其中一个原因就是:在一个极速变迁的时代里,它所涵盖的时间很可能缩短,甚至很可能少于生物世代的时间。Generation的各种词义——如同 *period* 这个词所包含的"不再重现"(non-recurrent)、不具规律性的那层含义——存在着一些主要问题:语意重复、无法下正确定义。然而在一个具有明显、自觉的历史、社会变迁的文化里,generation 与 *period* 这两个词——包含上述诸多层面的意涵——似乎是不可或缺的文化语汇。

参见 Development, Family, Genetic, History, Progressive

Genetic(起源的、遗传学的)

Genetic 的词义有时候不容易解释,因为它有两种意涵:其广义仍然普遍被使用,例如在法文里,但在英文里就比较不常被使用。其狭义用在科学的某个特别的领域里,广为所知。Genetic 是一个形容词,源自拉丁文 *genesis* 及希腊文 *genesis*,其意义是 origin(起源)、creation(创造)、generation(产生)。Genetic 在 19 世纪初成为英文词,最初带有"起源"的意涵,例如卡莱尔(Carlyle)作品里的"演生的历史"(genetic Histories,1831)。在达尔文学说里,它仍然具有主要的起源意涵,达尔文的"起源关系"(genetic conection,1859)指的是一种共同的物种起源。但是 genetic 也带有"发展"(development)的意涵。例如,在"演化的定义"(genetic denifitions,1837)里,所定义的对象"被认为是在持续进展中,不断地成形变化"。这个意涵再度出现在"词性的演变发展"(the genetic development of the parts of speech,1860)里。1897 年 genetics 跟 telics(目的论)的定义明显不同,用来描述一种演变的过程,而不是一种完全发展、或者是最终的状态。20世纪初,生物学的发展显示出创造新词的需要。贝特森(Bateson)在1905年提到"遗传学的研究"(Study of Heredity),写道:"在普通的用法里找不到一个词能够完全赋予这种意义……假如大家想要创造一个新词,Genetics 可能是最符合这种意义的词。"这一种用法可以让现代一般科学上的描述变得很明确:"遗传及变异的生理学……〔就是〕genetics(遗传学)"(*Nature*,1906)。但是 genetics 其较古老的、更广泛的"发展"(development)意涵——仍然被普遍使用,例如"演生心理学"(genetic psychology,1909)。这就是我们现在所通称的"发展心理学"(*developmental* psychology)。现在当我们提到"演生心理学"时,我们不会想到它与生物遗传学方面的关联性。除此之外,早期的用法,仍然保存下来,如"起源谬误"(genetic fallacy,1934),指的是一种逻辑的错误:根据事件发生的起源来解释或质疑事件本身。

在一般的英语用法里,genetic 在生物学的脉络(基因遗传、基因密码等等)中,现代的词义指的是遗传以及变异之事实。但是除了那些残留下来的英文用法外,genetic 也常出现在翻译里,尤其自法文翻译过来的英文;在这些译文里它通常是带有"形成"以及"发展"的意涵。因此,"演生的结构主义"(genetic structuralism,戈德曼〔Goldmann〕)跟其他形式的"结构主义"(structuralism,参见本书)是不同的;其重点在强调"结构"(*structures*)——意识的形构(forms of consciousness)——的历史(非生物)形态与发展。也许在译文的用法中,genetic 这个词义常会被误解,且与生物遗传学的关系不紧密。

参见 Development, Evolution, Formalist, History, Structural

Genius(天才)

　　Genius 在 14 世纪成为英文词,它的意涵主要源自拉丁文。最接近的词源为拉丁文 *genius*,其意为守护精灵。从 16 世纪开始,这个词义被扩大解释,指的是"一种独特的性情或特色",例如现在仍在使用的"每个人都有他的脾性"(every man has his genius,约翰逊,1780),及"这个时代的野蛮暴力特质"(barbarous and violent genius of the age,休谟,1754)。从 17 世纪末期始,它同样地被用在地名上。这个词演变成现代的主要意涵——"非凡的能力"(extraordinary ability)——其中间的过程颇为复杂。它出现在英文跟法文中(英、法文间彼此互相影响),后来也在德文中出现。Genius 原先似乎是通过"灵感"(inspiration)的这个概念,和"心灵"(spirit)的概念产生关联。1711 年艾迪生(Addison)提到:"没有一种特质能比天才更常被赋予在作家的身上"(there is no Character more frequently given to a Writer)。18 世纪,法文里有一种定义这么说:"'天才'(génie)这个词汇和'天赋异秉'(les grands talents)这个词汇应该没有什么不同,因为这两者都含有'创造'(l'invention)的意涵",而这层意涵在英文里也可以找得到:"天才(genius)总是包含一些具创意或具创造力的特质"(1783)。的确,这层意义很接近 Creative(有创意的,参见本书)这个词演变中的意涵。*genius* 和 talent 的区分在英文、法文以及德文里再度摆荡不定。这种区分原先所根据的是:genius 指的是天才的种类,而 talent 指的是能力的程度。虽然在后来的用法里,genius 仅仅指的是后者。这个词现在被广泛使用,用来描述各种非凡能力,因此那种残存下来的古老意涵——具有独特的特质的意涵——通常是暧昧不明。一个很好的测试例子就是:"the English genius for compromise"。(英国人妥协的特质?英国人妥协的天分?)

参见 Creative, Originality

Hegemony(霸权)

  Hegemony 这个词也许是直接从希腊文进入英文。其最接近的词源为希腊文 *egemonia*,可追溯的最早词源为希腊文 *egemon*,通常指的是支配他国的 leader(领袖)或 ruler(统治者)。这个词具有政治支配的意涵——通常指的是一个国家宰制另一个国家。这种意涵在 19 世纪之前并不普遍,但 19 世纪后就一直持续使用至今,相当普通。这个词和其形容词 hegemonic(霸权的、霸道的)被用来描述一种达成政治支配目标的政策。最近 hegemonism(霸权主义)这个词被特别用来说明"大国"或"超级强国"支配他国的政治手腕——的确 hegemonism 被有些人用来当成是帝国主义(Imperialism,参见本书)的替代词。

  在英文里,早期的一些用法有时候比较广义的意涵是指各种各类的支配,不仅仅限于政治方面。从 1567 年开始,就有"对任何成长在你的土地上的东西,你保有支配权(Aegemonie)或是主权(Sufferaigntie)"。从 1656 年开始,有"主宰灵魂至高无上的部分"(the Supream or Hegemonick part of the

Soul)。Hegemonic 尤其持续了这一层"支配"或者是"主人原则"的意涵。

在20世纪马克思主义的一个派别里——尤其是葛兰西(Gramsci)的作品——hegemony 这个词变得非常重要(然而在他的作品里,这个词的意涵既复杂又变化不定,参见 Anderson)。在它的简单用法里,"政治支配"的观念可以从国家之间的关系延伸到社会阶级的关系,例如"中产阶级的霸权"(bourgeois hegemony)。但是这种支配的特点在许多方面,可以用比较广义的意涵来理解,就如早期的英文里 hegemonic 的用法。换言之,hegemonic 并没有局限在直接的政治控制之事务里,相反地它试图描绘一种广义上的支配;这种支配包含其中一个主要特色:就是洞察世界、人性及关系的一种特殊方法。就这层意涵而言,hegemony 不同于"世界观"(world-view)的概念,因为理解世界、自我及他人的方法,不仅属于智能的层面,而且属于政治的层面,从制度、关系到意识皆是其涵盖的范围。它也不同于"意识形态"(Ideology,参见本书)的概念,因为它不但表达统治阶级的利益,而且它被那些实际臣属于统治阶级的人接受,视为"一般的事实"(normal reality)或是"常识"(commonsense)。因此,这种解释影响我们对 Revolution(革命,参见本书)这个词的思考,因为革命不仅强调政治、经济权力的转移,而且强调推翻某一种特别霸权——易言之,所推翻的是某一种完整的阶级统治形式;这种阶级统治的形式不仅存在于政治、经济的制度与关系里,而且存在于生动活泼的经验、意识形式中。论者指出,只有借着创造出另外一种霸权——一种崭新、优势的实践与意识——革命才可以达成。这种观念因而不同于下述的观念:新的制度及关系将会自动地创造出新的经验以及新的意识。因此 hegemony 及 hegemonic 这两个词的意涵不只包含了政治、经济因素,而且包含了文化因素。这层意义不同于马克思主义的一个概念:经济"基础"(base)与政治、文化"上层建筑"(*superstructure*);当"基础"产生变化,上层建筑就会跟着产生变化——尽管上层所产生的变化可能是间接性的或者是非立即性的。广义的"霸权"概念,对于以选举政治(electoral politics)及民意为主的社会,尤其重要。同时,这种广义的概念,对于这种社会——社会实践必须符合主流观念,而这些主流观念表达了支配阶级的需求,主导阶级的需求——也是格外重要。在任何种类的激烈变化里(包括经济基础的各种变化),除了极端形式的经济决定论——一种经济制度(*system*)或结构(Structure,参见本书),其繁荣与衰退是根据其本身的法则——外,霸权的斗争仍然被视为一个必要的或是决定性的因素。

参见 Culture, Imperialism

History(历史)

在早期用法里,history(历史)是一种事件的叙事记录。这个英文词,其最接近的词源为法文 *histoire*,拉丁文 *historia*,可追溯的最早词源为希腊文 *istoria*;这些词源早期具有询问(*inquiry*)的意涵,后来引申为询问的结果(results of inquiry),最后则带有知识的记载、记录(*account* of knowledge)之含义。这些意涵,从关于事件本身的叙述(*story*)到过去事件的记载(*account*)皆是其涵盖范围,但"询问"的这层意涵经常出现(参较希罗多德:"⋯⋯为什么他们彼此发动战争?")。在早期英文的用法里,history 与 story(两者源自于同一个词根)这两个词不是用在记述想象的事件,就是用在记述被认定为真实的事件。把 history 当成是想象事件,这种缩小其意涵的用法,尤其在小说里持续出现。但是从 15 世纪以来,history 的词义指向一个过去的真实事件之记录,而 story 则朝向另一种意涵,包含对于过去事件较不正式的记录及想象事件的描述。15 世纪末开始,history 被视为"关于过去的有系统的知识"(organized knowledge of the past)。这种广义的用法,是从早期将历史视为一个特殊的书写记录之用法引申而来。Historian（历史学家）、historic（历史上著名的）、historical（历史的、史学的）这些词是取其广义的意涵，虽然有些词义指的是实际的书写记录。

我们可以这么说，history 的广义用法被普遍接受，一直沿用至今，在当代英文里仍居于主流地位。然而，我们有必要把 history 词义的另一种重要的意涵区分出来：这种意涵不仅仅只局限在"关于过去的有系统的知识"。不过，要将这种重要意涵做明确的定义以及确定其源起时间是很不容易的。也许把 history 当成是"人类自我发展"（human self-development）的解释，就是另一种重要意涵的代表——这种意涵在 18 世纪初期维柯（Vico）的作品以及新种类的"普遍历史"（Universal Histories）里是很明显的；其中一个新意涵，就是过去的事件不被视为"特殊的历史"（specific histories），而被视为是持续、相关的过程。这种对持续、相关的过程做各种不同的系统化解释，就成为新的、广义的 history 意涵，最后终于成为 history 的抽象意涵。此外，强调 history 的"人类自我发展"意涵，会使 history 在许多用法里失去了它跟过去的独特关联性，并且使得 history 不只是与现在相关，而且是与未来相关。在德文的语词里，有一个区别，使得这个概念变得更清楚：Historie 主要是指涉过去，而 *Geschichte*（及相关的词 *Geschichtsphilosophie*）可以指涉一种过程，包括过去、现在及未来。在这种具有争议的现代意涵里，History 的意涵是源自各种不同的知识体系：比较明显的是启蒙时代的意涵——文明（Civilization，参见本书）的进步与发展；理想主义的意涵，比如说，黑格尔作品中的世界历史（world-historical）过程;历史势力(historical forces)——过去的产物(products of the past)——的政治意涵(主要与法国大革命、后来的社会主义运动,尤其是马克思主义有关的意涵)。这些过去的产物在现代仍然是活跃的,而且会以可知的方式形塑未来。在各种不同的形式意涵——将历史视为某种过程的意涵——里,当然存有争议。不仅这些不同形式的意涵之间彼此存有争议,它们和其他不同观点——持续把历史看成是一个记录或者一系列有关过去真实事件的记录(在这一些记录里,对于未来,没有任何必然的脉络或关联性可以被察觉出来)——也存有争议。Historicism(历史主义),正如同它在20世纪中叶被使用一般,包含三种意涵:(一)对于一种研究方法——倚赖过去的事实,并追溯当前事件的前例——所采取的比较中性的定义。(二)刻意地强调各种不同的历史状况及脉络情境;通过这些历史状况及脉络情境,所有的特殊事件必定可以得到解释。(三)具有对抗性的意涵,亦即抨击根据"历史必然性"(historical necessity)或"历史演变的一般法则"(laws of historical development;参见波普尔)所做的各种解释及预测。要将以下两种批判区分清楚,是很不容易的。第一种是针对历史主义——拒斥一个必然、可能的未来的概念——的批判;第二种的批判是针对这个论点:任何未来(此处取其狭义,指的是较佳的、发展较完好的生活)皆借镜历史(此处取其广义,将历史当成一种包含偶发事件、不可预测的事件以及没有意识目的的叙述)教训,并将其视为一种尤其用来破除希望的有力论证(an argument especially against hope)。虽然这种论点未必被承认或认可,然而后来的 history 词义用法——也许就是 20 世纪将 history 视为广泛的过程(history as general process)的一个特别用法(尽管现在仍然沿用)——是用在描述挫折与失败之一般类型,这与 history 稍早且仍然普遍沿用的"成就或希望"之意涵形成对比。

到底哪一种历史的意涵在目前成为主流,这件事情并不容易说明白。Historian(历史学家)这个词的词义现在仍然明确,根据的是早期的意涵。Historical 这个词通常是——但并非绝对——带有"过去"的含义。History 这个词保有其广泛意涵,它通过不同层面,将知识——一大部分的可知的过去以及几乎每种可以想象的未来——传授或显示给我们。

参见 Determine, Evolution

Humanity(人性、人道、慈爱、人类)

Humanity 这个词与 human, humane, humanism, humanist, humanitarian 同属于一类。它包含所有这些词的意涵,或部分几个词的意涵,尤其带有 *man* 的词根所代表的特殊意涵——拉丁文 *homo* 与 *hominis*,其意为 man(人),或 of man(人的);拉丁文 *humanus*,其意 of or belonging to man(人的或属于人的)。

首先,我们有必要去了解 human 及 humane 这两个词的区别。这种区别从 18 世纪初期沿用至今。在 18 世纪之前,humane 就是一个普通的拼词,其主要的意义简而言之就是包含独特、明显的人(*men*)之要素(参较 Man),意思是指 human species(人类):所有的男人都可说是 human 或是 humane(早期的拼法),但是所有的人(humans)不是指男人(*men*)——此处取其狭义的用法——就是指女人或小孩(or *women* or *children*)。早期 humane 的用法指的是 human nature(人性)、human language(人类的语言)、human reason(人的理性)等等,但是自从 16 世纪初期,humane 也有一种用法,指的是仁慈、亲切、礼貌、富同情心。在 18 世纪初期之后,humane 的词义就局限在现代的意涵,而 human 变成了一般的标准用法。

　　Humanity(人性、人道、人情)这个词虽然有着不同的演变但与 humane 彼此仍然相关。Humanity 首先出现在 14 世纪末期,最接近的词源为法文 humanité,最初的意涵是跟狭义的 humane 比较接近,胜过于广义的 human。在中世纪的用法里,humanity 似乎是与 courtesy 及 politeness(彬彬有礼)成为同义词,这种词义的演变必定跟意大利文 umanità,法文 humanité,拉丁文 humamitas 等词(这些词包含强烈的礼仪意涵)的演变有关,但是不尽相同。Humanitas 具有重要特殊的意涵,指的是心智的培养与通才教育;这个词与现代的一组词群——cultivation, Culture 及 Civilization(参见本书)——有直接的关联。从 16 世纪初开始,这个词的词义在英文里有复杂的演变。礼仪、礼貌的意涵延伸为仁慈、慷慨的意涵:"Humanitie……是对于那些美德的通称。在那些人身上似乎存在着共同的和谐与爱心,这其实是人的本性。"(埃利奥特,1531)但是自从 15 世纪末期以来,humanity 的其中一种用法是:用来区分其与 divinity(神性)的不同。这种用法源自(参较帕诺夫斯基〔Panofsky〕)中世纪,那时人们将有限的人性(humanity)与绝对的神性(divinity)形成对比,用以取代之前较古老的一种对比:人类(humanity)与次人类——无论是动物或(意有所指的)野蛮人。从 16 世纪开始,humanity 一直就有争论且具复杂意涵——其范围涵盖后天成就与先天局限。就是因为有一些演员,"他们既不会说基督徒的语

言,又不会学着基督徒、异教徒或者一般人(man)的样子走路",所以莎士比亚的哈姆雷特

> 想到一定是什么造化的雇工把他们造了下来,造得这样拙劣,所以变成这样讨厌的略具人形(humanity)(《哈姆雷特》)。

另一方面,请参较"我一定先拿我的人类属性(humanity)与狒狒交换"(《奥赛罗》)。

然而,用 humanity 来指涉人的一般特点或属性,取其最大抽象意涵,这种用法在 18 世纪后才成为普遍。彬彬有礼、亲切仁慈的意涵仍持续存在,同时借由 *umanità* 及 *humanitas* 两个词的演变,衍生出另一种意涵,指涉的是一种特殊的学问。15 以及 16 世纪的用法是将 humanity 视为不同于神学(divinity)的一种学问。培根将知识定义为三种:神学(Divine Philosophy)、自然哲学(Natural Philosophy)、人文哲学(Humane Philosophy)或称人文学科(Humanitie)(《知识的进步》[*Advancement of Learning*],II,v;1605)。然而,在学术的用法里,Humanity 这个词渐渐等同于我们现在所谓的古典著作(classics),尤其是拉丁文著作(这种残存用法现在仍然持续着)。从 18 世纪开始,带有法文形式的词汇——the humanities(*les humanités*)——在学术及相关用法里,变得越来越普遍;后来又扩大范围,除了经典著作外,亦包含现代文学及哲学。这种用法在美式英文里很平常,有别于另一组有关 The Arts 的普遍用法(参见本书)。

这种意涵演变有一部分可以反映在 humanist(人文主义

者)及后来的 humanism(人文主义)上。Humanist 也许直接源自意大利文 umanista,它从 16 世纪初期以来一直就是文艺复兴时期重要的一个词。16 世纪末,其意涵等同于古典学者(classicist);同时,它也等同于研究人类(human)事情——不同于神的(divine)事情——的学子。这种意涵深具复杂性,关系到两种层面的区隔:一方面承袭过去,将异教徒与基督教徒的学问知识区隔开来;另一方面将有"学问的人"("learned")——限定在对古典语言的精通方面——与其他方面的人区分开来。另外,意涵的复杂性与文艺复兴的双重特点——古典学知识的"再生"(rebirth)及对于人(man)、人的(human)活动所产生的新兴趣——也有很大的关系。在这种复杂的意涵里,17 世纪初期的一种用法——Humanist(莫里森〔Moryson〕,1617)被用来描述对国家事务(state affairs)及历史有兴趣的人——是不会令我们感到讶异的。将 humanist 用在描述对于"知识的再生与复兴"(the Renaissance and the Revival of Learning)有贡献的一群杰出学者,似乎是在 17 世纪后才发生的,并且从那时起才成为普遍。

另一方面,Humanism(人文主义)也许直接源自于 18 世纪末期的德文组合词 humanismus,其所根据的是 humanity 所演变的抽象意涵。在讨论当代的文化与文明(Culture and Civilizatian,参见本书)的发展时,论者往往会提出一个复杂论点,即对宗教的看法。在这个议题上,humanism 是具有正面意涵的词,其受欢迎的程度超过具负面意涵的 atheism(无神论)。Humanism 这个词的广义用法——被解释为人类的自我发展(self-development)与自我完善(self-perfection)——与后启蒙(post-Enlightenment)时期对历史(History,参见本书)的概念有关,并且在19世纪变得普遍。Humanism的广义用法与新用法部分相同,皆可呈现humanist及the humanities的演变意涵。新的用法是将humanism视为一种特别的知识学问——可以让我们联想到有关文化(Culture,参见本书)、人的发展或人的完美等特别观念。

Humanitarian(基督凡人论的;人道主义的)最早出现在19世纪初有关宗教的论争中,用来描述耶稣基督是人而不是神的身份。莫尔(Moore)(《日记》[*Diary*],1819)提到一位熟识者对于类似 *unitarian*(否认三位一体的一神论者)及 *trinitarian*(三位一体论信奉者)等特殊单词的震惊反应:"以文法学家身份而言,对于这个词(humanitarian)的震惊的程度大过神职人员对于分裂教派的惊恐。"但这种事情很快就被遗忘。后来,humanitarian的词义与humanism的意涵联结,甚至与目前humane的狭义用法中所包含的崭新行动与观念相结合。通过这种联结,humanitarian从19世纪中叶起词义变得明确:对于人类"幸福、福祉"(Welfare,参见本书)的充分考量与具体实践。(20世纪初,humane killer——仁慈杀手——带有特殊及反讽意涵。)有趣的是,19世纪大部分时期,humanitarian往往带有敌视、鄙视的意涵——正如同20世纪 *do-gooder*(不切实际的慈善家)这个词一样。但是humanitarian现在成为最不受鄙视的词之一;过去遭致敌意,原因可能是其将个人片面的行为与态度概括为普遍的社会意识。

我们有必要对于human这个词的用法加上最后一个注解。它的广义及抽象意涵现在显然被广泛使用。它也被普遍用来表示warmth(温暖、热情)及congeniality(合适、适宜),如"a very human person"(一个非常通人情的人)。另外,也有一种意义独特的用法,用来描述可以被原谅的过错——"human error"(人类的过失)、"natural human error"(自然的人为过失)——并且用来描述不具相对客观性的事物。"他身上毕竟有人性的一面(human side)"这句话不仅意味着某个受尊敬的人难免有错(fallible),并且意味着他感到困惑(confused),或者在某些用法里意味着他有一些卑劣的行为、诈欺,甚至于犯罪。(参较"奥斯汀〔Jane Austen〕也是挺人性化的〔human〕——坏脾气甚至残酷,并且有时候有点粗鲁"——《电视时报》,1975年11月15—21日。)这种意义很明显与传统意涵有关;传统观念认为,人不仅会做错而且会犯罪。但是,在当代用法中——尤其是在新近、流行的资产阶级文化里——一件有趣的事就是:对于"过失"(sin)的重新评估。过去将"过失"视为人类(humanity)犯错的明证,现在则被认定为——这种认可未必带有讽刺或默许的含义——人之常情(human)的一项例证(因此,human〔人之常情〕与likeable〔人之可爱〕二词的意涵便相距不远)。

参见 Civilization, Culture, Isms, Man, Sex, Welfare

Idealism(观念论、唯心论、理想主义)

Idealism 这个词有两种主要的现代意涵:(一)其原初的哲学意涵。尽管定义不同,这种哲学强调:观念(ideas)是用来强化或形塑所有的实体或实在(reality)。(二)广义的现代意涵,指涉的是某种思考方式——思考过程中某种较佳的状态会被投射,作为行为判断或行动执行的依据。第二种意涵不太明确,原因是这个词的用法通常不是很严谨,褒贬之意皆有——它的一些衍生词情况更是如此。

Idealism 这个英文词从 18 世纪末以来就一直被使用。最接近的词源为法文 *idealisme*,尤其是希腊文 *Idealismus*。Idealist 具有原初的哲学意涵,出现得比 idealism 早,时间是 18 世纪初。重要意涵可以追溯到希腊思想,尤其是柏拉图的思想;英文词 *idea* 从 15 世纪中叶起便具有这方面的意涵(虽然在 16 世纪末期之前,比较普遍的词一直是 *idee*)。可追溯的最早词源为希腊文 *idea*,这个希腊文源自动词 to see(观看、理解),其意涵涵盖范围从 appearance(表象)、form

(形式)到 type(类型)、model(模型)。Idea 包含三层意涵：(一) ideal type(理想类型)——15 世纪起便很普遍；(二) figure(形态、外观)——16 世纪起；(三) thought or belief(思想或信仰)——17 世纪起。像 ideation(构思过程)或 ideology(意识形态)这类带有第三层意涵的普通名词，直到 19 世纪初期 idealism 的特别用法大量出现后，才开始出现。

Idealism 的独特哲学意涵很明显源自 18 世纪末、19 世纪初德国古典哲学，虽然这种意涵也可以溯及柏拉图与英国哲学家贝克莱(Berkeley)。但是，就在同一个时期，在艺术与社会思潮方面，idealism 的意义出现复杂的转变。哲学上，唯心论(Idealism)的各重要派别皆认为观念(ideas)是基本、首要的——不管这些观念是神圣(divine)或普遍(universal)或是由人的意识(human consciousness)所构成。很明显，就是对于人的意识的考量才使 idealism 意义产生重大改变。Idealism 及 idealist 这两个词在 18 世纪末期，尤其是 19 世纪初期被使用；它们不是用来说明人的意识是如何地被视为一种具有形塑力的基本活动，而是用来表示一种特别的意识——这种意识能借想象赋予某种对象或客体(object)以某些特质(这与哲学的唯心论大相径庭——哲学的唯心论主张对象或客体必然源自于意识)。19 世纪初，新的动词 idealize(理想化地描绘；使理想化)被用来描述——尤其在初期用法里——艺术(Art，参见本书)的创作过程。这种将意涵扩大，指涉一般性的创作过程——其中蕴含高度的想象力——之用法在 19 世纪中叶前并不普遍，因为它隐含了"虚妄、不切实际"的负面意涵——idealization(理想化)。Idealism 及 idealist 的负面意涵也是在 19 世纪才开始有的。1884 年出现了我们现在仍在使用且具独特意义的"mere idealist"(纯然的理想主义者)。

　　后来的意义变得复杂多了,可以从其与意义相左的词并列使用看出端倪。首先,我们看到 idealism 与 Materialism(物质主义,参见本书)互为对比:基本上,这是一种哲学上不同词义所形成的对比,但是在 20 世纪这两个词的词义被扩大延伸,因此形成了 altruism(利他主义)与 selfishness(自我中心)的对比。altruism 与 selfishness 之区别有其价值考量,但这种区分与哲学无关,虽然在社会议题上经常会与哲学议题混为一谈。后来,我们看到 idealism 被拿来与 *realism*(现实主义)形成对比:同样地,这原先也是一种哲学上的对比,而且这种对比被用来描述艺术的各种类型与发展过程。但是自从 19 世纪起,特别是我们这个时代,普遍的用法是将这种对比视为 impractical(不切实际的;空想的)与 practical(注重实际的)的区分——尤其是衍生词 idealistic(理想主义的)及 Realistic(现实的,参见本书)之间的区别。另外,idealism 被赋予正面的社会道德意涵与 self-seeking(追逐私利)、indifference(冷漠)形成对比,或是与 general narrowness of outlook(缺乏一般远见)形成对比。所有上面这些用法皆与哲学上重要论述同时存在,因此,idealism 本身就是一个极其复杂的词,在使用时必须尽可能仔细地明察。

参见 Ideology, Materialism, Naturalism, Philosophy, Realism

Ideology(意识形态)

Ideology 1796 年出现在英文里,直接从法文的一个新词 *idélogie* 翻译而来。那一年,法国理性主义哲学家特拉西(Destutt de Tracy)首先提出这个名词。泰勒在 1797 年写道:"……意识形态,或称作思想的科学,其目的是区分其与古代形而上学的不同。"具有这种科学意涵的 ideology,在知识论及语言学理论中一直被使用,直到 19 世纪末才停止。

另一种不同涵义——由拿破仑(Napoleon Blonaparte)所推广——现在已成为 ideology 的主要意涵。他批判民主制度的提倡者:"民主制度提倡者欺骗人民大众,原因是将百姓的地位提升到无法行使其主权的境界。"同时,他也认为将启蒙时期的原则视为"意识形态"(ideology)是不对的,并且加以谴责:

> 就是这些空论家(ideologue)的学说——这种模糊不清的形而上学,以一种不自然的方式,试图寻出根本原因,据此制订各民族的法律,而不是让法律去顺应"一

种有关人类心灵及历史教训的知识"(a knowledge of the human heart and of the lessons of history)——给我们美丽的法兰西带来不幸的灾难。

这种对意识形态的看法,在19世纪期间得到很大回响,并且在保守派的批评里司空见惯;保守派抨击那些刻意引用——不管是其中一部分或整体——社会学理论的社会政策。这种看法尤其出现在民主政策或社会主义政策中,并且在拿破仑使用之后,ideologist(特定意识形态者)这个词在19世纪通常等同于 revolutionary(革命者)。拿破仑的批判造成词义的扩大解释,因此 ideology, ideologist 与 ideological 这三个词便带有抽象、空想及激进理论的意涵。就 ideology 这个词词义的后来演变而言,斯考特(Scott)所提到的这段文字(《拿破仑》,vi,251)读起来饶富趣味:"法国统治者已习惯根据'意识形态'这个熟悉名词来定义各种理论;他认为,这些'丝毫不是立基于利己主义'(resting in no respect upon the basis of self-interest)的理论,只能适用在那些性急的男孩与狂热分子身上。"卡莱尔深知这种用法,并且极力反对:"英国读者……真的将我们讨厌的学说称呼为意识形态(ideology)吗?"(《宪章主义》〔*Chartism*〕,vi,148;1839)

19世纪初保守派思想家将 ideology 视为贬义词。马克思与恩格斯——在其著作《德意志意识形态》(*The German Ideology*,1845—1847)——及后来的人将 ideology 的贬义意涵普及化。这两件事有直接的关联。拿破仑的另类看法——视意识形态为"有关人类心灵及历史教训的知识"——不是很明确。斯考特将意识形态明确界定为"丝毫不是立基于利己主义"的理论。马克思与恩格斯在批判德国当时的激进派人士的思想时,其焦点集中在思想的抽象化,因为这些思想抽离了真实的历史过程。尤其当马克思与恩格斯提到某一个时期的主导观念(ruling ideas)时,他们认为观念"只不过是以理想的方式表达支配性的物质关系罢了"。对此一论点如果无法充分了解,便会产生"意识形态"(ideology):一种上下错置的现实版本(an upside-down version of reality)。

> 如果在全部意识形态中,人们和他们所处的情境就像"暗箱"(camera obscura)中一样上下颠倒,那么这种现象也是出于人们生活的历史过程(historical life process),正如物像在网膜的倒影是直接从人们生活的物理过程(physical life process)中产生的一样。(《德意志意识形态》,47)

或者,正如恩格斯后来所说:

> 任何意识形态……一经产生,就与现有的观念材料(concept-material)相结合而发展起来,并且对这些材料做进一步加工;不然它就不是意识形态——也就是说,只是把思想当作独立体,独立地发展,且仅服从自身规律,就不属于意识形态。人的思维过程是在脑中进行,然而最终决定这种思考行为的是人们所处的物质环境。这种现象必然无法为这些人所理解,否则意识形态便会消失。(《费尔巴赫》,65–66)

或是,再一次引用:

> 意识形态是由所谓的思想家通过意识所形塑的一种过程,但是这种意识是一种虚妄的意识(false consciousness)。他本身仍然不明白整个过程中驱策他的真正动机为何,否则这个过程便不算是一种意识形态的过程。因此,他想象的是虚假或表面的动机,因为那是一种思考过程,其中的形式与内容皆源自于纯然思想(pure thought)——他自己的或是他前辈的。(《致梅林的信》,1893)

意识形态因而是抽象、虚假的思想;这种看法与原先保守派的用法虽有直接的关系,但是对于真正的物质情境与关系的了解却有不同。马克思与恩格斯使用意识形态这个词时,带着批判的态度。"思想家"在统治阶级里是"一群活跃积极、具想象力的空谈理论家(ideologist),他们将这个阶级自身的幻觉美化,这种工作乃是他们生计的主要来源"(《德意志意识形态》,65)。或者,再引用马克思的话,"法国民主政治的官员代表沉溺于共和国的意识形态,以致在六月抗争过后几个礼拜才对整个事件的意涵略知一二"(《法兰西阶级斗争》,1850)。这种将意识形态视为幻象、虚假意识、上下错置之现实、非现实等意涵,在马克思与恩格斯的作品中是很普遍的。恩格斯相信"较高级的意识形态"(哲学与宗教)比最直接的意识形态(政治与法律)更远离物质上的利益,但是其中的关联性——虽然复杂——却是明确的(《费尔巴赫》,277)。它们皆属"意识形态的领域;这些意识飞离地面,进入高空……成为有关大自然、人类自己、精神、魔力等的虚假观念"(《致施密特的信》〔Letter to Schmidt〕,1890)。

然而在马克思的一些著作中,尤其是在著名的《政治哲学批判之贡献》(Contribution to the Critique of Political Philosophy,1859年)中,很明显有另一种带有中性意涵的意识形态:

> 应该做出一种区别;也就是说,生产的经济条件下所产生的物质性转变是不同于意识形态的形式(ideological forms)——法律、政治、宗教、美学或哲学。在这些形式里,人们察觉出这种冲突对立,并且提出因应之道。*

这种看法与早期有关ideology之部分意涵有明显的关系:意识形态的形式映现出生产的经济条件(之变化)。但是此处的意识形态形式是指那些能让人们置身其中,并且察觉出冲突对立——源自于经济生产的条件与变化——的种种形式。这种意涵与意识形态被视为"纯粹的幻象"(mere illusion)的用法不能混为一谈。

实际上,19世纪时,意识形态被视为一组观念,而这组观念是源自某些特定的物质利益;或者,广义而言,这一组观念源自于特定的阶级或群体。这两种看法至少与视意识形态为幻象的意涵同样普遍。此外,在马克思传统里,这两种看法有时候在用法上相当混淆。在列宁的这段话里很明显不带有幻象与虚假意识之意涵:

---

* 马克思的德文著作记载:...kurs, ideologischen Formen, worin sich die Menschen diesen Konfikis bewusst werden...

> 社会主义是无产阶级斗争的意识形态;就此而言,社会主义经历了意识形态的一般过程——诞生、发展与强化。换言之,它是建立在所有人类知识的物质基础上,它预先假定高级的科学存在,它需要科学性的工作等等……无产阶级斗争是根据资本主义的关系自然而然所发展出的一种力量。在这种阶级斗争里,社会主义借由意识形态得以现形。(《致北方联盟的信》[*Letter to the Federation of the North*])

因此现在有"无产阶级意识形态"或"中产阶级意识形态"等各种意识形态。每一种类的意识形态是指适合那种阶级的观念体系。一种意识形态可能被认定为正确、先进,以便对抗其他的意识形态。当然,也有可能是:虽然其他种类的意识形态——代表敌对阶级——真正表达了自身阶级的利益,但是对于人类的广泛利益而言,却是虚假的。因此,早期的意涵——幻象与虚假意识——大体上可以和一般描绘某种阶级特色的文字联想在一起。但是,这种带有中性意涵的意识形态——亦即是,需要加上形容词才能描述其所代表(或服务)的阶级(或社会团体)——在许多论述里实际上已成为普遍。同时,为了要保留这种虚幻或纯然、抽象之思想这层意涵,马克思主义及其他学说对 ideology(意识形态)与 Science(科学,参见本书)一直都有标准的区分。恩格斯所提出的区别如下:当人们了解到他们的实际生活状况及真正动机时,意识形态便会终止。之后,他们的意识就会变得真正具有科学性的(*scientific*),因为他们就会接触到现实(参较 Suvin)。这种试图将马克思主义视为科学、将其他社会思想视为意识形态的区别,的确引起争议,尤其在马克思主义者之间。在较广泛的"社会科学"领域里,类似的区别——视意识形态为纯理论的制度,视科学为显现的事实——是很普遍的。

同时,在一般的论述里,意识形态这个词的意涵主要是根据拿破仑的用法。明智的人依赖经验(Experience,参见本书)或具有哲学(*philosophy*)信念,愚蠢的人依赖意识形态。就这层意涵而言,意识形态——正如拿破仑的用法——主要是用来当作辱骂他人的词汇。

参见 Doctrinaire, Experience, Idealism, Philosophy, Science

Image(意象)

¹⁵⁸ 英文词 image(意象)的最早意涵源自 13 世纪,指的是人像或肖像。其词义可追溯到最早的词源——拉丁文 *imago*(*imago* 词义演变到后来便带有幻影、概念或观念等义)。Image 的意涵也许与 *imitate*(模仿)词义的演变存在着基本的关系。但是,正如许多描述这些过程(参照 *vision* 与 *idea*)的词一样,image 这个词蕴含了一种极为明显的张力——在"模仿"(copying)的概念与"想象、虚构"(imagination and the imaginative)的概念二者之间。在英文里,这两种概念——就其整个形塑过程而言,皆属于心理概念(mental concept),其中包含了相当早期的意涵:设想不存在的东西或明显看不见的东西。然而,这种不讨人喜欢的意涵一直要到 16 世纪才成为普遍。

Image 这个词的实体意涵(人像或肖像)被广为使用,直到 17 世纪为止。然而,从 16 世纪起,image 的意涵被延伸扩大,用来指涉心智层面。从 17 世纪起,image 在文学讨论里有一种重要的专门用法,指的是书写或言语中的"比喻"

(figure)。在当代的英文里，image 的实体意涵仍然可以找到，但是它具有某种负面性——与 idol（偶像）的意涵重叠。Image 用来泛指心像、意念的用法——参较：一种独特的或代表的类型……之"表象"（image）——仍属普遍，且其在文学里的专门意涵也经常被使用。

这些有关 image 的诸多用法后来被另一种将 image 用在名声上的用法所超越。后者的用法虽袭用了早期的"概念"（conceptions）或"独特类型"（characteristic type）之意涵，然而在实际用法里，其意思是"可感知的名声"（perceived reputation），例如商业中的"品牌形象"（brand image）或政治家关心自己的"形象"（image）。Image 在文学及绘画中的意涵早已被用来描述电影的基本构成单位。这种技术性的意涵实际上强化了 image 作为"可感知的"（perceived）名声或特色之意涵，彰显其商品化的操纵过程。有趣的是，"想象"（imagination）与"虚构"（imaginative）这两种含义——尤其是后者——与 image 在 20 世纪中叶的广告和政治用法里是见不到的。

参见 Fiction, Idealism, Realism

Imperialism(帝国主义)

Imperialism 是在 19 世纪中叶之后才形成的词。Imperialist 这个词出现得更早。从 17 世纪初开始,到 19 世纪末,它的意思一直是帝国的拥护者或是专制政府的拥护者。Imperial(帝国的)这个词本身具有同样的古老意涵,从 14 世纪就出现在英文里,最接近的词源为拉丁文 *imperialis*;可追溯的最早词源为拉丁文 *imperium*,其意思为 command(指挥、命令)或是 supreme power(至高的权力)。

英文中的 imperialism 与具现代意涵的 imperialist 在 1870 年后才大量使用。其意涵迄有争议,原因是对殖民贸易、统治的组织体系,论者有不同立场与诠释。随着各种不同意涵的 imperialism 的出现,英国本土之内的论点亦有明显的变化。动用军事力量来控制殖民地,并将其纳入单一的经济——通常是被保护的——体系,这种界定 imperialism 的论点引起争议,正反分歧。另外有一种定义,其中包含了政治企图:将帝国主义等同于现代文明(Civilization,参见本书)与"教化使命"(civilizing mission)。

Imperialism 在 20 世纪初期出现了新的涵义。这种新涵义在许多作家——考茨基（Kautsky），鲍尔（Bauer），霍布森（Hobson），希法亭（Hilferding），列宁——的作品中可以找到。他们以不同的方式将现代帝国主义的现象与资本主义经济——在某一特殊阶段——的发展连结在一起。后来的文献对这个主题的讨论着墨甚多。文献上的这些讨论对 imperialism 的用法产生了重大的影响，造成词义上的明显不定，并且有时候含混不清——到底要指涉政治体系或是经济体系？依照 19 世纪末期英国的一般定义，帝国主义主要是指一种政治体系；在这种政治体系下，帝国中心基于经济上的原因或是其他重要原因对殖民地进行统治。如果从这个观点来看，后来殖民地获得独立与自治便可描述为——正如一般普遍的论点——"帝国主义的终结"（the end of imperialism）。另一方面，帝国主义大体上可以被视为一种经济体系，其中包含着对外投资与对市场、原料来源的掌控。就这个角度而言，现存（或是昔日）殖民地的政治变革将不会影响我们对这种赓续不断的经济体系所下的定义——将其视为一种帝国主义的（imperialist）形式。现今的政治论述里，模棱两可的语意的确令人困惑。这种情况在"American imperialism"（美帝国主义）的例子里尤其明显。这个词汇即使具有 19 世纪的意涵（直接代表帝国中心的政府），它与政治的关联性并没有那么大。然而，这个词汇与经济的密切关联性现在仍然存在——它隐含了随经济而来的政治、军事控制（以直接操控或间接的方式）之意涵。"新帝国主义"（neo-imperialism），尤其是"新殖民主义"（neo-colonialism），这两个词汇从 20 世纪中叶开始，被广泛地使用来描述经济体系的帝国主义。同时，古老的意涵被局部改变，适用在一些"相对的描述语"（counter-descriptions）上——如"苏维埃帝国主义"（Soviet imperialism）与中国的"社会的帝国主义"（*social imperialism*）——用以说明苏联及其卫星国的政治或经济关系的本质。Imperialism 的负面意涵现在被普遍使用，用以表示截然不同、意识对立的政治经济体系。Democracy（民主政治，参见本书）则被当作正面意涵的词来使用——它是从特殊的立场去描述截然不同、意识对立的政治经济体系。正如同 democracy 的例子一样，imperialism——就像任何指涉基本的社会、政治冲突意义的词——在语意上不可能被化约为仅具单独唯一的词义。这个词词义的重大改变——无论是过去的或是最新的——代表了词义演变的真实过程，而这些过程必须依其所属之范围来好好探究一番。

参见 Hegemony, Native, Western

Improve(改善、充分利用)

　　Improve 词义的演变——从较特殊的意涵发展成普遍的意涵——是蛮有趣的。它成为英文词,拼法上历经许多变化。最接近的词源为古法文 *en preu*;可追溯的最早词源为 *pors*,其意为 profit(利益、利润)。早期用法里,这个词指涉金钱利益的买卖,通常等同于 *invest*(投资),尤其是指土地的经营或是关于土地方面的经营(通常是指将公有地或荒地圈成私有地)。从 16 世纪到 18 世纪,这个词的主要意涵为:与土地有关的盈利经营;18 世纪现代化的农业资本主义过程中,improve 是一个重要的词,其所代表的意涵——"using to make a profit"(利用、获益)——在后来的片语中仍然保留,如"improve the occasion"或"improve the hour"(利用机会或时间做某事)。这个词的广义意涵——"making something better"(改善)——从 17 世纪开始使用,并且在 18 世纪时经常与"经济上的交易、买卖"这层意涵相互重叠。柯珀(Cowper)注意到这层意涵,并且提出批评:

金钱买卖(Improvement),时代的偶像,
喂饱了太多的受害者。
(《任务》〔The Task〕,iii,764 – 765,1785)

从 18 世纪中叶开始,出现了"improve oneself"(提升自我)这种具有独特意义的语汇。后来也相继出现了"improve reading"(改善阅读能力)等片语。奥斯汀(Jane Austen)了解到 improvement 这个词偶尔产生的矛盾意涵:获取利益的金钱买卖可能不会导致——或者可以这么说,可能阻碍——社会的进步与道德的改善。在其小说《劝导》(Persuasion;ch. v)中,一户地主家庭被描述为"处于改造的状态,或许是在改善(improvement)的状态中"。Improve 的广义意涵于是与经济意涵脱钩,成为普遍的用词。然而,"改善"与"获利"这两种意涵的基本关联性值得重视,尤其当我们注意到这个词的词义在演变时所处的社会与经济状况。我们可以比较另外一个词——interest——的相关发展。

参见 Development, Exploitation, Interest

Individual(个人、个体)

Individual 原意为"不可分的"(indivisible)。现在听起来似乎有点矛盾。它强调的是与他者(others)的殊异性;indivisible 强调的却是必然的关联性。由原先的意义转变为现代意涵,整个演变过程中可以清楚看出语言背后的社会史及政治史。

最接近的词源为中世纪的拉丁词 *individualis*。*Individualis* 则是源自公元 6 世纪的另一拉丁词 *individuus*——这是一个带负面意涵(词首 in-)的形容词。由拉丁词 *dividere*(其意为 divide)演变而来。*Individuus* 是用来翻译希腊词*atomos*,其意为不可切割,不可分割。博埃齐乌斯(Boethius)在公元 6 世纪对 *individuus* 下了个定义:

> 称某个东西为 individual,其方式有很多种:(i)被称为 individual 的东西即不可分割,譬如说,单一体(unity)或精神(spirit);(ii)东西因硬度的关系而无法分割——譬如说,钢铁——称为 individual;(iii)某个东

西,其称呼——譬如说 Socrates(苏格拉底)——无法适用于同一类别的其他事物便可称为 individual。(《波菲利疏解集》第二〔*In Porphyrium commentarium liber secunddus*〕)

Individualis 与 individual 这两个词在中世纪神学论述意涵里,指的是"实质上的不可分割性",尤其是在讨论到有关三位一体(Trinity)的整体性时(另外一个替换词为 indivisible)。因此,我们可以见到这样的叙述:"献给……至高无上、不可分割的三位一体(indyvyduall Trynyte)"(1425)。第 i 种意涵,其普遍用法一直持续到 17 世纪:"*Individuall*,不可分割,如同夫妻一般"(1623);"……将会把不可分割的(individual)天主教会分裂为数个不同派别"(弥尔顿,1641)。第 ii 种意涵,从 17 世纪起,适用在物理学上的原子(*atom*)。第 iii 种意涵,指的是与众不同的单一个人,这层意涵从 17 世纪以来便具有极其复杂的演变历史。

词意的转变很明显可以由用法区别出来,如"个别的、独特的"(in the individual)相对于"普遍的、一般的"(in the general)。这些早期用法仍可见诸现代意涵。例如,"提到才学之士的风格,那是属于个人的(personal)与个别的(individual)一件事。"(培根,《知识的进步》,I,iii;1605。)Individual 当形容词使用,最早的意涵为"idiosyncratic"(有特性的)及"singular"(单一的、个别的):"一个人应该与众不同,在固有天性外有独特的个人风味(individual)"(布朗,1646)。不过这个词往往带有贬义。约翰·邓恩(John Donne)就曾利用这个词来表达他对新潮的"奇异"(singularity)与"个人主义"(individualism)的抗议。

> 每一个人都只想他必须
> 变成一只凤凰,然而他就是他,
> 不可能成为另外类型。
> (《一周年》〔First Anniversarie〕,1611)

这种想法认为人性是普遍共同的。"个别或独特"(the individual)则是偏离此种共同性,是一种自负、异常的表现。然而,在一些论述里,"in the individual"与"in the general"的对比导致了重要的新名词的产生。在杰克逊(Jackson)(1641)的文字里,几乎处处可见:"和平(peace)……是个人(Individuals)、家庭(Families)、教会(Churches)、国家(Commonwealths)的支柱",虽然此处的"个人"仍属社会的一阶层。或许直到洛克(Locke)(《人类理解力》〔Human Understanding〕,III,vi;1690)的出现,individual 这个词的现代社会意涵才开始产生。但即使是那时,它仍然只当形容词用:"我们对任何个人(individual Man)的概念。"

Individual 作为重要的单数名词,其发展并不是源自于社会、政治思想,而是源自于两种特别领域:首先是逻辑,后来则是 18 世纪以来的生物学。因此,我们可以看到这样的记载:"逻辑上……的一个个体(an individual)……代表着同一性质或名称无法再分割的东西"(菲利蒲斯〔Philips〕,1658)。钱伯斯(Chambers)是第一个做这种形构分类的人:"逻辑上,一般的分类先是属(genera)……属再分为种(species),种再分为个体(individuals)。"同样的分类亦适用到后来兴起的生物学。一直到 18 世纪,只要提到 individual,一定提到其所属的类别,亦即是:最终不可分的部门(the ultimate indivisible division)。德莱顿(Dryden)的这段文字,似乎蕴含现代用法:

> 他的意志坚信,个体(individuals)死亡,
> 其繁衍的物种仍然存活不亡。
> (《古今寓言》〔Fables Ancient and Modern〕,1700)

18 世纪末期,重大观念的改变很明显可以由 individual 这个词的用法看出:"在这些充满猎人与渔夫的野蛮国家里,每一个个体(every individual)……皆受雇用,发挥其有效的劳力。"(亚当·斯密《国富论》,I, Introd. 1776)同样地,19 世纪期间,在生物学与政治思想里,individual 这个词显得特别突出。在生物的进化论里,达尔文(Darwin)指出:"没有人会认为,所有属于同一物种(species)的个体(individuals)皆是由同一种模型铸造出来的。"(《物种起源》,1859)后来,"an individual"(某群体中的单一分子——a single example of a group)渐渐被另一个词"the individual"(某一种基本的生物类别——a fundamental order of being)所取代。

"Individuality"(个体性)的现代意涵可能与中世纪社会、经济与宗教的制度之崩解有关。在反封建制度的大规模运动中,有一种新的诉求,特别强调个人必须超越其在严密的层级社会中的角色或功能。新教教义也有相关的诉求,强调人与上帝的直接关系,而不是由教会中介(Mediated,参见本书)的那种关系。然而,在 17 世纪末、18 世纪,逻辑和数

学上出现了新的分析模式，将个体（the individual）视为存在实体（substantial entity）——参较莱布尼兹（Leibniz）的"monads"（单子、单元）——并且由此衍生其他范畴，尤其是"整体性的范畴"（collective categories）。启蒙运动的政治思潮主要是根据这种模式。各种辩论从个体（individuals）的议题出发，肯定人的原始、根本存在，并且借由各种方式衍生出法律及社会制度：通过"服从"（submission），如霍布斯（Hobbes）所主张；借由契约（contract）或同意（consent）；或是通过——在自由思潮下——新兴的自然法（natural law）。古典经济学里，对交易（trade）的界定是：单一的个体（separate individuals）在某个起始时刻决定进入经济与商业关系。功利主义的价值观下，单一的个体会对于其所从事的活动之结果做预先估量。自由派思潮以个体作为考量基础，这种思想招致保守派批评："个体（the individual）是愚昧的……物种（species）是明智的"（伯克）——并且也遭致社会主义者的攻击，最明显的是马克思；对于"个体"与"社会"被视为两个抽象范畴、彼此对立，马克思不以为然，且大肆抨击。他认为个体是社会的产物，置身于社会关系中，且由这些社会关系所决定（Determined，参见本书）。

Individual 的现代意涵是由某一时期的科学思潮与政治、经济思想发展而来的。然而，从 19 世纪初，其所隐含的两种意涵已被区分开来：individuality（个体性）与 individualism（个人主义）。后者的概念与自由派的政治、经济思潮大致吻合。西美尔（Simmel）做了一个区分："独特性（uniqueness）的个人主义"——*Einzigheit*——是相对于"单一性（singleness）的个人主义"——*Einzelheit*。西美尔指出，"单一性"——抽象的个人主义——是根据数量上的思考(quantitative thinking),是属于 18 世纪的数学与物理学的概念。相反地,"独特性"是一种性质上的范畴(qualitative category),是属于浪漫主义运动的一种观念。它同时也是生物进化论的一种观念——重视物种(species)本身及强调个体(individuals)与物种之关系,但是亦承认每一物种内部成分的独特性。现在许多关于"the individual"的论述往往把 individuality 与 individualism 之区别混淆了。Individuality 所涵盖的历史较长,是根据 individual 这个词演变所产生的复杂意义衍生出来的,强调的是个人的独特性及其与群体不可分割(indivisible)的身份。Individualism 是 19 世纪创造的新词:"是一个新奇的语汇,它是由新奇的观念所孕育出来。"(托克维尔,1835)不仅是一种关于抽象个体的理论,而且是一种强调个人状态与利益的理论。

参见 Man, Personality, Socialism, Society, Subjective

Industry(勤勉、实业、工业)

Industry 有两种主要意涵：(i)人类勤勉之特质，(ii)生产或交易的一种或一套机制(institution)。这两种意涵可以由现代用法的形容词 industrious 与 industrial 区别开来。

Industry 从 15 世纪以来，就出现在英文里。最接近的词源为法文 *industrie*，可追溯的最早词源为拉丁文 *industria*——其意为 diligence(勤勉)。公元 1531 年，埃利奥特写道："industrie 在英文里使用的时间，不像 Providence(神)那个词那么早。因此，这个词用起来比较不那么熟悉，需要清楚地说明。"接着他将这个词定义为敏锐的知觉、崭新的创意与适时的忠告。然而，除了这个用法外，这个词也可被当作 diligence(勤勉)的同义词来使用，与 sloth(怠惰)、dullness(迟钝)形成对比，或者是，在另外的特别用法里，指的是工作方法或设备。Industrious 其意为 skilful(熟练的)或 assiduous(勤勉的)，是 16 世纪中叶所衍生的一个普通形容词，但是在 16 世纪也出现了另一个词 industrial，用来区分栽种的(*industriall*)果树与天然成长的(*natural*)果树。Industrial 这个词在 18 世纪之前,几近不用。18 世纪后才开始使用,直到 19 世纪中叶成为普遍(或许是从法语引进新义)。

Industry 作为"一种或一套机制"的意涵,是从 18 世纪开始的。在 1696 年就有人提到"专门提供实用的贸易、管理知识的工业学院(College of Industry)"。也有人提到与主日学校结盟的"工业学校"(schools of industry)。但是最普遍的用法出现在 18 世纪的"实业之家"(House of Industry)——"贫民习艺所"(workhouse),在这个地方,强制性的辛劳与实用的工作相互结合。在亚当·斯密的著作中,我们看到一种流行的用法:"……用来维系工业(industry)的资金。"(《国富论》,II,iii;1776)到了 19 世纪 40 年代,这种用法变得相当普遍:狄斯累利(Disraeli)——"我们的国家工业(national industry)"(1844);卡莱尔——"工业领袖(Leaders of Industry)"。将 Industry 这个词界定为人类的特质而不是一种机制,这种用法虽然持续存在,然而在 19 世纪 40 年代之后,笼统说来,已经不是主流;它主要是用在表示高人一等的言词里。

Industry 自从被定义为"一种机制"以来,其意涵随着两个衍生词——industrialism(工业主义)与 industrial revolution(工业革命)——的出现有很大的改变。Industrialism 这个词在 19 世纪 30 年代由卡莱尔引进,其意为新兴的社会秩序——立基于系统性的、机械式的生产。Industrial revolution,现在已成为重要的语汇,然而要追溯其源头,殊属不易。文献记录通常将汤因比(Arnold Toynbee)列为第一个使用的人,他在 1881 年的演讲中使用这个词。但是在法文和德文里,这个词很早就被拿来使用。贝赞森(Bezanson,1922)追溯 1806 与 19 世纪 30 年代之间 *révolution* 与 *industrielle* 这两个法文词的关联性。然而，要分析 Revolution(革命，参见本书)与 industrial 这两个词，必须先了解在英文与法文中，其词义的演变过程。早期大部分的意涵与"生产技术的改变"有关——亦即是后来"工业革命"的普遍意涵。一直到"工业大革命"(Grande Révolution Industrielle, 1827)时，"生产技术的改变"仍是主要的意涵。Revolution 的新意涵——"制定新的社会秩序"——主要是出现在 19 世纪 30 年代；很明显地出现在拉马丁(Lamartine)的作品里："1789 这个属于工业与商业的年代"——他将此描述为真正的革命年代。韦德(Wade)在其著作《中产阶级与工人阶级的历史》(History of the Middle and Working Classes, 1833)里，同样提到"这个非凡的革命"。这种指涉"主要的社会变迁"的意涵——这个意涵等同于"新的生活秩序"——与卡莱尔的"工业主义"(industrialism)在同一个时代出现。而且此意涵亦可视为"工业革命"的一个定义：此定义的内容是根据 18 世纪 90 年代以来英文与法文里各种不同的思想而定。工业的主要变迁会造成新的社会秩序，这种观念在 1811 到 1818 年之间，很明显出现在骚塞与欧文的作品里；在 18 世纪 90 年代初期威廉·布莱克的作品里，与 18 世纪 90 年代末期与 19 世纪初期的华兹华斯作品里，皆隐约提到。在 19 世纪 40 年代的英文与法文里——"一个完整的工业革命"，见穆勒的作品《政治经济原理》(Principles of Political Economy, III, xvii; 1848)；后来修订为"一种工业革命"："工业革命的纪元"(l'ere des révolutions industrielles, 吉尔伯特, 1847)——"工业革命"这个词汇变得更为普遍。但是关键性的用法也许出现在布朗基(Blanqui)与恩格斯的著作里。在《政治经济史》(Histoire de l'économie politique, II, 38)中，布朗基写道:"19世纪末……瓦特(Watt)与阿克来特(Arkwright)……英国的工业革命(la révolutions industrielle)。"在德文版的《英国工人阶级状况》(Condition of the Working Class in England,1845)中,恩格斯写道:"这些发明……刺激了工业革命(an industrial revolution),这种革命同时改变了整个公民社会。"虽然"工业革命"这个词一直要到19世纪末期才被普遍使用,但是其概念从19世纪中叶起就很普遍,而且在19世纪初期很明显就形成了。有趣的是,这个词保存了两种不同(虽然是重叠)的意涵:(一)一系列的技术发明(由此我们可以谈论第二次或第三次的工业革命);(二)一种较广泛的、但同时也是较具特殊历史意涵的社会变迁——"工业主义"(industrialism)或"工业资本主义"(industrial capitalism)的机制。值得我们注意的是,"工业主义"与"资本主义"间的关系有待讨论,而这个议题有时候被这两个词所掩盖。有一种用法是将"工业主义"视为"资本主义"的委婉语词,但是"社会主义的工业化"(socialist industrialization)的问题与"工业资本主义历史"二者具有共同的要素。

从19世纪初起,由于industry与具组织的机械生产及一系列的机械发明结合在一起,而具有一个主要意涵,指的是那种类型的生产机制;同时重工业(heavy industry)与轻工业(light industry)的区别由此产生。Industrialists(企业家;指的是这种机制的雇主)经常与 workpeople(劳工;各类型工业的受雇人员)形成对比,而且与 merchants(商人)、landowners(地主)等,形成对比。这种将 industry 视为工厂的生产,以及将 industry 视为其他有组织的工作,这两者间的对比在20

世纪中叶是很普遍的，现在仍然通行。然而自从 1945 年以来，也许是受到美国的影响，industry 再度延用"勤勉"的意涵，泛指具有系统的努力成果、一种机制。现在我们普遍可以听到 holiday industry（度假经营企业）、leisure industry（休闲企业）、entertainment industry（娱乐工业）以及 agricultural industry（农业企业；过去 agriculture 与 industry 是有差异的）。于是我们看到了过去被认为属于非工业（non-industrial）种类的服务与工作，现在经由资本化、组织化与机械化的过程，持续不断地发展。然而这种发展并不完全：industrial workers，举例而言，主要仍然是指工厂工人，有别于其他种类的工人；同样的情况也适用于 industrial areas（工业区）、industrial town（工业城）、industrial estate（工业用地）。然而 industrial relations（企业关系）的意涵转为狭义，专指雇主与各类型工作的劳工的关系；参较 industrial dispute（企业纠纷）与有趣的 industrial action（企业手段、行动；例如罢工）——这个涵义端视其与 *political* action（政治手段、行动）的对比而定。

参见 Capitalism, Class, Exploitation, Labour, Revolution, Technology, Work

Institution(制度、机制、机构)

Institution 是一个表示行动或过程的名词(参较 Culture, Society, Education)。这个词在某一个阶段,变成一个普遍抽象的名词,用来描述某个明显的、客观的与有系统的事物。实际上,用现代的意涵来说,就是一种被制定、订立的事物。自从 14 世纪以来,在英文里这个词一直被使用,最接近的词源为古法文 *institution* 与拉丁文 *institutionem*。可追溯的最早词源为拉丁文 *statuere*——意指建立、创设、安排。在早期的用法里,它有一个明显的意涵,指的是一种创造的行动——在某个特殊的时刻被制定、订立的某种事物——但是到了 16 世纪中叶,演变出一种普遍的意涵,指的是用某种方法确立的惯例(practices)。下述的一段文字,可以用现代的意涵来解读:"用同一种语言,用相同的礼仪、制度与法律"(in one tonge, in lyke maners, institutions and lawes)(罗宾逊〔Robinson〕译自莫尔的《乌托邦》〔*Utopia*〕,1551);"许多好的制度、法律、礼仪、统治的艺术"(many good institutions, Lawes, maners, the art of government)(阿什利〔Ashley〕,

1594)。然而,从上面文字的意义脉络里,仍然可看出"习俗、惯例"(custom)的意涵,正如下面这段文字一样:"这个地方的一个习俗"(one of the institutions of the place)。要确定这种全然抽象意涵从何时开始出现是不容易的。这个抽象意涵自始至终似乎与 Society(参见本书)的抽象概念相关。18世纪中叶时,抽象意涵至为明显,19 世纪与 20 世纪时,例子有增无减。同时,从 18 世纪中叶起,institution 与后来的 institute(其从 16 世纪起就具有 institution 的普遍意涵)开始被用在特别的机构组织的名称里:"Charitable Institutions"(慈善机构,1764)以及 18 世纪末期以来的一些机关名称:"Mechanics' Institutes"(机械学会),"Royal Institute of British Architects"(英国皇家建筑师学会),与 19 世纪初类似的机构——此处也许是师法法国在 1795 年所创设的、具有高度意识的现代术语"*Institut National*"(国家学会)。Institute 从此被广泛地使用在职业的、教育的与研究的机构;institution 则用在慈善机构。同时,在 19 世纪中叶,这个普遍意涵——指涉一种特别的或抽象的社会组织——在 institutional(制度化的)与 institutionalize(使制度化)的词义演变中得到确认。在 20 世纪,institution 已经成为一个普通的词,用来表示一个社会中任何有组织的机制。

参见 Society

Intellectual(有知识的、知识分子)

Intellectual 作为一个名词,在 19 世纪初期,用来表示一个特别种类的人或从事一种特殊工作的人,虽然较早有一些用法与此不同。Intelligence 这个词从 14 世纪开始,被视为一种普遍的理解能力,但是 intelligent 与 intelligence 则是被当作人与人之间的比较用语。这种有趣的词义演变,大体而言,是从 16 世纪开始,明显的例子就是:"some learned Englishman of good intelligence"(一些有学问的英国人,他们具有很好的知识)(格拉夫顿〔Grafton〕,1568),然而此处 intelligence 可以被解读为知识、资讯(正如现在仍在使用的用法——intelligence service 意指资讯服务)。较早的例子是"man devoyde of intelligence"(缺乏知识的人)(? 1507)。"The more intelligent"(比较聪明的人),这个语汇有一个独特的意涵,从 1662 年以来就被引用。从 1647 年起就有这种用法:"grave and intelligent persons"(认真又聪明的人,克拉伦登〔Clarendon〕)。下述两者似乎有某种关联:(一)相对的智慧与绝对的智慧之间的区分;(二)有关"政府本质"(government nature)的讨论。在17世纪、18世纪末期与19世纪,intelligent 和 intelligence 的一些明确的、独特的意涵与保守的政治观点有关(这种观点现在仍然是大家所熟悉的):比较聪明或最聪明的人应该治理国家。有意思的是,intellectual 作为一个名词,其词义演变与上述的 intelligence 不同。从14世纪以来,intellectual 一直是个普通的形容词,涵盖了 intelligence 最普遍的意涵;它后来成为一个名词,用来指涉 intelligence 的智能或智能的发展。从19世纪初期以来,有一种有趣的复数形式的用法——亦即 intellectuals。它指涉一个类别的人,通常带有负面的意涵。例如,"但愿我的身体可以好到能够聆听这一些知识分子(intellectuals)"(拜伦,1813)。虽然 intellectual 作为一个形容词,保留了一种中性的普遍用法,但是有一个明显的负面意涵环绕着 intellectuals 这个复数名词的新用法。Intellectualism(理智主义)向来就是 *rationalism*(理性主义)的简单替代词,因此 intellectualism 具有"冷漠""抽象"与"无效率"的意涵;其中以"无效率"特别明显。Intelligent 与 intelligence 保留了它们一般且大致上是正面的意涵,而一些负面的意涵却环绕着 intellectual,其原因是很复杂的,但几乎可以确定的原因是:反对那些依据理论与理性原则所产生的社会、政治观点。说来奇特,这与"比较聪明的或最聪明的人(the more or the most intelligent)才能当统治阶级"的特殊概念有关,而且与浪漫主义反对将"理智"与"情感"或是"头"与"心"视为二元对立有关。我们不能忽视一种重要的反对态度:反对那些从事智力工作的团体;那些人在社会发展的过程中,从教会、政治的机制里,获得某种程度的独立自主,而且在 18 世纪末期与 19 世纪、20 世纪,那些人显然不断地在寻求并确立一种自主意识。在这些发展的影响下,intellectual 与 intelligent 可以被视为对比的两个词。在 19 世纪末期,有一个具有特别意涵的词——"so-called intellectuals"(所谓的知识分子)。从 20 世纪初期出现了一个新的集合名词 intelligentsia(知识阶层),源自于俄文。从 19 世纪中叶以来,这个词源在俄国是很有意义的,因为它所包含的意涵——"一种独特的、具高度意识的团体"——一直是很重要的,有助于社会发展。

20 世纪中叶以前,intellectuals,intellectualism,intelligentsia 的负面意涵在英文里是很普遍的。很明显的是,这一类的用法持续至今。然而,intellectuals 现在通常具中性意涵,有时候甚至用于正面的意涵——用来描述那些从事某种智力工作的人,尤其是从事一般种类的智力工作的人。在大学里,下述两者之间的用法有时候会有一种区别:(一)具有专门兴趣的 specialists(专家)或 professionals(专业人士);(二)具有比较广泛兴趣的 intellectuals(知识分子)。更普遍的说法是,intellectuals 通常强调的是"意识形态与文化领域里的直接生产者",这是有别于"需要劳心"工作的 specialists(专家)或 professionals(专业人士);这些劳心的工作主要是指管理、分配、组织或重复性的工作(例如某一些形式的教学工作)(参较 Debray)。Intellectuals 这个词所蕴含的社会紧张关系,是既复杂且饶富意义的。这种紧张的社会关系,可以从对立的态度看出:从旧有的对立态度——反对那一群使用理论或甚至于有系统的知识来评论一般事务的人,到另外一种相关的对立态度——反对精英分子(Elites,参见本书);

因为他们不但拥有专门的知识而且具有各种各类支配性的知识。讨论有关知识分子(intellectuals)与既定的社会制度的关系,以及讨论有关知识分子在这种体系里的相对自主性或被收编,因此显得格外重要。然而鉴于人们现在对于有关知识分子(intellectuals)的社会地位(Status,参见本书)与社会功能的争论仍持续不断,知识分子(intellectuals)这个词很明显地进入到一个更广泛的词义演变阶段。这个现象在其他的语言与文化里,也可以找到。anti-intellectual(反智的)这个词——借用较早的广泛意涵,指涉反对有系统的思想与学问的立场——被广泛使用,可以视为 intellectual 词义演变史的一部分。

虽然 intellectual 与 intelligent 持续保有普遍广泛的意涵,但是这两个词所显示出的区别性与对比性,变得更明确。例如,"Haven't you got any intelligence?"(难道你没有得到任何消息吗?)"it would soon be clear to any intelligent person."(这对任何一个有智慧的人而言,很快就能了解。)同时,对于高智力或低智力(high or low intelligence)的描述,已经被一个具有争议性的体系——明显客观评量的体系——量化了,这就是智商(intelligence quotient 或 I.Q.),智商这个词已经使用得很普遍。然而,当这些经过评量后的抽象特质与 intelligent 的意涵(虽不很明显,但包含了经验与资讯的观念,以及抽象能力),被拿来比较或做对比的时候,一种旧的紧张关系仍然明显存在。

参见 Education, Elite, Experience, Expert, Jargon, Theory

Interest（兴趣、利害、关怀、利息）

Interest 是一个饶寓深意的词（参较 Improve），它具有特别的法律与经济意涵。在一个特别的社会与经济的变迁史里，它的意涵被扩大延伸。这个词在词源学上是非常复杂的，尤其是与更早出现的词 interess 的关系。Interest 与 interess 可以互用，词义重叠，直到 17 世纪都是如此。可追溯的最早词源为拉丁文 interesse——意指介在其间、造成差别、有关系，但是最接近的词源为中古拉丁文 interesse（意指补偿损失）、古法文 interesse、中古法文 interest（这些意涵涵盖的范围包括了"补偿损失"及股票的投资）。在 17 世纪之前，interest 大部分的用法，指的是对于某件事物拥有实质的或合法的权益，其引申意涵——指的是"自然的分享"或者是"共同的关怀"——最初通常是一个明显的隐喻：

Ah so much interest have (I) in thy sorrow
（你有许多的忧愁，我可以分担）

As I had Title in thy Noble Husband.
（我受封于你高贵的夫君。）(《理查三世》[*Richard III*])

Interesting 与 interestingly 最普遍的现代意涵,在 18 世纪之前并不是很清楚的。Interest 所具有的意涵——"普遍的关心"或者是"引起关心"——是在 18 世纪中叶演变而来。Interest 现在主要通用的意涵——"普遍的好奇心或关注"或"引起好奇心或关注"——在 19 世纪之前并不很清楚。然而,interest 源自于法律上用法的意涵——指实质上的权益或利害关系——很难与后来较主观的(Subjective,参见本书)、自发性的意涵区隔开来。现在,这种区隔在其负面语词中有清楚的界定:disinterested(公正的、无私的)这个词保留了其早期的"impartial"(不偏不倚的)意涵——亦即,不受制于实际事物介入的影响;然而,uninterested 与 uninteresting(原先的意涵与 disinterested 相同)从 19 世纪起其意涵分别为"对某事物不感兴趣",以及"没有吸引力"。(Disinterested 现在仍然被使用,具有正面的意涵。它不仅指"不具偏见的"[unbiased]或"公正的"[impartial],而且有时候指的是"非教条的"[undogmatic]。Disinterested 现在也经常被用来专门指涉"not interested"[不感兴趣],这种用法有时候会令人困惑。那些认为前述的意涵较为重要的人,无法接纳此种解释。)

作为一个有关金钱事物的正式语词,interest 有一个饶具深意的词义演变史。在中世纪的用法里,它与"*usury*"(高利贷)是有别的。Interest 或 interess 是对于债务拖欠的补偿(这是将原先最早意涵延伸的一种用法),而 *usury* 指的是我们现在所称的利息(interest)——通过有计划的借款而得到的利息。具有现代金钱意涵的 interest 是在 16 世纪后才出现。此时，影响放债的法律被修订，并且通过金钱管理而获致利润——有别于债务拖欠的补偿——是被认可的行为。

有意思的是，interest 这个词（现在我们用来表达好奇或关怀的常用词）是从一个关于财产与财源的物质名词演变而来的。其较普遍的旧意涵，现在是以特殊的形式保存在某些冲突理论（conflict theory）里；在这些理论里，利益的冲突（conflict of interests）——通常是指财产方面的事——被视为是社会结构的一部分。Interest 的延伸意涵——"一个普遍的、实质的关怀与分享"——不难理解，因为它保留了原来的拉丁文意涵且被应用到下列片语里：例如，"having an interest"、"taking an interest"、"being interested"（对……感兴趣）。也许更有意义的就是：将这一种"引起关心或好奇心"之意涵延伸，用来描述有趣的（interesting）人、事、物。这一种用来描述有趣的人、事、物的意涵是否与 interest 常用的意涵——利息（不是指之前的"高利贷"或"损失的补偿"）——有关，无从得知。也许我们可以这么说，现在这个用来表示关注、好奇、关心的词，其本身充满了以财物关系为主的社会经验。

参见 Improve

Isms(主义、论)

Isms 文献记录上,一直都有 isms(主义)与 ists(持……主义者)。*Ism* 与 *ist* 是希腊文的后缀。Ism 在英文里是一个表示行动的名词(*baptism*——受洗);一种行为(*heroism*——英雄行为);某种团体所具有的信仰与行动(*Atticism*——雅典风格,*Judaism*——犹太教);流派(*Protestantism*——新教教义;*Socialism*——社会主义)或是学派(*Platonism*——柏拉图主义)。Ist 被用来表示各类行动者的名词(*psalmist*——赞美诗作者),同时它也用来表达某种制度或某位大师的拥护者(*altruist*——利他主义者,*Thomist*——托马斯神学者)。中世纪时期,在拉丁文里,出现了许多和英文相同类型,在词尾具有 ism 与 ist 的新词。从 13 世纪起,ism 与 ist 的后缀就出现在英文里。从 16 世纪起,具有这些后缀的词不断地衍生出来,而且变得非常普遍。也许比较新奇的是,从 18 世纪末期与 19 世纪初期,isms 与 ists 被视为单独的词来使用:"你将很快会对 Socialism(否定耶稣为神的一种学说)有所争议,或者对部分的那些主义(Isms)……"(沃波尔〔Walpole〕,

1789);"他是无足轻重的人,不是一个信奉……者(ist),不会谈论任何主义(ism)——除了卓越主义(superbism)与非理性主义(irrationalism)以外"(雪莱,1811);"既不是泛神论者(Pantheist)也不是罐神论者(Pot-theist)①,也不是哪一种神论者(Theist)或哪一个主义者(Ist),对于所有这些制度建立者或教派创立者有很明显的鄙视"(卡莱尔,1835);"ists与isms变得令人厌烦"(爱默生,1841);"那一类未受检验的社会理论,就是大家所知道的 *isms*"(洛威尔〔Lowell〕,1864)。

这一种词义的演变包含了若干现象:(一)对于神学的争论感到不耐烦;早期大部分的例子皆属于此。(二)对于理论的不耐烦,正如同在卡莱尔的例子里,不耐烦的感觉可以很容易地用轻蔑的态度表达出来。(三)争论焦点有一个明显的转变:由神学上的争论转移到政治上的争论。在上述洛威尔的例子出现前,这种政治上的争论已蔚为风潮。Ism与ist现今在英文中仍被使用,语带讥诮或轻蔑(通常颇具创意),但经常是出自于正统派与保守派的观点。Ism与ist甚至被科学家(*scientist*)、经济学家(*economist*)与那些宣示爱国情操(*patriotism*)的人士拿来使用。

---

① 泛神论(Pantheism)中的"pan"也指平底锅,"pan"与"pot"(罐,深锅)押头韵,而且都是厨房里的用具。——译者注

Jargon(行话、隐语)

我们可以这么说,在现代用法里,jargon(行话、隐语)已经变成一个"混杂词"(jargon word)。这个词带有负面或轻蔑意涵,用来描述某些学科或知识观点中不为人熟悉的词汇。然而,如果这个词仅仅指一个不常见的专门词汇,那么它的轻蔑意涵可以很容易地从下述的说明中看出:如一个人对于他认为难懂、不易理解的语汇,很傲慢地称之为"jargon"。事实上,因为它早期的意涵较为广泛,所以"jargon"被使用的频率很高。从 14 世纪中叶以来,它一直在英文中出现。最接近的词源为古法文 *jargon*——意指鸟的啼啭。它更早的词源无法确定。这个词的直接意涵为鸟鸣,这种用法可以在 19 世纪中叶找到,但是其延伸的意涵——"不易懂的声音、对话、文字"——同样出现在 19 世纪中叶,比前述的用法持续更久。(参较 gibberish——意指胡言乱语。此用法在 16 世纪出现,词源不明。)*Jargon* 从 16 世纪末,衍生出一个特别的意涵;此涵义接近 *cipher*(密码)以及 19 世纪所出现的 *code*(暗码、代码)。然而,它较广泛的词义演变是在其他两方面:(一)它被用来描述不熟悉的、尤其是混杂的、或是不受人喜爱的"地方性的"(参较 Dialect)俚语:"一些省份的土语与方言(Jargon and Patois)"(布朗〔Browne〕,1643),"美国的黑人土语(the Negro Jargon)"(1874);(二)它被用来描绘持反对立场的人——在宗教上与哲学上——所使用的语汇:"浪漫主义者(Romanticists)通过这种莫名其妙的话(Jargon)来了解"(1624),"为了解释那种混杂语(Jargon)……"(霍布斯,1651)。也许这两种词义中的任何一种,对于18世纪的主要意涵——"某个行业的专门用语"——有一些影响:"法律的用语(Jargon)"(1717),但是这个词原有的寓意——"无法理解、虚假不实"——很明显仍然存在。参较"这个行业的行话(cant)或术语(Jargon)"(斯威夫特,1704)。在这个引文里,cant 的最接近词源,也许是拉丁文 cantare——意指唱歌、吟唱;cant 这个词的词义演变,其过程是从一种对某些宗教的吟唱语带轻蔑的描述,到宗教托钵僧的言语,到乞丐与流浪汉的特别用语。这种带有虚假不实的意涵,很明显出现在 cant 与 jargon 的用法里,因此不论是在过去或现代,都未必能和职业的专门用语区隔开来。

　　隐含在词义背后的问题,很明显还是令人感到困惑。各种不同的科学以及知识领域的特别专门语汇,如果它们仍然保有足够的专业性,通常不会被描述为 jargon。问题的症结通常是,这一些词汇离开本身的专门领域,进入到其他更普遍的言谈与书写之中。这种情况在法律与行政的案例里是非常普遍的。在这些案例里,一个词汇的专门意涵与普遍意涵,两者之间的关系是复杂难解的。在某些学科里,其所讨论的事物原本就具有一些普遍的语汇,且其专门的意涵往往不甚清楚或者无法厘清,因此这些问题便显得更棘手。有趣的是,jargon 的贬抑意涵,在下述两种层面中可以发现:(一)心理学、社会学以及源自这两门学科的相关研究;(二)持反对态度的知识立场(例如,马克思主义)。的确,任何领域都可以发展出属于自己的专门语汇。同时,这也是事实:一个新词的用法或者一个观念的新定义,通常会对于其他的思考方式产生必然的挑战,或者必然会显示崭新且另类的思考方式。在艺术与信仰方面,每一个大家所熟知的普遍观点,皆有属于它自己的术语;这些术语是否被认定为 jargon,端视"时间"与"熟悉度"而定。将 jargon 的意涵完全视为专门特别的、生疏的、带有反对的立场以及难以理解的唠叨絮语,这种说法有时候就可以算是一种 jargon;这是一种自信的、带有褊狭心态的习惯;这种习惯是因为自己对这些术语的不够了解所造成的。

参见 Dialect

Labour(劳动、劳工)

Labour 在英文里最早的用法,其中的两个例子就是:"开始工作(laboure)……不辞劳苦(toure)"与"劳动(labur)和悲痛(soru)"(这两个例子都出现在 13 世纪)。这两个意涵——工作与辛苦(痛苦)——与 labour 的词源有极为密切的关系。最接近的词源为古法文 *labor* 与拉丁文 *laborem*;可追溯的最早词源不甚确定,但是其意涵可能与重担的滑落或摇晃有关。Labour 作为一个动词,意思是犁地或在土地上耕作,但是其意涵也可以延伸到其他种类的手工工作与任何费力的工作。一个劳工(labourer)主要是指一个手工工人:"一个靠着手工生活的可怜劳工(a wretched laborer)"(1325)。Labour 从 16 世纪开始,其意涵被延伸扩大,用来指涉"分娩的阵痛"。Labour 的普遍意涵为辛苦工作与费力,可以在弥尔顿的《失乐园》中找到:

So he with difficulty and labour hard
所以他很费力地劳动

Move'd on, with difficulty and labour hee.
他持续前进，费力地、辛苦地（《失乐园》，II）

在《圣经》的钦定版里这两层意涵常被使用：

For thou shalt eat the labour of thine
你要吃劳碌得来的
hands: happy shalt thou be...
你将享福……（《诗篇》〔*Psalm*〕128:2）
The days of our years are threescore years
我们一生的日子是70岁
and ten; and if by reason of strength they be
若强壮可到80岁
fourscore years, yet is their strength labour
and sorrow.
80岁但其中所矜夸的不过是劳苦（《诗篇》90:10）

从17世纪起，除了"分娩的痛苦"这个特别的涵义以外，大家逐渐不会将 labour 与 pain（痛苦）联想在一起，虽然其普遍的与延伸的意涵——"费力"——仍然常被使用。Labour 被当成一种普遍的社会活动的意涵，越来越明显，且具有较独特的抽象意涵。洛克（Locke）为"私有财产"（private property）提出一个非常抽象的说明，他根据劳力与土地（earth）彼此之间的紧密关系来界定有无"私有财产"（那些身上最明显沾有泥土污渍的人，实际上经常是没有财产的人）。在哥德斯密（Goldsmith）的《旅行者》（1764）里，labour 被拟人化:"应 Labour 诚挚的请求,大自然……仍然赐福于她。"然而,最重要的改变,就是 labour 成为政治经济学里的一个词汇:最早其普遍意涵出现在《国富论》里:"每一个国家,每年的劳动力(the anual labour)"(亚当·斯密,《国富论》,导言)。后来,labour 被视为一个可以衡量的与可计算的构成要素:"Labour(劳力)……是衡量所有商品交换价值的真正要素"(同上,I,i)。在其最广泛的用法里,labour 原先一直指的是具有生产力的工作,现在转而意指生产要素。生产要素与资金、原料结合在一起便产生了商品。这种新的特别意涵是根据对资本主义的(Capitalist,参见本书)生产关系的了解而来。"劳力供应"(supply of labour,马尔萨斯,1798)与"劳动价格"(price of labour)这两个词汇具有较准确的与较专门的意涵。这种现象可以在后来的贝雅特丽齐·韦伯(Beatrice Webb)的作品中找到:

> 当然,我对于 labour 这个词很熟悉。Labour 这个抽象的词,很神秘地伴随着它的伙伴——资本——总是在我父亲的谈话中出现,并且常常出现在图书馆的科技期刊与公司的报告里。"充足的水源与温驯的劳工(labour docile)","劳动工资(the wages of labour)跌落到一般的水平"……这两句话困惑着我……我从来没有把 labour 想象成不同种类里的男男女女……labour 是一个抽象名词,对我而言,似乎指的是一个数字上可以计算的一群人,一个接着一个……(《我的学徒生涯》〔My Apprenticeship〕,Ch. 1)

然而,正如韦伯女士上面所提到的两个引文所清楚显示的,labour 在这个时期已经发展出两种现代意涵:(一)抽象化的经济活动;(二)抽象化的社会劳动阶层。正如我们所知,第一层意涵比第二层意涵出现得早。Labour 是一个抽象化的生产要素:*capital*(资本),就其旧的意涵而言,是介于劳工(labourer)与其劳力(labour)的对象之间,它向来是被分离出来作为一种生产要素。当 labour 被视为具有特别的以及可量度的意涵时,它同样也是一个抽象的概念。这就是韦伯女士的第二个引文"劳动工资"的意涵。然而她的第一个引文"温驯的劳工"很明显是在描述一个阶级。

要追溯这种阶级论述的起源殊属不易(参较 Class)。很明显的是,"劳力供应"常常被习惯性地提到,因而为阶级论述奠立了基础。流行于社会上的普遍用法可以见诸为劳工辩护的人,尤其是从 19 世纪 20 年代起。在一本由"劳工"(A Labourer)霍奇金(Thomas Hodgskin)执笔的著作——《劳工对于资本家的主张提出抗辩》(*Labour Defended Agaisnt the Claims of Capital*, 1825)——里,我们发现:一种"组成部分"(component)与"另一种组成部分"相互对抗,但是这两者皆被视为构成社会的重要阶级。在《劳力报酬》(*Labour Rewarded*, 汤普森〔Thompson〕, 1827)这本书中,其书名中的 labour 仍然是属于活动的范畴。然而,布雷(J. F. Bray)在 19 世纪 30 年代的演说(后来集结成《劳工的冤屈与补偿》一书)完整地呈现出 labour 作为一个社会阶级的意涵。这种用法从此变得普遍。虽然 labour 在资本主义的论述里,习惯性地被解释为可被雇用的"社会组成部分",以及可利用的"一群"人(a "pool" of persons,参较 19 世纪中叶的 labour mar-

Labour(劳动、劳工)   305

ket——劳力市场),然而这种用法不断遭到具高度意识的劳工运动(Labour Movement)的抗拒。Labour 与较为通用的 *trades*(这个词的旧意涵衍生出 *trade unions*——意指工会)有许多复杂的互动关系,同时也跟 work(工作)、worker(工人)、*working class*(劳工阶级)(参见 Work 与 Class)的复杂意涵有许多互动关系。然而,带有政治和经济的利益与运动的普遍意涵出现在英文里。在英国,labour 这个词在下列的语汇里具有特别的意涵:the Labour Representation League(劳工代表联盟,1869)、the Labour Electoral Committee(劳工选举委员会,1887)、the Independent Labour Party(独立工党,1893)以及现在的 the Labour Party(工党,1906)。

有趣的是,这些现代的词义演变对 labour 旧有、普遍的意涵产生了影响。"分娩的阵痛"这种特别的意涵仍然存在,但另一方面,labour 这个词被使用时,其词义通常不会超出现代的特别语境。它仍留存在一个具有高度意识的语汇里("rest from my labours"——意指经过辛劳之后得到的休息)。当它被使用的时候,其意涵立刻为人所知。Labourious 保留了其旧有的普遍意涵。然而,labour 在资本主义时代所具有的特别意涵,现在已成为主流。一方面是劳力价格(labour costs)、劳力市场(labour market)、劳工关系(labour relations);另一方面是劳工运动(labour movement)与工党(Labour Party)。然而,labourer 仍然被广泛地使用并且被视为一种特别的 *worker*,而 work 尽管词义复杂,但几乎已取代了其他普遍的意涵。

参见 Capitalism,Class,Work

Liberal(自由的、变革的)

Liberal 这个词望文生义,一眼就能看出含有政治意涵,以至于有一部分的引申涵义往往会令人困惑难解,然而这个政治意涵是现代才有的用法,其早期有许多词义是很有趣的。

这个词刚开始出现的时候,具有一个特别的社会意涵,指的是一个特别阶层的自由人(free men),有别于不自由的其他人。它 14 世纪出现在英文里,最接近的词源为古法文 *liberal*、拉丁文 *liberalis*。可追溯的最早词源为拉丁文 *liber*——意指自由人。在 Liberal arts(人文学科)——"artis liberalis"(1375)——的用法里,它是一个普遍的阶级名词:指的是适合财力自主、社会地位稳固的人的技能与嗜好(pursuit),与较低阶层的人所适合的技能与嗜好(参较 Mechanical)不同。但是其词义演变有一个明显的发展,在此演变中,"pursuits"有它们自己的独立性:"人文科学……自由科学,例如,文法、艺术、物理、天文等等"(1422)。然而,正如区别自由人与非自由人一样,liberal 始终蕴含着对立、紧张关系。Liberal arts(人文学科)与 liberal 作为"宽大的、丰富的"意涵相互配合，但是"放纵的"(unrestrained)这个负面意涵也同时相随而来。Liberty 这个词虽然具有早期的一个普遍意涵——自由(freedom)——但是从 15 世纪以来，它具有"正式的许可"或"特权"的意涵；这个意涵现今仍存在于海军的用语"liberty boat"(运送水兵至陆地度假的船只)中，也保留在保守派的用语"liberties of the subject"(人民的权利)里，虽然这种意涵通常未必被察觉出来。在此用法里，liberty 不具现代意涵而具旧的意涵，它指的是某种最高统治权所授予的权力。另外一个表示正式许可的词就是 licence，而这个词所包含的情感的放纵之意涵，从 16 世纪以来，可以很清楚地在 licentious(放荡的、淫乱的)的词义演变里发现。Liberal 同样也被广泛地使用在习惯用语"*liberal arbytre*"(15 世纪)中——意指自由意志：liberal 的意涵接近 licentious 的用法，可以见诸莎士比亚剧本里的对话：

> Who hath indeed most like a liberall villaine
> 那个放荡的恶棍已经
> Confest the vile encounters they have had
> 亲口招认这样不法的幽会
> (*Much Ado About Nothing*, IV, i)
> (《无事生非》第四幕，第一景)

从 18 世纪末期，liberal 的词义演变出另外一种相关的涵义——"不严格的"(not rigorous)。这个意涵可以被解释为"不严厉的"(not harsh)或者是"没有纪律的"(not disciplined)。

Liberal 的词义被肯定，主要是在 18 世纪末期与 19 世纪初期,这是根据 17 世纪中叶 liberty 这个词的主要意涵而来。从 18 世纪末期开始,liberal 的意涵就是"开明的"(open-minded),后来引申为"非传统的"(unorthodox):"开明的观念"(liberal opinions,吉本,1781)。Liberal 作为形容词,其政治意涵在 1801 年的一个例子中显而易见:"每一种自由的痕迹(vestige of freedom)消失了,每一种与他们有关的开明的观念(liberal idea)消失了。"一个政治术语所使用的名词于是产生了,并且以骄傲的态度大胆地使用在 *The Liberal* (1822)这本刊物的名称上。从此时开始,这个具有"政治开明意涵"的词,被反对者不屑地视为外来语。在 1820 年,有人提到巴黎的"Ultras"(激进分子)与"liberals"(自由主义者),而且早期的一些用法用的是外来语:*Liberales*(骚塞,1816);*Liberaux*(司各特,1826)。Liberal 这个词被反对者拿来称呼 Whigs(辉格党员)与 Radicals(激进分子)。后来其意涵明显地被接受,且在某一个时期里,它成为一个具有影响力的、普遍通用的词。Liberality 自从 14 世纪以来,含有"宽宏大量"之意,后来又具有"开明"之意;自从 19 世纪初期以来,它就具有政治上的自由主义(liberalism)之意涵。Libertarian 在 18 世纪末期指的是反对决定论(参较 Determinism)的自由意志论者。但是,从 19 世纪末期,这个词开始具有政治与社会意涵,有时候其词义接近 liberal。它在 20 世纪中叶的"自由论社会主义"(*libertarian socialism*)里,使用得很普遍;这一种"自由论社会主义"并不是自由主义,而是反对中央集权、官僚(Bureaucratic,参见本书)控制的一种社会主义(Socialism,参见本书)。

  Liberal 这个词,就政党政治而言,其意涵是很清楚的。

然而,作为一个政治论述的语汇,其意涵是复杂的。它一直遭受保守派严厉而持续不断的攻击。保守派批评 liberal 所包含的种种意涵:缺乏管束、缺乏纪律以及(心态软弱且充满滥情的)宽大为怀。这一种带有"不严格"的意涵在学术上常引起辩论。在这种情形下,liberal 通常就变成一个集体概念的词汇,表示进步的或激进的(Progressive 或 Radical,参见本书)观念。这种意涵在美国尤其明显可见。然而,liberal 作为一个贬义词,被社会主义者广为使用,尤其是马克思主义者。他们使用保守派的用法:将 liberal 解释为不严厉、心态软弱且充满滥情的宽厚。自由主义者(liberals)认为这只是社会主义者(socialists)常见的抱怨罢了。他们提出强有力的回应,指出他们关心的是政治的自由,而社会主义者却不关心。然而,这种回应反而将 liberal 这个词最严肃的社会主义用法隐匿了。这种用法,就历史的观察而言,是一种精确的描述:自由主义(liberalism)是根据个人主义(Individualist,参见本书)中关于人与社会的理论而来,因此它不但和社会主义(Socialist,参见本书)理论而且也与最严谨的社会(Social,参见本书)理论有基本的冲突。更进一步的历史观察是:自由主义(liberalism)是在中产阶级的社会里所发展出的最高形式的思想,并且与资本主义息息相关,因为当 liberal 不被视为一个辱骂他人的字眼,它所指的意涵是这种自由与限制的混杂概念。Liberalism 必然包含各式各样的自由,同时它基本上也是一种有关个人主义的学说。

参见 Anarchism, Art, Individual, Liberation, Progressive, Radical, Socialist, Society

Liberation(解放)

　　Liberation 从 15 世纪开始成为英文。最接近的词源为法文 *liberation*(释放、免除),可追溯的最早词源为拉丁文 *liberatio*——意指释放或免除。早期的用法,主要是在法律与行政方面,例如:清偿债务或免除兵役。这个词与 liberty(参较 Liberal)的特别用法有关:liberty 被解释为许可、同意或者是特权(*franchise*,这个词从 14 世纪开始指的是法律的豁免权,从 18 世纪起,其意涵被延伸解释为选举权——*elective franchise*)。Liberty 与 *liberation* 的正面意涵源自拉丁文,是大家所熟知的。*Liberty* 与 *liberator*(解放者)从 17 世纪中叶以来具有政治意涵;*liberation* 比较不常使用,但是从 16 世纪以来,它偶尔带有政治意涵;在 19 世纪中叶,尤其是在 20 世纪中叶变得较为普遍(特别是当成一种名词,用来表示在被占领的国家——尤其是法国——里,对于法西斯主义的抵抗运动;也可以用来表示占领的国家或军队被武力推翻)。在 1944 年登陆法国的英国军队,官方称之为"英国解放军"(the *British Liberation Army*)。*Liberation* 后来被广泛地使用于阿尔及利亚与越南,用来表示一种抵抗运动,抵抗那些殖民强权的占领,尤其是从 20 世纪 50 年代以来。

在 19 世纪中叶的英国,一个 liberationist(解放论者)主要是指支持废除英国国教。Libertarian(自由意志论者)这个词从 18 世纪末期起就一直被解释成"自由意志"的信仰者(英文里的 *free will* 从 13 世纪以来,一直是拉丁文 *liberum arbitrium* 的翻译);从 19 世纪末期,它具有现代的政治意涵。在英文里,源自拉丁文 *liber* 的词与源自古英文条顿语 *freo* 的词,有着平行并进的发展。不论是哪一方面,这些英文词的意涵视其相反词而定:在拉丁文是指 *servus*——意指奴隶;在条顿语是指家属以外的人,实际上指的也是奴隶。这些与 *free* 有关联的词,其词源的意涵为"亲爱的"(*dear*),正如下述词汇 *free* household 或 family(亲爱之家)。所延伸出来的政治意涵由拉丁词演变而来,虽然下述的词汇——"自由州"(*Free State*)、"自由斗士"(*freedom fighter*)、"自由世界"(*free world*)、"自由企业"(*free enterprise*)等等,属于 20 世纪的另一种普遍用法。

女性主义运动所使用的 liberation(以及后来使用的 liberationist 与形容词 liberated)在 20 世纪 60 年代简称为 *Lib*。这种用法与 20 世纪 40 年代的政治运动有关。更早之前的普遍通用的词,是 17 世纪的 *emancipation*(解放);这个英文词的词义最初根据拉丁文 *emancipo* 的意涵而来。*emancipo* 在罗马法里指的是使(通常是小孩,但有时候是妻子)脱离"家父权"(*patria potestas*)。因此,被解放的(*emancipated*)人可以处理自己的事务(*sui juris*)。这个拉丁文是由 *e* 或 *ex*(意指"从")以及 *mancipum*(意指"合法的购买或契约";源自于 manus 与 capio，字面上的意思是亲自动手以达成协议）组成，有一些较早的引申意涵出现在培根的"人性……被解除束缚(to be emancipate)"(1605)中；邓恩注入了政治意涵："从暴君中解放(to emancipate)出来"(1625)。然而，从 18 世纪起，emancipation 的词义大部分局限在"从奴役中解放出来"，这个意涵在 1863 年美国的"解放日"(*Emancipation Day*)这个词汇里尤其明显。Emancipation 的词义，在英国有一段时期，专门指的是天主教徒(Catholics, 1829)从公民资格被剥夺的状态中解放出来。然而，在 19 世纪期间，这个词越来越被广泛地使用，指的是停止剥夺女性的法律、政治资格(从 1882 年开始，emancipatress——意指女性解放论者——的贬抑意涵被收录于文献上)；20 世纪，在英国与美国，这个词普遍通用。它也被普遍用在劳工运动中，例如"工人阶级的解放"(emancipation of the working class)；这个词与"工资奴役制度"(*wage-slavery*)关联在一起。

从 emancipation 到 liberation 用法上的转变，似乎标示着词义的一种改变：从终止剥夺法律资格或取消特权，转变为"赢得自由与自决"(winning *freedom and self-determination*)的普遍意涵。"自决"从 17 世纪以来指的是自由意志；从 19 世纪中叶以来，具有政治的意涵，指的是"一个自由、自决的政治集合体"(a free self-determining political aggregate, 格罗特〔Grote〕, 1853)。在 1918 年之后，"国家自决的权力"的意涵变得非常普遍。最近的一些用法似乎是将个人意涵与政治意涵结合在一起。

参见 Family, Liberal, Sex, Underprivileged

Literature(文学)

Literature 的词义难解,部分原因是它当代的一般意涵一望即知,非常简单。"英国文学"(English literature)或"当代文学"(contemporary literature)这种词汇在表面上不会令人觉得难以理解,除非我们提出问题:是否所有的书本与著作皆是文学?(如果不是,究竟哪些类别被排除?根据什么标准?)或是,除非我们(举个明显的例子)偶然发现了有关文学与戏剧(drama)在定义上的一项区别:戏剧是一种形式,主要是为口说的表演而写(虽然经常也有阅读用途)。我们很难理解这些令人困惑的区分,除非我们检视 literature 的词义演变。

Literature 从 14 世纪起出现在英文里,其意为"通过阅读所得到的高雅知识"。最接近的词源为法文 *littérature*、拉丁文 *litteratura*,词义大致相同。可追溯的最早词源为拉丁文 *littera*——意指 letter(字母)。因此,a man of literature 或 a man of letters 是指我们现在所称的"博学的人"。1581 年文献上记载:"他没有足够的学识(sufficient literature)来了解圣经。""对于所有关于神与人的知识,相当渊博(learned in all literature and erudition, divine and humane)"(培根,1605)。从培根的例子来看,literature 作为表示状态——"博览群书的"——的名词,有时候其意涵接近表示物质的名词——"广为阅读的书籍"。然而,其主要的意涵可以从 15 世纪出现的标准形容词 literate——而不是 literary——看出。(Literary 这个词第一次出现在 17 世纪,纯粹是用来替代 literate,只有在 18 世纪时才具有较普遍、通用的意涵。参较卡夫〔Cave〕的拉丁文书名 *Histori Literaria*, 1688。)在约翰逊写《弥尔顿的一生》(*Life of Milton*)时,早期用法仍然很普遍:"他也许有更广泛的知识(literature),因为他的儿子在一首复杂的拉丁诗里与他对话。"(1780)

换句话说,literature 的词义主要是与现代 literacy 的意涵一致(literacy 从 19 世纪末期以来是一个新词,也许是因为其旧有意涵已经消失)。Literacy 指的是阅读的能力及博学的状态,这可以由它的否定词得到证实。Illiterate 通常指的是阅读能力很差的或者是教育程度不高的人:"没有学识的法官"(Judgis Illitturate, 1586);"我的无知以及粗俗的风格"(my illeterate and rude stile, 1597)。切斯特菲尔德(Chesterfield)提到:"*illiterate* 这个词普遍受到接纳,其意涵指的是对于两种语言(希腊文与拉丁文)无知的人。"更明显的例子是出现在 16 世纪末、现在已经不用的词——illiterature:"无知……原因是……缺乏知识(illiterature)。"(1592)对比之下,从 17 世纪初期,the literati 指的是接受高等教育的人。

但是,"高雅知识"这种专属印刷书籍的语汇,为后来的

Literature(文学)　　315

特殊意涵奠定了基础。16世纪时,科莱特(Colet)对 literature 与他所称的 blotterature 做出区别;此处,"没有能力书写清楚"之意涵被扩大延伸,用来指涉"低于'高雅知识'的标准的某类书籍"。但是,词义的普遍改变从18世纪开始。Literary 的词义被扩大解释,超越了它的同义词 literate:也许最初的普遍意涵是指广泛阅读,但是从18世纪中叶起,指的是写作的工作与行业:"写作的长处(literary merit)"(哥德斯密,1759);"写作的声望(literary reputation)"(约翰逊,1773)。这似乎是与作家这个行业的高度自我意识有关;这些作家处在一个过渡时期,是从他人资助过渡到市场的书籍销售。约翰逊在《弥尔顿的一生》里使用 literature 时,意指"具有高度的书写能力"。在《考利传》(*Life of Cowley*)里,约翰逊用的是新的、客观的意涵,他写道:"一个作家……具有的丰富想象力以及优雅文字,使得他在著述论说的阶层(ranks of literature)里居于高位"(约翰逊的《英语字典》对 literature 的定义是"学问、文字技巧")。然而 literature 与 literary 在这些新的意涵里,所指的仍然是书本与著作。假如要做分类的话,它们被归类在"高雅知识"的类别里,而不属于特别种类的著作。例如,像休谟这位哲学家很自然地把"对于写作声望的爱好"(Love of literary Fame)视为他自己的"主要爱好"。在"高雅知识"的范畴中的所有作品被视为 literature,而所有和这些兴趣与写作有关的,就被视为 literary。因此哈兹利特(Hazlitt)在他的作品《原来想要见的人》(*Of Persons One Would Wish to Have Seen*;*Winter Slow*,II)里提到:"艾尔顿说,'我认为你最想要见的两个人,必然是英国的著作中(English literature)两个赫赫有名者,依萨克·牛顿爵士

(Sir Isaac Newton)与洛克(Locke)先生'。"(1825)

English literature(英国文学)这个现在普遍通用的语汇,其本身就是重要的词义演变的一部分。*Nationallitteratur*(国家文学)的概念从18世纪70年代开始在德国发展出来,文献记载如下:*Über die neuere deutsche Literatur*(《较新的德国文学》,赫尔德,1767);*Les Siècles de littérature français*(《属于法国文学的世纪》,1772);*Storia della letteratura italiana*(《意大利文学史》,1772)。English literature这个词似乎是根据这个脉络而来,虽然其在约翰逊的作品中被隐约提及。"一个国家"拥有"一种文学",这种意涵标示出一个重要的社会、文化发展,也许也标示出一个重要的政治发展。

我们必须探讨某一类的作品如何被成功地归类。作品的归类是很困难的,因为界定不易。A literary editor(文学编辑)或 a literary supplement(文学副刊)仍然与各类的书籍有关。然而,在一些像 creative literature(创意文学)与 imaginative literature(具有想象力的文学)的词汇里,literature 的词义被加以限定(参较 Creative 与 Imaginative 作为作品分类的描述用语,同时参较 Fiction);这种限定的意涵有时候会被强调,因为 literature 的词义究竟为何仍然不甚清楚。Literature 就其旧有的意涵而言,仍然是一个相当普遍的词:举个例子,卡莱尔与罗斯金并没有写小说、诗或戏剧,但他们被归类在英国文学(English literature)的作家里。然而有一种区别,将 literature 与其他的作品——哲学、散文、历史等等——区隔开来;这些作品,可能具有或不具有文学特质或文学趣味(亦即,除了它们具有哲学或历史……的内在趣味外,它们被"写得很好"),但是它们现在通常不会被描述为"文学"(literature)。"文学"可以被解释为"写得很好"的书,但它甚至直截了当地被解释为"写得很好"、具有想象力或创意之类的书。英文教学,尤其是在大学,被解释为文学(主要是诗、戏剧与小说)教学;其他种类的"严肃作品"被视为一般性的或论述性的作品。文学批评(literary criticism)就是指评判一个(具有创意的或想象力的)作品是如何被写成的,这通常有别于对"观念""历史"或"一般题材"的讨论。大部分的诗、戏剧与小说甚至不被视为 literature,它们被归类为 literature,所根据的是 literature 的旧意涵:"高雅知识"。它们并没有"内容充实"或"重要"到可以被称为"文学作品"(works of literature)。一种新文类的 popular literature(通俗文学)或 the sub-literary(次文学类)必须被开创出来,用以描述一些也许是虚构(fiction)但并不富有想象力(imaginative)或具创意的(creative)作品;这些作品缺乏"美学的"(Aesthetic,参见本书)趣味,因此不算是"艺术"(Art,参见本书)。

很明显,literature(文学)、*art*(艺术)、*aesthetic*(美学的)、*creative*(具创意的)与 *imaginative*(具想象力的)所交织的现代复杂意涵,标示出社会、文化史的一项重大变化。Literature 的词义在中世纪末期与文艺复兴时期,跟"阅读技巧""书籍特质"等意涵分离开来,这一点可以从印刷术的发展获得充分的证明。除了"学问、知识(*learning*)"这个意涵仍然内涵于 literature 的词义里,文法与修辞的技巧也包括在 literature 的词义里。随着印刷术的普及,*writing*(作品)与 *books*(书籍)实际上已变成同义词,因此 *drama*(戏剧)的词义后来变得格外令人困惑,它指的是一种口头的作品(writing for speech)——然而,莎士比亚的作品很明显是属于 literature——因为它具有文本（*text*）可以证实。后来 literature 的意涵被归类于"具想象力的作品"（*imaginative writing*），而这些作品符合了浪漫主义的基本精神。有趣的是，我们可以来探讨在 literature 的词义被限定之前，有什么样的词可以替代它——主要的词是 *poetry*。这个词在 1586 年被定义为"创造的艺术：因为它总是被用来说明我们英国最好的诗人之作品，表达一种带有诗意的说话（speaking）或书写（writing）能力"（值得注意的是，"说话"也包含在内）。西德尼（Sidney）在 1581 年写道："verse（韵文）只是一种装饰，并不是产生 poetry 的原因：因为大部分的优秀诗人写诗从来不依照格律。"从 17 世纪中叶起，poetry 的意涵很明显局限在"具有格律的创作"，虽然华兹华斯曾提出异议："此处我将诗（*Poetry*）视为与散文（*Prose*）相对立的词（尽管不甚妥当），同时将其视为具有格律的创作。"（1798）也许就是这一种将 *poetry* 的意涵局限在 verse，以及 prose 的形式日益重要——例如，小说（Novel，参见本书）——literature 才变成一个最普遍通用的词。这背后隐含了文艺复兴时期 *litterae humanae*（与人的事物有关的文献或著作）的意涵：主要是指非宗教性的作品，*letters*（文学、学问或著作业）的一种普遍用法由此而来。17 世纪中叶，literature 的意涵被确立，*belles lettres*（纯文学）这个法文词汇被发展出来，用以限制 literature 之范畴。在具高度想象力的特别情境里，*poetry* 一直是书写（writing）与演说（speaking）的最高境界。19 世纪时，literature 沿用上述的意涵，但是它将"speaking"（演说）排除在外。Literature 的意涵仍然不够明确，不只是因为其意涵被更进一步地限定在具有想象力与创造力的题材（有别于具有想象力与创造力的作品)上,而且是因为许多新形式的、重要的口头作品(广播与戏剧)的出现;这些口头作品似乎被 literature 所排除,因为 literature 狭义意涵指的是"书籍"。

Literature 与 literary 在最近几年里,虽然被普遍使用(沿用 18 世纪后的意涵),然而它们一直持续不断遭受到来自"书写"(*writing*)与"传播"(*communication*)概念的挑战。"书写"与"传播"试图恢复那些被狭义的 literature 所排除的普遍通用之意涵。于是,literary 被视为具有两种负面意涵:(一)"属于印刷书籍或过去的文献,而不是当代通用的书写与言说";(二)"来自书籍里的(不可靠)的证据,而不是实际探索的例证"。后者的意涵触及了整个难解的复杂关系:亦即,文学(诗、小说、富想象力的作品)与真实、实际经验二者的关系。在讨论一些其他种类的艺术(绘画与音乐)时,*literary* 一直是个轻蔑语:作品(work),就其本身文字而言,不具充分的自主性,它是由"外部"的(与文学同类的)意涵来决定。这种看法在讨论电影(film)的时候也可以见到。同时 literacy 与 illiteracy 已经成为主要的社会概念,比起 19 世纪前的意涵更广泛。Illiteracy 从 18 世纪起其意涵被延伸扩大,用来表示书写与阅读能力的普遍不足。literacy 从 19 世纪末期以来是一个新创的词,用来表示拥有这种普遍与必备的技能——读与写。

参见 Aesthetic, Art, Creative, Fiction, Image, Myth, Nationalist, Novel

Man(人类、男人)

Man 作为单数的名词(第一个英文字母大写),有一个既重要且有趣的用法,指的是全体人类(the whole human race, the human species 或 mankind)。将 man 由表示"全体人类"之意涵转移到"男人"之意涵的用法,持续在英文中出现,其时间比大部分的欧洲语言更为久远。在英文里,man 之前不加冠词的这种抽象用法是很有趣的(参较法文的 l'homme 与德文 der Mensch):"人与猿的解剖"(the anatomy of man and the ape)。Man 指涉"男人"的具体意涵,争议较少;在某些意义脉络里,性别上的归属是很困难的(参较一本新书书名《女人的世世代代》[*The Descent of Woman*])。性别的归属使得 man 这个词在一些普通的社会、哲学理论里,变得有争议性(参较潘恩[Paine]的《人的权利》[*Rights of Man*]与沃斯通克拉夫特[Wollstonecraft]的《女人的权利》[*Rights of Woman*])。然而,除了性别的归属外,这种单数名词的用法在抽象意涵的情境里显得格外有趣。我们可以看到一些明显的应用例子。例如"这个星球上人类的未来"(the future of man on this planet),此处 man 的用法毫无争议。

但是在一些其他的用法里，单数名词制造了问题，也经常隐匿了问题。比较简单的是，当 Man 作为一个有别于上帝（*God*）的概括性名词，例如："谋事在人、成事在天"（"man purposith and god disposith"，1450）。在这个例子里，man 这个单数名词的意涵视另外一个单数名词而定，而且这个意涵假定人类（Man, Man-kind）是被上帝创造与掌控的。有趣的是，当普遍的道德与社会特质被描述时（正如在启蒙时期），这一种假定状况——精神上与形而上——同样也是通过单数的名词来表达。这种全称的单数名词，有其独立自主意涵。这种用法，持续被使用，甚至于在人类自我发展（"人创造了他自己"）被强调的时期也被使用。甚至于在一个历史、文化的相对论里，这种用法也很普遍。我们因此很难将普遍性假说与真正的社会、文化问题区隔开来；例如，在下列这些例子里：从"人类（Man）发明了车轮、罗盘与内燃机"到"人类（Man）是天生的猎人"，以及"人类（Man）已经进入了重要的工业文明时期"。这些用法都可能到处存在，但一般而言重要的是，去了解大写字母的单数名词（具有普遍性假说）的意涵，以及去了解具有类似此意涵的抽象名词——Men。假如这些用法被局限在形而上的、普遍论的意义脉络里，或是局限在单线发展的历史意义脉络里，问题就比较小。然而，这些普遍性假说现今深植于语言里，甚至在实际的历史、文化变迁被强调时，也始终存在着。在马克思主义的用法里，关于"类本质"（*species-being*）的概念，有一种原初的、明显的、也许是难以厘清的纠葛。就是因为这个原因，这些用法需要特别地注意。

参见 Humanity, *Sex*

Management(资方、管理、技巧)

当我们现今提到资方(management)与个人(men)的协商时,我们表达了一种特别的社会经济关系。Manage 这个英文词似乎是直接源自于意大利文 *maneggiare*——意指管理、指挥,尤其是指驾驭或训练马匹。最早的英文用法即是属于此种意义脉络。最接近的词源为通俗拉丁文 *manidiare*——意指管理、指挥。可追溯的最早词源为拉丁文 *manus*——意指"手"。Manage 的词义很快被延伸,用来表示作战指挥,并且从 16 世纪初期开始被扩大解释为掌控、负责、指挥。后来的词义演变受到了与法文词 *ménager* 混用的影响。Ménager 指的是家庭、家人,该词可以追溯到通俗的拉丁文 *mansionaticum*,其可追溯的最早词源为拉丁文 *mansionem*——指的是一间寓所(法文词 *maison* 指的是房子,直接源自此拉丁文)。从 17 世纪末期与 18 世纪起,有充分的证据显示 manage 与 menage 的意涵有部分重叠。这影响到 manager 的意涵:从训练者与管理者(*maneggiare*)转变为细心照顾的管家(*ménager*)。Ménager 这种意涵现在仍然普遍通用,适用于各方面,从运动、生意到管家(例如,a good manager——善于理财的人)。

Management 原先是一个表示上述任一活动的过程的名词。最初似乎是专指管理部门的一群人,后来指在剧院里的管理或经营的部门;从 18 世纪中叶开始,the Management 在剧院里是个普遍通用的语汇。然而,manage 与 manager 在同一个时期,持续地被用在财物与商业的活动方面。作为集合名词的 management,在 19 世纪被延伸解释为报业的经营。The managers 在机关部门里的意涵从 18 世纪中叶起,持续地被延伸,用以表示负责或管理一个公共机构(例如:济贫院、学校等)的人。在商业上,manager 与 agent(经纪人)仍然无法明显地被区分,同时也与 *receiver* 的特别用法(破产财团之管理人)无法做明显的区分。当 manager 使用在商业上时,与 owner(所有者)及 director(董事、主管)这两个词的意涵没有明显的不同。Manager 当成 *agent* 的意涵来解释,仍然可以说得通。

Management 在 20 世纪里的普遍意涵与两种历史潮流有关:第一种潮流是持续雇用一群支薪的经纪人来管理日益扩张的公司。在英文里,这些人被特别强调,称为 the managers 或 the management。它们有别于公共机构雇用的人员(public agents)——也就是我们所称的公仆(*civil servants*)或是广义上的官僚(the Bureaucracy,参见本书),*civil servants* 这个语汇带有残存的君主制度精神。公仆这个阶层仍然不同于 management(管理人员、经营部门),纵使他们所涉及的事物是相同的。这种区别是根据大家所接纳的、具有意识形态的一种区分:公有企业与私人企业。表示半官方机构的优雅词汇,一直就是 *the administration*(虽然这个词用在政治上是 *government*〔政府〕的同义词)。有意思的是,在其他欧洲语言里,*employer* 与 *manager* 的语义不甚明确,有一些很大的变化:具(美式)英语意涵的 *manager* 经常找不到一个完全相符的同义词,有时候只好照原词使用(参较法文的 *directeur*,*régisseur*,*gérant*,*employeur*,尤其是 *patron*)。第二种历史潮流实际上是指将资本主义的经济关系神秘化。在19世纪,有主(*masters*)与仆(*men*)之间的协商。在20世纪里,*employers* 这个较温和的词日渐取代了 *managers*,且经常被使用。然而,在20世纪中叶,*the management* 这个词较受欢迎,被广为使用;它是一个抽象的词,暗示着抽象的且明显公平的准则。值得注意的是,*the managerial revolution*(经营、管理的革命)这个词仍具争议性;在这个属于资本主义的管理革命里,支薪的经理人员据说已经取代了合法的雇主与股东,有效地掌控了大公司。假如这是事实(这些事实非常复杂难解),那么 *management* 现在就是 *employers* 了,且 *management* 的抽象且明显的中性意涵还会保有意识形态的立场。至于 *directors*(董事)这个词在此过程中如何定位,当然是属于争论的一部分。

劳资协商现今的普遍用语是"negotiations between management and men"。"management and men"现在经常被用来取代"employers and workers"。这种资方(management)与个人(men)间的协商进而改变了劳力成果的相对所有权之协商本质,并且呈现出两方面之间的争论:同一过程里的普遍"要求"(抽象的 management)与实际的个人(men)需求两者间的争议。一种特殊的资本主义机制或机构的内部法则可以被视为普遍的、抽象的或技术的法则；而这种法则与个人纯粹的私欲相对立，其中包含了浓厚的意识形态。

同时 manage(源自于 *maneggiare*)其中的一个旧有意涵，可以在 man-management(人力管理)这个普遍用语中找到。这个意涵首先出现在军队中，与早期"训练与驾驭马匹"的意涵有直接的关系。在 20 世纪，management 被视为是个重要的词，其意涵被延伸，用来解释各种劳工的雇用与管理，并且被广泛地使用在 management-training(管理训练)课程里——其意涵未必被人充分了解。有一个比较常被讨论的词(因其较为抽象)是"人事管理"(personnel management)：管理者与被管理者双方皆被概念化与抽象化。

参见 Bureaucracy, Labour, Man

Masses(民众、大众)

Masses 在有关社会的论述里,不仅是一个很普遍的词,而且是个很复杂的词。The masses(民众、大众)这个词虽然相对不复杂,但是格外有趣,因为它具有正反两面的意涵:在许多保守的思想里,它是一个轻蔑语,但是在许多社会主义的思想里,它却是个具有正面意涵的语汇。

用来描述一个民族大部分人的轻蔑语,存在久矣。早期大部分的轻蔑语具有明显的"*base*"(卑微的、低下的)或"*low*"(低下的)之意涵。这两个词暗示着:社会的实质结构存在着无形与(通常是)有形的社会阶层,它决定了许多有关社会论述的语汇;参较 *standing*(身份、等级)、*status*(身份、地位)、*eminence*(卓越、高位)、*prominence*(杰出、重要),与有关社会阶层的语汇:*levels*(级别)、*grades*(等级、级别)、*estates*(阶级、地位)、*degrees*(阶级、等级)。同时,用来描述某一些"地位低下的"(low)群体的特殊词汇有增无减:*plebeian*(下层人、贫民)源自于拉丁文 *plebs*(群众、百姓);*villein*(农奴)与 *boor*(农民、粗野的人)源自封建社会。Common(粗俗的、劣等的,参见本书)包含了"低下"(lowness)的意涵,尤其是在 the common people(普通人、常人)这个片语里。Vulgar 这个词在 16 世纪时,已经失去正面或中性的意涵而成为 low 或 base 的同义词。由 Vulgar(通俗语的、乡土语的)所引申出的一个较好意涵,可以在 vulgate(拉丁通行版的《圣经》)这个词里找到。The people 这个词本身的意涵变得暧昧不明;例如在 17 世纪里,有人试图去区分 people 的类别,将"较佳种类(better sort)的"people 与"较卑贱的(meaner)"或"最低下的(basest)"people 区隔开来。The people 这个语汇的意涵,仍然可以根据政治的立场做广泛的或选择性的解释。

用来表达政治上公开的鄙视或恐惧的词汇,有其自身的历史。在 16 与 17 世纪时,关键词就是 multitude(大众、民众)——参见希尔(Christopher Hill)的著作 Change and Continuity in Seventeenth-century England(《17 世纪英国的变迁与延续》)里的文章"The Many-headed Monster"(《多头妖怪》),1974。虽然 the vulgar(庶民、平民)与 the rabble(平民、百姓)两个词经常被提到,但真正常见的名词就是 multitude；multitude 通常会用具有强化数目的形容词"many-headed"来形容。另外也有 base(低下的)multitude、giddy(轻率的)multitude、hydra-headed(多头的)multitude 与 headless(无头的；无人领导的)multitude。与后来的 mass 相较之下,multitude 这个词明显强调"多数"的意涵。另外,我们可以很清楚地注意到,the common people 这个词明显包含了"人数太多"的意涵。

Base 的意涵明确,指的是社会地位与道德的"卑下"。Idiot 与 giddy 词义最初有部分重叠：从"无知的"与"愚昧的"

到 giddy 的早期意涵——"狂热的"(giddy 原先指的是神灵附体)。然而,giddy 后来的意涵——"易变的、不稳定的"——变得日益重要,它与拉丁语汇 mobile vulgus(意指"不稳定的平民")有关。这个拉丁语汇到了 17 世纪末被简化为英文的 mob(虽然在 18 世纪初期时遭致抗议;其中之一的抗议者,就是斯威夫特,他批判 mob 是通俗不标准的用语)。16 与 17 世纪,multitude 这个普遍词汇渐渐地被取代;从 18 世纪起,它虽然经常与 vulgar、base、common 及 mean 合并使用,但还是被 mob 取代。Mob 当然持续为人所用,但是自从 19 世纪初期,其意涵变得更专门、特别:指的是一群桀骜不驯的群众,而不是处于一般状况的民众。后来出现了一个普遍的词就是 mass,用来表达一般的民众,其后 the masses 也用来表达一般的民众。

从 15 世纪起,mass 一直被广泛地使用。最接近的词源为法文 masse 与拉丁文 massa——意指可以被用来铸造的一堆材料(其词源意涵也许是指捏面团),并进而扩大指涉一大堆的材料。我们可以看到其演变出两种明显的意涵:(一)没有定型的、无法区隔的东西;(二)一个浓密的集合体。很明显地,这两种意涵有其共通之点,但也有其相异之处。在莎士比亚的《奥赛罗》(Othello)中,有一个这样的用法:"我记得一大堆东西(a masse of things),但是没有一件记得很清楚。"在克拉伦登(Clarendon)的著作《叛乱史》(History of the Rebellion)里,有一个接近现代意涵的明显用法:"像很多原子合并起来,产生了这团混乱(this mass of confusion),现在呈现在我们面前。"Mass 的中性意涵指的是"一堆、大量",它出现在物理科学、绘画与日常用法里(宗教所使用的 mass 指的是弥撒,其意涵与上述不同,它源自拉丁文 *missa*——意指特别的仪式)。它的社会意涵出现在 17 世纪末与 18 世纪初:"腐败的大众"(the Corrupted Mass,1675);"这一群人"(the mass of the people,1711);"全体人类"(the whole mass of mankind,1713)。然而,在法国大革命之前,其意涵并不十分明确。后来有一个重大的特别用法出现。正如同骚塞在 1807 年所观察,"集体课税(levy in mass)、沙佩信号机与所得税都来自法国。"西沃德(Anna Seward)在 1798 年写道:"我们的国民几乎群起反抗(risen in mass)。"在英国革命时期所谈论到的许多关于 the multitude 之叙述,也可以用来描述 the mass,并且让我们了解 the mass 这个语汇在一个革命时期或公开的社会冲突时期里的意涵。虽然 the masses 有时候仍需被标记为新兴的词汇,但最迟在 19 世纪 30 年代,the masses 变成了一个普遍通用的词汇。这个词与 Industrial Revolution(工业革命,参见本书)的关系似乎是明显的。盖斯凯尔(Gaskell)的作品记载:"蒸汽机的发明让人民聚在一起,使得人口变得稠密(dense masses)。"(*The Manufacturing Population of England*《英国制造业人口》,6,1833)穆尔(Moore)在 1837 年写道:"这就是所谓的'the masses'(大众)所给予的少数优雅品味(good Taste)中的一个例子。"卡莱尔在 1839 年写道:"数以百万的芸芸众生就是'masses',这一些人不过是'爆炸性的物质,推倒了巴士底监狱',为的是在选举的时候投票给我们。"这两个例子简洁地说明了早期意涵的分歧。穆尔选择了具有文化意涵的新词,用来说明"卑下"或"粗俗"与品味(Taste,参见本书)不同。卡莱尔很清楚地了解这种革命性的历史语汇——"*levée en* masse"（群起反抗），而且通过"爆炸"的隐喻显示他对 mass 这个词在物理科学上的用法有深切的了解。有意思的是，他也将两种用法连接在一起：（一）与革命有关的用法——卡莱尔谴责此种用法隐含了"操纵他人"（manipulative）之意涵；（二）与选举或国会有关的用法——"在选举的时候投票给我们"，这个词汇同样隐含了"操纵他人"的意涵。

　　这些意涵因此非常复杂，因为 mass 的早期两种意涵持续存在。第一层意涵是没有定型的、无法区隔的东西；这种意涵持续地被使用，尤其是在这个意义明确的片语里：in the mass（大体而言）。例如：在罗杰斯（Rogers）的作品（1820）里提到："我们谴责——大体而言（in the mass）——数以百万复仇心重的人。"或马蒂诺（Martineau）的作品（1832）里提到："我们把社会视为单一的事物，而把人（men）视为一个整体（in the mass）。"这个引文暗示着"无法做必要的区分"（a failure to make necessary distinctions）。第二种意涵（指的是一个浓密的集合体）虽然在英文里比在法文或德文里不明显，但是这种正面用法具有直接的社会意涵，可径直与 *solidarity*（凝固、一致）的意涵相比拟。只有当人们采取一致（as one man）的行动时，他们才能有效地改变他们自己的状况。原先第一层意涵所指的缺乏必要的区分，在第二层意涵里变成为避开不必要的区分或细分，因此终能达到完整一致的效能。大部分英国的激进分子，持续使用 the people 这个语汇与其变异形式的语词——*common people*（普通百姓）、*working people*（劳工）、*ordinary people*（一般百姓）——将其视为具有正面意涵的词汇。虽然在 19 世纪末期，the masses（大众、民众）与"the classes"（阶级）有一个普遍的对比："民众与阶级相对立"(格莱斯顿,1886)。Masses 及其变异形式的词汇——the broad masses(一般大众)、the working masses(劳工大众)、the toiling masses(劳苦大众)——被持续地用在革命传统里(有时候这些外来的语汇翻译得不精准)。

在现代社会意涵里,masses 与 mass 有两种可区别的意涵。Masses:(i)是一个现代的词,用来表达"多头群众"(*many headed*)或是"乌合之众"(*mob*):指的是低下的、无知的与不稳定的。(ii)是用来描述上述的人,但现在被当成一个正面的或可能是正面的社会动力。在许多衍生与相关的字词里,这种区别是很重要的。Mass meeting(群众大会)中的 mass,从 19 世纪中叶起属于第二层意涵:民众为某一些共同的社会目标群聚在一起(虽然"like a mass meeting"这个贬义词很明显是强调反动势力)。第一层意涵可以见诸"这一大群人(the great mass)很少用自己的眼睛与耳朵去辨认事物,看到的与听到的都是照着别人所指示的"(史密斯〔S. Smith〕,1803)。但是第一层意涵在 20 世纪出现在各种形式的词汇里:mass society(大众社会)、mass suggestion(大众建议)、mass taste(大众品位)。这一些词汇有一大部分对于"民主"(Democracy,参见本书)这个词,一直有相当细密的批判。"民主"在 19 世纪初期日渐受到重视;作为一种思想,它似乎需要一种有效的批评。Mass-democracy(大众民主)可以用来指涉一个被操纵的政治制度,但是它更常用来指涉一种被没有知识的人或无知者的偏好与意见所宰制的制度:这是对"民主"本身的一种典型的批判。同时在 mass 衍生出的词汇里,有一些意涵受到 20 世纪 20 年代美国通行的词汇 mass production(大量生产)的影响,它们并不是描述真正的生产(*production*)过程——指的是原初装配线上大量与持续的生产。它们所描述的是一种消费(*consumption*,参较 Consumer)的过程——mass market(大众市场)。在此过程中,mass 从第一层意涵的"多头群众"演变成"具有购买力的群众"。Mass market 与 *quality market*(优质市场)形成对比。Mass market 保留了较多的第一层意涵,但是由此延伸出来的 mass production 则意味着大量的生产。Mass 的词义复杂难解在 20 世纪尤其明显:一个过去与现在皆指涉"稳固的集合体"的词(包含正面与负面的意涵),现在同时也指涉"一大群的事物与人"。这种意指"一大群、大量"的用法,大体而言,已经变得非常普遍通用。Mass communication(大众传播)、mass media(大众媒体),与先前的体系相较之下,其目标并不是针对 masses(群众),而是针对个别家庭里的广大观众。Mass 的几个意涵被合并在一起,因而显得混淆不清,从以下几方面可以看出:众多的数量(为数众多的群众或大部分的人);被采纳的模式(操纵的或流行的);被认定的品位(粗俗的或普通的);最后导致的关系(抽象异化的社会传播或一种新的社会传播)。

　　Mass 与 masses 所产生的组合词在当代的用法里,最有趣的要素,就是它包含对立的社会意涵。从事"群众工作"(mass work)、属于"群众组织"(mass organization)、强调"群众大会"(mass meetings)与"群众运动"(mass movement)、完全为服务"群众"(the masses)而生活:这些语汇属于积极活跃的革命传统。然而,研究"大众品位"(mass taste)、利用"大众媒体"(mass media)、控制"大众市场"(mass market)、从事"群众观察"(mass observation)、了解"大众心理"(mass psychology)或"群众意见"(mass opinion):这些属于完全不同的社会、政治思潮的片语。部分有关革命的用法可以从以下这个事实来了解:在某些社会情况里,从事革命的知识分子或革命党,并不是来自"平民百姓"(the people);他们视这些"平民百姓"为一起奋斗的 masses,并且认为 masses 是他们服务的对象:亦即,masses 作为一种目标或者 mass 作为一种可以被操纵的材料。但是,这种带有"群起反抗"(levée en masse)意涵的历史过程,至少还是有影响力的。在另外不同的流派里,mass 与 masses 脱离了较早的负面意涵(虽然在右派理论家的保守立场里,mob 与 idiot multitude〔白痴群众〕的意涵仍可以被察觉到)。20世纪的组合词,虽然其意涵主要是指整体的一大群人,然而与一些政治、商业与文化的活动至为相关。反讽的是,mass 经常有等级之分:例如,高级的或低级的"大众市场"(mass market);或是,较高级的"大众娱乐"(mass entertainment)等。"大众社会"(mass society)就是根据这种区分而产生的。但是"大众社会"这个至为复杂的语词,其用法与早期保守的意义脉络有关。"大众社会"、"社会大众化"(massification)——经常与"大众媒体"(mass media)有明显的关联——被视为解散或吸收"劳工阶级"(working class)、"无产阶级"(proletariat)、"群众"(the masses)的新兴模式;也就是说,它们是新模式的异化与控制。这些模式阻碍了真正的"群众"(popular)意识的发展。我们可以想象或至少期望一种"群众暴动"(mass uprising)来对抗"大众社会"(mass society),或是一种"群众抗议"(mass protest)来对抗"大众媒体"(mass media),或是"群众组织"(mass organization)来对抗"社会大众化"(massification)。在政治用法里,这种对比性的区别就是这二者——the masses 作为社会行动的主体(Subject,参见本书)与 the masses 作为社会行动的客体(object)——之间的区别。

不足为奇的是,在大多数的用法里,masses 是一种术语(cant),但是它与所衍生的语词及相关词所涉及的大型社会问题,以及所涉及的集体的行动与反动之问题是非常实际的,值得持续地讨论。

参见 Common,Democracy,Popular

Materialism(唯物主义、唯物论)

　　Materialism(唯物主义、唯物论)与相关的 materialist(唯物主义者、唯物论者)、materialistic(唯物主义的、唯物论的)在当代的英文里是复杂的词汇,因为它们指涉:(i)一套非常冗长、复杂与多样的论述;这套论述将 matter(物质)视为构成所有生物(包括人类)与非生物的主要物质;(ii)对于心智的、道德的、社会的活动之解释与评断——一组相关的、必然的,但是极为多样的解释与评断;(iii)一组可区别的观念与活动,未必与哲学、科学有关联性。简单地说,主要是与物的生产及金钱的获得有关。可以了解的是,反对意涵(i)、(ii)的人,通常接纳意涵(iii)及其相关论点,或是被意涵(iii)及其相关论点所困惑。实际上,意涵(ii)的某些层面似乎与意涵(iii)的一些要素有关,然而这些要素几乎无法局限在意涵(i)、(ii)的任何形式里。意涵(i)、(ii)与意涵(iii)之间有着普遍松散的关联,可以通过词义演变史来加以解释。

　　Matter 这个重要的词,具有物质的主要意涵。它以各种不同的形式进入英文。最接近的词源为古法文 *matere*，可追溯的最早词源为拉丁文 *materia*——意指建筑材料，通常是指木材——*timber*（*matter* 在词源上与 *timber* 有关，正如它与 *domestic* 有关。参较"将会从树皮下的白木质〔material sap〕割裂下来"〔《李尔王》IV, ii〕）；后来引申为任何有形的物质，并更进一步指涉任何东西的本质。在英文里，这种意义的脉络很早就确立，虽然早期的特殊意涵并不重要，而且很快就消失了。在早期的确定用法里，matter 有别于 Form（形式，参见本书）。"形式"（form）被认为可以使"物质"（matter）变成"存有"（*being*）。在 material（物质的）与 *formal*（形式的）之间，有一个相关的区别，但最普遍的区分是在 material（物质的）与 *spiritual*（精神的）两者之间；在这种区分里，spirit（精神）是 form 在神学上特殊的表现。Matter 从 16 世纪末期起，与 *idea*（观念）形成对比，但是 material/*ideal* 与 materialist/*idealist* 这种属于现代重要的对比（开始于 18 世纪初期）在时间上晚于 material/*formal* 与 material/*spiritual* 的对比；后面这一组对比与 material, materialist 的第（iii）层专门意涵关系最密切。要追溯这些词义并不容易，然而有一种趋势是将 material 与"世俗的"（worldly）事物产生关联，并且产生一种具阶级性质的区分：从事物质性的（material）活动的人与其他致力于精神的（spiritual）或人文学科（Liberal，参见本书）研究的人，二者之间的区分。因此基德（Kyd, 1588）写道："并不是属于顺从的、或物质的理智（servile or materiall witt）而是……具有研读与思考的倾向。"德莱顿（1700）写道：他的"粗劣的物质灵魂"（gross material soul）。这种趋势也许出现在任何事件里，然而后来哲学论述的演变大大地影响了这种趋势的发展。

我们现在所称的唯物主义(materialist)的哲学观点,其年代可以追溯到公元前五世纪希腊的原子论者。享乐主义观念当时已发展成熟,经由卢克莱修(Lucretius)的宣扬而广为所知。有意思的是,除了对自然与生命的起源做纯粹物理的解释,这种学说将有关文化(在一个特定环境里的自然人力发展)、社会(一种借以防范他人的保障契约)与道德(一些可以产生幸福快乐的社会惯例。如果这些社会惯例无法产生幸福快乐,就会有所改变;没有哪些价值是能预先存在的,在这些价值里,唯一自然存在的就是利己)的各种解释连贯起来。英文的"materialism"(唯物主义)初始不是使用这个名称。使用它的关键时刻是在霍布斯的论点出现后。其论点的基本前提建立在"运动中的物体"(physical bodies in motion)之法则——Mechanics(力学,参见本书),并且从物质运动的法则推演到个人的行为(感觉与思想是运动的形式),到社会的本质——人类的行为彼此互动(而且臣属于至高无上的权威,服从必要的规定)。例如,18世纪时,法国的霍尔巴赫(Holbach)主张:所有的因果关系纯粹就是物体运动的法则;明显的是,其他的原因,尤其是上帝的概念或其他形而上的创造或支配,都是虚假的。从17世纪中叶开始,这一种物质主义(materialist)学说变得有名,并且从18世纪开始以materialism(物质主义)而著称。这种规律性的联想,结合了两种解释——对于自然与生命起源的物理学的解释,以及对于道德、社会所做的传统性(Conventional)与机械性(Mechanical,参见本书)的解释——并且产生一些影响。当宗教的存在被否定时,这些影响尤其明显:将materialism与

materialist 的一个普遍用法延伸,以解释单纯的态度与行为模式。有一些人愤怒地提出反击。这些人对于自然与生命提出宗教性的与传统性的解释,并且针对道德行为与社会组织方面提出不同的分析。他们认为 materialism 及 materialist 这两个词,与 material 早期的意涵——worldly(世俗的)——有不可分割的关系。这种早期的意涵与其说是用来描述先前论辩法或论辩术的推理,倒不如说是用来描述经由演绎所产生的社会、道德观念。这种早期的意涵避开了修辞学的争论,将"利己"(self-interest)作为"唯一的自然力"(the only natural force)之概念转移到将"自私"(selfishness)作为"一种在想象层面上被赞许或喜欢的生活"的概念。几乎不需解释,唯物论的道德论述其传统的与机械式的形式所关涉的是:这种力量——"利己"——实际上(可能)是如何受到规范以达到彼此间的相互利益的。在 18 世纪,这种用法主要具有哲学意涵;到 19 世纪初期,这一种草率的与具争议的延伸用法——从一个命题到一个建议——一直深深地影响 materialism 与 materialist 这两个词的意涵。意义较松散的 materialistic,从 19 世纪中叶起,延续了上述两个相关词的意涵。

　　追溯词义的演变不可能解决一个如此复杂的争论。有些人仍主张:否认任何主要的道德力量——不管是天意或人为——无可避免地会产生世俗的自私欲念。有些人利用这种结论回过头来限制物理性的描述;其他人有意、无意地接受这种物理性的解释,但引进新的词汇来解释道德与社会。在宗教与类似宗教的用法中,materialism 及其相关的词,已经成为"标语",作为对于事物(从物理学到资本主义社会的任何事物)的描述与自由联想。很明显的是,materialism 这个"标语",用来描述或让人联想到社会主义对资本主义社会的反抗。这一种普遍的联想具有武断性,必须从批评的角度与历史的观点来检视。然而,也需要注意哲学唯物论(philosophical materialism)后来的发展,因为它主要是与这个争论有关。因此,马克思的批判——对于此处所描述的唯物主义的批判——接受了物理学上关于自然与生命起源的解释,但是排斥了所衍生出来的各种社会与道德的论述,且将整个发展趋势描述为机械唯物主义(mechanical materialism)。这一种形式的唯物主义,将客体(objects)孤立出来,并且忽略了主体(subject,参见 Subjective)——尤其是作为主体的人类活动。因此,马克思对已被接受的"机械唯物主义"与新的"历史唯物主义"作了一种区分;"历史唯物主义"视人类的活动为一种主要的力量。这种区分是很重要的,但是还有许多问题没有解决。人类的经济活动——人类对大自然环境的影响——被视为是主要的,但是从某个角度而言,所有其他的活动——社会的、文化的与道德的——都源自于(参较 Determined by)这个主要的活动。(顺便提起,这种看法允许一个新的自由联想,即 materialism 的普遍意涵:经济活动是首要的;据此,materialists 主要是指对于赚钱的事务感兴趣的人——这绝非马克思的原意。)马克思对于"相互作用"(interaction)的意涵——人们对自然事物的处理以及处理方式;人们在制造赖以维生的事物的过程中与自然事物的关系——恩格斯将其称为辩证唯物主义(Dialectical materialism,参见本书)。马克思的"相互作用",同时也包含了规律(laws)的意涵,这种定律不仅指历史发展的规律,而且指所有自然过程的规律。在这一种马克思主义的架构里,

"历史唯物主义"(historical materialism)指的是人类的活动,"辩证唯物论"(dialectical materialism)指的是普遍的过程。关于这些词的演变过程,重要的是,"历史唯物论"提供了形成 materialism 的(iii)意涵的原因——个人对于财物和金钱的私欲——之解释。"历史唯物主义"对于这种私欲并不鼓励,它描述了社会上与历史上克服私欲的方式,并且指出了建立合作与相互关系的方式。这种说法仍然是唯物主义的推论方式,与其他具有负面意涵的推论不同,例如:唯心论(Idealist,参见本书)的或道德主义(*moralistic*)的或乌托邦(*utopian*)的推论方式。这些词的复杂意涵是在唯物主义的意义脉络下衬托出来的。

参见 Dialectic, Exploitation, Idealism, Mechanical, Realism

Mechanical(机械的)

Mechanical 似乎是源自 *machine*(机器),并且具有 machine 的主要意涵,但这会令人误解。Mechanical 在英文里出现的时间比 *machine* 还要早,长久以来拥有某些个别意涵。可追溯的最早词源为拉丁文 *machina*,指的是任何的装置、用具;最接近的词源为拉丁文 *mechanicus*。这个词从 15 世纪起被用来描述形形色色的工匠的技艺及手艺;事实上主要是用来描述非农业的生产工作。就某种社会原因而言,mechanical 带有贬抑的阶级意涵,它被用来表示从事这类工作的人及其被认定的特质:"工匠(mechanicall)与地位卑下的人"(1589);"大部分手工操作的(Mechanicall)、肮脏的劳工"(《亨利四世》〔2 *Henry IV*〕,v);"出身卑微的工匠(mean mechanical parentage)"(1646)。从 17 世纪初期起,mechanical 有一个持续的用法,指的是"例行的,不用思考的活动"。这种活动可以被视为与机器运转的动作相类似;从 18 世纪中叶起,这种类比明显可见。但是在最早期的用法里所带有的社会偏见似乎仍然存在。

从 16 世纪起，*machine* 指的是任何结构或框架，但从 17 世纪起，其意涵专指一种使力量运转的器械。18 世纪起专指较复杂的器械；此器械由相互牵动的零件构成。它与 tool（工具）的区别，以及 *machine-made*（机器制造的）与 *hand-made*（手工的）的区别都是根据 18 世纪 machine 所指的意涵而来，尤其是 18 世纪末期。同时，mechanical 具有一个重要的新意涵，主要源自于"力学"（mechanics）这种新科学。博伊尔（Boyle）在 1671 年写道：

> 此处我并不是采用 *Mechanicks* 这个词汇的较严格、较适当的常用意涵：它只被用来表示一种有关于动力的学说（例如传动杆、杠杆、螺旋桨以及楔形物）以及关于可以产生力量的机器的学说；但是……从较广泛的意涵来说，用来表示由纯数学（Mathematicks）的应用所构成的学说，纯数学（Mathematicks）的应用是指可以产生或改变一个次级物体中的运动。

从一组关于特殊的实践之理论转移到运动定律的普遍理论，mechanics 这个词开始与各种宗教理论产生互动，并且实际上与 Materialism（唯物主义，参见本书）的意涵部分重叠。因此在 17 世纪末期，我们可以听到"机械的无神论者"（the Mechanical Atheist）。18 世纪末期出现了 mechanism（机械论）——指的是宇宙中的每一件事物均被视为由机械力所产生。（Mechanism 从 17 世纪起，原先主要是指机械的器具。）因此，mechanical（机械的）、the mechanical philosophy（机械的哲学）、mechanical doctrine（机械的学说）被界定为"唯物主义哲学"(materialist philosophy)的若干形式,并且被宗教思想家与唯心论者用来描述或贬抑其对手。从 19 世纪中叶起,Materialism(参见本书)区分为(i)机械的唯物主义,(ii)历史的或辩证的唯物主义。

这种主要的词义演变不难理解,但是 mechanical 从 19 世纪初变得极为复杂,因其与 *machine* 的新意涵产生互动,且被应用在像 mechanical civilization(机械文明)这一类的描述里。在现代意涵里,机械文明指的是一种使用或依赖机器的文明,也就是一种工业(Industrial,参见本书)社会(*society*)。但是从 19 世纪初期以来,在某一些种类的思想里,这种意涵(如同在柯勒律治与卡莱尔的作品里)与下述看法产生关联,或相互结合,或产生混淆:*mechanical* 与 *spiritual*, *metaphysical* 或 *idealist* 是相对立的。就在同一个时期,mechanical 与 Organic(参见本书)有明显的区别。这两个词原本的意涵相当接近。新的机器(*machines*)开始"自我"运转"取代了人力",这显示出其与"宇宙间没有上帝或神圣的支配力量"的观念产生关联,同时也与旧的(受到社会影响的)意涵有关;此旧意涵即是"例行的、没有思考的活动",也就是"没有意识的行动"。

Mechanical 词义的复杂性,一直令人困惑。当它不是用在直接与机器有关的描述时,或是早期的一些相关意涵被舍弃不用时,其词义的复杂难解始终存在。其词义的真正来源及所隐含的各种不同的对立意涵,仍有待更进一步地检视。

参见 Industry, Materialism, Organic

Media(媒介、媒体)

Medium 源自拉丁文 *medium*——意指中间。从 16 世纪末期起,这个词在英文中被广泛使用,最迟从 17 世纪初起,具有"中介机构"或"中间物"的意涵。1621 年,伯顿(Burton)写道:"对视觉来说,有三件事是必要的:物件、器官与媒介(medium)";1605 年,培根写道:"通过文字的媒介(medium)来表达。"在 18 世纪,有一个与报纸有关的传统用法:"通过你们好打听消息的出版物的媒介(medium)。"(1795)在 19 世纪,出现了下述的用法:"将你的日记视为此计划中一个可能的最好方法(medium)。"(1880)将报纸视为广告宣传的一种媒介(medium),在 20 世纪初期变得很普遍。20 世纪中叶,media(媒体)——从 19 世纪中叶以来,这个复数名词被普遍使用——的意涵也许主要就是据此而来。Media 被广泛地使用,开始于广播与新闻报纸在传播通讯(Communications,参见本书)上日渐重要;那时,一些普遍的词汇随之出现:Mass(参见本书)、media(大众媒体)、media people(媒体人)、media agencies(媒体机构)、media studies(媒体研究)。

Medium 也许一直都含有下述三种意涵:(i)普遍的旧意

涵指的是"中介机构"或"中间物";(ii)专指技术层面,例如将声音、视觉、印刷视为不同的媒介(media);(iii)专指资本主义;在这个意涵里,报纸或广播事业——已经存在的或是可以被计划的事物——被视为另外事物(例如,广告)的一个媒介。有趣的是,(i)意涵根据的是特别的物理或哲学的观念:一种感官(或一种思想)要去体验(或表现)必须有一个中间物。在大部分的现代科学与哲学里,尤其在关于语言的思考里,"媒介"(medium)的概念已经被舍弃不用;因此语言并不是媒介,而是一种首要的实践(primary practice),而且书写(作为印刷用途)、演说或表演(作为电视或无线电的播送用途)也是一种"实践"。在(ii)专指技术的意涵里,印刷与广播是否为 media,或者更严格的说法,是否为物质的形式(forms)与符号系统,仍是有争议的。有一些特别的社会观念认为,书写与广播受制、取决于(Determined,参见本书)其他的目的:范围从比较中性的"资讯"到非常特别的"广告"或"宣传"。上述这些特别的观念虽然肯定旧有意涵,然而却使"传播"(Communication,参见本书)的现代意涵混淆不清。Medium 的技术意涵指的是具有独特的、决定性的(determining)特质(在某种形式上其重要性优于真实的言说、书写或显现的事物)。Medium 的技术意涵事实上是与 media 的社会意涵若合符节;在其社会意涵里,实践(practices)与机构(institutions)被视为完全有别于原初目的的媒介(agencies)。

可以这么说,自从 20 世纪 50 年代以来,media 急速受到欢迎,经常被作为单数名词来使用(参较 phenomena)。

参见 Communication, Mediation

Mediation(调解)

Mediation 在英文里一直是一个比较复杂的词,在现代思潮的某些体系里,它被当成一个关键词来使用,因而显得更加复杂。在 14 世纪时,这个词在英文里出现,其最接近的词源为古法文 *mediacion*、后期拉丁文 *mediationem*,可追溯的最早词源为拉丁文 *mediare*——意指分成两半、占据中间位置、作为一个中介。这个拉丁文的三种不同意涵,都出现于英文的 mediation 与动词 mediate 的用法里。动词的 mediate 是由名词的 mediation 以及形容词的 mediate 演变而来。英文里 mediation 的用法,早期的两个例子都是源自于乔叟(Chaucer)的作品。这两个例子具有上述三种中的两种明确意涵:(i)在两个对手之间做调解,带有强烈的和解意涵——"经由教皇的调解(mediacion)……他们已经变得和谐了"(《律师的故事》〔*Man of Law's Tale*〕,公元 1386 年);(ii)一种传递的方式或是作为中间的媒介——"经由这个小论文的媒介,我打算要教……"(《论星象球》〔*Astrolabe*〕,公元 1391 年)。从公元 1425 年起,第三种早期的意涵——现在已经不使用了——但文献上有记载：(iii)分割或二等分——"mediacion意指从整个数量中取走一半"。

在一般的用法里，(i)与(ii)的意涵常被使用。(i)被反复地使用在基督介入人与上帝之间的调解，在政治上是用在与对手和解或试图与对手和解的行动上。(ii)的意涵涵盖了中间的媒介，从物质性的东西——"不会被触摸到的，除了通过一枝棍棒的媒介(mediation)外"(1615)，到心智上的行为——"理解力接收事物，首先是经由外部感官的媒介，后来是经由想象力的媒介(mediation)"(1646)。动词的mediate具有这两种意涵，而形容词的mediate不只具有"中介的"与"中间的"之意涵，而且具有间接的或依赖的关系之意涵，所以mediate经常与immediate(直接的)形成对比。因此："死亡的直接的(Immediate)原因就是灵魂的解脱或者消失……器官的毁灭或腐化，只不过是间接的(Mediate)原因"(培根，1626)；"知觉不是直接的(immediate)，就是间接的(mediate)……间接的，比如说当我们察觉到两种(观念)是如何彼此相关，经由与第三种观念做比较"(诺利斯〔Norris〕，1704)；"所有的真理若不是间接的(mediate)……源自于其他的真理……就是直接的(immediate)、原创的"(柯勒律治，1817)。

于是，我们看到一组复杂的意涵，从"和解"到"中间的"到"间接的"。在某些现代的思想体系里，各种不同的特别用法，经由翻译德文 *Vermittlung* 而进入这些复杂的意涵。(i)和解的意涵常出现在观念论的哲学里：在上帝与人之间、在精神与世界之间、在观念与物体之间、在主体与客体之间。在它引申的用法里可以区别出三种不同的阶段：(a)在两个对立的事物里，找到一个中心点，正如在许多政治的用法里;(b)描述存在于一个整体(totality)的两个对立观念或力量间的互动;它们被认定是属于这个整体的或是真正属于这个整体;(c)视这种互动为实质上的存在,具有它本身的形式,因而它并不是个别形式之互动的中立过程,而是一种积极活跃的过程;在此过程里调解(mediation)的形式改变了被中介调解的事物,或者通过调解的性质显示出这些事物的本质。

Mediation 指涉"和解"的政治意涵,一直是明显而强烈的,但是在大部分的现代哲学用法里,依据的就是一个实质的,而非纯粹中立或有助益的调解者之观念。这该如何定义,有不同的看法。观念论的思想认为,表面上分离的个体,实际上应被视为"整体"(totality)的一部分;因此彼此间的调和是依据整体的规律。在马克思主义的传统里,"整体"有一个不同的用法,它强调整个社会里不可解决的矛盾;mediation 有时候具有英文里已经存在的意涵——指的是"间接的衔接"(indirect connection)。mediation 的负面意涵经常出现在"真实的"(real)/"中介的"(mediated)关系对比里。Mediation 于是成为其中一个必要过程,不只是意识的过程而且是意识形态(Ideology,参见本书)的过程。Mediation 的这种用法与 Media 或 Mass Media(参见本书)的现代用法一致;在现代用法里,某些社会的中介机构被视为是刻意地介入于真实(reality)与社会意识(social consciousness)之间,使人对真实无法了解。在某些心理分析的思想里,出现了类似"间接的""迂回的"或"误导的"这些意涵;其中,"潜意识"(Unconscious,参见本书)的内涵历经"中介"(mediation),进入"有意识的心灵"(the conscious mind)。这些用法根据的是一种真实与意识、潜意识与意识的二元论假说:mediation 的行动介于其中,但却以间接的或误导的方式。然而,除了这些主要源自于上述(b)意涵的用法以外,也有各式各类源自(c)意涵的用法。这些用法现在也许是非常重要的。Mediation 在这些用法里,指的既不是中立的也不是"间接的"("迂回的"或"误导的"意涵而言)。它是一个直接的、必然的活动,介于各种不同种类的活动与意识之间。它有自己的特殊形式。这种区别在阿多诺(Adorno)的论点里很明显:"mediation 是存在物体本身,并不是介于物体与其他外在物体间的东西。然而,包含在传播(communications)里的关系仅仅是生产者与消费者的关系。"(《论艺术的社会学》〔Theses on the Sociology of Art〕,1967)在此引文中,所有的"物体"很明显是指艺术作品,它们被特殊的社会关系所中介,但是无法化约为一种抽象的关系;这一种 mediation 具有正面的意涵,而且就某种意义而言具有自主性。这种看法,如果有争议的话,是与形式主义(Formalist,参见本书)有关;在形式主义里,"形式"(form)——可以被视为,也可以不被视为一种中介(mediation)——对其"生产者"(producers)或"消费者"而言,超越了与中介的关系问题。

在现今的用法里,mediation 的复杂性非常明显。最普遍通用但相互抵触的用法如下:(1)仲裁行动的政治意涵,目的是达成和解或和谐;(2)二元论的行动意涵,指的是通过间接的、迂回的与误导的方式(通常是以虚假的和解方式)表达了与其他个别事实、行动与经验的关系;(3)形式主义的活动意涵,直接表达了在其他方面尚未表达的关系。每一种意涵可分别以一个合适的词来表达:(1)conciliation(调解);(2) Ideology(意识形态)或 Rationalization(理性化);(3) *form*(形式)。然而,在 mediation 的实际词义演变史里,可理解的是,就是这些不同词义间的关系形成了冗长辩论的题材,尤其是(2)与(3)之间的关系。这些冗长与复杂的辩论赋予 mediation 不同的意涵。这个词的重要用法让我们想到无可避免的词义复杂性。

参见 Dialectic, Experience, Idealism, Media, Unconscious

Medieval(中古的、守旧的)

Medieval(原先拼写为 mediaeval)从 19 世纪初,一直被用来表示介于古代(Ancient)"世界"与现代(Modern)"世界"之间的一个时期。先前使用的词是 *the Middle Ages*(18 世纪初期)与 *Middle Age*(17 世纪初期),这些词是源自于 15 世纪的拉丁文 *media aetas*,*medium aevum*。18 世纪中叶的一个定义(钱伯斯版百科全书)将这个时期称为介于君士坦丁大帝与君士坦丁堡沦陷之间的时期。古代与现代的对比,在文艺复兴时期就已经形成,16 世纪末期出现在英文里;从 17 世纪起,在历史上它变成一个熟悉的断代时期。在两个时期中加入另外一个或中间的时期的概念,出现在 16 世纪的思想里,但是其所强调的重点是对于中世纪的艺术与生活的重新评估;这种重估主要是发生于 18 世纪末,尤其是从 19 世纪初;这个时候,受人欢迎的"中世纪的"(medieval)与"现代的"(modern)——尤其是与"现代工业的"(modern industrial)或"现代商业的"(modern commercial)——对比开始形成了。*The Middle Ages*(中古时代)这个字母大写的词于是具有现在的特别意涵。Mediaeval(源自拉丁文 *medius* 与 *aevum*；前者意指中间,后者意指年代)变成一个正规的形容词。Medievalism(中世纪精神)与 medievalist(中古主义者)相继出现。这三个词可以归类成两个意涵:(i)指涉中古时代的历史;(ii)崇尚中世纪生活、宗教、建筑与艺术的某些层面(正如科贝特,普金,罗斯金,莫里斯所表现出来的风貌)。就(ii)而言,mediaeval 从 19 世纪起有了类似于 primitive(原始的)或 antiquated(过时的)的负面意涵。虽然有关于中古时代的正确日期,争论一直持续不断(实际上这个时期,在某些方面已经被细分为若干部分),但其历史意涵现在仍然极为明显。

参见 Modern

Modern(现代、现代的)

Modern 这个英文词最接近的词源为法文 *moderne*、后期拉丁文 *modenus*。可追溯的最早词源为拉丁文 *modo*——意指此刻。早期的英文意涵接近 contemporary，其意为现在所存在的事物或此时此刻。(Contemporary 或 19 世纪中叶以前所使用的 co-temporary，不论是以前或是现在，主要是指"同一个时期的"，此意涵包括了过去的时期，而不是指"我们目前的年代"。)古代与现代的传统对比，在文艺复兴之前就已确立；从 15 世纪以来，一个中间的或中世纪的(Medieval，参见本书)时期开始被定义。从 16 世纪末期以来，modern 所具有的相对历史意涵变得普遍。Modernism(现代主义)、modernist(现代主义者)与 modernity(现代性)在 17 与 18 世纪相继出现。19 世纪之前的用法，大部分都具有负面的意涵(当其意涵具有比较性时)。Modernize(使现代化)从 18 世纪起，特别用来指涉建筑物(沃波尔〔Walpole〕，1748："这栋房子里其余的部分皆现代化了〔all modernized〕")；拼词法(菲尔丁，1752："我已经冒昧地将语言现代化了〔modernize the language〕")；服装式样与行为模式(理查逊，1753：

"他不会犹豫将一些部分现代化〔modernize a little〕")。我们可以从这些例子里了解到 modernize 之意涵有一些明显变化,这些意涵会视情况而定。

Modern 的负面意涵及相关的词一直持续存在着,但是在整个 19 世纪,尤其很明显地在 20 世纪,有一个运动使 modern 的词义演变朝向正面意涵。modern 的正面意涵实际上等同于"改善的"(Improved,参见本书)或"令人满意的"或"有效率的"。Modernism(现代主义)、modernist(现代主义者)的意涵已经由广义变为狭义,专指特别的趋势、潮流,尤其是指 19 世纪 90 年代至 20 世纪 40 年代的实验艺术与创作,于是后来 the modernist(现代主义的)与 newly modern(崭新现代的)便有了区别。Modernize(使现代化)在 19 世纪中叶已经成为一个普遍的词(参较萨克雷,1860:"火药与印刷术使这个世界现代化〔modernize world〕")。Modernization(现代化)在 18 世纪被用在有关建筑物与拼词法方面。Modernize 与 modernization 在 20 世纪的论述里变得日益普遍。这两个词与 Institutions(机制,参见本书)、Industry(工业,参见本书)有关,通常是用来表示完全令人喜欢或满意的事物。这些词汇成为一种特别的流行话语,词义变化不定,很值得我们深入探讨。要将 modernizing, modernization 这两个词与 modern 做区分经常是可能的,仅仅因为(正如同在许多实际的方案里)前面两个词暗示着一些局部的改变,或是暗示对于旧机制或体系的改善。因此,一个"现代化的民主"(modernized democracy),未必等同于一个"现代的民主"(modern democracy)。

参见 Improve, Progressive, Tradition

Monopoly(专卖、垄断)

Monopoly 是个难解的英文词,因为它有一个普遍的字面含义,而且有一个相当广泛的意涵,此意涵具有重要的历史性。这个词在 16 世纪出现在英文里,最接近的词源为后期拉丁文 *monopolium*、希腊文 *monopolion*;可追溯的最早词源为希腊文 *monos* 与 *polein*——前者意指单独、唯一、单一,后者意指出售。在英文早期的例子里,出现了两种意涵:(i)独自拥有某种物品的买卖;(ii)专卖的特权,被允许出售某些物品。因此在(i)的意涵中:

当一个人将某些物品独揽于自己手中,谁不知道专卖(Monopoly)的意思就是指没有一个人可以出售同样的商品,除他自己以外;或是向他批购商品再出售(1606);

专卖(Monopoly)就是一种商业的形式,在买、卖、交换或交易方面,被少数人(有时候甚至是一个人)所垄断,将所有其他的人排除在外(1622)。

在(ii)的意涵里

> 专卖(Monopoly)……一种许可,没有人可以买卖东西,除了他自己(1604);

> 肥皂、盐巴、酒、皮革和海菜子……的专卖(Monopoly)(1641)。

这种具有特权或被特许的垄断,在 17 世纪初期格外重要。然而(i)还是其主要的意涵。

当 monopoly 的字面意涵——独家专卖;这种专卖形式的垄断具有历史渊源,而且在当代可能是一种存在事实——被坚持用来当作反对 monopoly 的其他用法(指的是对市场有效的支配)时,其词义就变得复杂难解。上述 1622 年的例子,说明了这个词意指为"少数人"与"一个人"所拥有,更早在 16 世纪中叶的一个例子(源自于莫尔的《乌托邦》〔Utopia〕),就是这个论点的最好例证:

> 不要容忍这一些富人全部收购、独占与垄断,以专卖来保持市场的独占性,而遂其所愿。

这段引文很明显不是描述个人的活动而是一个阶级的活动。就是从这个意涵,我们可以了解其他令人困惑的用法,例如现代的语汇 monopoly capitalism(垄断资本主义)。这个语汇在 20 世纪初期时非常受欢迎,被用来描述资本主义(Capitalism,参见本书)的一个阶段;在这个阶段里,市场如果不是由企业联盟所经营,就是由日渐大型的公司所支配。不论是这两种用法中的哪一个,都有可能受到批判,这种批判是根据 monopoly 表面的意涵,意味着大公司,不管是否有正式的企业联盟,在商品的出售方面并不会有竞争:那就是说只有唯一的卖方。因为这种观点很明显与事实不符,且在政府企业或公共事业里有严重的专卖垄断(尤其是后者),所以 monopoly capitalism(垄断资本主义)这个词的定义似乎是不严谨的。工会(trade unions)因而被指控专卖垄断,掌控了劳力出售的条件与状况。然而,从历史的角度来看,monopoly 的词义范围是很广泛的。16 世纪中叶来自《乌托邦》的例子,可以完全合理地适用在现今社会学家所称的资本主义垄断(capitalism monopoly)里。

参见 Capitalism

Myth(神话)

　　Myth 这个词迟至 19 世纪初才出现在英文里,虽然 18 世纪就有 *mythos* 的存在。*Mythos* 最接近的词源为后期拉丁文 *mythos*,希腊文 *mythos*——指的是一则寓言或故事;后来与 *logos*(道、理性)和 *historia*(历史)形成对比,产生了下述意涵:"不可能真正存在或发生的事情。"Myth 与 mythos 出现之前,mythology(从 15 世纪起)及其衍生词 mythological,mythologize,mythologist,mythologizing(从 17 世纪初)就已经存在。这些词与"寓言式叙述"(fabulous narration,1609)有关,但是 mythology 与 mythologizing 最常被使用,其意涵指的是对寓言故事的解释或注解。从 1614 年起,我们就有"神话学的诠释"(mythological interpretation)。在 1632 年,桑迪兹(Sandys)写了一本书,其书名《奥维德的变形记:英译版的神话人物再现》(*Ovid's Metamorphosis Englished, Mythologiz'd, and Represented in Figures*)也具有相同的意涵。

　　在 19 世纪初期,对于这个词的解释有两种派别。柯勒律治使用了 mythos 这个词,其普遍通用的意涵为:一种特殊的、具想象力的结构（在最普遍的意义上，就是指 plot——情节）。同时，持理性立场的《威斯敏斯特评论》(*Westminster Review*)在1830年也许是首次使用这个词的时候，提到"神话的起源"(the origin of myths)，且提到寻找神话在"传说中的历史情境里的原因"。

上述这些论述都是回顾过往。Myth 与 *fable*（寓言）交互使用，有别于 *legend*（传说、传奇故事）。Legend 也许是不可靠的，然而它与历史有关，而且它是源自于 *allegory*（讽喻）——讽喻可能是充满想象的，但是表达了某一些真实。然而从19世纪中叶起，myth 的单纯用法——不仅是一种想象的，而且是不可靠的、甚或是刻意带有欺骗性的虚构——普遍且持续地被使用。

另一方面，在其他的传统里，myth 具有一个崭新而且正面的意涵。在19世纪之前，myths 被斥为只不过是寓言（通常是指异教徒的寓言），或是被当作讽喻，或是被视为关于起源与史前史的一些令人困惑的回忆。然而，一些新的思想方法在这个时候出现。神话被视为与"语言的弊病"（穆勒〔Muller〕）有关，在这个弊病里，名称的混淆导致了拟人化的产生；导致了人类文化里万物有灵论阶段的产生（朗格〔Lang〕）；也促生了神话所赋予的特殊仪式（弗雷泽〔Frazer〕，哈里森〔Harrison〕；"神话与仪式"的普遍关联性，源自于19世纪末期、20世纪初期弗雷泽的作品）。随着人类学的发展，有关仪式及另外的意涵（即指神话作为一种有关起源的叙述，其实是一种活生生的社会组织形式）被明显地发展出来。每一种意涵通过各种不同的形式，彼此相互竞争，并且对抗将神话理性化(Rationalize，参见本书)的企图（理性化之目的是质疑神话的可信度或者是揭露真实的原因、起源)。许多正面的且被普遍使用的用法,于是从上述意涵发展出来。神话被认为是一种比(世俗的)历史,或写实的描述,或科学的解释更为真实的(较有深度的)"实在版本"(version of reality)。根据这个论点,神话的范围涵盖了从单纯的非理性主义与(通常是"后基督教的")超自然主义到更细腻的叙述。在这些叙述里,神话被认为是人类心灵的某些特质之基本表现,甚至是人类组织的精神或心理层面的基本表现。这些表现是"不受时间影响的"(永恒的)、对于某一些时期或文化是十分重要的。神话的功能(mythic)已经和艺术与文学的创作(Creative,参见本书)功能结合在一起。学校里已经将文学与艺术融入了这种神话的观点。有关神话的内在与外在性质的辩论,是非常复杂的。Myth 现在是一个饶富深意且极其复杂难解的词。这个词进入英文是在一百五十年前,当时是一个正统宗教崩解的时期。Myth 向来被视为具有负面意涵,作为事实、历史(History,参见本书)与科学(Science,参见本书)的对比;myth 与 imagination(想象)、creative(有创造力的)与 fiction(虚构的)这些词的复杂的现代意涵纠葛不清。在独特的"后基督教的"意义上,myth 被用来解释与分析"人性"(human nature)——虽然采用 myth 的这层意涵的各个流派的模式已经融入了对基督教教义重新解释与辩护。此外,myth 具有一个普遍共同的意涵:一种虚假的(通常是刻意虚假的)信仰或叙述。

参见 Creative, Fiction, History, Image, Rational

Nationalist(民族主义)

213　　Nation(民族、国家)最接近的词源为法文 *nation*、拉丁文 *nationem*——意指人种、种族。从 13 世纪末期起,这个词就已经普遍通用,最初具有一个主要的意涵,指的是一个"族群"而非"政治组织的群体"。因为这些意涵很明显有重叠的地方,所以要确定一个政治组织的现代主流意涵何时出现是不容易的。的确,这些重叠意涵一直持续着,一方面导致了民族国家(nation-state)的特殊化定义,另一方面在 nationalist(国家主义者、民族主义者)、nationalism(国家主义、民族主义)的意涵方面,也产生了非常复杂的争论。虽然 *realm*(领土)、*kingdom*(王国)、*country*(国家)在 18 世纪之前仍然普遍通用,然而 nation 的明显政治用法出现在 16 世纪,并且从 17 世纪末起变得很普遍。17 世纪初期,nation 出现了一个用法,意指一个国家的全体国民,通常是与国家之内的某个群体形成对比——正如在政治论述里,现在仍然可以见到这种对比。National 这个形容词(例如,national interest——国家的利益)从 17 世纪起,被局限在这个深具说服性的单一意涵(国家利益)里。National(国民)作为一个衍生的名词,很明显具有政治意涵。这个名词是比较新进的,而且与较古老的词 subject(臣民)互相通用。Nationality(国籍、民族性、民族全体)具有广泛的意涵,从 17 世纪末起开始被使用,在 18 世纪末与 19 世纪初具有现代意涵。

Nationalist 出现在 18 世纪初,nationalism 出现在 19 世纪初。这两个词从 19 世纪中叶起变得很普遍。群体(grouping)与政治形构(political formation)间的意涵一直有所重叠,这个观点是非常重要的,因为要求成立一个国家(nation)以及具有国家应有的权利(national rights),这些建国理念通常预想一个具有政治意涵的国家(nation)的存在,甚至违反现存国家的治国理念,因此群体往往被现存的国家要求效忠。反对民族主义(nationalism)的人,通常认为这种群体的主张基本上是属于种族的(Racial,参见本书)问题。(Race,其词源不明,从 16 世纪起意指共同的世系、血统。Racial 这个形容词出现在 19 世纪。在大部分的 19 世纪用法里,具有正面意义,但是有关 race 的一些武断理论——强调 race 与 nation 之差异性——在同一时期亦明显出现。这些理论将国家差异概括为科学上所认定的根本差异。Racial 受到这些理论的影响,于是具有特殊的负面意涵。Racialism 意指种族主义,是 20 世纪所产生的词,用来描述——通常是用来批评——这种明显的区别与歧视。)也有人认为,这种群体要求建国的主张是"自私的",违反了现存的国家利益。实际上,在被征服与宰制的情境里,民族主义(nationalist)运动通常发生在一个现存的、从属的政治群体,以及具有特殊语言的群体,或想象的种族共同体之群体中。在具有独特的语言、宗教或种族属性的国家、省份或地域里,民族主义(nationalism)一直是个政治运动;同样,在包含数种"种族"与语言(例如,印度)的被统治国家里,民族主义也是一个政治运动。的确,nationalism 与 nationalist 词义的复杂性可以跟 Native(参见本书)相提并论。但是这种复杂性通常隐含在下述的区分里:将民族情感(national feeling)与民族主义情感(nationalist feeling)分离开来,视前者为"善",后者为"恶"(假如它是属于别的国家,其主张要求与自己的国家不同);或是将民族的利益(national interest)与民族主义(nationalism)分离开来,视前者为"善",后者为"恶"(因其肯定的是其他群体的利益)。这种复杂性随着国家主义(nationalism)、国际主义(internationalism)的区分不断产生。前者指一味追求自己国家的利益,不顾他国的利益,后者指国与国之间的合作。然而国际主义(指涉民族国家之间的关系)并不与国家主义(一个附属的政治群体,寻求它自己的命运)相对立;它仅仅与现存的国家彼此间自私的、竞争的政策相对立。

Nationalize 与 nationalization 出现在 19 世纪初期,表达了一种过程——组成国家或使某事物具有国家特点的过程。现代的经济意涵出现在 19 世纪中叶。在 19 世纪末之前,这种经济意涵并不很普遍,它主要指土地收归国有(nationalization)的提议。在政治的辩论过程中,不论是 nationalize 或 nationalization,都各具特别的意涵,所以不难判定国有化(nationalize)是否对国家有利(in the national interest)。

参见 Ethnic, Folk, Literature, Native, Racial, Regional, Status

Native(本土的、原住民的)

Native 是一个有趣的词,它虽然保留了实质的完整意涵,但是如果被应用在特别的语境里,会产生完全不同甚至相反的含义。Native 的形容词用法始于 14 世纪,名词用法始于 15 世纪。最接近的词源为法文 *natif*、拉丁文 *nativus*(形容词)与中古拉丁文 *nativus*(名词)。法文 *natif*,较早的形式为 *naif*(英文词 *naive* 源自于此词,其意为质朴的、单纯而自然的)。拉丁文 *nativus*(形容词)意指天生的或自然的。中古拉丁文 *nativus*(名词)是由拉丁文 *nativus*(形容词)衍生而来。Native 的词根为拉丁文 *nasci*(过去词),意指出生的。

早期 native 作为形容词的意涵,大部分我们仍可辨识出来:天生的、自然的、生于某地的(参较相关词 *nation*)。一个正面的社会与政治意涵——例如在 native land(故乡)、native country(祖国)——从 16 世纪起开始明显。然而,政治的征服与统治产生了 native 的负面意涵(不论名词或形容词都有):名词之意通常等同于奴隶或农奴;形容词意涵通常是指"生而奴隶的"。虽然这种特殊的社会用法现在已经被舍弃了,但其负面意涵变得很普遍,指一个被外来政权统治或被居高临下者参观访问之地的次等居民。在殖民主义与帝国主义时期,native 常被用来指涉"非欧洲人",但它也被用来指涉大不列颠与北美洲的国家与地区之居民,并且也指涉某种优越人士所居住之地的居民(这个用法相当于 *locals* 的贬义用法)。当 native 用来指涉自己的地方或自己人时,具有非常正面的意涵。

Native 的负面用法,尤其是指"非欧洲人",甚至可以在明显驳斥这种深具意识形态意涵的作品里找到。*Indigenous*(固有的、天生的、当地的)是一个委婉语词,同时也是一个具有较中性意涵的词汇。在英文里,很难用这个 indigenous 来形容他人为次等人(*to go indigenous* 这个片语的意涵,不如 to go native 来得贴切)。然而在法文里,*ingènes* 这个词经历了与 *natives* 同样的词义演变过程,现在通常被另外一个法文词 *autochtones* 所取代。

参见 Dialect、Ethnic、Nation、Peasant、Racial、Regional

Naturalism(自然主义)

　　Naturalism 现在主要是文学与艺术的批评词汇,但它比我们所了解的还要复杂,正如同它的词义演变史所显示的。Naturalism 从 17 世纪初出现在英文里,作为一个宗教与哲学论述的词汇。而 Naturalist 在 16 世纪末期就已经出现在英文里,与 Naturalism 属于同一个意义脉络。Naturalism 的意涵是根据 Nature(自然,参见本书)的一个特殊含义而来,即 nature 与上帝或是灵魂形成对比。研究事件的自然原因(natural causes)或者从自然(*nature*)或人性(*human nature*)的角度来解释道德或为道德辩护,这样的人就是支持自然主义(naturalism)的自然主义者(naturalist)。实际上这些词汇似乎是批评者所使用的。因此,文献上记载:"那些不敬神的、反对真理的异教徒,以及无神论的自然主义者(naturalists)"(1612);"无神论者或是除了道德、自然主义、人类的理性以外什么都不相信的人"(1641)。Naturalism 最初的意涵所暗示的反义词就是 supernaturalism(超自然主义)。这一直是事实,虽然在道德与伦理学的论述里,还有更多与

naturalism相反的词。但是它也有"研究自然的本质"(the study of the physical nature)这一种意涵。虽然很明显与道德意涵相重叠,但它具有独立的含义。Naturalist 在 17 世纪是一个很普遍的词,代表自然科学家(natural philosophy)或是我们现在所说的科学家(Scientist,参见本书):实际上就是指我们现在所称的物理学家(*physicists*)或生物学家(*biologists*)。Naturalism 与 naturalist 的这些意涵(无论是"超自然"〔supernaturalism〕的反义词意涵或是"博物学的研究"〔the study of natural history〕——现在主要是指生物学)迟至 19 世纪中叶才被普遍使用。

  Naturalism 与文学、艺术的关系的发展是复杂的。首先,受到 natural 的其中一个意涵之影响,例如出现 18 世纪中叶的一段文字提到:"写作的简单、自然(natural)风格。"最早的一个新用法很明显受到这种影响:"写作的自然风格(naturalism)最早而明显的例子……在整个意大利的诗里。"(罗塞蒂,1850)其次,受到博物学(natural history)意涵的影响,亦指受到"精细的、细腻的观察"这个特点的影响:"菲尔丁是一个自然学家,因为他是一个诉诸于直觉的与细心的观察者。"这两种意涵(特别是第二种意涵)仍然存在于 20 世纪的词汇里,但是在词义演变史及批评讨论里,第三种影响通常被忽略;第三种影响是来自具有普遍的哲学、科学意涵的自然主义(naturalism)。自然主义本身受到新兴的、具有争议的学说的影响:地质学、生物学、(尤其是)达尔文的进化(Evolution,参见本书)论里"物竞天择"的学说。在法国,自然主义(naturalisme)这个学派受到将科学方法应用到文学概念的影响(例如左拉所提的论点),特别是研究家族史里的遗传问题;更广泛而言,就是从严谨的自然科学的角度来描述与解释人类的行为,并且排除下述的假设:在人性之外存在着某种控制的或支配的力量。这种自然主义(naturalism)于是成为新的写作方式的主要依据,且哲学的观点被明显地提出,参较斯特林堡:"自然主义者(naturalist)借否定上帝来消除人类的原罪";"作者对于人的概括性评断……应该受到自然主义者的挑战;自然主义者了解灵魂的复杂性,并且认为'罪恶'有一个非常像美德的反面"(《朱丽小姐序》〔*Preface to Lady Julie*〕,1888)。人物与行动所处的环境(*environment*)被赋予一种新的重要性。(*Environment* 具有 conditions 的特殊而主要的意涵,包含了自然的环境;在此环境里人与物存留下来,并且不断地发展。*Environment* 在19世纪初期从早期的 surroundings 的普遍意涵衍生而来。)人物与行动被视为会受到环境(*environment*)所影响或决定,因此特别是从社会与自然环境的角度而言,环境必须被精确地描述并且被视为诠释一种生活的必然要素。这与博物学里精细的观察态度有关,但它并不是一种纯粹为了精细而精细的描述(正如后来所认为的),也不是为了塑造某种真实感的精细描述;相反,它根据的是新的、完全的自然主义意涵——环境对于生活具有决定性(determining)或影响力(influential)——来做描述。(后来的许多发展可以从 *determining* 与 *influential* 相关的变异词来了解。)有两个特别的例子:首先,naturalism 暗示着以批判的角度来探索社会环境的要素;这些要素在当时仍被排除在文学之外。这可以解释收录在1881年的《每日新闻》(*Daily News*)里的一段回应文字:"对于令人讨厌的事件做了不必要的忠实描述,左拉先生为此找到了新的名字,称为'自然主义'。"这是一段有特色的讽刺文字。其次,有一个特别的"物竞天择"的应用例子,正如在社会达尔文主义里的信念一样,强调人际关系间的竞争与冲突:"真正的自然主义,探索那些生活里的重大冲突。"(斯特林堡,《朱丽小姐序》,1888)不论从上述的哪一个派别或是从较古老的、基本的意涵来否定超自然主义,都会出现保守派的反对意见。这种反对意见通常并不明显,但一直影响 naturalism 这个语汇的批判用法。

然而,这些用法与精细观察的意涵结合在一起。此种精细的观察,一方面来自生物学上的自然主义;另一方面来自 natural 的旧意涵。自然主义与现实主义(Realism,参见本书)之间有一个复杂且常令人困惑的互动。尤其是在绘画里,naturalism 与 19 世纪中叶产生的新词 naturalistic 不但被用来表示仔细的观察,而且表示对于自然事物细腻的"复制":"现代自然主义风景画家(naturalistic landscape painters)的派别。"真正的复杂现象是,后来对于自然(nature)与人性(human nature)——以两者的旧意涵来说,它们都是自然主义的词汇——的更进一步研究显示,过程与结果不是马上可以由视觉的观察找到,也不能在静态的外在表面呈现出来。自然主义遭致批判,其过程与方法被赋予其他的名称,因此其意涵不断地被限定,专指一种"精确描述外部事物"的风格,即是这个词现在的主要意涵,但是因为其意义不断被限定,所以原先一些重要的论点就被舍弃了。造成的结果是:观念论的(Idealist,参见本书)与超自然主义的(supernaturalist)的各种看法(关于自然与人),从各种艺术方法(印象主义、表现主义等等)去寻求表面的(与令人困惑的)支持。这些艺术方法,从广泛的观点而言,持续着——通常是直接且明显的——原初的自然主义特质。同时,自然主义一直与经验主义(Empiricism,参见本书)及唯物主义(Materialism,参见本书)有着互动的关系,在此互动中,影响自然主义意涵的重要争论,是关于观察的主体(Subject,参见本书)与被观察的(自然的或自然主义的)客体(objects)的关系。

从词义演变的复杂性来看,naturalism 的意涵比它在一般用法中所呈现的更为复杂。

参见 Ecology, Empirical, Materialism, Nature, Positivist, Realism

Nature(自然、天性)

  Nature 也许是语言里最复杂的词,我们可以很容易区别三种意涵:(i)某个事物的基本性质与特性;(ii)支配世界或人类的内在力量;(iii)物质世界本身,可包括或不包括人类。很明显的是,在(ii)与(iii)的意涵里,虽然其指涉的范围是广泛而清楚的,然而所谓的准确意涵是会改变的,有时候前后意涵甚至会对立。这三层意涵在 nature 的词义演变史里是很重要的,但有意思的是,所有的这三层意涵,及其主要意涵的变化与替代用法(在最复杂难解的两层意涵之中),在当代的使用中仍然相当普遍。

  Nature 最接近的词源为古法文 *nature* 与拉丁文 *natura*;这两个词源源自拉丁文 *nasci*(为过去分词)——意指出生的(从这个拉丁词也衍生出 *nation*, *native*, *innate* 等)。其最早之意,就如同古法文 *nature* 与拉丁文 *natura*,是属于(i)的意涵:某个事物的基本性质与特性。英文里有一些重要的词(包括 culture),刚开始描述一种性质或过程,接着被一个特殊的语词所定义,最后变成独立的名词。Nature 就是其中一个重要的词。有一个相关的拉丁文片语可以用来表示这一些演变的意涵,那就是 *natura rerum*——意指"事物的性质"(*the nature of things*),这个片语在某些拉丁文的用法里,被缩写成 *natura*——指世界的构造。在英文里,(i)的意涵出现于13世纪;(ii)的意涵出现于14世纪;(iii)的意涵出现于17世纪。这三层意涵间有一个基本的连贯性,而且(ii)与(iii)的意涵从16世纪起,有很大的重叠性。它们通常不难区分,实际上,在阅读的过程中经常不会被察觉出来。

> 在一个原始的自然(rude nature)状态里,没有所谓的民族这种东西……民族的概念……完全是人为的;就像所有的法律假设是经由共同的协定而产生的。那一种协定的特殊性质(nature)为何?其性质是由那个特殊的社会结构所决定的。

220

在伯克的这段引文里,nature 的第一个用法有问题,但第二个用法(根据的是[i]的意涵)则没有任何问题。两种用法不同,仿佛不是来自同一个词。然而(i)、(ii)与(iii)意涵间的关联性与差异有时候是必须去了解清楚的。举个例子,human nature 这个普通词汇在重要的论述里经常是举足轻重的,可以包含(不用清楚地显示)这三种意涵及其主要的变异、替代意涵中的任何一种。(i)的意涵有一个比较中性的用法:做某件事是人类基本的特质(虽然被明确指出的事情,可能是有争议的)。但是在许多用法里,(i)的意涵所具有的描述性特质(确认真伪)比依据(ii)的意涵——支配的内在力量——产生的各种论述还不明显,也不比(iii)的意涵——物质世界中的一部分,此处指的是"自然人"——所衍生出的变异意涵更明确。

在(i)、(ii)与(iii)的意涵间的关系里,我们也必须注意:根据定义,(i)的意涵是一个特定的单数名词——事物的性质;然而,(ii)与(iii)的意涵,几乎在其所有的用法里,都是抽象的单数名词——所有事物的性质变成单一的性质或大写的 Nature。抽象的单数名词现在被视为较传统的用法,但它有一个较明确的词义演变史。(ii)的意涵由(i)的意涵演变而来,其意涵变得抽象,因为所探索的是单一的、普遍的"基本性质与特性"。大写的 Nature,在结构上与历史上,跟大写的 God(神)的出现方式(是由小写的 god 或 gods 演变而来)相同。抽象的大写 Nature(基本的内在力量)根据一个假说而形成(这个假说认定有一个单一的主因〔a single prime cause〕存在),它甚至与较明显的抽象单一原因或力量——God——相抗衡,因而产生争议。这导致了一个结果:当(iii)的意涵指的是整个物质世界(包括了各式各样的事物与生物)时,它是根据一个假说而来,认定这些各式各样的事物与生物之间具有一个共同性:(a)存在的事实;它具有中性意涵,或至少具有共通性,(b)普遍的共同特性;它通常被用来描述意涵(iii)的一个明显类型:"Nature 向我们显示……"这种将多样性化约为单一性,说来奇特,其实与共同的特点(配合着单一意涵)被肯定相符合,同时也与显示出的普遍的或特别的差异性相配合:这些差异性包含了一个明显或不明显的否定,否定单一的形式所预期的共同特质。

Nature 词义演变的整个历史包含了大部分的人类思想史(重要的纲要,参见 Lovejoy。)指出部分的批评用法与变化是可能的。首先,单数的 Nature 被拟人化,出现得很早;令人惊讶的是,现今仍持续使用。"大自然之神"(Nature goddess),"大自然本身"(nature herself),这种单数的拟人化,与我们现在所称的"自然界的众神"(nature gods)或"自然界的精魂"(nature spirits)不同:将特别的自然力给予神秘的拟人化。"大自然本身"(Nature herself)一方面可以代表神的化身,是宇宙支配的力量;另一方面(很难与某些非宗教的单数用法做区分)是一个未定型的,却又具万能的、创造性的形塑力量。相关词"大自然母亲"(Mother Nature)具有宗教的、神秘的意涵。当此单一形式的宗教或抽象事物必须与另外单一、万能的力量(意即一神论之神)同时存在时,就会出现极大的复杂性。在欧洲中世纪的信仰里,可以容许两种单一的绝对事物同时存在,但是把神(God)视为主要,而将大自然(Nature)视为神的使者或代理人,这才是正统。然而有一个反复出现的倾向:就是用另外的角度来诠释大自然,把大自然视为绝对的君王。很明显,要将此跟将大自然视为神、或神的使者区隔开来是很困难的。但这种观念是用来表达一种宿命论而不是神的旨意。这种论点所强调的是自然的力量,以及这些力量的武断性、变化不定与随意控制,对人类具有不可避免的毁灭性。

正如所料,在上述基本、复杂的事物里,nature 这个概念实际上是比任何特殊的定义更为广泛且变化多端,正如在莎士比亚的《李尔王》里,nature 的用法是变化不定的:

不要让你的原始本性(nature)逾越其所需求
人的生命如同牲畜一样低贱……

……你有一个女儿，
她挽救了被那两个女儿所累而
遭众人唾骂的天真特质（nature）

你蔑视自己本性的性情（nature）
无法受他人约束的

……所有震撼一切的雷声
敲碎了大自然的铸型（nature's moulds），把那要变成
忘恩负义的人们的种子全泼翻了

……听啊！聆听大自然；亲爱的神，聆听

在这些例子里，nature 的意义涵盖很广：(i) 人类社会之前的原始本性。(ii) 原始的天真特质；从这个天真特质转变为堕落或祸害，因而需要加以纠正。(iii) 天生的一个特质，正如其词根所显示的意涵。(iv) 大自然的铸型；这些铸型，说来矛盾，可以被大自然中雷的力量所摧毁。(v) 大自然本身就是神。这种意义的复杂性可能是通过一种戏剧性的而非阐述性的方式呈现出来。上述这些不确定的意涵，也含有一些内在对峙的张力：nature 可以指天真无邪的、没有教养的；确定的、不确定的；多产的、毁灭性的；具有纯洁的力量的、被玷污与被诅咒的。

对于大自然的观察与了解，一直都有一个重要的争论，尤其是从 17 世纪初起。探究一个绝对的君王或神的使者之

工作,似乎是错的。但是,有一个定律(formula)出现了:了解"造物"(the creation)就是赞美"造物主"(the creator);通过造物主创造的物品来了解其绝对的权力。实际上这种定律不一定是真实的,所以就被遗忘了。Nature 的意涵可以随着政治上的变化而改变,从一个绝对的君王变成一个立宪君主(18 及 19 世纪时,大自然被拟人化,成为立法者)。法律来自各个层面,通过各种不同的方式及超然的态度而被制定。大部分的焦点,是在对这些法律做解释或分类,根据前例来做预测,发现或恢复被遗忘的法则,尤其是从新的案例来形塑新的法律。Nature 不再被视为内在的形塑力量,而是一种案例的累积与分类。

上述说法就是(iii)的意涵出现的原因:nature 作为物质世界。但其所强调的是可被发现的法则——

> 自然(Nature)与自然的法则(Nature's laws)深藏在黑夜里;上帝说,让牛顿出现! 于是大放光明!(蒲伯)

这些可被发现的法则,导致了一个普遍的用法:将大自然(Nature)等同为理性(Reason)——被观察的客体融入观察的模式。这提供了另外一个深具意义的概念:Nature 与人类被塑造出的特质或人类了解自我所具有的特质形成对比。一个"自然的状态"可以与现存的社会状态形成对比——有时候是悲观地,通常是乐观地,甚至带有前瞻性地。这种"自然的状态",以及将 Nature 拟人化的新概念,在下述的争论里扮演了重要的角色:(一)关于一个过时的或腐化的社会;它需要改造与革新。(二)关于一个"人为的"或"机械的"社会;师法大自然,可以矫治其弊病。广泛而言,这两个阶段分属于启蒙运动与浪漫主义运动。这些意涵很容易辨别,但有大量的重叠。强调规律法则提供了一个深思理想社会的哲学基础。强调内在的原始力量——一种具旧意涵的新看法——赋予一个实际的社会"再生"的基础。或者,在"再生"似乎不可能出现或是被长期延宕的地方,这种内在原始力量的强调提供了另外一个信念——相信生活与人性的善良面——作为平衡或是对抗残酷"世界"的一种慰藉。

这些有关自然的任一概念,很明显是属于静态的:一套规律法则——指世界的构造或是一个内在的、普遍的、原初的、周期性的力量——显现在"大自然之美"与"人类的心灵"里,并且传递了一个单一的神之概念。这些概念中的任何一个(尤其是后者)现在仍然存在。自从18世纪末以来,nature 的其中一个最常见的用法一直是这种受欢迎的意涵——善良(goodness)与纯洁无瑕(innocence)。Nature 指"乡村"、"未经破坏的地方"、植物以及人以外的生物。这种用法,尤其是在城乡的对比里经常出现:nature 并不是人工制造的,纵使人在很久以前制造了它——例如,一排树篱或一座沙漠——它还是会被视为大自然的产物。Nature-lover(大自然爱好者)与 nature poetry(自然诗)源自于此时期。

然而,还会有更进一步的拟人化用法出现:nature 被视为"神、使者、君王、立法者或纯真的泉源",与被视为"具有筛选权的哺育者"(selective breeder)之概念相结合:"物竞天择"及其所蕴含的"无情的"竞争,导致一个观念的产生:认为大自然具有历史性与主动积极性。Nature 仍然具有法则,但是关于生存与灭亡的法则:物种崛起、繁荣、衰退与死亡。

这一种关于实际演化过程所累积的知识,以及关于变化莫测的关系——生物体与其环境(包含其他的生物体)之间的关系——所累积的知识,令人惊讶地再度被概括为一个单数的名词。Nature 对于物种行使支配权,于是有一个新的、科学性的概括描述:"大自然教导……""大自然向我们显示……"在这些文献里,所教导或所显示的内容,其范围涵盖了:从内在的、无可避免的激烈竞争到变异与合作。许多有关大自然的例子,可以被挑选来支持这些看法:侵略性、属性、寄生状态、共生关系,通过选择性的论述,全都被揭露、证明、形塑成社会概念。这些社会概念所依据的是单一性的 Nature,尽管变化与变异的例子仍然可以找到。

从 nature 重要的词义演变过程来看,其本身的复杂性几乎不足为奇。然而,这个词长久以来就包含了许多重要的人类思想(通常,在任一特别的用法里,其对论述之特质的影响虽然不很明显,但却很深远),因此尤其需要去了解其复杂性。

参见 Country, Culture, Ecology, Evolution, Exploitation, Naturalism, Science

Ordinary（〔官员等〕常任的、普通的、平常的）

²²⁵ Ordinary的用法——诸如像"ordinary people"（普通百姓）这样的表述——有一个奇特的历史与含意。它在14世纪进入英文，最接近的词源为古法文 *ordinarrie*、中古拉丁文 *ordinarius*。可追溯的最早词源为拉丁文词首 *ordo* 与拉丁文词尾 *arius*（意指"关于"）。当时的意涵为正式任命或权威，就如同现在相关的 ordination（圣职的任命）与 ordinance（法令）。这个词可以用来指涉在宗教与法律事物上，能行使"自我权力"的人，而且可以扩大延伸，用来指涉所有受委任的官员。它也能用来描述圣餐礼仪或知识传授上的固定形式。这个词的暗示意涵原来是指根据某种规则或职权做某件事情，后来被延伸到另一种意涵，指根据习俗来做某件事情（这两种用法最初并不冲突）。后来，ordinary 发展出一个意思，指提供固定价格的饭馆。各种不同的社会意涵由此及其他更广泛的方面开始环绕 ordinary 的形容词。

一个负面意涵(包含了社会的优越与低劣的明显观念)的最清楚的例子,出现在18世纪:"这些语汇,例如……甚至在街道上最坏的与最普通的老百姓(the worst and ordinariest)也不会使用。"(笛福,1756)"过度笨拙的与平庸的(ordinary)"(切斯特菲尔德,1741);"Ordinary people"(普通百姓)也出现在切斯特菲尔德的作品里:"大多数的妇女以及所有的普通百姓(the ordinary people)发言反抗全部文法"(1741)。这个时期就是将Correct(正确的)、Standard(标准的,参见本书)的用法——在早期这两个词可能可以用ordinary来替代——与Common(普通的、一般的,参见本书)、customary(习惯上的)的用法分开的时期。这个用法一直持续着,正如在"ordinary looking"(看起来普通)或"very ordinary looking"(看起来很普通)的一些用法里;当然其引申的意涵——"预期的""一般的""习惯性的"——也一直明显存在。因此"ordinary people"这个语汇可以取其正负两面意涵来表达一种社会态度或偏见。"What ordinary people believe",这一句话在不同的语境下,就狭义意涵而言,指的是"未受教育的"(uneducated,参较Educated)或"未被教导的"(uninstructed)百姓所知道与所想到的事物,也可以指明理的(sensible)、正常的(regular)、体面的(decent)人所相信的事物,有别于一些教派或者是知识分子的观点。

同时"the ordinary people"这个语汇,不管是在褒或贬的用法里,通常是泛指一般他人(Others,参较Masses与*people*),这是从少数人(统治者或管理者)的观点来看。就像"ordinary people"具有多种意涵一样,ordinary经常遭致各种抗议。将 ordinary 拿来与表达这类社会关系的其他词做比较,是很有趣的。举例而言:*rank-and-file* 被普遍用来描述一个政党或类似组织的成员,有别于 the *leadership*(领导阶层)。在这个意涵里,"the leadership"是受到一种精英(Elites,参见本书)理论(源自于 1915 年米歇尔斯〔Michels〕的翻译)的影响而变得普遍。从 19 世纪初起,单数的 *Leadership* 在下议院里指的是一个执政党或反对党的领导者;从 19 世纪中叶起 *leadership* 的普遍意涵为 command(指挥、掌控);从 20 世纪初期起,*leadership* 被视为一种特质,它是可以由训练培养出来的。the *leadership* 作为一个机关里的决策领导阶层,与上述意涵不同。*Rank-and-file* 从 16 世纪末起,常被用在军事上,且从 17 世纪起,被用来表示一般的(Common,参见本书)士兵,后来这个意涵被稍稍扩大,于是在 19 世纪中叶出现了此现代的意涵:"仅仅是指一个党里的一般成员(*rank-and-file* of a party)"(穆勒,1860)。有趣的是,在 20 世纪中叶,这种描述常被作为褒义而接纳,指涉一个党或机构的"真正的工作人员"。然而,这两种意涵,皆被美语中的 *grassroots*(草根、一般民众)所取代。Grassroots 似乎起源于采金矿,一种确属字面的含义——可以发现金矿的地方(19 世纪 70 年代)。"getting down to *grassroots*"(深入表层)这个片语具有不同的意涵;似乎是从 1880 年代起,它成为口语。20 世纪 30 年代后,像 *grassroots candidacy*(来自基层的参选)这种政治上的用法——具有"rustic"(乡下人)(参较 Country 与 Peasant)的一些意涵——被收入美语。尤其是 20 世纪 40 年代后,这个词成为普遍用语。在英国,从 20 世纪 60 年起,这个词经报章杂志上政治新闻的使用而变得普遍。可以说,

这个词比 *ordinary* 或 *rank-and-file* 予人较佳的感觉，但这种好感是否是精心策划、细心营造或是真实的，必须用一些特殊的例子来说明。

参见 Common, Educated, Intellectual, Masses, Popular, Standard　　　*227*

Organic(器官的、有机体的)

Organic 在现代英文里有一个特别的意涵,指人类、动物或植物的生命过程或产物。它也具有一个重要的引申意涵或隐喻,表示某些种类的关系,以及某些社会类型。就后者的意涵而言,它是一个难解的词,其词义演变史,不管怎么说都是很复杂的。

Organ 从 13 世纪起首先出现在英文里,指的是乐器;14 世纪后,指像现代的风琴之类的乐器。最接近的词源为古法文 *organe*、拉丁文 *organum*。可追溯的最早词源为希腊文 *órganon*——意指工具、器械、器具,具有两种衍生意涵:(一)抽象的"instrument"——意指机构;(二)乐器。*órganon* 后来有一个应用意涵,被反复使用在所有的衍生词里,例如在英文里,从 15 世纪初期,眼睛被视为一个"看的器官" (seeing instrument),耳朵被视为一个"听的器官" (hearing instrument)等等;由此 organ 被解释为身体的一部分。然而,organ 的全面性意涵范围——乐器、器械、工具、舆论宣传工具与身体的器官——出现在 16 世纪的英文里。Organic 出现在16世纪,最初具有"器械"或"工具"的含义。诺思(North)在1569年翻译普鲁塔克的作品时写到:"设计工具与器械——这些东西被称为机械的(mechanicall)或工具的(organicall)。"上述论点是有所启发的,因为后来 organic 与 *mechanical* 在习惯上被拿来做对比。

从18世纪末与19世纪初开始,organize 与 organization 的现代意涵从 organ 的意涵——工具或机构——发展出来(参较 *society* 与 *civilization* 的发展)。然而 organize 与 organization 的任一个词——就好像从17世纪所衍生出的 organism(生物体)一样——很早就被使用来指涉具体的事物。

Organic 的意义演变的途径不同。在19世纪,这个词可以被用来与 organized 形成对比。它普遍的、特殊的现代意涵源自18世纪博物学与生物学的发展;此时 organic 主要指涉生物的生长。Organic chemistry(有机化学)在19世纪初期被定义,这个词汇从1860年起具有较特殊的意涵,指有关碳化合物的化学。就是这种生物学与"生命科学"的发展,为 organic 与 mechanical(这两个词早期是同义词)的区别奠定了基础。

这种区别是在浪漫主义运动时产生的,也许肇始于德国的自然哲学家。柯勒律治将有机的(organic)与无机的(inorganic)的体系做了区分:在有机的事物(the organic)里,"整体"(the whole)是重要的,"部分"(parts)是微不足道的;而在无机的事物(the inorganic)里,"整体只不过是由个别部分汇集而成"。这种看法很明显与 organized、organism 这两个词正在演变中的意涵有关,但这种区别深深受到 organic 与 *mechanical* 的对比之影响。这种看法与机械式的(*mechanical*)

哲学相对立,并且毫无疑问地也与工业革命时机器的新意涵相对立。当适用到社会组织时,organic 之意涵接近向 *natural* 的当代特别意涵:一个有机的社会是指"自然成长"的社会而非"人为创造"的社会。这个论点与早期的一种批评有关;这种批评视社会革命或重大变革为"人为的",且违反了事物的"自然秩序"。卡莱尔心中仍然存有上述的复杂意涵,当他提到将激烈的法国大革命"变得温和"(taming)时,"它的内在目标可以朝向至善,成为有机的(organic),并且能够在其他的有机体系与形成的事物里存在"。然而伯克对于同样的主题,提出相反的观点。在比较 1688 年的英国人与 1789 年的法国人时,他写道:"英国人的行为根据的是古代有组织的城邦,采用的是古老的组织形式,并不是根据一个被瓦解民族的有机分子(organic moleculae)。"此处的 *moleculae* 让我们想到 atomistic(原子论的)这个词的一个演变意涵:指社会与社会思想的各种崩解形式。

从 19 世纪到 20 世纪中叶,organic 经常被用在带有保守色彩的社会思潮里。利维斯(Leavis)与汤普逊(Thompson)在《文化与环境》(*Culture and Environment*,1932)里,将"有组织的现代国家"与"具有有机的共同体的……古老英国"做对比。怀特(R. J. White)在《保守的传统》(*The Conservative Tradition*,1954)一书中指出:"将一个国家视为一棵树的说法应该比将一个国家视为一个器械的说法来得好",并且指出"权力扩散是有机生命的特质,正如权力的集中是机械装置的特质"。罗素(Bertrand Russell)在《工业文明的前景》(*The Prospects of Industrial Civilization*,1923)里,从另外的一种传统的角度提出论点:"一部机器实质上是有机的,因为它具有部分——零件,这些零件彼此合作产生一个单一有用的结果,个别的部分就其自身而言,几乎没有任何价值"(这种区分让我们想到柯勒律治先前所做的区分),因此,"当我们被要求让社会变得有机(organic)时,从机器概念我们必然可以从中得到想象中的模型,因为我们不知道如何使这个社会变成一只活生生的动物。"在争议背后,我们看到了这种旧的隐喻——社会是由器官组成的身体(body)——似乎具有一些影响力。因此就生物应用意涵而言,社会可以被当作一个organism(有机的体系)。涂尔干(Durkheim)区别了有机的(organic)凝聚与机械的(mechanical)凝聚:organic 具有功能方面相互依赖的意涵。然而,organic, organized, organization 之间的复杂关系与意义重叠,可能让人认为所有的社会都是有机的,但在功能性的计划与自然的进化方面,有一些社会比别的社会更有机。

Organic 的两个其他意涵仍然存在。有一个关于农业与食物的现代特殊用法,强调的是自然的(natural)而非人为的(artificial)肥料或生长、饲养方式。这个意涵与对工业社会(industrial society)的普遍批评有关。也有一个较广泛的意涵,用来描述一种关系而不是——如同在一般的社会理论里——描述一种社会(参较 Ecology)。Organic 一直被广泛地使用在艺术与文学的讨论里,用来描述一部作品中各个部分间深具意义的关系与相关性:有机的关系(organic relation)或有机的关联(organic connection)。很明显,这种用来说明在意义上或整体上具有关系或关联性的用法,与其说是用来描述整体的社会,不如说是描述其特别的内在关系:"与地方性的社区产生一种有机的关联（an organic connection）。"Organic 这个词是比较容易理解的，但在这种较特殊的意涵脉络里，其用法仍是复杂难辨。

参见 Ecology, Evolution, Industry, Mechanical, Nature, Society

Originality(独创性、创造力)

　　Originality 是一个相当现代的词,从 18 世纪末起在英文里普遍通用。当然它是由 original 的一个特别意涵演变而来。Original 与 origin 从 14 世纪起出现在英文里(origin 最接近的词源为法文 *origine*、拉丁文 *originem*——指的是升起、开始、源头。可追溯的最早词源为拉丁文 *oriri*,意指升起)。在早期所有的用法里,origin 具有一个静态的意涵,指时间的某个点、某种力量或某个人,由此产生后来的事物及状况。虽然 origin 一直保有这种固有的溯源意涵,original 却发展出另外的意涵,因此 original sin(原罪)、original law(最初的法律)、original text(原文)这些语汇与 original 的下述意涵——指真实的艺术作品(有别于复制品),以及独特的(*singular*)个体(此意涵导致了 *singularity* 与 originality 间重要的区别)——结合在一起。在艺术作品的例子里,original 从追溯源头的意涵(指原初的作品而非仿制品)转移到"新颖"的意涵(指不像其他作品)。这种改变主要是从 17 世纪开始:"关于这篇论文,我只能说,它是一个原创性的作品(an Original)。"(韦尔斯特德〔Welsted〕,《书信,颂诗……》〔*Epistles, Odes...*〕xxxvii;1724)扬格在1759年写道:"一个原创性的作品(an Original)……从创造力这个重要源头自然而然地产生;它是自然成长的(grows),并不是人为制造的;模仿通常是一种制造(manufacture),而不是自己的创意;是通过技术(mechanics)、技巧(art)与劳力(labour)复制事先已经存在的东西。"(《试论原创性作品》〔*Conjectures on Original Composition*〕,12)这里出现了许多有关艺术、自然与社会的新哲学的关键词;这些词并列使用,互有影响。有趣的是,这一种词义的演变让我们看到了一种隐喻式的延伸(metaphorical extension),将 original 的旧用法(原著作品)及其仿制品的意涵延伸,形成新的用法——指一个独特的作品,经创造力(*genius*)而产生,因此它是自然成长(*growing*),并非人为制造的(not *made*),亦非机械的(not *mechanical*);它的材料取自于自身而不是别人,因此它不仅仅是技巧(Art,参见本书)与劳力(labour)的产物而已。Originality 于是成为一个普遍的语汇,用来表示对艺术与文学的褒扬,其褒扬未必包含了扬格所提到的全部特质,但通常包含了大部分的特点。一部好的作品,并不是与其他作品比较或是根据一个标准而来,而是"根据自身的特质"。

　　An original 也有另一层意涵,用来描述人。威彻利(Wycherley)在《率直的商人》(*The Plain Dealer*,1676)里写道:"我讨厌模仿,不喜欢像别人一样去做一些事情。所有认识我的人,向我表示敬意,说我是一个 original。"这段话里的 original 语意不明,当它指涉人的时候,其意涵仍是混淆不清的,指古怪的人或是一个不寻常的个人(Individual,参见本书);这种意涵比下述意涵更为常用:将 original 视为某个有趣的新人或是非假冒的(authentic)人(借用艺术上的用法)。然而到了 18 世纪,霍金斯(Hawkins)在他的《约翰逊的一生》(*The Life of Samuel Johnson*)里提到:"关于奇特(singularity)这个特质,大体而言,就是指原创性(originality);因此奇特并不是一个缺点。"从 an original 的意涵转移到 originality 的意涵,我们可以看出似乎肯定了其正面意涵;这种正面意涵后来成为主流,产生了一个反义词——"缺乏原创性"(no originality)——可用来描述那些没有原创性的人或作家。

当 originality 成为通用的语汇,实际上已经失去了 origin 的原始意涵;的确,originality 除了自身的意涵外,已经不具 origin 的原始意涵。然而 original 一直保有两个含义:(一)追本溯源;(二)对新奇、富有创意的事物之描述。

参见 Art,Creative,Genius,Individual,Mechanical,Organic

Peasant(农民)

　　Peasant 最接近的词源为古法文 *paisant*。可追溯的最早词源为拉丁语系的 *pagus*——意指乡村、地区。从 *pagus* 这个词源里可以发展出另外一个词 *pagan*。15 世纪以来，peasant(农民)通常有别于 *rustic*(乡下人)——rustic 最接近的词源为拉丁文 *rusticus*(意指乡下人)，可追溯的最早词源为拉丁文 *rus*(意指乡下)——因为 peasant 一般指的是，不但居住在乡下，而且在土地上耕作的人。Peasantry 这个集合名词出现在 16 世纪。Peasant 一直保有这种传统意涵，到了 20 世纪开始式微，只有文学上的用法才看得到。从 16 世纪到 19 世纪，英国农业的社会、经济变迁使这个词的用法变得特别复杂难解。这种由少数的耕作地主所构成的阶层(与拥有土地的贵族形成一个封建或半封建的关系，可以在革命前的法国或俄国发现，并且经常是以这个词的法文来描述说明)，在 18 世纪末期的英国实际上已不存在，被新兴的资本主义关系(由地主、佃农与劳工所构成的关系)所取代。科贝特(Cobbett)在周报《政治纪事》(*Political Register*, LXX, 695,

1830）中指出："'peasantry'是一个新名词，指一群无礼的市政掮客与放高利贷者对乡下劳工的称呼。"从这个时期起，在英文里，peasant 与 peasantry 是逐渐式微的文学（Literary，参见本书）用词，或是由他国语言（主要是法文与俄文）再度传进来的词。在英文里也有一个特别用法，源自法文与德文：peasant 被视为是一个词义含混的语汇，用来辱骂那些"未受教育的"（uneducated）或"普通的"（common）百姓。同时，在描述其他的社会，尤其是第三世界（Development，参见本书）时，peasantry 仍然保有一个主要的意涵（独特的社会经济团体）；peasant 在某一些意义脉络里，被赋予描述性的与英雄式的革命意涵。

参见 Common，Country，Educated，Masses

Personality(人格、性格)

Personality 就是我们人类所具有的某种东西。在英文里其早期的意涵指的是个人的特质而非一件事物的特质。这种意涵始于 14 世纪末,至少持续到 19 世纪初:"这些能力构成了人的特质(personality),因为它们暗示着意识与思想。"(佩利〔Paley〕,1802)这并不是 personality 的现代意涵,但其演变的过程深具意义。Person 在 13 世纪出现在英文里,最接近的词源为古法文 *persone*、拉丁文 *persona*。*Persona* 的意涵经历一个特殊的演变:早期指的是演员使用的面具;后来指一出戏里的人物与一个人所扮演的角色;再后来指一般人(我们已经用各种不同的形式,将这些意涵分离出来,例如在 personage 中以及 *persona* 的心理学用法里)。这种含蓄的隐喻,始终存在。在英文里,虽然 person 很早就被用来表示所扮演的人物,然而它指涉"个人"(an individual)的意涵,同样出现得很早(13 世纪),而且在 14 世纪与 16 世纪之间——尤其是在 personal 这个词里——具有我们现在所通称的 Individual 与 Private(参见本书)之意涵。拉丁文 *Personalitas* 有两层意涵,尤其出现在中世纪的词义演变里:(一)人而非事物的一般特质(在烦琐哲学中关于三位一体的论述里,这是一个复杂的语汇;同时它也是一个普遍的词,代表的是人类的总称)。(二)指个人拥有的财产。这层意涵进入英文成为 personalty(动产)之意涵。(一个相关的指涉意涵可以溯及 personnel,意指人员。这个词被用在法文里,有别于 matériel——通常意指军事装备。它是一个外来语,从19世纪初期起在英文里开始被接纳,在19世纪末就不再以斜体词的形式出现。personnel management〔人事管理〕这个语汇仍保留了管理"人的资产"〔human property〕之意;human property 是名义上的、非真正的 persons,参见 Management。)

重要的是,personality 之意涵由普遍的特质转为特殊或独特的特质。假如我们读到1655年的这一段文字:"有一段时间他失去了自我的特质(personality),好像只不过沦为神的工具罢了",我们几乎无可避免地会接受这个衍生出来的相当于 individuality(个性)的现代意涵。但是处在一个词义演变的过渡时期,这个意涵只是暗示性的,并不很明确,因为在上述文字的意义脉络里,我们也可以用 Humanity(人性,参见本书)来替代 personality。在18世纪,指涉个人特质之意涵变得相当明显。约翰逊将 personality 定义为"任何一个人的存在或个性(individuality)",还有一些用法,将 personality 当成独特的个人特质。也许更有趣的是,personality 被视为"活泼的个性"(lively personal identity),这个意涵是必要的,假如我们要了解1795年文献上的一个例子的话:"假如一个16岁的法国女孩,她的个性只不过是稍微活泼(a little personality)一点,她甚至可以被称为是一个马基雅维利

（Machiavel）。"在相关意涵的脉络里，我们也可以说一个人"没有活泼的个性"（no personality）；在此，personality 与其早期的意涵完全不同。它的用法很明显与表示某种特质的衍生用法一致——例如"overpowering personality"（激烈的个性，爱默生，1847）；"strong personality"（强烈的个性），"dominant personality"（喜欢支配他人的个性），"weak personality"（软弱的个性）。这整个用法，至今仍然普遍通行，但在 20 世纪有一个特别的演变，产生了新的名词，具有专门的意涵——通常是在政治与娱乐方面。于是，出现了"leading personalities"这个词汇，意指重要的人物（这个语汇的意涵等同于 personages，或者是在早期的特别用法里等同于 persons；也就是现在所通行的 Very Important Persons），但特别强调时，也可以用"Personalities"。这些语汇比活泼的个性之意涵更广为人知，尽管"活泼"的意涵很贴切。在这个用法里，大部分的人想必不是所谓的"重要人物"（personalities）。

然而，我们仍然"具有"某一类型的 personality（个性）。这种词义的形成可以与 character 词义的演变做比较。Character 这个英文词，其最接近的词源为法文 caractère、拉丁文 character，源自一个具有"雕刻或压印工具"意涵的希腊词；可追溯的最早词源之意涵为"变得锐利""起皱纹""雕刻"。这个词一直保有字母或其他书写符号之意涵；在 14 到 16 世纪期间，常用来泛指压印的符号。以隐喻的方式对人所做的描述（特别着重在脸部）就是源自此意，在文献上我们可以看到这样的描述："根据刻印在额头上的符号（by characters graven on thy brows）"（马洛〔Marlowe〕，《帖木儿》〔Tamburlaine〕，I, 1, ii）；"美好的外表特质（fair and outward character)与内在的心灵相配合"(《第十二夜》,1,ii)。后来character 的词义被扩大,用来描述某种事物的性质(Nature,参见本书)。到了 18 世纪初,更进一步被引申,用来描述人的特质(虽然仍有许多相关的不同用法)。巴特勒(Butler)在 1729 年写道:"当我们提到 character 时,其所包含的意涵远超过'脸部的特征'。"这种意义的完全转移是很明显的。在 18 世纪初,还有其他的用法,用来表示"名誉",且配合着 personality 的词义演变,被用来指涉一个强烈的或明显的特质:"大部分的女人完全没有明显个性(have no characters at all)"(蒲伯,1735),"有个性的男人(men of character)"(1737)。人物(characters)描写——对于人(persons)的正式的描述与评鉴——在 17、18 世纪的文学创作上颇受欢迎。将一个人视为 a character 的用法,也许比将一个人视为 a personality 来得更早;确切时间不易考证,但有可能是在 19 世纪中叶。同时,小说与剧本里的虚构(Fictional,参见本书)人物,从 18 世纪起被描述为 *characters*——有趣的是它们与 *persona* 这个词的意涵相呼应。Personality 显然包含了下列意涵:面具、书写符号、戏剧里的虚构人物、私有财产、明显的特质。相关的词为 disposition(倾向、性情),源自于天文学与早期的生理学;虽然它没有这些特殊的指涉意涵,但仍然较有果决性(Determined,参见本书)。但是 personality 或 *character*,过去指的是外部的符号表征,现在无疑已被内化为个人的所有物,也就是某个可以显示或诠释的特质。就某个层面而言,这是一个强烈的、占有性的个人主义,但它更应该被看成是一种意识的记录;记录了日益增强的意识(对于"独立的"、有价值的生活的认知),且赋予我们"个别的"(*individual*)

自我。

  Personality 与 *character* 在某些意涵里，当然有所差异。当我们在辨别"活泼的个性"与"可靠的特质"之不同时，我们会说某个人"有许多的 personality，但是没有 character"；此时我们知道我们说的是什么，或者以为知道自己讲的意思。可以这么说，创造"作品中的人物"(characters) 的名人 (personalities)，其私人的品行 (*private characters*)，也经常被追踪检视。

参见 Dramatic, Humanity, Individual, Man, Private

Philosophy(哲学、人生观)

Philosophy 这个英文词保留了最早期的、最普遍的意涵。最接近的词源为拉丁文 *philosophia*、希腊文 *philosophia*——意指"爱智";它被视为对事物及其起因的研究与了解。在不同的时期,它具有其他附属的意涵,例如后古典(post-classical)时期的一个普遍意涵——"实用智慧"(practical wisdom)。这个意涵导致了 1679 年佩恩(Penn)所做的一项区别:"以她的 virtue(德性)及 philosophy(实用智慧)而著名,当 philosophy 不再被解释为虚假的辩论而是虔敬的生活。" Philosophical 的普遍用法——在像诸如 taking a philosophical attitude(采取明智的或冷静的态度)这种片语里——就属于上述这一种,它实际上通常是将 philosophy 与 *resignation*(顺从、认命)视为同义。在正式的用法中(尤其是在大学里),philosophy 被区分为三个范畴:形而上的(*metaphysical*)、道德的(*moral*)与博物学的(*natural*)。最后一个范畴已经被归类到科学(Science,参见本书)领域里。有时候当 philosophy 被视为人类的知识与推理时,很明显与宗教的意涵不同:"没有一个人可以用filosofie（人类的知识与推理）与fallace（谬误的推理）来欺骗你，这是从人的传统特质以及构成世界的要素来看，而不是从耶稣基督的宗教教义来看。"（威克利夫〔Wyclif〕,1388）在启蒙运动时期，很明显可以在莫尔（Hannah More）所提到的怀疑论里看到上述的区别（1790）："Philosophy……高兴地自称为Unbelief（无信仰，不信神）。"Philosophy一直是一个普遍名词，指由观念构成的特殊体系，而这些体系是经一种特别的描述定义而成。

在英文里两种当代的用法需要特别注意。在英国学术界，有一阵Philosophy的意涵大部分专指逻辑以及有关知识的理论。于是，出现了一种趋势：将philosophy局限于此，视其与普遍的道德、思想体系的传统关联为一种谬误。这种具有影响力的说法是属于地域性的论点。Philosophy比较普遍的用法是在经营管理与官僚政治的话语里：可以指普遍的政策，但通常只是"内部说法"，或者甚至是一种企业或制度的"内部程序"：从"行销哲学"（philosophy of selling）到"高速公路的经营哲学"（philosophy of motorways）、"超市的经营哲学"（philosophy of supermarkets），这可以追溯到尤尔（Ure）所写的《制造业哲学》（*Philosophy of Manufactures*,1835）。但在20世纪中叶，philosophy变得非常普遍通用；对于一个地区性的行业而言，它是一个高贵的名称。

参见 Science

Popular(民众的、通俗的、受欢迎的)

Popular 原先是一个法律与政治用语,源自拉丁文 *popularist*——意指"属于民众"。Action popular 从 15 世纪起,指人人适用的法律诉讼。Popular estate 与 popular government 从 16 世纪起,指一个由全体百姓组成或管理的政治体系,但也包含了"低下的"(low)或"卑下的"(base)意涵(参较 Common)。Popular 的词义后来演变为"受喜爱的""受欢迎的";这即是现代的主要意涵。这种演变很有趣,因为它包含了"讨人欢心"的特质,并且保有"刻意迎合"的旧意涵;很明显可以在加强语气的片语里发现,例如,deliberately popular(刻意讨人欢心)。关于这个词的用法,大部分的文献记载都是根据上述的观点。有一些中性的用法,例如,诺斯(North)所写的"受欢迎的(popular),并且渴望得到一般百姓的好感与支持"(1580)(此处 popular 仍然是一个策略上的用语,而不是表示状况的词汇)。也有一些很明显的贬抑用法,例如,培根所提到的"来自古老家族里的一个贵族,但是内心焦躁不安,刻意讨人欢心(popular)"(1622)。Popularity 在 1697 年被科利尔(Collier)定义为"用不当方式讨好百姓,以博取好感"。也许是通过一些具有负面意涵的实例,这种用法被凸显出来。"Popular error"(普遍的错误,1616)、"popular sickness"(流行病,1603)、"popular disease"(流行性疾病,17 世纪到 19 世纪)。Popular 在这些负面意涵的应用中比在中性意涵的片语"popular ... theams"(受欢迎的主题,1573)里,显得突出;在这些负面意涵的例子里,我们看到的只是一些不受欢迎的事务被散播出去。"广受欢迎"这个主要意涵,在 18 世纪末期普遍通用;"讨人喜爱"这个意涵也许是出现在 19 世纪。19 世纪末期,美国有一家杂志写道:"他们已经将 popular 很认真、严肃地看成是 good 的同义词。"这种意涵的转变是很明显的。Popular 是从普通百姓而不是欲博取他人好感或追逐权力的人的角度做的认定,然而,其早期的意涵并未消失。Popular culture(大众文化、通俗文化)并不是来自普通百姓的认同,而是其他人的认定,这个词具有两种古老的意涵:(一)低下的工作(参较 popular literature——通俗文学;popular press——通俗新闻,有别于 *quality press*——优质新闻)。(二)刻意讨人欢心的工作(popular journalism——大众新闻,有别于 *democratic journalism*——民主的新闻;popular entertainment——大众娱乐)。另外,还有一个比较现代的意涵,指"受到许多人喜爱的",当然在许多早期的例子里也有此意。"Popular culture"指由普通百姓自己创造出来的文化,这种概念与上述的论点不同。很明显,它与 18 世纪末期赫尔德的《民间文化》(*Kultur des Volkes*)有关,但是出现在英文里的 folk culture(民间文化)与 popular culture 所具有的近代意涵不同（这个意涵同时具有当代性与历史性）。这些意涵也可以在 popularize 中再度看到。这个词在 19 世纪以前是个政治语汇，带有旧的意涵。后来具有"将知识普及化"的特别之意，在 19 世纪的意涵主要是正面的；在 20 世纪，这种正面意涵仍然可以找到。然而，popularize 也具有一种明显的意涵，指的是"简化"；这种意涵在某一些领域里，相当普遍通用。

Populism（平民主义、民粹主义）在政治论述里，涵盖了上述各种不同的意涵。在美国，the Populists（人民党）从 1892 年起与劳工（labour）组织有基本的结盟关系，尽管 populism 与 socialism（社会主义）之间的关系是复杂的。这个词仍然保有"民众的利益与价值"之意，但遭到左右两派的批判：（一）右派对此意涵的批判，正如其对 *demogogy*（煽动主义）的批判，认为 populism "引领百姓"进行"粗野的、单一化的煽动"；（二）左派对于右翼法西斯主义运动之批判，此运动利用了"大众的偏见"（popular prejudice）。或是，左派对于其中的激进运动之批判，此运动将社会主义的概念臣属于大众的（popular）或平民主义的（populist）信念与习惯。

20 世纪中叶，popular song（流行歌曲）与 popular art（流行艺术）被缩写成 pop。我们所熟悉的意涵，不管是正面或负面，皆是围绕着这个词。这个缩写赋予其活泼的非正式的色彩，使得它容易带有"浅薄"的意涵。很难说 pop 的旧意涵是否混合了这种用法，然而在一个令人熟悉又愉快的意义脉络里，这种指涉"一个突然间迸发的活动"的普遍意涵，的确是恰当的。

参见 Common, Culture, Democracy, Folk, Masses

Positivist(实证主义者)

要将 positivist(实证主义者)的普遍意涵,与经验论(Empiricism,参见本书)、科学(Scientific,参见本书)方法的一般意涵区分开来,实际上是不可能的,虽然这个词的词义演变史,让我们对于它的一些模糊用法会很谨慎地加以注意。这个词实际上是在 1830 年后由孔德(Comte)引进法文。19 世纪中叶,它经常出现在英文里。其词根是 positive,其中的一个演变意涵指真实的或实质的生活(由早期"正式地安置"的意涵转变而来,最接近的词源为拉丁文 *positivus*,可追溯的最早词源为拉丁文 *ponerezu*——意指"被安置好";在此正式的意义脉络里,"明确的"或"确实的"这种含义很明显地导致了"真实的"意涵的产生),孔德主张人类的心灵历经神学诠释的原初阶段、形而上与抽象的诠释阶段,到实证的或科学的了解之成熟阶段,所根据的仅仅是可观察的事实、各事实之间的关系以及从观察事实中所发现的法则规律——所有其他对于起源、原因或目的的探寻皆是"科学发展以前的"(pre-scientific)做法。就这一层意义而言,positivist

被广泛接纳,经常与 scientific 互用。然而对孔德而言,positivism(实证主义)不仅是有关知识的理论,它也是一种有关历史的体系,同时也是社会改革的一个方案。广义而言,positivism 在英国不只是一个科学的运动,而且是一个激进的思想自由运动。因为它与了解社会、改变社会有极大的关系,故招致了这种批判:它并不够"科学"(scientific)或不够"客观"(objective)(参较 Sociology,这是孔德创造出来的另外一个词)。此外,positivism 的其中一个分支脱离出来,试图建立一个"实证主义的教会"(Positivist Church);新的"人道宗教"(Religion of Humanity)。然而这些特殊的发展,是属于过去的事情。positivism 的普遍意涵,最初指的是反教条主义——"positivism 就是呈现事实而不混杂理论或神话"(1892),后来成为经验论(empiricism)与科学方法(scientific method)里普遍、复杂的论述的一部分,带有极度负面以及现在流行的意涵——"天真的客观"。有意思的是,positivism,就像 scientific 与 empirical 一样,现在并不被用来描述、确认一种圭臬,并以此圭臬来衡量知识的可信度。相反,它主要是被反对者用来反对将这种圭臬视为绝对的标准。反对者所强烈批判的,并不是实证主义者本身所反对的东西——信仰或先验的(a priori)概念。的确,对于实证主义的批判,所根据的是"可观察的事实"这个概念的模糊性。这种概念对事实的观察有它的局限性,这些事实有时无法以有形的测量,或可重复的与可证实的测量来判定。批评者指出,这忽略了观察者的立场——观察者也是一个事实,并不是一个工具。批评者亦指出,这忽略了经验与问题是不可用这种方法来测量的;这会将理论(Theory,参见本书)与科学(Scientific,

参见本书）方法局限在某一些领域，而将其他的领域留给传统或不加重视。

  这是一个重要的争论。虽然 positivist 被视为一个重要词汇，但实际上连那些辩护者也弃之不用了；这样的结果通常是将实际的冲突淡化，甚至妨碍它的明确性。后来，它变成一个"骂人的话"，所以没有人会坚持使用这个词，然而真正的争论仍然存在。将它局限在科学这方面的用法，会更令人不安，因为这些争议在科学里有时候复杂难解，有时候又是清楚的。

参见 Empirical, Science, Subjective, Theory

Pragmatic(实用的)

Pragmatic 现在通常被用来与 *dogmatic*(教条主义的)或 *principled*(根据原则的)作对比,尤其是在政治人物与政治学方面。它跟 pragmatism 的关联性不确定,其意涵的范围涵盖了"practical(实际的)"的普遍意涵——与 theoretical(理论的)考量相对立——并且多多少少包含了"特殊哲学理论"的概念:这种哲学理论从 19 世纪末以来被称作"实用主义"(pragmatism)。因此该词是一个有趣的例子,属于非常复杂的语言学用语之一——这些用语围绕着"理论"(Theory,参见本书)与"实际"(*practice*)的概念。

Pragmatic 16 世纪在英文里出现(最初是个名词,pragmatical 是形容词),具有下列的特殊意涵:(i)国家的政令。(ii)代理商或生意人,可追溯的最早词源为拉丁文 *pragmaticus*、希腊文 *pragmatikos*。拉丁文 *pragmaticus* 意指擅长做生意,后来则与国家事务有关;希腊文 *pragmatikos* 意指(一个人)擅长做生意,这个希腊文可以追溯到希腊文 *pragma*——意指一种行为、一桩生意(business)。(Business 源自古英文

bisig——这个词就是 busy——其意涵相当广泛,包含了忧虑、渴望以及严谨的工作等意。其中只有少部分的意涵留存下来,出现在特殊的片语里,因为从 17 世纪到 19 世纪左右,这个词的专门意涵明显局限在商业与贸易上。)Pragmatic 的早期用法一直持续着,虽然(i)意涵很少见,且局限于特别的历史意涵。在 17 世纪,形容词之意涵被扩大为(iii)意涵——指"实际的"与"有用的":"并不是一种奇特的与无益的知识……而是一种实用的(pragmatical)知识,充满劳力与职责"(1597)。(iv)好管闲事的、独断的:"爱管闲事的人(pragmatic medling people)"(1674)。(iv)意涵的副产品就是(v)意涵——指固执与武断,这个意涵在 17 到 19 世纪普遍通用:"他们发表意见时,态度是固执的、武断的(pragmatical peremptory)"(1704);"与顽固人物科贝特对比鲜明的就是这位和蔼可亲的、懒散的、好思考的麦金托什(Mackintosh)"(1872);"不相关的、武断的(pragmatic)教条主义"(1872)。在 19 世纪另有一个(vi)的意涵,源自于希腊文 *pragmatisch* 与 *Pragmatishmus*,用来描述有系统的历史研究,特别是关于历史的原因与结果。

这些后来产生的意涵现在非常令人惊讶。要追溯 pragmatic 在 20 世纪的词义演变并不那么容易。(iii)意涵所隐含的"实用的技能"以及"精明与实用性"在 19 世纪的用法中仍然存在:"政治与实用的智慧(pragmatic wisdom)"(1822)。同时从 19 世纪 70 年代起,美国哲学家皮尔斯(Peirce)使用"实用主义"(pragmatism)作为逻辑推理的方法:"一种确定难词的意义以及抽象概念的方法"(《皮尔斯选集》〔*Collected Papers of Charles Sanders Peirce*〕V,464,1931—1935)。这种方法就是

"去考虑与实际相关的结果,我们思考我们的观念所存在的目标……实际相关的结果就是我们的观念所欲想的目标"(同上,V,2)。这是一种理解的方法,并不是——如威廉·詹姆斯提倡的"实用主义"中所标榜的——一种证明的方法。在实用主义理论的复杂的发展里,其重点主要是强调"接近事实"与"观察何种系列的经验"是从行动或观念产生的。反讽的是,虽然皮尔斯引进"实用主义"这个词,但其所强调的却是确认事实有其困难性,并认为知识与语言本身就是一个值得探讨的问题。可以确定的是,皮尔斯所提出的问题会让一般的"实用主义"者裹足不前。有一种意涵出现在探讨事实与实用结果的哲学里,它与(iii)意涵里常用的描述有关——虽然当它被简化为"可能获得的技能"(其意涵仅仅指精明的、巧妙的、政治上的精心考量)时,其指涉的意涵显得虚幻不实。这种简化的意涵通过其与 *dogmatic*(这是一个常用的简化词,包含了"理论""原则"甚至"一致性"之意涵)词义的区别,仍可被理解。在这个意义脉络下,所有跟哲学概念有关的意涵皆被视为虚幻不实。(iv)与(v)意涵现在已舍弃不用。有趣的是,pragmatic 一直被广为使用,其词义涵盖的范围从"pragmatic(顽固的)Cobbett"到现今通用的"pragmatic(讲究实际的)政治人物"。这个词一直带有正面意涵,被用来替代 *unprincipled*(没有原则)或 *timeserving*(随波逐流)这两个词,尤其适用在政治运动上——这些运动原本宣扬了一套信念,然而在压力之下被迫忽视、抛弃或背叛此一套信念,但其处理的方式带有高度的智慧与技巧。

参见 Doctrinaire, Theory

Private(个人、私人、非公开的)

Private 仍然是一个复杂的词,但大体而言,其词义演变长久以来一直受到特别的重视,并且被重新赋予新意。这个英文词最接近的词源为拉丁词 *privatus*——意指离开公众生活。可追溯的最早词源为拉丁文 *privare*——其意为丧失(bereave)或剥夺(deprive)(英文词 *deprive* 至今仍明显地保有早期的意涵)。它可以被用来指涉放弃神职,而这种行为是出于自愿的(14 世纪)。从 15 世纪起,它被用来指涉一个不具公职或官职的人,例如 private soldier(士兵)与 private member(未入阁的国会议员)。不论是在政治或在 private parts(阴部)的性意涵里,它都具有"私密的"或"隐蔽的"之意。传统上,它也有一个意涵是与"*public*"相对立的(这是一个重要的词义演变),例如,private house(私人住宅)、private education(私人教育)、private theatre(私人剧院)、private view(个人观点)、private hotel(私人旅馆)、private club(私人俱乐部)、private property(私人财产)。实际上,在所有的这些用法里,主要的意涵就是"言行自由权、特权"(privilege);特定对象的使用或参与,不被视为剥夺而被看成优势或好处(参较 exclusive)。这个正面意涵主要开始于16世纪,一直到19世纪仍被广泛使用。此时 privation 仍保有"被剥夺"这层旧意涵,privateer(私掠船)则仍是"掠夺他人财产"之意(来自于原初的"private man of war"——"私人军舰")。*Privilege* 的意涵与 private 息息相关。*Privilege* 源自于拉丁文 *privilegium*——指的是对于个人有利或不利的法律或裁决。后来演变为"特别的优势或好处"。

但是,private 的词义演变(与 privilege 意涵相似的词义演变)与另外一个重要的演变关系紧密,在这个演变里,withdrawal(撤退、退出)与 seclusion(隐遁、隔离)之意被 independency(独立、自主)与 intimacy(亲密、交情)所取代,而我们很难去追溯这个演变的确切时间。在里德利(Ridley)的作品里,有一个正面的用法:"内心与良心间的紧密关系(privits)"。也有一个普遍的意涵指与某个有权力的人或重要的人有特许的亲密关系,这种意涵与另一个衍生意涵——不工于心计——相重叠,例如 private friends(私密的朋友)。在17世纪,尤其是18世纪,seclusion(隐遁、闲居)意为宁静悠闲的生活,此意涵受到重视,被看成是 privacy(不受干扰的生活、隐私权)。这个意涵超越了"孤单、独居"之意,指涉"合适的与有尊严的退隐生活",以及"我的家人与朋友的私生活(privacy of my family and friends)";进而指涉一般私生活(private life)的价值。这种词义的演变与 Individual(参见本书)和 Family(参见本书)的词义演变有着密不可分的关系。

Private life(私生活)仍然保有其旧意涵,与 *public life*(公

众生活)相当不同(例如"私生活里的他"),但是 private 与 personal 这两个词息息相关;很明显这两个词具有褒义,现今已普遍通用。在某一些意义脉络里,private 可能也具有贬义,例如 private profit(私人利益)与 private advantage(私人利益)。但是它与个人的独立自主之意密不可分,可以用来描述大型的联合股份公司,例如"私有企业"(private enterprise)——此处 private 不是与 public(公众的)而是与 State(国营的)相对立。那就是说,private 的正面意涵包含了一种合法化的中产阶级人生观:具有"基本的、普遍的特权"(尽管此意实际上很抽象),即:可以受到保护,过着宁静悠闲的生活,以避开其他人(大众),免于受到干扰;可以不需要对"他们(大众)"负责;可以获得各式各样的私密性与舒适的生活。从 private 所包含的意涵,尤其是在下列这些含义——包括个人的权利(个人私生活的权利;或从不同的传统角度而言,是个人的公民自由权)与受到重视的私密性(属于家人与朋友之私密性)——我们可以看出这个词已经广为使用,超出了严格的中产阶级观点。这就是 private 目前复杂难解的真正原因。

参见 Common, Family, Individual, Personality, Society, Underprivileged

Progressive(进步主义的)

　　Progressive 被当作一个政治语汇,是较近代的用法。在 19 世纪中叶,这个词出现在神学的论战里,但是 progressist (进步主义者)这个政治语汇比 progressive(进步主义的)出现得更早:"社会主义者与进步主义者(progressist)"(1848)、"两个自然的、关系不免对立的党……保守党员、进步党员"(1856)。conservative(保守的)这个词意涵与 progressive 对立,其作为政治语汇也是较近代的用法,虽然从 14 世纪以来它就一直被使用,其普遍的意涵为"保存的";另外一个语汇 conservatory(保存的)具有相同的意涵。conservative 这个常用的政治语汇在 1830 年时出现在克罗克(Croker)的作品中:"所谓的 the Tory(托利党)较适当的说法可能是保守党(the Conservative party)。"后来这个词在政治论述里被广泛使用(不论是正式或非正式的用法)。在 19 世纪中叶,其词义被扩大延伸,用来描述其他方面的概念。Progressist 与 progressive 这两个词自然而然就成为意义广泛的词汇。在 1844 年,狄斯累利(Disraeli)写道:"保守主义(Conservatism)舍弃惯例,回避原则,否定进步(Progress)。"从 1880 年起,进步主义者(progressives)通常是指政党里的一群自由主义者:"有一些进步主义者不是自由主义者,但是……没有一个自由主义者不是进步主义者。"(罗斯伯里〔Rosebery〕,1898)在20世纪,progressive 意涵一直被扩大,不仅用来描述一般的立场与政党,而且用来说明特别的政策与观念。因此,progressive conservatism(进步的保守主义)这个语汇时有所闻。

除了这些特殊争议里的复杂议题外,progressive 也是一个难解的词,因为它的词义是由 progress 衍生而来,而 progress 的词义演变显然非常复杂。Progress 这个英文词出现在15世纪,最接近的词源为拉丁文 *progressus*——意指往前推进。可追溯的最早词源是由 *pro* 与 *gradi* 组成,前者指的是"向前";后者是个过去分词,其意涵为"迈步"。Progress 的早期用法实际上是指行进、旅程、进展,后来也指正在发展中的一系列事件。Progress 作"往前移动"或"一系列的事件正在发展"解释时,它不必然含有固定意识形态;我们可以从 progress of a disease(疾病的蔓延)这个片语中得到印证。这个词可以确定的意涵是:"可发现的一系列事件"(a discoverable sequence)。另一方面,当文明(Civilization,参见本书)与历史(History,参见本书)的新意涵正在被界定时(尤其在18世纪),progress 自然而然就被挑选来描述此新意涵,因为它具有这些相关意涵——"往前移动"与"可发现的一系列事件"。班扬(Bunyan)在《天路历程》(*The Pilgrim's Progress*,1678)里采用了 progress 在17世纪的主要意涵——旅程;然而,此处的 progress 很明显地包含了"命运"与"未来"之意(从其书名的副标题"从这个世界到来生的世界"可看出),但这种宗教意涵很快被减弱,并且被赋予崭新的内容。

Progress 的主要专门意涵——超越了某些狭隘的意义脉络——源自于下列这种看法：视"运动"(movement)为从坏的状况转移到好的境界。就是这一种抽象化的"运动"概念（视"运动"为一种可发现的历史的形态）使得 Progress 成为一个普遍的概念，与文化(Civilization，参见本书)、进步(Improvement，参见本书)的观念有很大的关联。另外一个看法（强调这是一个明显或可发现的一般历史运动）使得上述抽象的概念得以确立，尤其可以在启蒙运动的普遍历史(the Universal Histories of the Enlightenment)里看到。后来，进化论(Evolution，参见本书)的发展所形成的概念——内在的原则（进化到较佳的状态）是其主要意涵——更进一步强化了上述的抽象意涵。1742 年，扬格使用了 progress 的普遍意涵——进步(improvement)：

> 大自然以进步为乐；不断地进步，
> 从坏到好；但是心智向上跃升
> 发展时，一部分要靠自己本身。

然而，此意涵不同于"社会与历史发展的内在进程"这种抽象表述。Progress 观念——作为历史的一个法则（"你不可能阻止进步"）——的完整发展虽然源自于 18 世纪的观念，但它属于 18 世纪末与 19 世纪的政治革命与工业革命的产物。有趣的是，由于演变的词义彼此混合不清，progress 的意涵所招致的质疑或反对不仅来自于持保守或形而上观点的人，而且来自那些看出"历史中不同的或矛盾的进程"的人。因此 progress 的抽象化概念——被视为普遍的社会或历史法则——只是一种观念论（Idealist，参见本书）的产物罢了。在20世纪，progress 保留了它主要的"改进"（improvement）意涵，但仍然具有一个重要的反讽之意：仅被解释为"改变"，正如在旧意涵中，指在各个阶段里某种趋势的走向。据此，任何种类的进步（progress）根据不同的标准，可能会被认可或不认可。

从 Progressive 上述复杂的词义演变史中，我们可以看出它是一个语义难解的政治词汇。对于赞成或支持改变的人而言，progressive 仍然可以被视为仅与 conservative 相对立的词。Progressive 这个形容词包含了最普遍的"进步"意涵，实际上它被应用来描述各个党派的任何提案。这个词的复杂性显得非常重要，因为，一方面它被部分的左派普遍用来描述左派人士，例如 progressive-minded people（具有改革心态的人）；但另一方面又被用来描述支持"温和的""循序渐进"改变的人，有别于激进的改革人士，正如进化（Evolution，参见本书）与革命（Revolution，参见本书）的差异。这种温和渐进的改变呈现出稳定的、一步一脚印的改变意涵，正如在下列的文字叙述中可以看到："一个进步主义的（progressive）、但并不是社会主义的（socialist）党派"；"保守主义是循序渐进的进步（progress）；我们是真正的进步主义党（progressive party）"。有意义的是，几乎所有政治上的党派现在都希望被描述为进步的（progressive），但是我们可以从上述的讨论中看出，它通常被视为是一个劝说性大于描述性的词汇。

参见 Civilization, Development, Evolution, Exploitation, History, Improve, Reactionary, Reform, Revolution

Psychological（心理的、心理学的）

Psychological 是 16 世纪在德国创造出来的拉丁词。希腊文的 *psyche* 指的是气息、灵魂，它所发展出来的拉丁文意为精神、灵魂、心灵（参较拉丁词 *anima*——空气、气息、生命、灵魂）。原先的德文用法可在 *Psychologia anthropologica, sive animae humanae doctrina* 中看到，其普遍意涵为"人类的灵魂或心灵的科学"。这种含义在 17 世纪末进入法文与英文，指心理学（psychology）；其早期意涵就是"一种关于灵魂的学说"（在法文里，它其中的一个意涵就是关于幽灵的学说）。"经验论的心理学"（empiric psychology）是较具现代意涵的词汇，1732 年沃尔夫（Wolff）在德文里曾经加以定义。1748 年这个词汇被哈特利（Hartley）引进英文。这个词在 19 世纪并不常用。

Psychological 从 1794 年起出现在文献中："心理的统合（psychological unity），我们称为心灵（mind）。"在 1812 年，psychological 被狄斯累利参照德文的意涵拿来使用。然而

1818年，在区别莎士比亚的"两种方法……心理学的（Psychological）……诗意的（Poetical）"时，柯勒律治表达了他的"道歉，因为他使用了'特别的词'（*insolens verbum*）：然而，它是我们语言里所需要的词之一。我们没有单一的词来表示人类心灵的哲学"。所有上述用法都与 psychological 的普遍意涵有点儿距离。Psychological 仍然是一个特别的形容词，源自于 psychology，例如，"心理学的（psychological）研究"等。然而也许在特殊的心理学学派影响之下，并且受到一般的社会思潮的影响——这些思潮带给我们现代的意涵："个性""私人的"与"主观的"（Personality, Private, Subjective, 参见本书）——psychological 产生了两种意涵：（i）"内在"情感的；（ii）性格与行为的——根据（i）的角度来看。如果我们从某个行动对于别人情感的影响（尤其是精神状态的影响）这个层面来看，psychological 的第三个意涵（源自1870年）是很普遍的，例如在"psychological moment"（心理反应时刻）这个语汇里。

很明显，psychological 除了在科学方面的用法外，它通常不具有柯勒律治所指出的意涵——人类的心灵作为一个整体。这个词表示经由感觉而来的一个心灵的领域（参较 Unconscious），这主要是一种关于感觉的领域而不是关于"理智""思维能力"或"知识的领域"。Psychological reasons（心理的原因）这个词汇的出现，通常不是因为它源自于 psychology（心理学）——除非这个词较广泛的意涵被解释为"对于他人的感觉或个性的了解"——而是把它看成一个词汇，指的是被认定的一种关于感觉的领域。（把 psychology 的用法与 sociological 做比较是很有趣的。后者从20世纪中叶起一直被广泛使用，与其说是常用来表示源自于 sociology〔社会学〕的事实或理论，不如说是把它当成 social〔社会性的〕的同义词："这场罢工的社会因素〔sociological factors〕"。通常 sociological factors〔社会因素〕是属于社会方面的，而 psychological factors〔心理因素〕是属于个人方面的，用传统的区分来说，这两方面就是社会〔Society，参见本书〕与个人〔Individual，参见本书〕的区分。虽然 social 是 sociological 的普遍用法中一个简单的替代词，但是 psychological 却没有简单的词可以替代；psychic, psychical〔心灵的、心理上的〕有其他不同的意涵，源自于 psyche 与 psychology 这两个词较早期的用法。另一个可与 psychological 相较的词为 technological，其意涵通常是指 technical〔技术的、技术性的〕：与 technique〔技巧、技术〕有关的事务——希腊文 tekhne 指的是技术与技艺；technical 出现在 17 世纪；technique 出现在 19 世纪，指的是艺术的方法，后来泛指方法——而不是与 technology〔工艺学〕有关的事物。Technology 在 17 世纪指的是与技术、工艺有关的学问，后来〔特别是在 20 世纪〕成为一个技术用语，指可应用的科学、工业知识与方法。）

不管 psychology 与 psychological 两个词的意涵为何，从科学与学术的观点而言，其所指涉的意涵——与"感觉""个性"有关——现在已蔚为主流。就这层普遍的意涵而言，psychological 与下列这些词属于同一类：personality, subjective, individual, sensibility。其意涵与 art, interest, creative 这些词的一些引申意涵亦属同类。Psychology 这个词本身所蕴含的张力——介在上述这些重要词汇的文化意涵与 psychology 本身的严格意涵二者之间的张力——在不同的意义脉络里不断重现。Psychology 在下述的意义脉络里具有强烈的争议性：实验性的物理研究、人际关系的实验性的研究（这些实验可以应用到社会心理学与工业心理学）、治疗性的与哲学性的学说与实践。这些意义脉络与上述同类型的关键词汇的引申意涵有很大的关系。Psychology 的严格意涵通常在这些意义脉络里被扬弃了。

  psychological 的最普遍意涵所产生的重要影响，在某些用法里可以见到，最明显的是心理现实主义（psychological realism）与心理小说（the psychological novel）。这些词汇原本不可能出现，且可能不会理性地被使用，除非我们假定有一个"内在世界"（inner world）的存在——一个可以分离的或至少可以完全被区分出来的"内在世界"。在这个"内在世界"里，感觉、关系和行动的过程可以依据"它们自身的性质"来描述，这些过程通常被认为是主要的；而"外在世界"（outside world）——大自然（nature）或社会（society）——则被视为次要的或附属的。

  心理的层面（the psychological）与社会的层面（the social）是构成整体的两面，现在的显著用法就是习惯性地将心理与社会从整体中区分出来。

参见 Behaviour, Personality, Private, Sensibility, Sociology, Subjective, Technology, Unconscious

Racial(人种的、种族的)

Racial 16 世纪时出现在英文里,最接近的词源为法文 *race* 及 *razza*;最早的词源已不可考。它早期的用法里包含了下述一系列的意涵:(i)子孙后代——"亚伯拉罕的子孙与世系(race and stock)"(1570)。这种用法正如早期的 blood(血统、世系)与其同义词 stock(世系、家世)的用法一样。Stock 出现在 14 世纪,是由古英文 *stoc*——意指树干或茎——的隐喻意涵扩大而来;(ii)一个种类的植物(1596)或动物(1605);(iii)生物的一般分类,例如人种(human race)(1580);(iv)从(i)意涵引申或投射出的一群人,但是具有(ii)意涵——"不列颠民族(the British race)中的最后一位威尔士王子"(1600)。

这些意涵一直持续,但(iv)意涵——再加上(i)意涵的影响——使 race 这个词变得复杂难解,尤其是当这种意涵跟较单纯的(ii)、(iii)意涵重叠、混淆的时候。Race 在生物学的分类里,一直是与 *genus*(属)、*species*(种)并用。但是,当 race 被用来指涉一种类别(species)里的群体(group)时,其词义就变得复杂难解。例如,the races of man(一群男人)。就某一层面而言,这是源自于 blood 与 stock 的旧意涵,但已被延伸扩大——从可追溯的特定子孙后代扩及社会、文化、民族的团体。然而就另一个层面而言,从布鲁门巴赫(Blumenbach,1787)以来,严肃的体质人类学(physical anthropology),的确是在追溯不同人种间的普遍差别;布鲁门巴赫的分类大部分是根据测量头盖骨的大小而来。他将人类区分为高加索人、蒙古人、马来人、埃塞俄比亚人、美洲(印第安)人;这五个人种也可以根据五种不同的肤色——白、黄、棕、黑、红——来加以区分。

体质人类学较复杂的体系根据这种区分而来,包含了人类出现之前的类型以及其他人种的类型,但是从"真正的人"(true humans)出现后才开始追溯存在于人种里的差异性。

这种严肃的科学工作在 19 世纪时与其他社会、政治思想与偏见纠葛不清。此时,影响重大的一本书是戈宾诺(Gobineau)的《人种不平等论》(1853—1855)。这本书提出了"雅利安人种"(Aryan race)的概念——这是从 Aryan(雅利安语的)这个形容词的用法延伸而来。Aryan 在梵语里意为"高贵的"(noble)。它被广泛用来描述"比较语言学"所确立的印欧语系,也可以只用来描述印欧语系的分支——印伊语。从语言学上的用语转移到实际指涉种族团体,往往传达了错误的概念,尤其是当这种用法结合了——正如戈宾诺的作品所显示——"纯种"的概念、"北欧人种"(Nordic strain)的优越感或"种族的天生不平等"的普遍观念时。从 19 世纪中叶起,racial 这个词开始在英文里使用。那时也受到著名的"社会达尔文主义"(Social Darwinism)思潮的影响。其中,生存竞争与"适者生存"的进化论观念,从生物学的意涵——指各物种彼此间的关系——延伸到一个物种(指人类)的社会、政治的冲突与结果。与种族(race)有关的是,这个思潮在"优生学"(eugenics)里具有很大的影响——*eugenics* 是在1883年由高尔顿(Galton)引入英文,其词源为希腊文,指的是"生产出优良的后代"。在优生学的一些流派里,阶级(*class*)与种族的(racial)优越观念被广为宣扬,且有关遗传特征差异性的科学证据与近代科学出现之前的观念("纯种"以及文化特色的传承经由血缘和种族。这些观念是高尔顿本身所排斥的)被混为一谈。大体而言,这种强调天生的种族优越学说与政治——尤其是帝国主义(Imperialism,参见本书)——权势相互影响。在1866年的这段文字:"在统治(黑人)时所现的种族特征(race-character)"中很明显可以看到这种用法。盎格鲁-萨克逊民族与日耳曼民族(后来这两个民族所代表的国家彼此有冲突)自我假定的历史使命被广为宣扬。

因此,与racial有关的一组词实际上有别于与race有关的一组词,虽然这两组词很难被区分。Racialism(种族主义)出现在20世纪的初期;racialist(种族主义的)出现在1930年。这两个带有敌意意涵的词(近来被简化为racism和racist,总有敌意意涵),被用来描述支持种族优越或种族歧视者的言行。这些支持者在某种程度上危及了体质人类学与遗传学方面工作的进行,而这两门学科对于人类的遗传与变种所做的科学研究仍然相当重要,并且卓然有成。

Race-hatred(种族仇视)这个语汇出现在1882年,虽然我们也应注意到麦考莱（Macaulay）在1849年所说的："没有一个国家比英国更具种族敌意（the enmity of race）。"race这个词在现代社会、政治意涵里的暧昧性是导致它产生负面影响的因素之一。在种族的分类中，这个词一直被用来贬抑非我族类的不同群体，例如犹太人（在大部分的用法中，意指在北美与欧洲的一个特殊文化群体）、美国黑人（他们是美国多元种族中的一个少数混合群体）、东方人（正如"黄祸"所投射出来的人种）、西印度群岛人（依地缘关系所界定的人种）以及爱尔兰人与巴基斯坦人（这两种人与上述人种受贬抑的原因不同。就上述种族分类的角度而言，雅利安人优越论的假说受到了限制）。体质、文化与社会经济的差异被采用、投射、概括化，这些差异往往界线不明，以至于不同方面的差异被"建构"出来相互代表或暗示其他方面的差异。

这种经由差异不明而合理化的"偏见"与"残酷"，不仅就其本身而言是邪恶的，更使得不带偏见地承认人种的多样性与实际社群存在的"必要语言"变得大为复杂，甚至在某些地方受到威胁。

参见 Ethnic, Genetic, Imperialism, Nationalist, Native

Radical(根本的、激进的)

Radical 从 14 世纪起,在英文里一直被当成形容词;从 17 世纪起,被当成名词。其最接近的词源为后期拉丁文 *radicalis*,可追溯的最早词源为 *radix*——意指"根部"。这个词早期用在物质方面,意指处于原始固有的状态。这个用法从 16 世纪起被扩大延伸,描述的事物更为广泛。后来 radical 的意涵被延伸至政治事务,存在于一般的用法中,尤其是在 18 世纪末的 Radical Reform(激进改革)这个片语里明显可见。从 19 世纪开始,Radical 常用来意指激进的改革分子,"Radical 在此处是具有负面意涵的贬义词,用以表示一群无耻之徒、流氓恶棍……"(司各特,1819);"爱(Love)是一个伟大的平等主义者;一个富有理想的激进改革分子(Radical)"(科贝特,1822);"Radical 这个语汇过去是指被轻声数落的人,进而演变成指涉某一阶级的人,而此阶级的人皆以 Radical 的称谓为荣"(1830);"激进的(radical)暴民"(爱默生,1856)。Radicalism(激进主义)在 19 世纪初期的用法即是根据这个意涵而来,radicalize(激进化)这个语汇也相继出现。这些词之后的发展史相当有趣。radical(尤其是第一个字母大写的 Radical)到了 19 世纪中叶后,几乎和 liberal 一样受到重视,后来 radicalism 也一样普遍受到重视。然而,radical 在某一些用法里仍然带有 19 世纪初期时的激进意涵。在 1852 年的这段话中:"早期的激进主义(radicalism)、宪章运动或社会主义的潮流",我们可以发现 19 世纪末时 Radicals(激进改革者)与 Socialists(社会主义者)这两个词有显著的区别。当此之时,在其他国家大部分的激进政党在政治上被归类为右派。

Radical 在 20 世纪的用法一直很复杂。不管第一个字母是否大写,这个词的意涵一直比 Liberalism(自由主义,参见本书)更为激进,而且通常用来指涉影响较为深远、较激进的改革。因此,radical 通常与"教条式的"社会主义(*socialism*)或革命的(*revolutionary*)行动方案形成对比。这个词较古老的普遍意涵也被广泛使用,例如在"彻底的重新检视"(radical re-examination)这个语汇中。两种更进一步的延伸用法,使得 radical 的词义变得复杂难解。Radical Right 这个现在普遍通用的片语,可以用来表示政治上极右派的政治信念,或者更严格说来,指右派的改革政策,与较传统的保守主义(Conservatism,参见本书)有所不同。另一方面,radical 被重新接纳,尤其是在 20 世纪 50 年代末期的美国,其意涵非常接近 19 世纪初期的用法;因此这个词实际上是 socialist, revolutionary 的同义词,同时也像早期的这两个词一样引起很大的回响。Radical 在美国被采用(尽管欧洲及其他地区也效仿美国采用此词)也许是与 20 世纪中叶 Socialist, Communist(参见本书,参较 Marxist)这两个词的意涵难以定义有关。Radical 这个词避开教条与党派的联想,重新肯定积极的基本改革的必要性。同时,它也避开了部分 Revolutionary(参见本书)的难解意涵,因而"武装叛乱"(armed rising)与"用军事力量干预政治体制"(military opposition to the political system)两者间出现了必然的区别。Radical 的意涵远远超过它在 20 世纪中叶的用法,但是这个词的定义(包括了"教条"与"党派"、"主义"与"组织"等问题)终究不会因为它的复苏而得以回避。这个词的用法可以延伸到社会的其他层面,例如 radical technology(基础科技)。有趣的是,radical reform(激进改革)这个旧语汇在激进运动里的用法已经被一分为二,形成两个对比的用语:radical(激进派的)与 reformist(改革派的)。然而在其他方面,radical(或 militant)与 moderate(温和的、不偏激的)形成对比——moderate 实际上通常是一个委婉语词,用来描述非激进分子(不管他是多么地坚持与专注)。

参见 Communism, Liberal, Progressive, Reform, Revolution, Socialist

Rational(理性的、有理性的)

源自于rational(理性的、有理性的)与reason(理性)的词群意涵极度复杂难解,我们只要思考reasonableness与rationalization这两个词在当代用法的差异就可以了解。这些词的词义演变与社会史、思想史息息相关且涉及层面广泛。然而,我们可以提出一些要点来讨论。

Reason最接近的词源为古法文 reisun 或 raison、拉丁文 rationem;源自于拉丁文 reri(意指"思考")的过去分词的一个词根。Reason最早期的用法出现在13世纪的英文里,具有两种含义:(一)专门的意涵是指陈述、说明或理解,例如"believed with reason"(有理由相信)、"a reason for believing"(相信的理由);(二)普遍的意涵特指人类所具有的前后连贯的思想与理解能力。虽然没有必要将这两种意涵对立,但它们间的区分(甚至是极端的对立),长久以来一直是争论的焦点。有一段时间,Reason(通常第一个字母要大写)很明显与"给定任何特别原因"这个意涵有别。看两个最显著的例子:(一)在16世纪末与17世纪的神学用法里,Reason通常被强调为"正常的心智"(*Right Reason*),与新兴种类的推理与理性相对抗;(二)在18世纪末与19世纪初的唯心论者的用法里,Reason被视为一种用来理解"首要原理"(first principles)的超越力量,有别于经验论的(Empirical)论证或理性的(rational)推论。Reason的词义极具复杂性,不易厘清,因此在激烈的辩论里大部分人宣称自己具有理性(reason)不足为奇。*Reason*的专门意涵(指做某件事情的理由)一直较无争议且被普遍使用。它最普遍的意涵(指人的智能)持续存在,但是被应用在各种不同的层面;例如被理解为"上帝的恩宠所赋予的"(informed by grace),有别于纯粹的"世俗理性"(carnal reason)。另外,*reason*被理解为一套普世原则(universal principles),有别于连贯的思辨能力。很明显,*reason*的意涵无法被固定,这可以由*reasonable*各种不同的词义看出,但其最重要的影响是在rational及其衍生词的词义里。

Rational与*reasonable*的主要意涵相同,指的是生物天生就具有理性(*reason*)的特质,也可以指某种行为或争论具有理性的特质。然而,*reasonable*早期有一个非常特别的意涵,指的是适度(moderation)或节制(limitation)。这个意涵道出了许多中世纪神学对于人类状态的理解,例如"一个适当的祈祷"(a *reasonable* prayer,乔叟,1366)、"合理的要求"(a *reasonable* request,1399)、"适度的欲望"(*reasonable desyris*,1561)。有趣的是,从17世纪开始,这个词不仅具有意指适度或节制的普遍用法,例如"要求合理的工资"(*reasonable* wage demands)(在这个片语里,*reasonable*〔合理的〕与*demands*〔要求〕之间存在明显的紧张关系,且其诉求虽强硬但不甚明显);此外还有另一种意指"廉价"的用法被持续使用:"当纸张价格更公道(more *reasonable*)时"(1667);"以非常合理的价格(reasonable cost)"。在 Rational 词义演变的过程里,从来就没有上述意涵,虽然在"any rational person"(任何理性的人)与"all rational men"(所有理性的人)的争议用法里这个词汇隐含了"适度或节制"的意涵,而其事先就假定人具有特殊的 rationality(理性)与 *reasoning*(推理能力)。

Rational 普遍通用的意涵一直较稳定,指具有或是明显运用"理智的能力"。反义词 irrational(非理性的)——不具有或是不能运用"理智的能力"——之意涵也相当稳定。然而对 rationalism(理性主义)、rationalist(理性论者)甚至是 rationality(理性)这些相关词而言,其意涵就不是如此稳定。Rational(或 rationalist,参较 Empirical)physician(物理学家)是一个特殊的例子。这个词汇实际上出现在神学以及17世纪密切相关的社会、政治与思想论述里。在这些论述中,与信仰、先例以及定律有关的 *Reason* 遭到两方面的质疑:一方面来自 *reasoning* 的新意涵以及关于理性的(the *reasonable*)新观念;另一方面来自上述17世纪复杂论述里的主张——呼吁超越(仅仅是人的)理性(参较希尔〔C. Hill〕:《变迁与延续》〔*Change and Continuity*〕,1974,Ch. 4)。在1670年有一段文字记载:"一个单纯的 rationalist(理性论者),简单来说就是后来英文里所称的无神论者。"这个用法一直持续,虽然有一些细微的变化:参较"Rationalist(理性论者)让整个宗教(Religion)与天启(Revelation)……变成一件明显的证据或理智的论证"(迈尔斯〔Myers〕,1841)。Rationalism(理性主义)在19世纪出现,主要就是根据这个意涵。这个词持续不断地遭受质疑,因而产生了 irrationalism(非理性主义)这个相对的词汇。

然而在 17 世纪,rationale 仍然是指立论基础或基本理由。追溯另外一个词 rationality(理性)的词义演变是有趣的;这个词现在有时候甚至会影响 rationale 的意涵,同时也必然会影响 rational 与 rationalist 的意涵,但是 rationalize(理性化)所受到的影响最明显。然而过去在神学上的用法是很单纯的;人们试图对理性(reason)无法解决的事情加以推断(*reason*)。他们需要借助于天启(revelation)或权威式的引导;不管是否为已立誓的终身信徒,凡是拒绝天启或权威式引导的人就称为 rationalists。关于天启的论述已自成体系;关于权威式的引导论述已广泛延伸到各种层面。鲍斯威尔(Boswell)所指称的"相当枯燥的理性"(pretty dry rationality,1791)表达了一种新的想法;他所指称的是属于宗教的意义脉络,同时也表明了理性(rationality)与情感(*emotion* 或 *feeling*)是有所区别的。它们可以是指已确立的情感(这是一种忠诚而尽责的情感,为理性论思想家所批判),也可以指任何情感(这是理性论者所轻视的;人类现在被认为是理性的生物,也是感性的生物,理性仅仅是人性的一面)。17 世纪有一种用法,将"only Mental or Rational"(纯然是心智或理性的,盖尔〔Gale〕,1677)与"*Real*"(真实的)拿来相对比。然而,rationalize(合理化)在 19 世纪初期具有一种专门意涵,指在理性的基础上去作辩解:"对于所有的奇迹作理性的辩解(rationalize away)"(金斯利〔Kingsley〕,1855)。这个意涵现在仍然很重要,且支撑了 rationalist 与 rationalism 所包含的"辩解"意涵。然而,*reason* 与 *emotion*——这是人性的两个面向;这种看法在18世纪末、19世纪变得很普遍——的区别在20世纪有一个惊人的新转折。在弗洛伊德的心理学,以及其他相关的心理学中,"情感"(feelings)——"本能的驱力"(*instinctual drives*)——被赋予首要的地位;这种看法逆转了长久以来对于理性(reason, the rational)的定义:理性为构成人类智能的首要要素。于是,rationalization这个词并不是被用来替神圣或神奇的事物作辩解,而是为某件行为或某种感觉——这种行为或感觉具有其他("本能的")原因——找出一个虚假的或搪塞的原因。当此用法日渐普遍时,rationalization指的是任何虚假的或替代的原因,这也使得 *reasoning* 与rationality这两个词的意涵不明。Rationalization可以被视为具有"虚假的论据(reasoning)"之意涵,而不是"非理性的"(irrational)。此外,虽然有一些较为褒义的语汇经常被用来描述人性,但相关的信念通常显示出:人类"根本上"(at root)或基本上是非理性的(irrational);理性(the rational)只不过是"制造理由"(reason-making)、"寻找理由"(reason-finding)罢了,是属于次要的层面。正如同在其他的事物上,这种看法让我们回想到,早期在神学或唯心论里理性是根据一个意义结构来界定的。就此意义结构而言,rational的意涵只是局限在"合情理的"(sensible)、"条理清楚的"(coherent); *reasonable* 明显是指"适度或节制的"(moderate),意味着一件事情"必然"受到规范。

在当代用法中,这一群与理性有关的词汇显然与irrational(非理性的)存在着紧张对立的关系。有一些具有广泛的推理(reasoning)依据或理论基础(rationales)的行动方案被斥为是非理性的(irrational)——例如,"这种新的非理性主义"(the new irrationalism);另外一个变异词是 *mindless*(没思想的、愚蠢的)——因为就传统的角度来看,它们是不合情理的(not sensible)、不知节制的(not *moderate*)。To be *reasonable* 或 to be rational 的意涵为:具有与目标、系统或方法相关的一些假说——这些假说令人深信不疑,以至于质疑它们的人不仅会被视为是不合理的(*unreasonable*),还会被视为是非理性的(*irrationable*),甚至可能会被视为是将某一些其他的情感或动机合理化(rationalization)。我们看到了意涵的变动是那么的频繁,在这一些分歧、复杂的意涵里,如果我们有信心诉诸理性(reason),一定有所裨益。毕竟,用理性来思考(*reasoning*)仍然是有益的。

参见 Empirical, Experience, Subjective, Theory, Unconscious

Reactionary(保守的、反动的)

Reactionary(保守的、反动的)这个词现在被广泛使用,以描述右派(right-wing)的看法与立场(right 与 left 从 19 世纪初期起一直很普遍,到了 20 世纪初更广为通用,分别用来表示保守的〔conservative〕与进步的〔progressive〕立场;这种特别用法源自于法国国会中不同立场、派别所坐的席位)。就像 progress 与 Progressive(参见本书)一样,reactionary 的词义相当复杂。Reaction(反应、反作用、反动)从 17 世纪开始出现在英文里,主要是用于物理方面,指一种行动(action)对另一种行动的抗拒或回应(因而 action 与 reaction 成为物理学上的定理)。更广泛而言,reactionary 指的是受前一个行动影响而产生的行动,或针对前一项行动而产生的回应,尤其是在化学与生理学方面。但一般来说,是指具有一个被说明的或可观察的反应("我对那件事情的反应"〔my reaction to that〕,"大众对那件事情的反应"〔public reaction to that〕)。19 世纪初期这个词的政治用法首先出现在法文里,具有较准确的政治意涵:被用来描述反对或抗拒革命的看法与行动。它具有强烈的"希望重新回复到革命前的状态"之意涵。这个词被引入英文,其词义就是源自这种特殊的意义脉络,但它同时具有早期的与普遍的意涵:"派系斗争的持续存在"(司各特,1816)与后来通用的"反对改革"之意涵。Reaction 的首字母大写,就像 Progress 第一个字母大写一样通行。

　　Reactionary 的词义变得复杂,因为它包含多种意涵。(i)反对改革;(ii)希望重新回复到原来的状态;(iii)由上述延伸而来:支持一种特别的(右派的)社会制度;如果所有的改革(行动)推力来自左派,所有的抗拒(反动)力量来自右派,那么 reactionary 的意涵争议就能减少。但是假如一个资本主义的政党处在一个改革的阶段,或者一个法西斯主义的政党提出新的社会秩序方案,则任一方都会称对方为反动派(reactionary):(i)因为资本主义与法西斯主义属于右派,因而是反动派(reactionary);(ii)因为抗拒特殊类型的改革(尤其是在资本主义或资本主义社会里的改革)会被视为反动派(reactionary)(希望保存或回复某些原来的状态)。因此,我们可以辨识出"反动的右派"(the reactionary Right),这个词通常具有极右派的意涵,有别于进步的(progressive)或改革的(reforming)保守派,同样也与自由派和左派不同。另一方面,我们也可以辨识出"反动的左派"(reactionary Left)。"反动的左派"反对各种他们认为会带来更坏结果的改革。他们所依据的是民主(或社会主义)传统里的特别意涵,这些传统是与目前不同性质的改革相对立的。

　　Reactionary 也许将会持续保有"极端保守主义"这个主要意涵。然而,超越这层特别的意涵之外,如果所有的政治行动(actions)皆被视为是善,而且所有的反动或回应(reactions)因而被视为是恶,那么 reactionary 的词义就不再复杂。有趣的是,尽管 reaction 与 reactionary 有各种不同的特殊意涵,reaction 却一直保有它的中性意涵,而且它的另一个形容词 reactive 也一直是中性词。

参见 Progressive, Reform

Realism(实在论、唯实论、现实主义)

　　Realism 的词义复杂,不只是因为其主要的用法涉及艺术与哲学上颇为复杂的争论,而且因为其词义源自于 real 与 reality 这两个词义演变非常繁复的语汇。在英文里,Realist 早期的意涵与其现在的意涵有很大的距离,因为在实在论的哲学派别里,实在论者(Realist)主要是和唯名论者(Nominalist)相对立。从 19 世纪中叶之后的观点来看,唯名论者可以被归类为极端的实在论者(Realists)。从柏拉图的观点看,Realism 的学说所主张的是绝对的、客观的普遍性存在。这些普遍的形式(Forms)或理念(Ideas)被认为是独立于所观察的物体之外,或是存在于这些物体里,作为它们的构成要素。红色(redness)对唯名论者来说,仅仅是一个(令人困惑的)名称;对于这一些观念论者,它是一个普遍存在于心中的概念;对于实在论者(Realist)而言,它是一个绝对的、客观的形式,独立于红色的物体之外,或者是它构成了这些物体的要素。令人困惑的是,这种实在论的(Realist)学说显然就是我们现在所称的极端观念论(Idealism,参见本书)。

上述的用法已日渐式微,从 19 世纪初起,被 realist 的新意涵(与上述意涵完全不同)及 realism 这个新词的现代意涵所取代。然而这未必完全是事实。我们对于"表象"(appearance)与"真实"(reality)的一般区别,基本上可以追溯到早期的用法:"the reality underlying appearances"(潜藏在表象之下的真实)。这种用法明显地影响了许多有关 realism 的论述。Real 这个词从一开始就已经具有这种不确定的双重意涵,其最接近的词源为古法文 real,后期拉丁文 realis;可追溯的最早词源为拉丁文 res——意指东西、事物。Real 在英文里最早的用法出现在 15 世纪,是与法律、财产有关的用语,它被用来描述某种实际存在的事物。后来有一个相关且持续的用法,指的是不动产,例如,real estate。从 16 世纪末起,real 转为普遍用语,其指涉的意涵是与想象的(imaginary)事物成为对比:"我所见的是真实(real)吗?"(*All's Well That Ends Well*〔《终成眷属》〕,V,iii)"并不是想象的而是真实的"(not Imaginary, but Reall)(霍布斯,《利维坦》〔*Leviathan*〕,III,xxxiv)。然而,real 同时也有一个重要意涵,它不是与 *imaginary*(想象的)而是与 *apparent*(表面的、表象的)成对比。这个重要意涵不仅出现在神学的辩论(关于圣餐中是否有基督的"真实存在"〔reall presence〕)里,而且出现在范围较广泛的论述(关于某个事物或情况的真实或基本的特质——例如,真实的事物,某件事物的真实性)里。这种用法在下列语汇里其实非常普遍(尽管不常为人所注意),例如"拒绝面对他的真实情况(real facts of his situation)"或"拒绝面对现实(face reality)"。因为用来指涉"某种实体的、可触知的、真实的东西"的意涵也一直持续不断,因此 real 的词义几乎在不断摆荡、游移不定。在

18世纪之前,所谓的实在论者(Realist)将"real"视为潜在的真理或特质;在19世纪初之后则将之视为"具体的"存在(正如从14世纪起是指相对于抽象的存在)。

　　Realism是出现在19世纪的新语汇。从19世纪30年代起,开始在法文里使用;从19世纪50年代起,开始在英文里使用。它包含了四种不同的意涵:(i)用来描述现实论者(Realist)的学说,与唯名论者(Nominalist)的学说相对立;(ii)用来描述独立于心灵世界之外的自然世界之新学说,就这层意义而言,它可以和自然主义(Naturalism,参见本书)与物质主义(Materialism,参见本书)相互为用;(iii)用来描述如何面对真实的事物(不是我们想象的或我们所希望的)——"让我们用现实主义(realism)来代替感情主义(sentimentalism),勇于揭露那些单纯却令人畏惧的法则;这些法则,不管是否被看到,四处散布并且支配一切"(爱默生,1860);(iv)用来描述一种方法或一种关于艺术与文学的看法——最初指的是非常精确的"再现"(representation),后来指描述真实事件,以及揭示真实存在的事物。

　　上述意涵的争论竟然如此之激烈,且令人困惑(尤其是在〔iv〕意涵方面),并不令人惊讶。(i)意涵与(ii)意涵现在常被忽略。前者是因为realism是一个被抽离出来的语汇,且具有特别的历史意涵。后者是因为这种意涵已经被物质主义(materialism)取代,尽管它含有实用的功能。(iii)意涵在日常用法里是非常重要的。在爱默生的例子里,real的现实意涵是大家所熟悉的:其背后的法则也许可以被察觉,也许无法察觉。这种用法指的是"面对事实"(facing facts),其意涵正如19世纪中叶所出现的新形容词realistic:"没有办法通过对事物的简单看法、通过任何现实的(realistic)考量使生活安于现状"(西利〔Seeley〕,1869)。重要的是,在此意涵下,大部分人主张他们自己对于事物的观点是注重实际的(realistic)。但是有一个明显的引申用法:realistic 从"根据对一个情况的实际了解"这个旧意涵,延伸扩大为常用的"讲究实际的"(practical)意涵。"让我们讲求实际吧"(Let's be realistic)这句话,其意也许是"让我们接受这个情况所受的限制(limits)"(limits 意为冷酷的事实,通常是与权力和金钱的实际现状有关),而不是"让我们正视整个情况的真实性"(这句话可能承认现存的事实"existing reality"是可以改变的或是不断在变化的)。因此,虽然 realistic(参较 reasonable)是一个企业家与政治人物普遍使用的词,但它后来已衍生出某种意涵,指的是"预估本身有其局限"(limited calculation),并且常与 idealistic(理想主义的)相对比。

(iv)意涵仍然是最难理解的。当有人主张现实主义(realism)的目的就是要"显示事物的真实面貌"时,(iv)意涵并未结束艺术与文学上的争论,而是开启另一争端,它仍然残存古老观念论(idealism)的意涵,例如在雪莱的作品《被解放的普罗米修斯》(Prometheus Unbound)中讨论诗人的诗行里:

> 晨曦到薄暮,望着
> 湖里闪动的阳光
> 常春藤花上驻足的黄蜂
> 他未尝留意,未尝看见
> 它们是什么;
> 由此,他却创造了

> 比人更真实的形式(Forms more real than living man)
> 存在于永恒(immortality)的雏形

此处所强调的不只是 real(真实)而是永恒的 *forms*(形式)：这是一种诗的创造，当然与所观察的物体没有关联，但可以使得永恒的本质显得逼真(realize)——realize 的这种用法开始于 17 世纪，并且从 18 世纪中叶起变得很普遍："一种想象力的行为(an Act of the Imagination)，它使得事件显得逼真 'realize'(不管是多么的虚幻)，或者是逼近事件(不管是多么的遥远)的真实性。"(约翰逊，《漫游者》[*Rambler*], 60; 1750) Realize 这个语汇在现代批评里非常普遍，指的是使某件事情显得逼真的方法与意义(*means and effect*)。然而，这种用法与 realism 的用法终究是有所区别的，并且让 realism 与其相关词之间有对比的关系。例如在斯温伯恩(Swinburne)的作品中所提到"散文体的逼真"(prosaic realism)与"诗的真实"(poetic reality, 1880)的对比关系。从这个观点来看，realism 一再被控诉逃避真实(the real)。

当我们了解艺术与文学里的 realism(现实主义)既是一种方法也是一种普遍的观念时，这种词义显得特别复杂难解。作为一种普遍的观念，realism 有别于 Romanticism(浪漫主义，参见本书)或是 *Imaginary*(想象的)、Mythical(神话的、虚构的，参见本书)题材(这些不是真实世界的事物)。作为一种方法，realism 通常是一种夸赞的语词——指人、物、行为、状况被栩栩如生地(realistically)描述；即，它们被描绘得活灵活现，表现出现实主义的精神。Realism 也可以当成是责备或限制的语词，由下述的意涵可窥见：(a)人们只是从外表看到被描述或再现的事物的表面（outward *appearance*），而没有看到内在的真实（inner reality）。（b）在同样的反对论点中,比较现代的看法是：有许多真实的力量（forces）——从内在的情感到潜在的社会、历史的运动——要么无法通过一般的观察来描述,要么不能以完美的方式把全貌再现出来,因此表面的"现实主义"（realism "of the surface"）可能完全失去了重要的真实性（realities）。（c）另外一个与（a）、（b）完全不同的反对论点：再现（Representation,参见本书）的媒介（Medium,参见本书）——不管是语言、石料、绘画或电影——完全不同于它所再现的事物,因此这种"栩栩如生的再现"（life-like representation）以及"真实的再制"（the reproduction of reality）效果,最好也只不过是艺术的成规,最差就是一种窜改、伪造,使我们误认再现（Representation）的各种形式为真实（real）。

（a）与（b）的反对论点,一直遭到一种特殊类型的现实主义的驳斥,这种特殊类型的现实主义（realism）虽然使用自然主义（Naturalism,参见本书）作为它的形式（这就是上述反对论点所要批判之处）,但仍然保有现实主义（realism）的精神——有时候甚至可以在更特别的形式里发现,比如说,心理现实主义（psychological realism）或社会现实主义（socialist realism）——以涵盖或强调隐匿的、潜在的力量（forces）或运动（movements）；这些是单纯的"自然主义式的"（naturalistic）观察所无法透视的,但是这种特殊类型的现实主义其目的就是要发掘与表达这种隐匿的、潜在的力量或运动。这种看法所依据的仍是 real 的旧意涵,但重要的是,它并不强调观念论的（idealist）意涵（观念论的学说是避开 realism 这个语汇）,而是要强调来自心理学的一股活力,或是来自辩证法

(Dialectical)的精神；这种心理学与辩证法有别于"机械唯物主义"(Mechanical Materialism)。在此，reality 并不被视为静态的表象(*appearance*)，而是被视为心理的、社会的或物理的力量(forces)；realism 就是一种有意识的参与，以了解或描述这些力量，它可以涵盖——也可以不涵盖——对于特别事物的真实(realistic)描述或再现(*representation*)。

（c）的反对论点主要是针对 realistic 的"栩栩如生、逼真"(*lifelike*)的意涵。现实主义的(Realist)艺术与文学，被视为仅仅是其中的一种常规(Convention，参见本书)，它是一种形式上的再现(representations)，是通过我们所熟悉的特殊媒介(Medium，参见本书)而产生的。被再现的事物，并不真正地(really)栩栩如生，而是借由俗套成规与复制而看似栩栩如生。这可以看作是比较无害的(harmless)或者是相当无害的。将"再现"视为有害，所根据的论点（正如同在"机械唯物主义"里一样）就是一种"假客观的真实"(a pseudo-objective version of reality)，被看成是真实的（这种"假客观的真实"，终究会被发现其所依据的是特殊历史阶段所认定的标准，或者是依据人与人、人与物之间的特殊关系），虽然在这个例子里，至少（也许更广泛而言）我们可以这么说，所存在的事物就是通过写作、绘画与电影拍摄的"特殊实践"(practices)而被制造(made)出来的。将这种"再现"视为真实(reality)或者是"对于真实的忠实复制"(faithful copying of reality)，等于是将上述"实践"的活力要素排除，并且在极端的例子里，等于将虚构(Fiction，参见本书)或成规(Convention，参见本书)视为真实世界(the real world)。

上述这种强有力的论点是用来反驳、对抗"忠实再现"

(accurate *representation*)的主张。然而,这个论点因其与现实主义的意涵有关,故仍可以视为 realism 整个词义演变的一部分。它也可以视为与现实主义(不含自然主义)的意涵相关,尤其是与 realism 作为"有意识地参与,以了解或描述真实的力量(real forces)"的意涵有关。然而,较常见的是,这个论点一直与形式主义(Formalism,参见本书)与结构主义(Structuralism,参见本书)所具有的观念论(idealist)模式有关。形式主义与结构主义强调构造的细致成分,尤其是基本的形式(forms)与构造(structures)。这种论点可以解释为何形构主义与结构主义对于文学、艺术、知性活动以外的力量(forces)保持冷漠与疏离,然而广义的(甚至于天真的)现实主义(realism)却对它们着墨甚深。就广义的物质主义而言,Realism 的历史意涵即在于它具有一个目标:使社会的、物质的现实(reality)变成文学、艺术与思想的基础。与此目标有关的种种方法,可能招致"边缘论点"(相对于物质主义的非主流观点)的批判,且许多观念论的(idealist)基本论点也可能被提出来批判此目标。然而,最近我们发现:这些"边缘观点"经常被任意地扩大延伸,仿佛它们是基本的论点;或是提出"边缘观点"已蔚为风潮,以至于这些争议中的基本观点(不管是来自于物质主义还是观念论)实际上被忽略了。

几乎不需再强调的是,在 real, realistic 与 reality 的大部分用法中所需要的批判意识,在 realism 特别的现代变异用法里,同样是必要的。

参见 Covention, Creative, Fiction, Materialism, Myth, Naturalism, Practical, Rational, Subjective

Reform(改革、重新形成)

14世纪时,Reform 在英文里被当作动词使用,最接近的词源为古法文 *reformer*、拉丁文 *reformare*——意指重新形塑(form again)。在早期大部分的用法里,要区别它所包含的下述两种意涵是很难的:(i)恢复原来的形状;(ii)制造一个新的形状。每一种意涵在早期都有明显的例子可资佐证,但在许多的语脉里,这两种概念——"将某事物变得更好"与"恢复较早、较不腐败的状态"——息息相关(参较 amend。这个词最接近的词源为拉丁文 *emendae*——意指"免于错误";amend 经常与 reform 彼此互用,但前者涵盖的范围较小。另外参较 reaction)。由动词延伸出来的第一个名词为 reformation;这个名词出现在15世纪,其意涵同样模棱两可。16世纪的宗教改革(the Reformation)虽然强调新的形式与制度,然而它仍具有明显的"净化"(purification)与"恢复"(restoration)之意。在《哈姆雷特》(*Hamlet* III, ii)的对话里,reform 的这种意涵反复出现:

第一个演员：我希望我们已经改善很多了(have improved)，殿下。
　　哈姆雷特：要整个地改善(reform it altogether)。

从17世纪末起，另一种拼法 re-form——"Re-form and New-Mold"（重新形塑与新的模型，1695）——的出现，使得上述的明显意涵更加清楚。然而，reform 最普遍的词义持续带有"修订现存的事物状态"之意涵——这种修订根据的是已知的或现存的原则。于是，reform 的词义可以是"恢复"(restoration)也可以是"革新"(innovation)。从17世纪中叶起，reform 就已成为通用名词，但在18世纪末前，它仍然是一个用来描述过程的名词(noun of process)，就像 reformation 的用法一样。18世纪贝利(Bailey)做了一个注释："Reform……对于之前所忽略的纪律，重新建立或恢复；也是对现存的弊病加以纠正。"在18世纪末期，reform 被当作一个名词，用来表示一种特别的手段或策略。在同一时期，它的第一个英文字母被大写，指的是政治上的一种潮流，主要是跟国会、选举权有关；在国会或选举权上，崭新的方案形式(forms)不断地被提出来，通常带有恢复自由权的意涵。

在一个针对国会代表权的抗争里，Reform 变成一个激进语汇（参较18世纪末期的 Radical Reform）。狡诈的国会改革分子(parliamentary reformists)早在1641年就与雅各宾党人（温德姆〔Windham〕，1792）有所联络，并且在1830年被格兰维尔夫人(Lady Granville)称为激烈的改革者(violent reformists)。这个词的词义很明显地摇摆不定。参较："这些工会为的是推动改革(reform)，为的是保护百姓的生命与财产,以对抗暴民的各种不法暴行……"(《时代》〔*The Times*〕,1830年12月1日)"所达成的那种改革(reform)对他而言,似乎是一种最终的手段,助长了贪污与压迫。"(赖德〔Rider〕,《利兹日报》〔*Leeds Times*〕,1834年4月12日。这个例子与先前的那个例子均引自于E. P. 汤普逊的《英国工人阶级的形成》〔*The Making of the English Working Class*〕,810-826;1963)

上述讨论中,我们看到词义演变所产生的种种争论。在这种争论中,出现了reformism(改革运动、改革主义)与reformist(改革主义者)两个语词。在20世纪,它们具有新的意涵。Reformism是在社会主义运动内部的争论里所创造出的新词汇,尤其是在1870与1910年之间。争议的焦点在于资本主义的社会是否可以被改变,或者可以用一种渐进的、局部的、特殊的方式自行改变;这些改革(reforms)是否是琐碎或虚幻不实的——不是隐匿了资本主义被社会主义所取代(Revolution,参见本书)的必要性,就是意图避免这种取代。在20世纪,Reformism一直具有后来的这些意涵;reformist从16世纪起,一般而言等同于reformer(两者在同一时期出现)。Reformist现在专指reformism这方面的意涵,而reformer则使用其普遍的旧意涵。

参见 Form, Radical, Revolution

Regional(地区的、区域的)

Regional(地区的、区域的)14 世纪时出现在英文里,最接近的词源为拉丁文 *regionem*——意指方向、界限、地区;可追溯的最早词源为拉丁文 *regere*——意指统治或指示。早期 region 意为"王国"(kingdom)。这种意涵比起其广义的意涵——国家或大的地区——就显得不那么重要,例如在卡克斯顿的作品里记载:"来到法兰西这个国家(came in to the regyon of fraunce)。"在这个词里很明显存有一个张力,例如到底指的是"明确的地区"(distinct area)还是"明确的部分地区"(definite part)。这两种意涵都存在,但后者有重要的历史演变。根据后者,每一件事物都依赖着一个关系而存在:是什么的"一部分"? 有许多一般的用法,例如"阴间的地域"("infernal regions")、"永恒的地域"("eternal Regions")(弥尔顿,1667);"空中地带"("regyon of the ayer")、"科学的每个领域"("every region of science")(约翰逊,1751)或"神话学的领域"("the region of mythology")(周伊特〔Jowett〕,1875)。但重要的是用来描述地球上各个不同的区域:"利比亚是指非洲地区(region)或非洲海岸"(1542)。Regions 主要是地理名词,也可以当成政治用语;它可以是一个被治理的地区,因此是一个大的行政体系的一部分:"罗马总督……提出指责:马其顿应该被分为四个区域或主教教区。"(胡克〔Hooker〕,1600)在帝国或教会的统治里,以及后来中央集权的民族国家之发展里,region 不仅成为(参较 Dialect)某个地区的部分,而且成为一个大的政治实体的附属部分。

这种结果可以很明显地在 regional 的词义演变中看到。regional 从 17 世纪中叶发展出来,作为形容词,其大部分的用法是根据"支配与臣属"(dominance and subordination)的假说而来:"将区域性的教会(Regional–Church)并入城市教会(City-Church)"(1654)。19 世纪出现了"地方分权"(regionalism)这个词,最初主要是用来表示"不完整的中央集权"(incomplete centralization):"意大利那个不幸的'地方分权'"(《曼彻斯特卫报》〔Manchester Guardian〕,1881)。这方面的政治意涵一直持续着,尽管总有某种反对运动企图利用地区(regions)的独特性,使其具有新的身份或形成某种形式的"自治政府"。有趣的是,这种反对运动经常接纳此带有从属意涵的语汇。参较"devolution"(地方分权)的用法(其可追溯的最早词源为拉丁文 devolvere——意指往下滚动)。这个词的早期意涵为权力的转移、承传。在 1765 年布莱克斯通(Blackstone)的著作里有一个明显的例子:"将权力下放给一般百姓,这种分权意味着由百姓所建立的中央治权的瓦解。"就布莱克斯通或现代的观点来看,这种过程可以视为典型的权力下放:是属于"支配与臣属"范围里的一种行为。

然而 regional 作为文化术语,有一个比较复杂的词义演变史。就像 Dialect 一样,它可以用来表示一种"从属的"或"次要的"形式,例如"regional accent"(地域性的腔调)。这个语汇暗示着在某个地方有一种"national accent"(全国性的腔调),但是"regional novel"(地方性的小说)只是强调某一地方或生活方式所具有的独特性,虽然这种看法也许较为武断。有趣的是,以湖区(the Lake District)或康瓦尔(Cornwall)为背景的小说,通常被称为"地区性的"(regional),而以伦敦或纽约为背景的小说却不算是。这种区别与文化上重要的"都会的/地区性的"(metropolitan-provincial)划分一致。后者根源于政治上简单的区分:metropolis(大都市、首都)最接近的词源为希腊文 metropolis——意指"母城"(mother city),也就是首都;province(地方、乡间)最接近的词源为古法文 province,可追溯的最早词源为拉丁文 provincia——意指(被征服的)领土上的行政区。在 18 世纪中叶尤其是在 19 世纪,metropolitan 与 provincial 这两个形容词逐渐被用来表示一种对比:"优雅的品位或高尚的礼仪"与"较为粗糙的礼仪或狭隘的观念"。Provincialism(褊狭性、乡土性)出现在 18 世纪,metropolitanism(首都的地位或特点)出现在 19 世纪中叶。因此 provincial 与 regional 这两个词汇在主流的用法里,是表示比中心次一等的地区。有趣的是,从这两个词的演变我们可以看到出现在英格兰的相关事物。Home Counties(伦敦周围诸郡)这个词很奇特,指靠近伦敦市区的外围邻郡 Middlesex, Surrey, Kent, Essex,有时候也包括 Hertfordshire 及 Sussex。以这些地方为背景的小说通常不称为"地区性的"(regional)。中央集权的法律与政府借由地理的毗邻关系将都会的意涵扩大(*Home Counties* 也许源自于司法的巡回审判区 *Home Circuit*),虽然这些具有相同文化特质的地方可以用 *suburban*(郊区的、近郊的;这个意涵开始于 19 世纪末)这个词来形容。

然而,regional 不像 *provincial* 与 *suburban*,它具有一个正面的意涵,例如在反对运动里 regionalism 所显示的现代用法。它带有一种宝贵的、独特的生活方式之意涵,尤其与建筑和烹饪有关。它也与 *local* 一样,与广播、电视方面的意涵有关。然而我们可以观察到,现在那些对抗"中央集权"(*centralization*)、"过度的中央集权"(*overcentralization*),以及对抗被夸张为大都会(*megalopolitan*)的"都会特质"(*metropolitan* feature)的思潮运动,主要都是依据早期的臣属(*subordination*)观点来宣扬他们的主张。(Megalopolitan 中意指"大"的希腊词源 *megas* 并非与"大的母城"〔Great mother city〕有关,而是与"妄自尊大"〔*megalomaniac*〕或是"扭曲夸大"相关。)

参见 City, Country, Dialect, Standards

Representative(象征、再现)

以 represent 为主的一群相关词,长久以来都是复杂难解的。Represent 出现在 14 世纪的英文里,当时 present 作为动词使用,意为"呈现、使出现"(make present)。Represent 很快涵盖了 make present 这方面的意涵:指在某个权威人士面前引荐自己或他人。然而,它也可以指使事物呈现在心灵上,例如,"人们所读过的古老故事,将英雄人物的事迹呈现出来(Representis to thaim the dedys)"(巴伯〔Barbour〕,1375)。它也可以指使事物呈现在眼前,如在绘画方面("描绘、刻画"〔representid and purtraid〕,1400)或戏剧方面("这个剧本……现在呈现〔representyd〕在你的眼前",1460)。但是一个重要的延伸用法出现在 14 世纪;当时,represent 的意涵是指 symbolize(象征)或 stand for(代表)——"你可以想象那是代表(representen)整个世界的光荣盛况"(威克里夫〔Wyclif〕,1380)。很明显,在此时期,以下两种意涵有很大的重叠:(a)呈现(making present)在心灵上;(b)代表(standing for)不在场的事物。在一些用法里,这两者最终被分离开来,然而初始不易察觉。要追溯此分离出来的意涵——"代表他者"(standing for others)——何时产生是很困难的。许多早期的政治用法里,represent 意涵"象征"而非"代表"。当查理一世将英国的上下议院描述为"the Representative Body of the Kingdom"("大英王国的议会机构",1643)时,其意涵似乎是很明显的;尤其当我们记得那时所争论的就是关于"呈现"(being made present)、"象征"(symbolize)的意涵(大英王国的被"呈现""象征")而不是后来的"代表"意涵(国会议员"代表"选民意见)。那就是说,一个特别的机构象征、代表(represent)整个国家;"representative"所代表的是中央对外的权力,而不是议会所代表的各种不同意见。这种用法很明显可以在下面的语汇里找到:representing your country abroad("在海外代表你的国家"),这个用法指在政治上代表国家。

然而,主要是在 17 世纪,这个"代表他者"的意涵,以各种不同的方式开始出现。当时 represent 已经具有"代表某个被指名道姓的人"("我们的将军派遣乔布森〔Jobson〕上尉代表他本人与他所拥有的职权",1595)。当然,这种用法一直持续着,最明显的是用在法律事务里。这种政治上的延伸用法,从 17 世纪中叶起可以看到。例如,在"the Burgesses"(自治市的代表,1658)这个词汇里(旧的意涵仍然部分存在);克伦威尔的"我一直很关心你的安全以及你所代表(represented)的人的安全"(1655);以及柯克(Coke)的"我们因此将探寻……是否现在的下议院可以成为他们的代表(their representatives)"(1600)。很明显,这些用法里没有一项等同于 represent 的现代用法。在某些方面,represent 这个词本身仍然暧昧不明。一方面，我们发现斯梯尔引介了一个必要的限制性用法，例如，"被选举者成为选举人的真正代表（true representatives）"（1713）。Junius 这个匿名者给了一个必要的区别用法，例如，"英国这个国家宣称他们的代表（their representatives）大大地伤害他们"（1769）。另一方面，我们发现伯克对于 representative 与 *delegate*（代表）做了一个恶名昭彰的区别。Delegate 之意有一部分是根据 representative 的象征意涵（"代表他者"，但是以自己的角度来看）而来，而不是根据政治意涵（"呈现"或"代表"选举人的意见）。这种区分仍然被政治人物习惯性地一再使用，而且 representative 之意涵很明显仍然暧昧不明，深具复杂性。目前的争论是很清楚的：关于 representatives 是否应该被授权（即，受到选举人的托付而代表他们的意见），或者是否应该被罢免（即，被宣称没有资格代表选民的意见）。显然，从反对"授权"与"罢免"的论点（这只不过是 represent 其中的一个意涵），衍生了 representative 的另外一种意涵，即"象征不在场的他者"，或者"普遍具有不在场的他者的特质"。这种意涵常被引用。自从 17 世纪中叶以来，representative 有一种比较简单的普遍用法，指的是典型的样本或标本。

在关于"代议制的民主政治"（representative Democracy，参见本书）的争论里，上述观点变得非常重要。"代议制的民主政治"很明显指的是，(i) 定期选举有代表性的人，或 (ii) 定期选出——一般而言——为选民说话、代表选民说话、以选民之名说话的人，或 (iii) 定期选出持续代表、呈现（represent, make present）选民意见的人。这些选择的功用被强调为"代议制民主政治"的实质内容。这种竞选事实并不能改变另外一个同样重要的事实：这些功用本身是完全不同的。实际上，有关"授权"与"罢免"的争论所援引的是（iii）意涵，这些争论与根据（i）和（ii）意涵而来的争论有所抵触。从这些激烈的争论里，产生了另一个词汇——*participatory democracy*（"参与式的民主政治"）。这个词强调百姓管理自己，而不是由代表（representatives）来管理百姓。这个词虽然排除了（i）与（ii）意涵，但基于实际理由仍保留了（iii）意涵。

同时，在文学与艺术上，represent 经历了同样复杂的演变。正如我们所知，representation 即是一个符号、象征（symbol），或是一个意象、图像（image），或是呈现在眼前或心上的一种过程。从 18 世纪起，representative 之意涵为"有代表性的"（typical），用来描述事物的性质或情况。从 19 世纪中叶起，这个意涵变得普遍，最后被广泛使用来作为辨识现实主义（Realism，参见本书）或自然主义（Naturalism，参见本书）的一个要素。后来 representation 的一个旧意涵——指在视觉上对某件事物具体化——变成一个专门意涵："精准的再现"（accurate *representation*）。从这个特别的意涵（也许是在 20 世纪之后），产生了独特的"具象派艺术"（representational art）。然而，就 represent 与 representation 的普遍意涵而言，没有任何因素使得这种特别意涵必然存在。实际上，强调"精准的再现"和其在政治意涵上的主要演变有所抵触。但是 representational 的意涵现在非常稳定；反讽的是，从这个词的演变史来看，它现在甚至与 *symbolic*, *symbolizing* 成为对比。（Symbol 这个词的定义不甚明确，其早期意涵指的是一个记号、符号或是普遍的状态以及学说之梗概，接着演变为代表其他事物的"中介"〔intermediate〕，后来指"本身具有意义的事物"——不再是其他事物的代表〔representation〕,而是一个意象〔*image*〕;这个意象所指的是一些无法经其他方式来定义的东西,或是一些刻意不用它自身来定义的东西。)作为艺术与文学的语汇,representative 与 representational 这两个词的个别意涵明显有些重叠。在现实主义的论述中可以看到这种情况,但是很明显,typical("有代表性的")与 accurately *reproduced*("精准的再制")这两个词汇不必然相等。亦即,这两个词的关联性只适用在某个历史时期。

在政治与艺术的层面上,representative 与 representational 这两个词词义的重叠比率为何是很难估算的。"*typical*" 指的是代表(stand *for*)其他的人或其他的事物,包含"代理"(as)或"替代"(in place of)之意;不管是"代理"或"替代",也许存在着一种根深蒂固的共同的文化假说(assumption)。同时,在这种假说下,下述两方面的争论皆有自相矛盾的说法:(一)关于 representative democracy 的争论;(二)关于 representational 与 representative 之关系。

参见 Democracy, Image, Realism

Revolution(革命、大变革、天体运行)

　　Revolution 现在有一个主要且专门的政治含义,但其词义的历史演变也是相当重要的。这个词 14 世纪进入英文,它最接近的词源是古法文 *revolucion* 以及拉丁文 *revolutionem*,可追溯的最早词源是拉丁文 *revolvere*——意指旋转、循环。Revolution 的早期用法意指时间或空间上的旋转循环运动:"其他的行星以及太阳根据它们的周期,完成它们的公转。"(1599)"从那一天开始,在接下来的七年里完成它们的公转周期。"(1589)"它们旋转回来,然后继续它们的旋转运动,永远持续不断地公转。"(1664)这个最初意指物理学上"持续不断的旋转运动"的意涵仍存在于有关引擎的用法之中:每分钟旋转(revolution)的次数,通常简写为 revs。

　　Revolution 开始有政治意涵的原因是相当复杂的。首先我们必须看看在它拥有政治意涵之前,有哪些词就已意指"反对现有秩序"的运动。这些词当然包括 *treason*(它的词根意涵是"背叛"法定的执政当局——lawful authority),但最常见的词是 rebellion。自从 14 世纪起，它就在英文里相当常见。这个词从它在拉丁文里"重启战端"的意涵，演变为泛指一般的武装起义或反叛运动，后来甚至更延伸为"反对执政当局"的运动。Rebellion 与 rebel(rebel 可以作为形容词、动词和名词)这两个重要的词具有我们今天所谓的 revolutionary(革命的)与 revolution(革命)的意涵。Revolt 最接近的词源是法文 revolter 与拉丁文 revolutare——意指滚动或旋转。它在英文里从一开始就具有政治上的意涵。revolt 与 revolution 这两个词的意涵都从"循环运动"演变为"政治叛乱、起义"，但它们的演变却不是同时发生的。

　　Revolution 之所以有政治意涵，也许是因为它和 revolt 非常相似，但 revolt 在英文里意指"循环运动"至少有一个世纪之久。revolt 和 revolution 从"循环运动"转变为"起义、叛乱"可能有两个潜在的因素，但这两个原因所强调的观念其实是一样的。这种转变一方面源自于物理学上能量的高低(high, low)分布。从执政当局的观点来看，revolt(反叛)就是颠覆、破坏正常的政治秩序：下层(low)对抗上层(high)。这个意涵在霍布斯的《利维坦》(II, 28)里非常明显："他们经行动成为主体，刻意地反叛(revolt)，否定无上的权力。"上述的转变另一方面源自于"命运之轮"(Wheel of Fortune)的意象。很多生命中的活动，尤其是那些公众的活动都可以经"命运之轮"的概念来诠释。简单来说，人在命运之轮上旋转(revolve)，或者应该说被迫在上面旋转(be revolved)，而命运之轮的旋转决定了人世的浮沉。在大多数的用法中，这个概念事实上所强调的是人由高处向下摔跌(fall)。但不管怎么说，这个意象主要还是指上下的反复(reversal)：这与其说是意指轮子稳定持续的运动,倒不如说是上下会因为轮子的运转而易位。Revolution 的意涵重要的转变至少有部分是导因于此。早在 1400 年时,它就已具有这个概念:

> 我倒下了
> 　　因为,命运之轮的转动(revolucioun)(《玫瑰传奇》〔*Romance of the Rose*〕,4366)

15 世纪后,revolution 作为转变(alternation)的意涵相当明显:"revoluciouns 的要素是时间和观念以及状况的改变。"(利德盖特〔Lydgate〕,1450)Revolution 与 *fortune* 的关联在 17 世纪中叶以后非常显著:"从那里我们可以看到,时间和命运(fortune)的变革(revolution)是多么的大。"(1663)

17 世纪初,原本就已存在于 *revolt* 这个词里的政治意涵也开始出现在 revolution 里。然而,在 revolution 的意涵里,对于变化(change)的看法仍然与过去相似,因此在早期的用法之中这个词的定义并不明确。克伦威尔发动一场革命(revolution),但当他说"不能把上帝的 revolution 归因于人类的发明"(艾博特〔Abbott〕,《克伦威尔的写作与演说》〔*Writings and Speeches of Cromwell*〕,III,590-592)时,他也许仍是使用 revolution 这个词过去所意指的"外部的"(external)、"决定的"(Determinating,参照本书)行动之意涵,不过他在这里所指的主宰力量是上帝(Providential)而不是命运女神(*Fortune*)。事实上,这些词中最有趣的一面是 17 世纪时,克伦威尔的革命(revolution)被他的政敌称为大叛乱(*Great Rebellion*),而 1688 年那些相对较小的事件被支持者称为大革

Revolution(革命、大变革、天体运行) 459

命(Great Revolution),最后被称为光荣革命(Glorious Revolution)。从很多用法中我们都可以看到,revolution 经过 17 世纪之后已具有政治意涵,但就像前面所提到的,它仍带有"变化"与"命运女神或上帝的决定行为"之意涵。然而,在 17 世纪末我们可以很明显地看到,那时所发生的较小事件被称为 Revolution,而较大的事件仍然被称为 Rebellion,也就是说,Revolution 通常带有比较正面的意涵:"Rebellion 是破坏法律,而 Revolution 是推翻暴君。"(Subversion 这个词我们将会在后面提到,其意涵也与"下颠覆上"的物理意象有关。参较:overthrow。) Revolution 这个词主要是因为带有恢复(restoration)与改革(renovation)之前的法定执政当局的意涵,与 Rebellion 的"不正当地反对执政当局"不同,所以相较之下,它的意涵较为正面。

17 世纪末以后,revolution 在英文里面主要是指 1688 年所发生的"光荣革命"(斯梯尔,1710;伯克,1790),而 revolutioner 则是第一个特别指涉"参与、支持光荣革命之人"的词。然而,因为美国独立运动及其所发表的独立宣言,revolution 渐渐产生一个更广泛的新意涵,且其词义与 rebellion 产生分歧。美国独立以后,revolution 完全成了褒义词。新一波的政治思潮所强调的是政体的适当性,而非对特定统治者的效忠。在这种思潮里,那些支持独立改革的人较喜欢用 revolution 这个词而不是 rebellion。Revolution 与 Rebellion 的区别在今日仍然存在。Rebellion 通常会被执政当局及其党羽所使用,直到他们承认所发生的事情是 revolution 为止:"先生……这不是反叛(revolt)而是革命(revolution)。"(卡莱尔,《法国大革命》〔French Revolution〕,V vii;1837)值得注意的是，自从 18 世纪以来，revolt 与 revolting 这两个词除了被用来描述"行动"之外，也被用来描述"情感"层面：厌恶（disgust）、憎恶（revulsion）的感觉。这样的转变更加深了 revolt 与 revolution 的区别。非常有趣的是，revulsion 的词根与 revel 有关，而 revel 这个词又可以追溯到拉丁文 rebellare——to rebel。Revel 带有狂欢的意涵，特别用于欢乐的庆典中，rebel 带有贬义；revulsion 这个词从它原本在物理学上就有的"拉去"意涵，在 19 世纪初演变为"厌弃"之意。

每个词的词义会互相产生影响，在这种情况之下，"法国大革命"（French Revolution）的发生使得 revolution 的现代意涵甚为重要。Revolution 过去"恢复法定的执政当局"之意涵虽然有时候仍然会被用作辩护的理由，但这个意涵已经被"必要的革新""建立新秩序"的新意涵所取代，而带有正面的进步（Progress，参较本书）之意。当然这个新意涵带有"恢复人原本（Original）就应有的权力"之意。在 revolution 的词义里，"创建新秩序"与"颠覆旧秩序"一样重要，毕竟那是 revolution（革命）为何会与 rebellion（叛乱）以及 palace revolution（宫廷革命）有所不同的原因（palace revolution：更换领导者而不是变革社会体制）。然而，在对历史上发生过的武装叛乱或冲突的政治争论中，revolution 这个词带有"暴力推翻"之意，在 19 世纪末它被拿来与 Evolution（进化、发展，参见本书）做对比。Evolution 带有经宪政上的和平改革产生新社会秩序的意涵。Revolution 这个词因为社会主义运动而越来越带有"创建社会新秩序"之意，而这个意涵也导致如何区别 revolutionary socialism（革命的社会主义）与 evolutionary socialism（渐进的社会主义）变得更为复杂。从某个角度来看,这两种社会主义的区别在于前者是"暴力颠覆",后者是"宪政上的和平改革"。从另一个角度来看,则在于前者是为一个全新的社会秩序奋斗(社会主义〔Socialism〕对抗资本主义〔Capitalism〕,参见本书),而后者是对现有秩序作有限度的修正或改革(在"混合经济体"或"后资本主义社会"里追求"平等")。在我们界定何为 revolution 时,对于其手段(means)的争论其实也就是对于其结果(ends)的争论。

Revolution, revolutionary 与 revolutionize 这些词当然不只是在政治语境中被使用。在许多活动中,这些词可以指"根本上的改变"(fundamental change)、"根本性的新进展"(fundamentally new development)。非常有趣的是,我们可以看到"购物习惯的革命"(revolution in shopping habits)或"运输革命"(revolution in transport)等话语,当然有时候这些宣传语言只是用来描述一些"有活力的"(dynamic)新产品。就某个角度而言,这些话语的出现与暴力革命(revolution with Violence,参见本书)一样不足为奇,因为 revolution 的两个重要意涵——恢复(restorative)或革新(innovative),都带有"根本的重要变革"之意。当工厂制度以及 18 世纪末与 19 世纪初的新科技都以"法国大革命"的"革命"之意命名为"工业革命"(Industrial Revolution,参见本书)时,一个把新的机制(institution)与科技描述为"革命性"(revolutionary)的词源基础已经奠定。那些对于"工业革命"的不同诠释——不论是从社会体系还是只从新发明的角度——都对 revolution 的用法有所影响。对于那些探究"社会革命"(social revolution)意涵的人而言,"晶体管革命"(transistor revolution)这个语汇或许并不值得深究,而"科技革命"(technological revolution)与"第二次工业革命"(second industrial revolution)这些语汇的使用是有所争议的。然而就词义演变的历史而言,每一种用法都有它的根据。在这个发生一连串重要革命的世纪里,最重要的是去区分 revolution 这个词的用法与语意,以厘清它的政治意涵。

参见 Evolution, Original, Reform, Violence

Romantic(浪漫主义的、浪漫派的)

Romantic 是一个复杂难解的词,因为它的现代意涵源自于两个可区分的意义脉络:romances(传奇故事)的内容与特色,以及 the Romantic Movement(浪漫主义运动)的内容与特色。浪漫主义运动通常可追溯到 18 世纪末与 19 世纪初;在本质上,它是个极度复杂多样的运动。然而,romantic 这个英文词早在此运动之前就已经被使用,且与现代普遍的意涵有很大的关联性。17 世纪,这个形容词出现,它源自于当时 romance(传奇小说)的普遍意涵。文献记载的英文 romantic 是在 1650 年;法文的 *romanesque* 是在 1661 年;德文的 *romanisch* 是在 1663 年。(18 世纪的法文 *romantique* 与德文 *romantisch* 都是源自于英文 romantic。)然而,romance 本身的词义不断地在改变,演变出各种不同拼法的同义词——*romanz*,*romanunz*,*roman*,*romant* 等等。它在古法文与普罗旺斯语中出现,是源自于中古拉丁文 *romanice*——指的是"用拉丁语系的(Romanic)语言",亦即,"用新拉丁语系的方言"。中世纪的 romances 大体而言就是用韵文书写成的故事,其内容与冒险、骑士精神或爱情有关。一直到弥尔顿写他的《失乐园》时,他所使用的 Romanice 之意即为此:"在关于尤瑟之子的寓言与传奇故事(Romance)……"但 romantic 产生的主要原因是 romance 这种新类型的、源自 16 世纪西班牙的散文形式蔚为风潮。大体而言,这种类型的散文被视为一种充满情感与浮夸的文体,具有自由想象之特色。新的形容词具有这两层特色:"在帕特尼这个地方盖一座桥,跨越河流,这是一个富有想象力的计划(romantic and visionary scheme)"(1671);"在哈林顿先生所幻想的(romantick)共和国的保障之下"(1660);"这些事物几乎是充满想象力的(romantique),然而它们却是真实的"(佩皮斯〔Pepys〕,1667);"那一种无拘无束的想象,如同我们在这些充满想象力的(Romantick)创造物中所使用的"(1659)。这些用法持续存在,后来又出现了一个普遍的用法,用来描述某些地方:"一个非常浪漫的(romantic)场所"(伊夫林〔Evelyn〕,《日记》〔*Diary*〕,1654)。

作为一种新的描述用语,Romantic 基本上开始于 19 世纪初期。其所描述的是一种文学、艺术与哲学的运动;这种运动主要是出现在德国与法国(A. W. 施莱格尔与斯塔尔夫人〔Mme de Stael〕)。它的英文用法受到德国思潮(参较 Lovejoy 与 Eichner)很大的影响;在这种思潮里,Romantic(浪漫的)与 *Classical*(古典的)产生了特殊的区分(最有影响力的是 F. 施莱格尔,1798)。然而,Romantic movement 与 Romantic poets(浪漫派诗人)——18 世纪末与 19 世纪初——里的 Romantic 的用法在 19 世纪 80 年代之前并不常用。此外,除了特别的意义脉络(与特别历史时期及特别的文体有关)外,Romantic 在这方面的用法与早期普遍的用法仍然很难区隔。其所包含的"自由解放的想象力"毫无疑问地被凸显出来。Romantic 另一个意指"从规则与惯例中解放出来"的延伸用法,不只在艺术、文学与音乐上,而且在情感与行为(Behaviour,参见本书)上皆明显可见。此外,Romantic 有一个与前面相关的重要意涵,指的不仅是强烈的情感,而且是新奇的、真实的情感。"浪漫英雄"(the romantic hero)这个词汇的意涵由放浪的人物演变成为理想的人物。对于非理性(the irrational)、潜意识(the unconscious)、传奇(the legendary)、神话(the mythical)的重新评估,是伴随着对于民间文化(*folk-culture*)的重新评估(在这个民间文化里,似乎可以找到部分的上述材料),并且在不同的面向里,伴随着对于主体(Subjectivity,参见本书)的重新评价——这种评价与强调解放的想像与原始的(Original,参见本书)情感有关。这些意涵有一部分与早期的某些意涵明显重叠。有一些普遍的哲学基本概念虽是新的,但很难清楚地界定。这些基本概念以前则被视为特别的与可区分的。

在 20 世纪,Romantic 作为一个历史的描述用语,以及 18 世纪末哲学与文学运动的概括性用语(虽有争议,但仍有其必要)依然常见。较古老的意涵依然普遍通用,但非常暧昧不明。A romantic place(一个浪漫的地方)是褒义词,A romantic scheme(一个浪漫的方案)则不是。19 世纪的引申词汇为 romanticism(浪漫主义)、romanticize(浪漫化)。当这两个词超出特别的文化意涵时,它们是相当不受欢迎的贬义词。Romantic feelings(浪漫的情感)与 romance(罗曼史)本身同时被普遍地用来专指男女之间的爱情——这种意涵源自于许多传奇小说与故事(romances and romantic stories)的主题;现在这些传奇文类专门指浪漫小说(romantic fiction)。此外,romantic love(浪漫的爱情)与 *sexual* love(性爱)之间是有区别的,但是 sexual relationship(性关系)在普遍的用法里仍然可以被称为 romance,romantic places(浪漫的地方)与 romantic situations(浪漫的情境)就是受到这种意涵的影响。这种论点经常影响我们对早期的 Romances(传奇小说)与 Romantic literature(浪漫文学)的理解;实际上,这两个语汇是迥然不同的。

参见 Creative, Fiction, Folk, Generation, Myth, Novel, Original, Sex, Subjective

Science(科学)

Science 似乎是一个非常简单的词,即使我们仍然记得它在 19 世纪之前的其他意涵。但我们可以从 science 与其旧意涵的分化中,看到它背后所透露的社会演变史。这个词在 14 世纪时成为英文词,其最接近的词源是法文 *science*、拉丁文 *scientia*——知识(knowledge)。其早期用法相当广泛。它意指知识(knowledge),例如:"上帝是具有知识(sciens)的主宰"(1340)。这个用法在莎士比亚的文字中仍相当明显:

> 对于这个戒指的了解(science)
> 财神不会比我知道更多。(《终成眷属》,V,iii)

Science 的这个意涵有时候被拿来与 conscience(良心)作区别:science 意指思考上的认知,而 *conscience* 意指人本身对是非的认知。然而,science 越来越常被使用,其与 art 互为通用,用来描述一些知识(knowledge)或技能(skill):"有关格律、押韵与节奏的知识(science)"(高尔〔Gower〕,1390);"他们的知识(Sciences)……神学、物理学以及法学"(1421);"……人文学科(liberal sciences),例如文法、艺术、物理学、天文学以及其他"(1422)。

　　Science 这个意为知识或学习的用法相当普遍。此外,一直到 19 世纪初 science 还是可以专指某些学科。参较:"这些学科的基础被称为基本知识"(考珀〔Cowper〕,1781);"除了阅读、写作与文法之外,没有任何学科(science)"(戈德温〔Godwin〕,1794)。但是自从 17 世纪中叶以后,science 的词义发生明显变化,尤其是它与 art 产生了区别:这种区别与其现代意涵上的区别不同(参见 Art),而是那个时代特有的。在 1678 年,有一段关于"制作刻度盘"的文献:"刻度盘的制作原来是一种 Science……但是……现在……与 Art 一样都不难",这似乎显示了"需要理论知识的技艺"与"只需要实用知识的技艺"两者的区别。1725 年时有一段文献记载:"science 通常指的是有规则、方法的观察(observation)与命题(propositions)……有关任何深奥的学科。"这虽然与 science 的现代定义仍有差距,但已包含观察、命题以及"关于任何学科"的意涵。这个用法与 scientific(16 世纪末,最接近的词源为拉丁文 *scientificus*)的早期用法相符,意指"理论上"(theoretical)或是一个论证(demonstrative proof)。Scientific 早期与 Liberal(参见本书)互为通用,用来区别"学习而得的知识"与"机械式(Mechanical,参见本书)的技能"的不同。Science"通过学习而得的知识"的意涵,已经包含了理论层面的方法(method)和论证(demonstration),指的是一种知识或论证,而不是一种学科。在 1796 年的文献里所记载的 science,其意涵似乎也是如此:"在过去,尽管很多人勉强接受矿物学是一种 art，但它还是不被认为是一种 Science。"这里 Science 与 Art 的区别可能在于前者意指理论知识（theoretical knowledge），后者意指实用知识（practical knowledge）。理论（theory）意指在任何学科都可能出现的方法学论证（methodical demonstration）。

这种理论（theory）和实用（practice）的区别并非在 science 与 art 这两个词中首度出现，18 世纪时的 experience（经验）与 experiment（实验）的区别里就已有了。"实用知识"（practical knowledge）与"理论知识"（theoretical knowledge，参见 Theory）在 17 与 18 世纪时被用作 art 与 science 的区分，而 experience 与 experiment 更说明了"实用知识"与"理论知识"的分别。我们现在所谓的实验科学（experimental science，也就是发生于过去的科学革命——scientific revolution）自从 17 世纪中叶以来已经有长足的进展。但是在 18 世纪末，science 仍然主要指方法学与理论上的论证，尚未专指某些学科。然而，我们从 experience 和 experiment 这两个词的区别里可以看到一个很大的转变。Experience 的意涵专门被用在两个方面。（一）指实用的经验知识。（二）指相对于"外在知识"（external knowledge，也就是所谓的客观——Objective——知识）的"内在知识"（inner knowledge，也就是所谓的主观——Subjective——知识，参见本书）。我们单从 experience 这个词里就可以看到这些意涵，不过 experiment（对于事物有系统、有方法的观察）这个词的定义使得 experience 的这些意涵更加明显。由于对"自然"（Nature，参见本书）观念的改变，使得"方法"（method）与"论证"（demonstration）的概念被专门用于"外在世界"（external world），而 science 的意涵已经完全被视为"对自然做有方法的理论研究"。在"经验"(experience)领域——形而上学、宗教、政治、社会,以及特别与 Art 有关的内在情感生活等,参见 Art——中所应用的理论与方法则不被视为科学(science)。

这种区别在 19 世纪初到 19 世纪中叶时更加确立。虽然许多过去的用法依然存在,但从 1867 年的一段话里我们已经可以很明显地看出科学的定义:"我们将……根据英国人对 science 的一般定义来使用这个词……意指物理、实验科学,不包括神学与形而上学。"排除神学与形而上学于科学之外对 science 的定义非常重要,但也由于 science 所包含的范围越来越少,很多其他的学科也不再被视为科学。Scientific(科学的)、scientific method(科学方法)与 scientific truth(科学事实)变成专指自然科学(natural science)里的有效研究方法(主要是物理学、化学与生物学)。其他的学科或许也有理论(theory)与方法(method),但一个学科是否为科学的重点已不在于它是否具有理论与方法,而在于它的研究方法与研究对象(这两者是相互关联的)是否具有客观性(objective character)。

在 1840 年时,惠威尔(Whewell)写道:"我们需要寻找一个意指科学研究者的词汇。我认为我们应该称他为 scientist(科学家)。"这句话标示出 science 的新意涵。19 世纪 30 年代早期,在英国学会(British Association)的会议中,就已开始积极寻找一个适当的词(事实上在 16 世纪所用的 sciencer 与 18 世纪末的 scientist 就已经以 science 的旧意涵偶尔出现)。从 1840 年的一段话,我们可以看到 scientist(科学家)与 artist(艺术家)这两个词更进一步的区别:"达·芬奇是一个在心灵上追求真实(truth)的人——一个科学家(scientist);科勒乔是一个真实(truth)的证实者——一个艺术家(artist)。"scientist 与 artist 的这种区别越来越常见,虽然一直到 1836 年时,康斯特布尔(Constable)所讲的话还是很令人信服:"绘画是一种 science(科学),我们追寻它必须像我们追寻自然法则(laws of natural)一样。为何……山水画为何不能被视为自然科学的一门? 为何图画只被视为是一种实验(experiment)?"(《在皇家科学院的第四次演讲》)然而,science 的主要意涵却是在另一方面。Method 被用来专门指涉某一种方法,就如同那些"可论证的经验"被用来专指某一种实验(experiment)。这个概念在生物学和物理学内部产生很大的影响。此外,对于其他人文学科领域也有深远的影响。在这些人文学科里面,一个特殊的、相当成功的方法模式——具有客观的观察与外部研究对象(external objects)——不只是被普遍视为 science(科学),更被视为是 fact(事实)、truth(真实)、reason(理性)与 Rationality(理性;参见本书)。传统派的批判是要去凸显这种看法的缺陷,依据的是一种较老旧的方式(现在仍被保存着,且具有专门意涵):将主观的事实(subjective facts)与真实(truth)区隔开来,且将宗教、艺术、心理、道德等各领域区隔开来(社会这个领域则不易区隔),而科学方法(scientific method)并不适合这些领域。

跟其他与英语有关的语言相比较,science 的定义也许在英语里最为明确。这在现代的翻译中产生很多问题,尤其是翻译法文的时候:参较人文社会学科里 science 与 studies 这两个词互为通用的现象,或是当 scientific 仍然被以它的旧意涵"论证中的论述证据"与衍生出的"严格的方法学"使用的现象——但在这个情况下，experiment（实验）的意涵是什么？它是否只是一种主观的、书面的与推论的 experience（经验）？由于 science 与 art、subjective（主观的）与 objective（客观的）的区别变得简单明了，因此 scientism（科学主义）这个带有批判性的字眼被用来定义科学在某方面的局限。从 19 世纪末起，scientism 这个词意指具有科学特质的事物，但它也可以用来批判把物理学的研究方法不当地应用在人文学科中。同样，人文学科有其明显的局限，但尚未有一个通用的词汇来定义这个局限（虽然当我们现在重新检视文学、美学与主观的概念时，也许可以发现那个用来定义人文学科局限的词汇）。

参见 Art, Empirical, Experience, Materialism, Positivist, Subjective, Theory

Sensibility（感觉力、感受性、识别力）

Sensibility 在 18 世纪至 20 世纪中叶的英文里是一个非常重要的词。但最近几年其重要性已经急遽下降。它的词义演变历史相当复杂，而且与以 *sense* 为中心的一组词的关系也很复杂。只要我们知道 sensibility 并不是一个用来表示"being sensible"这种状态的一般名词，就可以了解其词义有多么复杂难解。这一组词的相互关系有一部分已经在燕卜荪的著作《复杂词汇的结构》(*The Structure of Complex Words*, 250 – 310; 1951) 里有所讨论。

Sensibility 最接近的词源为拉丁文 *sensibilitas*。早期 sensibility 的用法是随着 *sensible* 的用法而来。*Sensible* 最接近词源为法文 *sensible*、后期拉丁文 *sensibilis*——意指"被感觉到""被意识到""通过(身体)感官的"。从 14 世纪起，sensible 的这种用法涵盖了 sensibility 的用法——后者被视为身体的感觉或是(从 15 世纪起)感官知觉(sense perception)。但是 sensibility 并非一个常用词。*Sense* 的词义有一个重大演变：

其意涵从感官"过程"扩大延伸为一种特别的"结果"——指好的判断力(good sense)。Sensible 在现代的普遍意涵就是源自于此；*common sense*(普通常识)这个语汇也是源自于此，其意涵为对于众所周知的明显事物或实用事物的认知与看法。在此之前，common sense 的常用意涵指的是一种经"共同的过程"(common process)所得到的看法；Common(参见本书)的各种变异意涵很重要，我们必须特别留意。在 sensible 被用来专指这方面的意涵之前，在 16 世纪有一阵被用来形容纤细的情感("tender" or "fine" feeling)。这种意涵仅存在于 sensible of(有某种特殊感觉的、察觉到的，参较 touched 的特别用法)这个语汇里。sense of 的意涵实际上较为广泛，是中性词。18 世纪时，sensibility 的用法就是根据 sensible 的这种特别用法而来。基本上，sensibility 是一个从社会的角度来概括各种人类特质的名词；易言之，它是个人对社会特质的感知。因此它与下列重要的词汇有密切关系：*Taste*(鉴赏力、品位，参见本书)、*cultivation*(培养、陶冶)、discrimination(辨别力)、Criticism(批评、评论，参见本书)、Culture(文化，参见本书)。这个词的其中一个意涵就是源自 cultivated 与 cultivation。上述所有的这些专门用语，皆是用来描述人类进化的普遍状况；在 discrimination 里可以找到"排除在外"(exclusion)的负面意涵。这个词一方面指的是好的或有根据的判断，另一方面指不公平地对待某些团体。Taste 与 cultivation 这两个词的意义原本并不明显，除非我们能够根据普遍化及共识(Consensus，参见本书)原则，将它们的意涵与其相反的意涵作对比。Sensibility 在 18 世纪用法广泛：可以指一种非常像 awareness(察觉、体认)的现代用法——其意涵不只是 *consciousness*（知觉、意识），而且是 *conscience*（自知之明）；也可以指一种由字面上所显现出来的强烈感受力（the ability to feel）："亲爱的感受力（Sensibility）！无尽的泉源……在我们的欢乐时，所有宝贵事物的泉源，在我们忧伤时，所有珍贵事物的泉源。"（斯特恩〔Sterne〕，1768）

Sensibility 的这种意涵使它与 *sentimental*（情感上的、多愁善感的）的关系变得日益重要。Sentiment 最接近的词源为中古拉丁文 *sentimentum*，可追溯的最早词源为拉丁文 *sentire*——意指感觉（to feel）。Sentiment 在 14 世纪指的是身体的感觉，在 17 世纪指的是意见与情感。在 18 世纪中叶，*sentimental* 是一个普遍通用的词："这个在上流社会广为流行的词 '*sentimental*'（多情的；情感上的）……从这个词可以了解到任何愉快、巧妙的事情。当我听到下列的话，我经常会感到惊讶：这是一个 *sentimental* 的人；我们是一伙 *sentimental* 的人；我做了一个 *sentimental* 的散步。"此处 sentimental 的意涵与 sensibility 的意涵关系密切，指的是情感上率真的感受，同时也指有意识的情感发泄。后者的意涵使得 *sentimental* 这个词备受批评，并且在 19 世纪被随意地使用："那一种粉红色的烟雾，里面包含多愁善感（sentimentalism）、博爱与道德上的趣事。"（卡莱尔，1837）"情感上的激进主义"（Sentimental Radicalism，巴杰特〔Bagehot〕论狄更斯，1858）。许多道德或激进的意涵（与意图及效果有关）亦被用来描述情感（*sentiment*）的自我表现。在骚塞的保守阶段，他将 sensibility 与 sentiment 结合在一起："这些感情用事的阶级（sentimental classes）指的是具有热烈的或病态情感的人。"（1823）这个怨言是针对情感"过剩"(too much),以及"放纵情感"(indulge their emotions)的人。这个论点使 sentimental 变成一个固定的贬义词(虽然有些正面的用法仍然存在,例如 sentimental value——情感价值),并且完全决定了 sentimentality 之意涵。

Sensibility 则避开了这种贬义。它维持着 18 世纪的意涵。在与美学(Aesthetic,参见本书)有关的领域里,它是一个重要的词汇。的确,奥斯汀(Jane Austen)在其小说《理智与情感》(Sense and Sensibility)里,探讨了 sense 与 sensibility 这两个词所具有的各种特质。在《爱玛》(Emma)中,奥斯汀可能在下述的句子里发现了 sensibility 词义上的另一种解释:"……对美好声音的感受比对我情感的感受还要深"(more acute sensibility to fine sounds than to my feelings;II,vi;1815)。罗斯金曾经提到"对颜色的感受"(sensibility to color;1843)。这个词日渐被用来描述一种兴趣与反应;这种兴趣与反应不仅有别于理性(Rationality,参见本书)或理智(intellectuality),而且有别于道德 morality(18 世纪时 sensibility 与 morality 是两个相关的对比词汇)。20 世纪时,sensibility 是一个关键词,用来描述与人有关的领域——艺术家所投入的工作领域。在 Criticism(参见本书)后来的词义演变——根据理性(reason)与情感(emotion)的区分而来——里,sensibility 常被用来表示人的感受与判断这方面的意涵,而这种关于人的感受与判断无法被化约为情感(the emotional 或 the emotive)。T. S. 艾略特在 20 世纪 20 年代所称的"感性的分离"(dissociation of sensibility)指的是"思想"(thoughts)与"情感"(feelings)的分离。Sensibility 很明显结合两者的意涵。整体而言,这个词的意涵是从"各种各类的感受"转移到"一种特别心智的形成":一个完整的活动、一个完整的感知与回应方式,无法被化约为"思想"或"情感"。Experience(经验,参见本书)这个词(其本身具有"活动中的事物"及"被形构的事物"之意)亦具有这方面的普遍意涵。在某一重要时期里,sensibility 是激发艺术的源头,也是一种媒介,艺术经由它被广为接纳。在后者的用法里,taste(鉴赏力、品位)与 cultivation(培养、陶冶)——在最初的词义演变里,它们是重要的相关词——常被 discrimination(辨别力)与 criticism(批评、批判)所取代。尽管这些引人兴趣的词汇在 1960 年前被持续使用,然而它们主要是从社会的角度来概括各种人类特质的名词;日渐明显的是,它们是个人对社会特质的感知。在论及艺术的源头时,sensibility 很明显是一个中性词,它并不具有 mind(心、精神)的寓意或是 thought(思想)、feeling(情感)的特别意涵。这个中性意涵被认为比"对任何事物的特殊回应"的意涵更为普遍。但是,正如在 18 世纪所出现的用法,将个人的活泼特质抽象化与概括化(仿佛这种个人特质是明显的社会事实或过程)是根据对事物的特殊评价所达成的共识;当这些特殊评价未能达成共识时,sensibility 的意涵也许会被深深地扭曲,以至于不再具有普遍意涵,且不再被热烈地讨论。但有意思的是,就这个词的实际涵盖的意思(这方面基本上有争议)而言,我们无法找到适当的词来替代它。

参见 Aesthetic, Art, Criticism, Culture, Experience, Rational, Subjective, Taste

Sex(性、性别、性行为)

Sex 在现代的主要意涵(事实上就是日常用语中的意涵)有其有趣的演变历史,主要是指两性在肉体上的关系(relation),但其早期的用法指的是两性之间的区别(division)。14 世纪时,sex 在英文里出现,其可追溯的最早词源为拉丁文 *secus* 与 *sexus*——意指人类中男性或女性的部分(section)。因此在 1382 年的文献里出现这一段话:"*maal sex and femaal*"(男性和女性)。但是在 16 世纪之前,这个词并不常用,16 世纪之后才经常以它的普遍意涵出现。

Sex 除了它的一般用法之外,还有另一个复杂的词义发展。因此这个词有偏指女性的意涵,例如在 16 世纪末的文献里出现的"柔顺的性别"(the gentle *sex*),17 世纪初出现的"较柔弱的性别"(the weaker *sex*),以及 17 世纪中叶出现的"较美的性别"(the fairer *sex*);此外,16 世纪以后,"the *sex*"这个词通常专指女性。这种用法一直到 19 世纪,甚至 19 世纪后都还可以见到。19 世纪中叶以后,也开始出现"the second *sex*"(第二性)这样的用法。

Sexual 17 世纪中叶以后在文献中出现,作为"描述肉体"之用;此外,sexless 在 16 世纪末以后出现,其中的"sex"也同样用来描述肉体。由于人类的言谈与书写内容很明显会受出版检查制度、自我检查以及羞耻感的影响,因此要探究 sex 后来的词义演变不是一件容易的事情。在约翰·邓恩的《樱草》(*The Primrose*)(1630 年之前)里,sex 这个词很明显是那个时代的意涵:

> 女人的思想桎梏,如果她能够跳脱,
> 她将会超越一般人对女性(sexe)的看法
> 让我去了解她,不是落入她的情网

这段文献里的 sex,显然不是用这个词的现代意涵。在很多文献中,sex 意指"男女之别"的意涵相当普遍,但是它作为"肉体关系"或"肉体行为"的意涵在 19 世纪之前似乎不太可能就已相当普遍。事实上在性的议题还不被允许公开讨论或书写的时代,sex 是一个用于学术或科学上的语汇(其他与肉体或性有关的语汇也是如此)。在这之前有很多像"carnal knowledge"(肉体知识)与"copulation"(交媾)等较正式的语汇,也有很多不太为书面文字所接受的口语语汇(在 19 世纪以后的文献中,有很多意指男性"占有"〔have〕的语汇,但这些语汇的出现最早可以追溯到 16 世纪)。Sexual 最常用的意涵与其说是"性的特征",不如说是"性爱过程"与"性关系",其在 18 世纪末以后有关医学的文献里经常出现。因此在 1799 年以后的文献里出现"性交"(*sexual* intercourse)的语汇;1821 年以后出现"性欲"(*sexual* passion)的语汇;1826年以后出现"性的目的"(sexual purposes)的语汇;1861年以后出现"性的本能"(sexual instinct)的语汇;1863年以后出现"性冲动"(sexual impulse)的语汇。1815年时在《运动杂志》(Sporting Magazine)出现了对我们而言似乎非常熟悉的句子:"她的脸,她的转身,她说话的方式都相当性感(sexual)。"在同一时期,sexual意指"性的特征"的旧意涵仍然相当普遍:1873年,佩特把无法从事性行为(sexlessness)看作是"一种性无能"(impotence),但在1893年彭内尔(Elizabeth Pennell)所写的"这是新型的、虚假的性别解放(sham sexlessness of emancipation)"里,sexlessness的意涵显然不同。1887年时,Sex-abolitionist指的是那些主张废除社会或法律上对女性的差别待遇(discriminations)的人。(在19世纪末以后的文献里,discrimination的意涵由"区别"渐渐转为"歧视"。)Sex-privilege(性特权)这个词出现在19世纪末以后的文献之中。当时是一个贬义词,但之前是专指因身为女性而具有的特权(sex取其过去专指女性之意)。Feminism(女性主义,有时候写成femininism)这个词在19世纪的大部分时期里意指"女人的特质"(quality of females),但也可以指1894年在巴黎的女性主义团体,与1895年的"女性主义信条"(doctrine of Feminism)以及现在的女性主义运动。

我们现在会在电视上看到与"性(sex)与暴力"有关的词汇。Sex的早期词义演变历史似乎很奇特。它的意涵很明显是指"肉体性行为"及其有关的事物。在20世纪之前,sex似乎经常在口语中使用,作为过去其他口语词汇的婉转说法。这个词似乎变得非常普遍,尤其是在20世纪20年代以后。20世纪20年代时,sexy(性感)这个词继美国报章杂志之后,在英国的报章杂志里出现。Sex-appeal(性的吸引力)这个与美国选美比赛有关的词汇,出现于20世纪20年代中叶以后的文献之中。在同一时期,sex-life(性生活)、sex-repression(性压抑)与undersexed(性冷淡)这些语汇也同样出现在文献记载之中,虽然早在1908年时oversexed(性欲过强)这个词就已出现。

Sexuality(性欲、性意识)的词义也有同样的发展。18世纪末以后,这个词是科学上的描述语汇,在1888年的《医学手册》(*Handbook of Medical Science*)里出现了明确的用法:"男人的性(sex)指的是由精虫所引起的性欲(sexuality)。"但在1893年时,有一段令我们听起来相当熟悉的话:"由酒精助兴产生的性(sexuality)满足笑声。"我们从众多婉转用语可以看到,sex这个词也许已回到它过去广泛的抽象意涵。

1885年以后Sexualogy(性学)这个词在文献中出现,意指一种与性有关的科学,但在20世纪中叶以后这个词为sexology(性学)所取代。

Sexism(性别歧视)与sexist(性别歧视者)被用来批评那些歧视女人的态度和行为。这两个词原先出现在美国,20世纪60年代以后被普遍使用。它们是参照racism(种族歧视)的组成形式而产生的,而不是早期的*racialism*(种族歧视,参较Racial)。这两个词的意涵后来被不断延伸,在某些用法中,它们被用来批评存在于两性之间(between the sexes)的差别待遇(在心理、文化与社会等方面)。由于这个原因,更可能是因为sex这个词在20世纪的相关词汇的关系(参较:反对女人被物化为"性玩物"——sex-objects),许多作者开始使用 gender（性、性别）来替代 sex。gender 的词源是拉丁文 *generare*——意指生产（beget），但与其相关词 *genre* 及 *genus* 一样，都具有专门的用法；例如，gender 几乎只用于文法用语之中。但它之前有时也不只被用来当成文法用语，例如在 1718 年格莱斯顿的这一段话中："Athene（雅典娜女神）除了在形体上是一个女人，一点都不像女人；她的性别（*gender*）是女性，但她根本就没有女人的性向（sex）。"gender 就像其他与性有关的词汇一样，一直被作为一些重要论点的依据，而这些论点对这些词汇在语言中的用法有很大的影响。

参见 Family，Individual，Liberation，Private，Subjective

Socialist(社会主义者、社会主义的)

　　Socialist 在 19 世纪初期出现时,是个哲学的描述用语。在语言学上,它的词根就是 Social(参见本书),其意涵也是由此引申而来。这可以从对其用法深具影响的两方面(具有不同的政治立场)来说明。Social 的(i)意涵仅仅是一个描述性用语,用来描述社会(*society*),主要意指共同生活的体系;社会改革者(*social reformer*)希望改革这个体系。(ii)意涵是一个强调性(emphatic)、区别性(distinguishing)的用语,与 *individual*(个人的)明显地成为对比,尤其是与社会中的个人主义理论(*individualist* theories)对比性更强。这两层意涵之间当然有许多的互动与重叠,但它们的相异处可以从这个词最初的形构看出。(i)意涵的普遍用法实际上是自由主义精神的延续:(激烈地)改革社会秩序,以发展、扩张并且确保主要的自由主义价值——政治自由、终结特权与形式上的不平等、社会公义(指各类型的人与团体之间的公平性)。(ii)意涵的普遍用法完全不同于(i)意涵:一个充满竞争且具个人主义的社会形式——特别是工业资本主义与工资劳力体系——被视为是真正的社会形式的敌人。这些真正的社会形式是根据实际的运作与相互关系而来；当"生产工具"（means of production）为个人（private, individual）所拥有，这些实际的运作与相互关系就无法达成。除非私有财产制的社会被拥有管控权的社会所取代，否则真正的自由无法获得，基本的不平等无法铲除，且社会公义（现在指的是一种社会秩序，而不是由现存的社会秩序所产生的公平性——存在于各类型的人与团体之间的公平性）无法建立。

许多团体与流派皆称呼自己是"socialist"（社会主义者、社会主义的），因而产生了争论。这种争论持续很久，且变得错综复杂与尖锐激烈。每一个流派皆找到其他的贬义词来形容对方。但是在1850年以前，socialist一直是一个新兴的、意义广泛的词，因此没有一个主流的用法。我所发现的英文早期用法，出现在哈兹利特的《论原本想要见的人》（On Persons One Would Wish to Have Seen, 1826）。这本书后来再版，收录在《温特斯洛》（Winterslow, 1837）里。其中他回想1809年的一段对话，提到："那一些令人难以了解且备受怀疑的社会主义者（socialists），托马斯·阿奎那与司各特（Duns Scotus）。"在欧文（Robert Owen）的英格兰《合作社杂志》（Cooperative Magazine, 1827年11月）里，有一个比较接近当代的用法；在法文中，文献上最初记载的政治用法出现在1833年。另一方面，socialisme似乎出现在1831年的法文以及1837年的英文里（欧文，《新道德世界》〔New Moral World〕, III, 364）。（1803年意大利文socialismo的其中一个用法，似乎与后来的词义演变没有任何关系，且具有完全不同的意涵。)19世纪20及30年代,法国与英国皆处在紧张的政治气氛里。这个词在那个时期所代表的意涵比探究词义演变的正确年代重要得多。到底哪个词是关键词,我们无从得知。在这个时期,各种政治思想快速出现且冲突激烈。在19世纪40年代前,有一些语汇与 socialist 一样被普遍通用,或是比之更甚。例如 co-operative(合作社),mutualist(互助论者),associationist(协会成员),societarian(社会主义者或时髦社团成员),phalansterian(法伦斯泰尔成员),agrartanist(主张平分土地者),radical(激进分子)。迟至1848年,韦氏词典(美国版)将 socialism 定义为"表示平均地权、土地改革运动的一个新词",虽然在法国与德国,socialist 与 socialism 在当时早已是普遍通用的语汇(而在英国不如德、法普遍)。大约在1830年,socialize, socialiser(使社会化、使社会主义化)这两个常用的动词分别在英文、法文里被普遍使用。

另外一个词汇 Communist(共产主义者,参见本书)从1940年起,开始出现在英国和法国。上述这些词在不同的国家里意涵可能有所不同。在19世纪40年代的英国,*communist* 这个词与宗教有密切的关联;这一点非常重要,因为 socialist 这个语汇(正如欧文的用法)与反宗教有关,故有时候被舍弃不用;在法国与德国则不同。恩格斯在1888年的序言里回顾他在1848年与马克思所写的《共产主义宣言》(*Communist Manifesto*)时提到:

> 我们不可能称它为社会主义宣言(Socialist manifesto)。在1847年,社会主义(Socialism)是一个中产阶级运动。至少在欧洲大陆,社会主义(Socialism)是受人尊

敬的;共产主义(Communism)则不然。

Communist 具有在法文与德文中的"激进运动"的意涵。在英国这个词比 socialist 更为常用,因为它不涉及无神论。

从 19 世纪 60 年代开始,socialist 的现代用法已然稳定;尽管早期的用法有所不同,socialist 与 socialism 仍是主要的词。这个时期是以 socialist(ii) 意涵的用法为主,且其相关词——*co-operative*(合作社)、*mutualist*(互助论者)、*associationist*(协会成员),以及从 19 世纪 50 年代起新出现的 collectivist(集体主义者)——很自然地变成常用词。虽然 socialist 与 socialism 的词义在这个时期引起广泛、复杂的争论,但它们仍然是被普遍接受的词汇。Communist 这个词尽管从 19 世纪 40 年代起与 socialist 有所区别,然而它较不常被使用,且马克思主义传统下的一些派别接受了 social 与 socialist 这两个词的一些变异用法作为名称用语,例如"*Social Democratic*"(社会民主),其意涵指的是"支持社会主义"。甚至 1880—1914 年这段时间,在党派内部再起的激烈争论里,这些名称用语仍被采用。Communism(共产主义,参见本书)在此时期常被用来描述早期的社会形式——"原始的共产主义"(*primitive communism*)——或是描述"最终的社会形式"(an ultimate form);在经过社会主义这个阶段之后,这种形式才可获得。然而,在此时期自认是"社会主义"(socialist)运动的支持者,例如英国的"费边主义者"(Fabians),强力地恢复(i)意涵的衍生意涵,亦即社会主义被视为是形成自由主义(*liberalism*)的必要过程,而非与社会有关的理论相对立。对萧伯纳(Shaw)以及其他人而言,社会主义(socialism)就是"民主理想的经济层面"(《费边文稿》〔*Fabian Essay*〕,33),且它的形式是延续早期自由主义所代表的精神。有趣的是,威廉·莫里斯(William Morris)反对这种观点——强调"资本主义的经济体系"抵抗这种"必然"的发展——的时候,他使用了 communism 这个词。Communist 在现代意涵的争议一直受到"巴黎公社"(the Paris Commune)的影响(虽然对于到底是 communist 还是 communard 仍有所争议)。

Socialist 与 communist 的重大区别(正如这两个词汇现在通常使用的意涵)源于 1918 年更改党名的事件:俄国"社会民主劳工党"(Social-Democratic Labour Party)被当时激进的主流派布尔什维克(Bolsheviks)更名为"全俄罗斯共产党"(All-Russian Communist Party)。从那时起,socialist 与 communist 的区别——通常它们会伴随着另外的词汇出现,例如 social democrat(社会民主主义者)或 democratic socialist(民主社会主义者)——被普遍采用,虽然所有的共产党派别(communist parties)仍像以前一样声称,自己是"社会主义者"(socialist)且献身于社会主义(socialism),而指责对手不是。但实际的情况是,各个派别将原初 social 与 socialist 的各种不同意涵以新的词汇重新呈现出来。那些认同(ii)意涵的人看出其他类别的 socialist 是属于新阶段的自由主义(*liberalism*),因而称他们为(通常带有鄙视的意味)自由主义者(liberalists),而那些认同(i)意涵的人看出自由主义的(*liberal*)精神与社会主义(socialism)有自然的关联,而据此反对其他派别的社会主义者(socialist),因为根据他们的看法,那些人是"自由主义传统"的敌人。定义"自由主义传统"的概念的困难之处在于其有不同的解读:(a)政治自由——被视为是一种个人的权力,并且在社会上由政党的竞争表现出来;或者是(b)个人主义——被视为资本主义的竞争、对抗的特质与实践,而这种特质与实践仅仅是个人权力与政治竞争才具有的。

另一些相关的政治语汇则提供了更进一步的复杂意涵。在19世纪中叶,Anarchy(无政府状态,参见本书)及其衍生词所具有的新政治意涵有明显的发展。*Anarchy* 从16世纪起以广义的意涵出现在英文中:"民众毫无法度的自由与放纵被称为 Anarchie"(1539)。然而,专门的政治意涵通常指的是对统治者的反抗:"*Anarchism*……指的是人民处于没有统治者的状态"(1656;此处的意涵接近 *democracy* 之旧意涵)。这种专门意涵大体说来比其普遍意涵——disorder(失序)或 chaos(混乱)——较不常用。边沁(Bentham)于1791年将 *anarchist* 定义为一个"否定法律之效力……且呼吁所有人集体反抗、抗拒法律之执行的人",这个意涵同样接近 *democrat* 的旧意涵。19世纪中叶起有了新的转变:*anarchy* 被一些反对国家社会主义(state socialism)与无产阶级专政(dictatorship of the proletariat)的革命团体接纳,视为一个具有正面意涵的词,用来表达他们的政治立场。到了19世纪末,*anarchism* 与 *anarchy* 延续了 democracy 与 democrat 的旧意涵,但此时期的 *democracy* 与 *socialism*(虽然后者较不常用)已经具有新的、正面的广义意涵。Anarchists 反对大部分的社会主义运动所揭橥的"国家主权主义",但强调"互助"(mutuality)与"合作"(cooperation)是社会中的自我管理组织的原则。某些特殊的"无政府主义团体"(anarchist groups)通过激进的(*militant*)与暴力的(Violent,参见本书)

手段来反对某种特殊的专制政府,但这并不是"无政府主义"原则下的一个必然的或普遍的结果;无论如何,这些手段与社会主义所界定的革命(Revolution,参见本书)有着错综复杂的重叠关系。然而,anarchy 的普遍意涵——"失序"与"混乱"——极易转移到 anarchist 这个词上(用这种意涵来形容"无政府主义者",很明显地不尽公平)。"目无法纪"——从主动的犯罪行为到对抗他人制定的法律——在 anarchy 的意义脉络里于是显得重要。同时,militant 也历经相关的词义演变:这个英文词早期的意涵,就活动的专注程度而言,比其词根所具有的军事意涵还要强烈。直到 19 世纪末,其主要用法在宗教方面:church militant(宗教斗士,这个语汇出现在 15 世纪初期);"我们处于一个充满竞争与战斗的(militant)社会"(威尔金斯〔Wilkins〕,《自然宗教》〔*Natural Religion*〕,251,1672);19 世纪期间,这个词的词义实际上是从"宗教活动"转移到"社会活动":"积极(militant)努力地去做正确的推理"(柯勒律治,《朋友》〔*Friend*〕,57,1809);"一种正常的斗争状况(militancy)以对抗社会的不公"(弗劳德〔Froude〕,1856)。在 20 世纪,这个词的意涵从政治的层面更进一步地扩展到工业的层面。它早期的词义演变史,除了现存的用法外,有许多已被遗忘。Militancy 就像 anarchism 一样,与"失序"(disorder)、"暴力"(Violence,参见本书)意涵有显著的关联。Solidarity(团结一致)指的是在企业、政治方面手段、行动的一致;这个词 19 世纪中叶出现在英文里,其最接近的词源为 18 世纪末的法文 *solidarite*。Exploitation(开发、开采、利用,参见本书)19 世纪时出现在英文里,原先指的是为赚取利益而去开发一个地区或开采一种原料;从 19 世纪中叶起,其意涵指的是利用他人以谋取私人利益。其最接近的词源为 18 世纪末的法文 *exploitation*,上述两层意涵即据此而来。

Nihilist(虚无主义者)是屠格涅夫(Turgeniev)在其作品《父与子》(*Fathers and Sons*,1862)中所创造的一个词,它常常与 *anarchist* 混淆不清。*Populist*(民粹主义者、民粹论者)这个词于 19 世纪 90 年代初期开始在美国使用。它源自于"人民党"(People's Party),并且流传很快,现在常被用来表达对于大众的品位与意见的迎合(其用法与 socialist 有所差别),而不是表达特别的(具有原则的)理论与运动。*Syndicalist*(工团组织主义者)于 1904 年出现在法文里,1907 年出现在英文里;它与各种不同的词——socialism、(强调互助精神的)anarchism 结合在一起。

最普遍通用的一个词就是 the *Left*(左派)。在 19 世纪,它是大家所熟知的语汇(源自于国会座席的巧合因素),但在 20 世纪之前它并不是一个普遍的描述用语;*leftism*(左派主义、激进主义)与 *leftist*(左派分子、激进分子)在 20 世纪 20 年代之前并没有在英文中使用。*Lefty*(左翼分子)这个嘲笑用语,虽然在 20 世纪 30 年代风光了一阵,但它主要是在 20 世纪 50 年代后才广为流行。

参见 Anarchism, Capitalism, Communism, Democracy, Individual, Liberal, Society

Society(社会、协会、社交)

Society 现在的两个主要意涵很清楚。一方面,它是一个普遍的用语,用来表示一大群人所属的机制(institutions)与关系(relationships)。另一方面,它是一个非常抽象的用语,用来表达这些机制与关系被形塑的状态。这个词之所以有趣,部分是因为其普遍意涵与抽象意涵间存在着复杂的关系。当我们记得 society 的意涵就是"友谊"或"同伴关系",我们可以很清楚地了解这一点。借由这个词的词义演变,我们可以知道"机制"与"关系"所代表的意思。

Society 在 14 世纪出现在英文里,其最接近的词源为古法文 *société*,拉丁文 *societas*;可追溯的最早词源为拉丁文 *socius*——意指同伴(companion)。一直到 16 世纪中叶,这个词的词义经历下列的演变:从"情谊非常深厚"之意涵,正如 1381 年的农民起义,到"一般关系"的意涵——"它们需要互相帮忙,因此爱心与一般关系(societie)……在所有的人之间不断地滋生"(1581)——到"情谊"(companionship)或"同伴"(company)之意涵——"你们的友谊(society)"。1563 年的一个例子——"基督与我们之间的友谊（society between Christ and us）"——显示出：这些可分辨的意涵实际上可能有所重叠。Society 的词义原本似乎是朝向普遍与抽象的意涵，但在 18 世纪末之前，其他更活跃的、相关的意涵也非常普遍，我们可以用莎士比亚作品里的两个例子说明。在"我过去的行为太放荡，我结交的都是一些胡闹的朋友（my wilde Societies）"（《温莎的风流娘儿们》〔*Merry Wives of Windsor*〕，III，iv）中，society 的意涵实际上等同于"关系"或者是"交往"，而在"我亲自到客人中间周旋一下（mingle with Society）"（《麦克白》〔*Macbeth*〕，III，iv）中，society 的意涵纯粹是指"群聚的客人"。"为某种目的而结合在一起"——具有某种社会特质——的意涵，可以用"圣乔治协会"（societe of saynct George）这个例子来说明（圣乔治为"嘉德勋章"〔the order of the Garter〕的守护神；15 世纪）。这个特别的用法一直存在。

Society 的普遍意涵从 16 世纪中叶起逐渐确立。在"社会（societie）是一个众人之集合与意见之一致"（1599）的例子里，society 具有明确的、个别的意涵。在 17 世纪，这类用法开始大量使用，指涉意涵更为明确："对于我们所居住的社会（societie）……应有的尊敬"（1650）。然而，在下面的例子里明显可以看到更早时期的词义演变史："交际的法则（the Laws of Society）与平民百姓的生活模式（civil conversation）"（查尔斯一世，1642；此处的 conversation 具有其最古老的意涵，指的是一种生活模式。Conversation 在 16 世纪后，其意涵转为"普通的言谈"；society 也具有同样经验的词义演变，但其后来发展出专门意涵）。Society 的抽象意涵亦逐渐确立:"人类社会的益处(the good of Humane Society)"(卡德沃思〔Cudworth〕,1678,参见 Human)以及"对社会有利(to the benefit of society)"(1749)。就某一个层面而言,抽象意涵是随着"社会"这个词的概念(广义意涵)之演变而得以确立。这种抽象意涵是根据"相对主义"(relativism,参较 Culture)的新意涵而来的。Society 从"友谊或交情的一般法则"转为"构成特殊社会的特殊法则";这种转变的轨迹产生了 society 的现代概念;在此概念下,"laws of society"与其说是与人相处的法则,倒不如说是决定社会机制的法则——这种意涵是较为抽象且非个人的。

　　Society 的词义演变相当复杂难解,通过其与 state 的比较更可清楚地看出。State 最普遍的常用意涵是指"状态"(condition),例如出现在 13 世纪的"*state of nature*"(自然状态)、"*state of siege*"(被围攻的状态)。这种意涵的 state 实际上可以与 estate(状态)通用(state 与 estate 两词最接近的词源为古法文 estat、拉丁文 *status*——意指状态)。实际上,state 亦可与 rank(地位)通用,例如"noble stat"(崇高地位,1290)。State 这个词特别与君主政体、贵族有关;换言之,它是与社会的阶层制度有关:参较"教士阶层(state of prestos),以及骑士阶层(state of knyghtis)"(1300)。从 14 世纪起,*the States* 或 *the Estates* 是一种机关、制度上描述权力的语汇。在 16 世纪与 17 世纪初期,state 的普遍意涵是指国王的尊严:"威严与荣誉"(state and honour,1544),"伴随着崇高的尊严"(goes with great state,1616);"对于国王……你的王冠与尊严(State)"(培根,1605)。从 state 的这些用法中,衍生出一个明显的政治意涵:"国家的统治者"(ruler of the state,

1538);"威尼斯城邦"(the State of Venice,1680)。但是 state 通常指的是一种特殊的统治权与一种特殊的社会阶层的结合。Statist 在 17 世纪是一个普遍通用的词,指的是政治人物,但是历经了 17 世纪的政治冲突,society 与 state 有了基本的区别:前者指的是一群为同一目的而结合在一起的自由人,根据的是早期的常用意涵;后者指的是一种权力的组织,根据的是层级制度与君权之意涵。"公民社会"(civil society,参见 Civilization)是"社会秩序"的另外一个替代词。借由对这个新秩序的普遍问题的反复思索,society 最普遍的意涵以及抽象意涵先后被确立。经过许多后来的政治变革,这种区别一直持续着:society 就是我们所属的团体,纵使其意涵非常广泛,且不涉及个人;state 指的是权力执行的机器。

Society 词义转向最普遍的意涵以及抽象的意涵,这种重大的变化(就其定义而言,仍然不同于 state)发生在 18 世纪。我翻遍了休谟的《道德原理探究》(*An Enquiry Concerning the Principles of Morals*),查询 society 的用法。我将"company of his fellows"(他的伙伴们)视为 society 的(i)意涵;同时将"system of common life"(生命共同体)视为 society 的(ii)意涵。我发现(i)意涵出现了 25 次,(ii)意涵出现了 110 次;也发现在某些重要的论点里——society 的意涵在其中是很重要的——society 的用法介于(i)、(ii)意涵之间;这种用法出现了 16 次。休谟在书中对于 society 的用法做了必要的区分(此时 society 这个词正逐渐失去它最常用的直接意涵),他(正如我们现在一样)视 society 与 company 为两个互通的词。

存在于同伴(society)间的相互冲突,以及带有利益与自私的反对,迫使人类建立公平的法则……同样地,同伴(company)间的持续对立(由于人的骄傲与自负)促使优雅的礼仪规范的产生……(《道德原理探究》,VIII,211)

同时,在该书中,他用 society 的最直接意涵来替代 company。这种最直接的意涵,用我们现在的话来说(如果我们希望为某些目的而去恢复旧有意涵的话),就是"面对面"(face-to-face)的关系,通常这种意涵存在于社群(Community,参见本书)之间。

在 18 世纪末,society 的普遍通用意涵为"生命共同体":"要了解一个社会,通过对穷人的观察远比对富人的观察能更深入"(1770);"在各个具有阶级差异(distinction of rank,参见 Class)的社会里"(亚当·斯密,《国富论》,II,378 – 379;1776),往往有"两种不同的道德体系"并存于同一时期。后来 society 的普遍与抽象意涵的演变是很直接的。

相关的演变可以在 social 这个词中看到。Social 在 17 世纪的意涵可以指的是 associated(关联的)或 sociable(交际的),虽然也被当成是 civil 的同义词,例如 *social war*(内战)。到了 18 世纪末,这个词具有了主要的普遍与抽象意涵:"人是社会的动物(Social creature);也就是说,单一的个人或家庭如果脱离了所有的社会(all society),是不能独自生存或无法生活得很好的……"(要注意的是,此处的 society,前面虽然用一个限定词 *all* 来修饰,然而它是个不具抽象意涵的常用语。)到了 19 世纪,society 可以很清楚地被视为一个"具体存在的对象"(object),因而出现了 social reformer(社会改革者)这种语汇(虽然 social 这个词一直都被用来指涉个人的同伴、朋友；参较 social life 与 social evening）。同时，当 society 被视为一个"对象"（我们所处关系的总称）时，"人与社会"（man and society）的关系或"个人与社会"（the individual and society）的关系之问题，有可能用新的方法来厘清、界定。由上述的这些词可以看出 society 与早期的常用意涵"伙伴"是不同的。人与社会关系的问题，在实际的社会发展里，显然可以用 19 世纪初期 social 这个词的用法来说明。在这个时期，society 的其中一个意涵为"相互合作"；society 或 the social system 的经验所代表的其中一个意涵为"个人的竞争"。上述两种意涵互为对比。假如其最普遍与抽象的意涵在此时不很稳定的话，society 的这些不同意涵就不可能出现。Social 被用来强调其正面的而非中性的意涵，同时也被用来强调与 Individual（参见本书）的不同；socialist 这个政治用语据此而衍生出来。另外一个形容词 societal，在 20 世纪初期被用在民族学上，现在具有较广泛的中性意涵；它指的是社会的（social）组织与机制。

Society 的一个较不常用的专门意涵值得注意，good society 早期的一个意涵是指好的同伴、朋友（由这些人的行为来判断），后被用来专指社会上最高尚的、最上流的阶层：the *upper* Class（上层阶级，参见本书）。拜伦（《唐璜》，XIII，95）提供了 19 世纪这个词的主要意涵（至今犹存）：

Society 现在被化约为一个大团体
由两个巨大的族群构成：
令人感到厌烦的人，以及感到厌烦的人。

295

讽刺的是，society 这个特别词汇其最后一个明显的用法，指的是一个人与其（所属阶级里）伙伴间的深厚情谊。在其他地方，诸如此类的情感则转移到 Community（参见本书），以及 social 现在仍然通用的意涵中。

参见 Class，Communist，Individual，Socialist，Sociology

Sociology(社会学)

Sociology 在 1830 年首度由孔德(Comte)使用,1843 年出现在英文里:穆勒的《逻辑》(*Logic*, VI),以及《黑檀杂志》(*Blackwood Magazine*;在一篇论孔德的文章里)。斯宾塞(Spencer)在 1876—1896 年写了三大册的《社会学原理》(*Principles of Sociology*)。在 20 世纪初,经涂尔干(Durkheim)的法文作品及韦伯(Weber)的德文作品的引介,这门学科开始普及。这个词所依据的是 Society(参见本书)与 Social(参见本书)的引申意涵。在许多知识体系里,sociology 被定义为社会(society)的科学(Science,参见本书)。Sociological(社会学的)具有两层意涵:一方面指各种形式的社会科学;另一方面其广义的意涵——sociological 在此种意涵下,通常被用来取代 *social* 这个词——是指某种社会的(social)事实或趋势(参较 sociological factors。同时参较 *technological*;这个词的现代意涵是从抽象意涵转移而来,类似这样的转移是很普遍的)。Sociologist 最初被普遍用来表示研究社会的学者。这个词已经具有较专业的意涵,因为社会学这门学科在大学的课程里,有很清楚的定义。然而,这个词和 sociological 一样被广泛使用且具有普遍的用法。专业意涵与普遍意涵的重叠所产生的一个有趣的结果就是:sociology 这个语汇通常用来表示对社会过程的普遍关怀,这种关怀有别于其他种类——与社会事物(the social)无关——的关怀。尤其是在对社会学研究不深的国家里,通常会坚持专业意涵的 sociology 与社会理论(social theory)或社会批评(social criticism)是有差别的,并且将它重新定义为"社会的科学"(science of society),采其特别的、专门的"经验调查"与"量化"意涵。在比较普遍的传统社会学里,其他种类的调查模式仍然被强调。

参见 Anthropology, Science, Society

Standards(标准、规范)

单数的 standard 是个复杂但不难解的词,它的复数亦是如此。但是,standards 也是一个特别的复数型名词的例子,可以被称为具复数形式的单数名词,这个复数型名词内涵了单数的意涵。其他的例子尚有 *morals*(道德)、*values*(价值)……

Standard 在词源学上是很复杂的,其主要的演变是由"词首音脱落"(aphesis)而来。其最接近的词源为盎格鲁诺曼语 *estaundart*、古法文 *estendart*;可追溯的最早词源为拉丁文 *extendere*——意指伸长、展开(这个词源直接导致 *extend*, *extension* 这两个词的产生)。在它演变过程中的衍生词里——*standardum*, *tandardus*——其词根的意涵被用来指涉"旗帜"(至今仍存在于"王室旗标"〔the Royal Standard〕的语汇里);这是指挂在旗杆上所"展开"的旗帜(从 12 世纪开始),但是从 13 世纪起,它具有不同的意涵,指的是直立的支撑物,可能是因为旗帜展开与旗杆的支撑有关,更可能是因为它与其他的名词 stand, stander 混淆了。这些名词(其意涵具有不同的物理性质)构成了其现代用法——例如 standard lamp(台灯)、standard rose(直立玫瑰花瓣)——的基础。最有趣的现代用法(指的是"一种权威的来源""合乎标准的要求")出现在 15 世纪,可能是与"王室旗标"这个代表权威的标记有关。这个词被广泛用在重量与度量的标准规格上,例如 the standard foot(标准尺)。但它也可以延伸到其他的事物里,具有普遍的"指南、规范"的意涵,因此在 15 世纪出现了炼金术"指南"(standard book)。在 18 世纪初期,沙夫茨伯里(Shaftesbury)以权威性的口吻提到"鉴赏的标准"(A standard of Taste,参见本书)。他写道:"真的有一种标准……已经存在于外表的礼节与行为上。"(《杂感》〔Miscellaneous Reflections〕,III,1,1714)

所有这些用法一直持续着,但在 19 世纪有一些重大的演变。在 19 世纪中叶有一个奇特的例子,就是"Standard English"(标准英文):这是一种以阶级为基础的区隔用法。"标准英文"是具有权威性的正确语言,它被教育机构广为支持,其目的是要纠正以英文为母语者所使用的"不正确"的英文。在教育里也有一些阅读、写作、算术方面的能力指标(standards)。在某个时期里,这些是考量教师薪水的因素。在小学教育的课程里,即针对这些能力指标予以分级(standards,从 2 至 6 级)。这个词被强调为评估与给分的用语,通常是与等级制度中的"进级"概念有普遍的关联——参较当代的用语"the educational ladder"(教育进阶);这个词也许为赫胥黎(T. H. Huxley)所引介,而为学校的教育委员会采用。

从这个时期起,standards 是个常用的语汇,一方面它是一般的复数名词,另一方面它是具有复数形式的单数名词。

在许多的意义脉络里,被归纳出来的标准(standards)可以被准确地标示出来,例如在 British Standards Institution(英国标准协会)里。很自然地,这种做法应延伸至一些较不能被准确检测的事物,然而我们可以通过一些能力指标来举例说明或描述。这些能力指标就是代表 standards 的一般复数名词。standards 复数型的单数名词的用法则不同,其意涵基本上是指有"共识的"(Consensual,参见本书)标准,例如"我们全部人都知道真正的标准(standards)何在";或是指具有说服力的标准(带有某些蓄意的模糊性),例如"任何关心标准(standards)的人将会同意"。在这些用法里,我们不可能只去反对某种"标准"的设定而不去思索"质"的概念,这就是 standards 这个复数形式的单数名词得以强力运作的因素。"没有道德(morals)的人",可以指没有道德意识(moral senses)的人或是指观念与行为上不符合当地规范的人。"对于价值(values)的关心"可以指的是一种关切,为的是对相关的价值作区别或者是支持某些(具有共识的)评价。如果我们考虑到像"西方价值"(Western values)或"大学标准"(University standards)这些通用的语汇,我们可以很清楚地看到相异之处。在某些用法里,这两个语汇中的任何一个都可以更进一步地被界定。然而,因为西方文明(Western civilization)不仅是一种传统(Tradition,参见本书),而且是一种复杂的社会过程(不同的历史时期具有不同的社会过程),包含了激烈的争论、冲突以及思想上的实际认同,同时也因为大学——在任何时刻都有某些正确的标准可依循——在不同的社会与不同的时期里也会修改或反对这些标准,所以是否 values(价值)与 standards(标准)为真正的复数型名词(它

298

对许多特殊的立场与判断做分类)或复数型的单数名词(在这个单数名词里,一种文化或一所大学的精髓,其普遍形式被设计出来,仿佛它是对某些明确的评价〔valuations〕与标准化〔standardizations〕做特殊的分类),答案不言而喻。非常有意思的是,standards 普遍的正面用法与 standardization 的负面用法相冲突。Standardization 在 19 世纪末期开始使用在科学方面(将实验状况标准化),继而使用在工业方面(将零件标准化)。在这些方面的用法里,standardization 是一个没有争议的词,但是应用到心灵与经验的事物里,它常被那些坚持"维持标准"(maintenance of standards)的人所排斥:"人不能够被标准化(standardized)""教学不应该被标准化(standardized)"。这种奇特的用法也许依据的是以下的意涵:从"王室旗标"(令人尊敬的)到"标准尺"(它是有必要存在的,但此处是不宜的)。这种复数型单数名词总是不易被察觉它是一个单数名词。假如它没有被察觉出的话,它就可以被用来跳脱必然的争论或将评价与定义的过程挪用到它自己特殊的结论。

另外,值得注意的是 standard of living(生活标准)这个语汇。这是一个现在普遍通用的语汇,但有时候其意涵复杂难解。它的早期形式从 19 世纪中叶起,就是 standard of life;这个语汇经常与 standard of living 彼此通用。然而当我们想到 standard,这个词似乎是暗示着一个"界定清楚的标准"(a defined level)或"必要的标准"(a necessary level)。它首先用的是 standard 的严格意涵:standard of life 意指收入、生活状况达到必要的标准以维持满意的生活(这当然有所争论,因为在不同的团体、时间与地点会有不同的标准。但是当它首先被用在鼓吹基本工资的运动里,它的意涵就很明确:当一个标准被设定,工资就可以依所设定的标准来决定)。这就是 standard of life 的明确意涵。然而,这个语汇的发展(在它被定义之后,例如在牛津大辞典里)转向现在的一般意涵:指的是我们实际拥有的收入与生活状况。尽管该语汇失去了 standard 所保留的"可度量的意涵"(measurable reference),它还是隐含了"度量的意思"(a sense of measurement)。当收入、消费等方面的统计资料被用来定义"生活标准"(a standard of life or living)时,便产生了一个争论:"生活标准"真的可以测量吗?我们可以这么说:"过去的标准"(Standard Past)已经被"现在的标准"(Standard Present)所取代。然而,另一种用法使用的是 standard 的另外一个意涵,指的并不是一致同意的标准,而是"旗帜"(flag)这个隐喻:我们自己所制定的"标准"(standard);卫生保健的合宜"标准"(standards);合适的生活"标准"(standard)。我们也可以说,这是"未来的标准"(Standard Future):旧的标准或现存的等级无法符合要求,我们将会对准目标,向更好的事物迈进。这是一个非常有趣的用法。这种用法既不溯及过往的权威,也不接纳现存可度量的状态;从我们对现状的尚未认识但认为终将实现的一些观念里,一个标准被设计规划出来。从这个语汇的演变,可以看出社会历史的发展。

参见 Dialect, Taste, Western

Status(身份、地位、状态)

Status 在 20 世纪已经成为一个重要的词。这个英文词直接源自于拉丁文 *status*——意指状况。更早有另外两个词 *state*(状态、地位)、*estate*(身份、地位)也是源自于这个拉丁文。Status 至今仍常被用在源自拉丁文的特别语汇里,例如 *status quo*(现状)。从 18 世纪起,它具有法律方面的用法,用来定义"权力、义务、资格或丧失资格"(1832);此种用法至今犹存——参较 marital status(婚姻状况)。后来其词义被延伸扩大到较普遍的社会意涵,这些意涵源自于下列用法:"自由的身份或奴隶的身份"(status as free or slave,1865);"黑人的法律地位(legal status)"(1888);"演员的法定地位(civil status)"(1904)。在穆勒的著作里有一个延伸用法:"按日计酬的零工之状况"(status of a daylabourer,1848)以及"职业的状态"(professional status,1833)。在这两个例子里,status 暗示着"普遍的"而非"法律的"状况;到目前为止,status 并不是个复杂难解的词。

在现代的某些社会学里,这个词具有新的普遍意涵,因而词义变得难解：它是个比 Class（参见本书）更为人所喜用的词，经常被视为一个较精准的且适当的词汇。如果要澄清这一点，就要了解 class 的三个主要的社会意涵：group（群、组或类）、rank（阶层、阶级）与 formation（形构群）。Status 不具有明显的 group 或 formation 的早期意涵，它的真正意涵就是一个新的、现代化的语词，只具有"阶层"（rank）这方面的意涵，而与"世袭的阶级"没有正式的关联。因此 status 只可以被用来代替 class 其中的一个意涵。这种用法可以追溯到韦伯（Max Weber）对马克思的阶级观念之批判。但这仍令人困惑不解。韦伯所用的词 Stand，现在经常被译为 status；也许将它译成 Estate（身份、地位）或 Order（等级、阶层）更为恰当，因其与传统上 rank 的法定"位阶"有关。这个意涵可以扩大延伸，用来指涉某种社会群组（group）——这种群组所具有的动机与"阶级"（class）所包含的绝对的经济因素（根据马克思的主要定义）不同：这些动机，包括了属于某种群组的社会信念与理想，或者是属于某种独特的社会状况所具有的信念与理想。在最近的社会学里，这种重要的社会观察（social observation）已经转移到"广义的阶层等级"之抽象意涵："social status（社会阶层）……是指一个人、家庭或亲族在一个社会体系里相对于他人所占的位次……social status 具有层级的配置，有些人占据了高位。"（《社会学词典》〔A Dictionary of Sociology〕，米切尔〔G. D. Mitchell〕，1968）Status 虽是一个"连续变数"（continuous variable），但是具有显著的"群集"（clusters）意涵；因其隐含了 group 与 formation 之意，所以 status 作为一个"度量语汇"（term of measurement）是比 class 与 rank 更为适当。然而，status 亦有其缺点，它具有与传统有关的"敬重""自尊"的特质；这些特质势必使得表面上看起来很客观的"阶层决定"（status-determination）之过程变得混淆。Rank 具有头衔与绶带，status 具有象征性的标志。这些不仅可以被显示出来，而且可以被得到：客观的或假客观的符号，于是与主观的强调或者是纯粹夸耀的强调混淆在一起。Status 这个词汇（具有这种专门的、但现在仍然是普遍通用的意涵）使用的是 class 的其中一个意涵——rank。这有双重的优点，一方面它似乎是扬弃了 class 的 formation（形构群）概念，甚至是"广大群体"（broad group）的概念；另一方面，它提供了一个社会模式，这个社会模式不仅具有层级、充满个人间的竞争，而且基本上可以从消费与展示（参见 Consumer）来定义。因此，"社会阶层的等级"可以由"居家客厅里的生活方式反映出"——这当然是一件有趣的事，但是它将"社会"（society）化约为一系列的单位，而这些单位是依个人财产来界定。当这些单位被归类为各种"社会阶层的类别"（status-groups）或者甚至是一个"社会阶层体系"时，这种"生活"方式的评估，是通过市场研究（market-research）来界定，不管是货品或服务，或是舆论等方式。Status 从前表示法律状态或一般状态（更早的时候是以 estate 来表示社会形构的状态）；在现代的一般用法里，它是一个工具性的词汇，用来将所有的社会问题减约为一个流动的消费社会中的各种问题。

参见 Class，Consumer，Society

Structural(结构的)

　　Structural 这个词与它的相关词在现代思潮里非常重要。从它最近的许多词义演变里可看出它的复杂难解。其最接近的词源为法文 *structure*、拉丁文 *structura*；可追溯的最早词源为拉丁文 *structure*——意指建筑、建造(build)。它从 15 世纪开始在英文里被使用，其最早的用法主要是表示"过程"：建造的行动。在 17 世纪，这个词的词义演变很明显地朝向两方面：(i)整个建筑物，例如"木制的结构"(a wooden structure)；(ii)"结构的式样"(manner of construction)，不仅在建筑物本身，而且广泛地延伸到抽象的事物上。大部分的现代词义演变是由(ii)意涵而来，但其与由(i)意涵扩大延伸的抽象事物之间一直存在着暧昧不明的关系。

　　当(ii)意涵的其中一个面向指的是"一个整体所构成的部分或组成的要素，彼此间的相互关系；这些关系可以用来定义一个整体特殊的性质"，这种特别意涵变得重要。很显然，这是由"结构的式样"延伸而来；但其中的特点是它具有明显的"内部结构"(*internal* structure)，即使 structure 仍然是用来描述"整体结构"的重要词汇。最早的专门用法是在解剖学方面——"手的结构"(structure of the Hand, 17世纪初期)。在生物学的发展里, structure 也是重要的词汇, 通常与 function(功能)的用法有别。function 最接近的词源为拉丁文 *functionem*, 可追溯的最早词源为 *fungi*——意指执行(perform)。观察一个器官的(正常的)功能(function)与观察生物体的结构(structure)可能是不同的。然而, 在18世纪, 从"完整的结构"(the whole construction)到"内部的构造"(internal conformation)这种词义的演变是可以理解的。例如, structure 不仅是被用来描述身体, 而且可以被用来描述雕像; 它也可以用来描述一个地区的主要特色。在生物学的用法里,(ii)意涵是很明显的:"结构与内部的构造"(structure and internal conformation, 1774)。但是当我们发现1757年的一个例子——"每一个人的心灵与知觉的私密性结构(private structure)", 这是指内部的关系还是一个(建构与)发展过程的整体结果仍不够清楚。应用到写作时, 也有这样类似的不确定性:"他诗行的结构"(Structure of his Line, 1746)与"美词丽句……的结构"(structure of…periods, 1749); 这两者都具有"建构过程"的意涵, 但前者或许主要是指整体结果, 而后者主要是指内部关系。自从1813年以来, structure 在地质学里的分析意涵日渐明显:"内部地区的结构"(structure of the internal parts)。

Structural(结构的)这个形容词出现在19世纪中叶, 其早期的意涵与其名词 structure 重复, 但越来越强调内部的结构是"构成的部分"(constitutive)。Structural 被非常广泛地用在建筑与工程(engineering)方面(参较 engineering 的现代定义——"结构、机器、器械或制造过程的设计或发展")。在这方面,"建造的原则"被视为是 structural,而 structure 实际上指的是建造的方法与过程,以及所完成的作品。然而,structure 作为构成部分的意涵不仅被用来描述基本结构,且被用来强调内部的结构。举一个地质学上的例子:"structural 指的是影响陆块的内部特质,而不只是外部的形状而已。"这种用法可以在另外一个例子里发现:"区分人与猩猩在结构上的差异(structural differences)"(1863)。这些例子显示出早期的意涵——"构成一个整体的各部分之间的相互关系"——并且特别强调构成一个复杂整体的各个要素之间的排列与相互关系的统一性。"Structural evidences"(结构性的证据)与"structural relations"(结构性的关系)这两个语汇从 19 世纪 70 年代起表达这一种意涵。19 世纪末,structural(结构的)与 decorative(装饰的)在建筑里有一个传统区分,这种区分强调了内部的架构与过程。强调结构性的重要的科学被以 structural 这个形容词命名,例如 structural botany(结构植物学,1835)、structural geology(结构地质学,1882)、structural chemistry(结构化学,1907)、structural engineering(结构工程学,1908)。

我们需要知道这一段演变史,假如我们要了解 structural 这个词以及后来产生的 structuralist(结构主义者)——作为人文科学的定义词——的重要且复杂的演变,尤其是在语言学与人类学方面。语言学上对于结构的强调(虽然语言学没有被赋予结构这种名称)代表了一种转变——从历史研究与比较研究转移到分析性研究。这种转变是必然的,尤其当我们知道有一些语言不能用早期传统派别里的方法来了解。

如对美洲印第安语,我们有必要舍弃一些假说与同化论点——源自对于印欧语言的历史研究与比较研究;也有必要"从内部"——也就是后来所谓的"从结构方面"(structurally)——来研究任何一种语言。同时,较严格、客观的方法被用在语言研究(将语言视为一个整体)上。为了彰显结构的重要,它的基本过程、步骤开始被描述,这是通过自然科学已经使用过的用语来进行:到目前为止的讨论里,我们并没有遇到特别困难之处,但是名称(naming)的问题,变得很重要,并且导致了一些明显的问题。Structure(结构)被使用的程度胜过 process(过程),因为它强调的是一个特殊、复杂的关系结构——通常是指深层结构。然而,我们所研究的是充满活力的"过程",而结构(就其在建筑与工程的用法以及解剖学、生理学与植物学的用法而言)表达了某种相对固定、恒常甚至是坚硬的东西。"结构"的概念在物理学上持续地发展(虽然这些概念本身显示了静态〔*static*〕结构与动力〔*dynamic*〕结构的不同),加深了"深层的内在关系"之意涵;这些内在关系只能通过特别的观察与分析才可发现。某些既有的研究模式最初之所以被抛弃,是因为它们包含了不同来源的假说,而这些模式被抛弃未必会影响后来的 structural 或是现在使用的 structuralist 意涵的产生。结构语言学(Structural linguistics)是一种对语言普遍现象的分析——从其基本过程、基本构造来分析。人类学里的功能主义(*functionalist*)与结构主义(structuralist)现在经常是互相对立的,这是源自于生物学上"功能"与"结构"的传统区别;斯宾塞在社会学里强调了这种区别。然而,早期"结构主义语言学"(structuralist linguistics)与"功能主义人类学"(functionalist anthropology)

在研究上都共同强调：就一种特别的结构、一种语言或一种文化本身的范围来研究，跳脱普遍的传统假说——源自于其他的语言、文化或者是源自于将语言、文化视为整体的概括性观念。上述两者所共同强调的论点现在已经消失，但它提醒我们这种区别的复杂性。我们可以比较在 form, Formalist 的词义中（参见本书）与上述类似的复杂性。在这些复杂性中，*formal*（形式的）可以指外部的（通常是表面的）形貌，或者是指 *formation*（组成、形构）的特质与细节；而这些特质与细节可以用来解释一种特殊的形构（shaping）。Systematic（有系统的、成体系的）的意涵复杂难解也与此有关。System 最接近的词源为希腊文 *systema*——意指"有组织的整体"。System 从 17 世纪以后被用来描述特别的组织、系统（organization）：不是指一组（*set*），就是指诸如太阳系或神经系统的组织、体系。System 被用来描述这些相关的事物，呈现出一个特别的、复杂的整体里的组织体系与内部相互关系：这种意涵与 structural 其中的一个意涵相重叠，并且与 structural 的其他意涵相近，例如在"系统分析"（systems analysis）的事物里。然而，system 也持续保有"完整组织、体系"之意涵：一套原则；一篇有组织的论文；一种理论（Theory，参见本书。在 18 世纪中叶，*system* 有别于 *practice*)；或者是整个社会组织，例如"the social system"（社会体系）与"the system"（体系）。*Systematic* 可以有秩序的、完整的探讨与阐述，或者指与一个组织、体系的基本构成特质有关的结构性（structural quality）。这些意义的细微差别，显然不易辨识。这不像下面的事情那么容易区别：将一个种类的"过程"（procedure）与其他种类的"过程"区分；或对于"兴趣"（interest）的一种定义与其他种类的定义区分。同样是通过复杂与变化的语汇做区分,后者(兴趣)比前者(过程)容易。

在 structuralist 这个词变得普遍后,上述情况尤其明显。在美国,语言学与人类学基于历史原因向来关系密切,而 structuralist 这个词之所以普及也只能从这个角度去理解。它有许多不同的意义演变,但主要意涵是强调固定的深层结构(structures),而所观察到的各种不同的语言与文化即是这些结构的形式(forms)。"历史的"("历史主义的")假说及"进化论的"(Evolutionary,参见本书)假说一直被强烈排斥,而"比较法"(comparative methods)仅适用于结构(structures)上;在这种用法里,结构已经失去了(实际上是排斥了)另外一种意涵——"已经完成的架构"(finished constructions)——并且仅仅指内部的"形构关系"(*formal* relations)。在所谓的"正统"结构主义里,这些结构(涵盖了各种范围:从亲属关系、神话到文化)是人类基本、固定的形构(formations):指的是人类意识的明显特质,也许可以指人类脑部的明显特征。被观察到的或是可观察到的各种变化依据这一些结构来解释。因此,结构与心理分析对于"人性"(human nature)的普遍概念有明显的关联,与早期理性主义对于"心智特质"(properties of the mind)的普遍概念亦有明显的关联,更不用说与唯心论(Idealism,参见本书)在某些部分有实际的重叠关系。另外有一个学派,名为 Genetic structuralism(参见本书,"衍生的结构主义"),这种结构主义强调深层的基本形构(具有某种结构性质的),但是这些形构会随着不同的历史时期而被建立与瓦解,这种结构主义是有别于人类基本的、固定的形构。(有人主张黑格尔与马克思是这种类型的结构主义者。这种论点有待检视。)结构主义派别间的争议值得注意;假如要对这些争论有完整的了解,我们有必要去分析"结构"的用法。有一个结构主义的派别强调,并不是人类存在于结构中,而是结构存在于人类中——这种看法导致了"人文主义"(*humanism*)的贬抑意涵:将"结构的"(structural)事物化约为人为的——个人的或道德的——意向与动机。很明显,在许多例子里,人们会先假定有一个结构,然后再加以仔细分析。这种分析方式已获得丰富的成果。它可以澄清某一种类的基本关系,而这种关系通常被假说或习惯所遮蔽。这种分析方式已经赋予结构主义很大的支撑力量,但是这种由 structural 转移到 structuralism 的其中一个面向——指的不是一个过程或一组过程,而是一种"说明的体系"(explanatory system)——导致了各种不同的结果。有一个很明显的趋势仿佛是将思想与分析的范畴视为主要的实质(substances)。尤其是在此处,结构主义与心理学中的一些特别趋势相结合——本我(Id)、自我(Ego)、超我(Superego)、力比多(Libido)或死亡愿望(Death-Wish)成为心理学的要素,以结构的方式呈现出人类的特质;同时也与马克思主义的论点相结合——从马克思主义的观点来看,阶级(Class,参见本书)或生产模式(*modes of production*)是主要的,人类依其内在特质而生存。这个论点可以用来描述任何体系或结构——不管所强调的重点是人际关系或者人与事物之关系,或者是整个关系脉络(包含了关系、人与相关事物)。从 structure 与 structural 的词义演变史来看,这两个词显然可以被用来强调下列的概念:实际的建构(construction),尤其包含了建构的模式;或者说,将建构的模式分离出来,借以排除"过程"(process)中的两个部分——"生产者"(其意图与所选定的模式息息相关,并且其经验源自于所处理的材料)与"产品"(就实质意涵而言,"产品"是超越其整个基本的形构关系,而且很明显超越其抽象概念)。在传统的结构主义里,这种将"生产者"与"产品"排除在外——在分析上,"生产者"与"产品"被简化为"具有决定性的、普遍的关系"(determining general relations)——的论点尤其为下述这些人所接受:在工业技术与社会管理(Managerial,参见本书)方面,习惯于将"生产者"与"产品"排除于结构之外的人。真实的人(actual people)与产品(actual products)理论上臣属于决定性的抽象关系。"衍生的结构主义"(Genetic structuralism,参见本书)所强调的重点是结构的建立与崩解,比较能够涵盖"生产者"与"产品"(在这方面,"生产者"不仅仅是固定结构的持有者),但事实上不能完全涵盖,虽然我们所强调的结构集中在深层的内部关系,而不是被负面描述的内容(content)。就这点而言,形式主义(formalism)的问题,以及形式(form)与形构(formation)的复杂关系的问题非常相近。许多结构主义的分析(structuralist analysis)具有形式主义的精神:一方面将形式与内容分离开来,并且赋予前者优先地位;另一方面具有广泛而可以为人接受的意涵——对特别形构做详细的分析。这种分析也可以不需要将内容抽离出来,但却可以与整体的过程——"内容的形式"(forms of content),以及"形式的内容"(content of forms)——有密切的关系。这也可以与广义的"结构"有关:包含了建构的活动与被建构的事物,以及过程中的建构模式。然而,这种广义的意涵不同于"抽象的、基本的内部关系"之意涵。

这组复杂难解的语词所涉及的争议很重要,值得讨论。的确,对这组语词做结构性的分析有其必要,因为抽象概念的"结构"所强调的论点即是这种假说:结构主义者(structuralist)被视为一个独立"客观的"观察者,跳脱出较肤浅的或以经验作依据(Empirical,参见本书)的观察。有一些相关语汇有助于我们的了解。Code(符码、规范)这个词一直有一个有趣的用法,它被用来描述语言里的符号体系(sign-system)以及其他种类的行为(Behaviour,参见本书)。Code 最接近的词源为拉丁文 codex,主要具有物质意涵,指的是可以切成一面面("leaves")或一片片(tablets)的一块木头。(参较相关的关键词 text;其最接近的词源为拉丁文 textus,可追溯的最早词源为 texere——意指编织。)Code 从 14 世纪起意指有系统的法律、法规之组合。后来,较不正式的用法是指任何有系统的规范之组合。19 世纪初期的军事用法与 19 世纪中叶的电报用法里,它指的是一种符号体系。现在,它主要是指一种不透明的体系,通过这种体系(而不是在这个体系中)意义被传递。非常有意思的是,code(作为一种隐喻以强化某种重要的内在隐含关系)现在仿佛被视为等同于任何符号体系,因而使得每一个传播要素的本质(尤其是传播者)变得很抽象。Code 可能保留了基本的规范体系意涵,但是在现代的词义演变里它所显示的"武断性"(arbitrary),一直在 model(模型、模式)、paradigm(典范)等词的用法里不断重复。从 16 世纪起,model 的确代表一种即将发展成形的结构(structure),后来其意涵被扩大延伸,用来比喻一种类型(pattern,type)。现在的用法仍然是如此,但它通常不仅可以用来表达一种过程(process)的抽象形貌,而且透露一种信息:这种被选定的抽象、特殊形貌,其本身具有"武断性"且会产生关键性的结果;如果另外一种 model 被选定的话,则会有不同的结果产生。同样,paradigm(典范)这个词从15世纪起被广为使用,从16世纪末起被用在文法方面。最近,paradigm 的普遍通用意涵为"具特色的(通常是武断的)心理假说"。显然,所有这些相关语汇,就如同 structure 一样(具有重要词义演变),皆属于重要的思考分析模式——跳脱了一般习惯与预先假定的层面。然而,正如我们在结构里所发现的,一个必然的假说或分析的范畴可能被转化(有时候是无意识地)成为一种定义——对于实质内容的定义。有一种当代思潮强调的范畴仅仅是结构、符码、模型与典范。在这些范畴里,分析的重要性被打了折扣,因为所有的过程(processes)被有意或无意地化约为其所属范畴里的关系。正如同在博弈理论(games theory)里,有时候甚至可能会背离使用者的意向,并且在分析与实践的层面上,将实质的关系化约为形式的、抽象的关系(狭义的结构关系)。换言之,如果要完成分析,则结构性特点必然会被凸显,并且分析架构之内与之外的所有效果都应被评估。

参见 Formalist, Theory

Subjective（主观的、主体的）

Subjective 是一个非常复杂难解的词，尤其是在它与 *objective*（客观的、客体的）所形成的传统对比方面。从历史上说，这种对比很难区分，因为它虽然首先出现在中世纪的思想里，但其用法与后来有很大的差异。这种情况一直持续到 17 世纪，在此时期，这两个互相对比的词开始有了新的用法。现代的对比用法在 17 世纪与 18 世纪可找到依循的前例，但是一直到 19 世纪初期，这种对比才在英文里完全成形，而现在仍然具有高度的不稳定性。哲学上的假说在每一个阶段里基本上都很重要，而这些假说可能由其明显用法来显示或被传统用法所涵盖。此外，纵使我们不理会早期难以区分的对比（每一种对比均深具历史性），subject 较早时期的一些意涵仍然存留下来；这些意涵会使得 subject 与 subjective 的关系变得格外复杂难解。

Subject 的中古英文为 *soget*、*suget* 或 *sugiet*。最接近的词源为古法文 *suget*、*soget*、*subject* 与拉丁文 *subjectus*、*subjectum*；可追溯的最早词源为 *sub*（在……之下）与 *jacere*（投、掷）。

在它最早的英文词意里,拉丁词根的意涵是很明显的:(i)在统治者或君王管辖之下的人民;(ii)实体(substance);(iii)探讨的素材、主题。(i)意涵与(iii)意涵在现今的英文里仍然使用。(i)意涵在政治思想里仍可见到,例如 British subject(大英帝国的子民)或 liberties of the subject(百姓所享有的权利);subject 后来可能带有较正面的意涵,但是"统治或管辖之下的臣民"这种意涵仍然持续存在;上述的 liberties 并不具有正面意涵,而具有较古老的含义,指的是在其他治权之下某种特许的权利。(iii)意涵普遍是指研究、书写、谈论、模仿或绘画的领域、主题或题材。从 14 世纪起,(i)意涵一直持续使用,尤其从 subjection(臣属、从属)这个词可以看出。(iii)意涵从 16 世纪起一直被普遍使用。

Object 最接近的词源为拉丁文 *objectum*,可追溯的最早词源为 *ob*(意指朝向、对着、在途中)与 *jacere*(投、掷)。其最早的英文意涵是指"反对的论点"(这种意涵在动词 object 与名词 *objection* 中仍然可见)与"障碍物"。Object 其中的一个重要意涵是源自于中古拉丁文 *objectum*——指的是"投掷在心灵之前"("thrown before" the mind)的东西,亦即被看到或观察到的事物。从"投掷"在心灵"之前"这种意涵引申出另外一个意涵:object 被解释为目的、目标。这种意涵可以在"*the object of this operation*"(这种行动的目标)以及作为名词用的 *objective*(目标)里发现。

很明显,这些词义的演变错综复杂。我们可以想象有这么一个梦魇似的、令人生畏的句子:"the object of this subject is to subject certain objects to particular study"(这个主题之目的是要针对某些对象做特殊研究)。如果我们在 study 这个词前加上具有现代意涵的形容词——*objective* 或 *subjective*——来界定研究的性质,那么我们会觉得我们将会永远置身梦魇,不再苏醒。

然而,每一种词义还是可以被理解。学术上对于 *subjective* 与 *objective* 的一般区分是:subjective——事物本身的状态(源自于 subject 作为实体的意涵);objective——事物被呈现在意识之前的状态("投掷"在心灵"之前")。然而,这些全然与理性有关的用法是属于一种完全不同的世界观的一部分;这种世界观是从 17 世纪末(尤其是笛卡儿之后)开始发展出来,主张"思考的自我"——"the subject"(主体)——是知识的实质领域;经主体的运作,所有其他事物的自主实体必定可以被推断出来——被投掷在意识之前的 objects(客体)。这些词汇的意涵无法全然快速厘清;诸如此类的区分都是经后来的概述、整理所形成的。在其演变过程中有许多的复杂性,可以由 subject-matter 这个词看出。但是有两种意义的演变帮助了这种趋势的转变:*object* 这个词很明显地被赋予已经演变而成的意涵——"事物"(thing);subject 意涵的演变是比较间接的,也许并非主要经"实体"(substance)之意涵演变而来,而是由 17 世纪以来 subject 在文法上的用法演变而来。*Object* 在文法上的用法直到 18 世纪才开始出现。

经过两个世纪的演变,有许多意涵互相矛盾与重叠。在钦定版的《圣经》里,subject 总是具有"支配、统治"(domination)之意,而 object 其中的一个用法是动词——指的是"反对"(speak against)。这两个词在中世纪的区别的一个例子可以在 1647 年泰勒(Jeremy Taylor)的文献中找到:"彼得的忏悔"(the "confession of Peter")被视为是"信仰、基督及其门徒——主体(the subjective)——的基本根据(objective foundation)。基督为主,圣彼得为辅(instrumental)"。另外有一个例子:"光(Light)陪伴他们,光(Light)没有陪伴他们。Subjective Light 与 Objective Light。"有趣的是,这个例子可以用下面任何一种方式来解读:用现代的意涵来看,恰好是蛮适当的;用旧的意涵来看——正如同在泰勒的文献里,objective 的意涵一方面是指 fundamental 与 essential(基本的、根本的),另一方面是指 instrumental, operative(辅助性的、产生效用的)。这些用法的深层变化很难理解。1725 年出现了一个有趣的、过渡时期的用法:"一个客观的确定性(objective certainty)……当命题本身确定为真。"这句话的意涵不同于"一个主观的确定性(subjectivity)……当我们确定其为真"。

后来的重要词义演变出现在德国的古典哲学里。大部分现代用法的区别(尽管有许多用法不易理解)源自于此哲学。无论是将 subject 与 object 做区别,或是企图去证明这两者具有基本的同一性,皆是根据其主要的意涵:subject——主动的心灵或思考的原动力——与政治统治下被动的臣民(subject)形成反讽的对比。Object——不同于主动的心灵或思考的原动力(在词义演变过程里,object 被分为若干类别)。这种特殊的传统意涵虽极具复杂性,但仍然常被使用。在许多翻译与词义转变过程里(尤其从德文与法文转换成英文时),subject, object, subjective, objective 仅仅可以从其本身的范围来理解。这些词的意涵及其之间的差异源自两方面:现代主流的唯心论以及对此派别的批判(虽然批判是从另一种角度,但使用的语汇经常是相同的)。这些意涵及其之间的区别——就像唯心论（Idealism）与唯物论（Materialism）的对比一样——是属于一个非常特别的、封闭的传统。尽管我们珍视这种传统，但仍有必要去了解它，因为英文的词义演变（虽然受到这种传统的影响，并且在某一些意义脉络里被这种传统所决定）其实具有另外的面向。

这个观点对于 subjective 与 *objective* 的现代英语意涵是很重要的。柯勒律治在 1817 年写道："就是 *objective* 与 *subjective* 这两个过去在学校反复出现的词，我已试着去复制。"他指的是学术意涵，但这种用法源自德国唯心论思想。德昆西（De Quincey）后来谈到 *objective*："这个词在 1821 年时几乎难以理解，具有浓厚的学术色彩，因而……很明显是在卖弄学问，然而……对于正确的、多方面的思考不可或缺；这个词自从 1821 年以来，变得非常普遍通用，不须再多加解释。"我们必须把德昆西与柯勒律治的论点牢记在心。17 与 18 世纪的例子也许比较罕见，但在 1801 年有一个用法深具意义："objective，亦即取自外部的物体……或……subjective，它们仅仅存在于判断者的心中。"subjective 的这种定义奠定了后来的基础。后来在德国哲学的用法里，有一种区分主要是根据上面的定义而来："subjective……思考的主体（thinking subject）……objective 是属于思考的对象（object of thought）这个范畴。"（汉密尔顿，1853）在 19 世纪中叶，可以在 Art（艺术，参见本书）与 *artistic*（艺术的）这两个词里见到一些相关的变化。绘画与文学的"主体性风格"（subjective style）被拿来讨论，于是二元论的轮廓明显成形。如果我们讨论到艺术的主体性的——主动成形的（actively shaping）——特色，这仍完全涵盖在德国唯心论哲学及其重要的衍生派别的精神架构之内。然而,在艺术方面或思考方面,subjective 与 objective 类型的区别并不是那么泾渭分明,因为有些人认为艺术或思考是不具主动的主体(active subject)。这种将 subjective 与 objective 区别的用法后来变得普遍通用,然而我们很难确切追溯其开始使用的日期。这种用法在 1888 年布莱斯(Bryce)的文献里显然还没确立:"完成政党政治实际状况的调查……以一种完全实证的(positive)方法,或是正如德国人所说的'客观的'(objective)方法,来谈论美国人对于他们的制度之看法。"现在我们也许同样会用"subjective"这个词来讨论这个制度。Positive(参见本书)这个词的出现的确令人困惑。实际上,我们所要寻找的就是 objective 的稳定意涵——被用来表示"根据事实的"、"公平的"("不偏不倚的"),亦即"可靠的"。这有别于 subjective 的意涵——指"根据印象而非事实的",亦即"受到个人情感影响的""比较不可靠的"。Objective 的这些意涵,其源头明确可寻;它们来自实证主义科学(Positivist Science,参见本书)的一些过程,而且源自于相关的社会、政治、管理的意涵——"公正的"与"不偏不倚的"判断。它们的源头根深蒂固,但也许是因为从 19 世纪末期与 20 世纪对科学持续保持信心,于是形成了传统的对比。实证主义词汇与传统唯心论词汇(以及对唯心论的批判)的共存并立的确令人相当困惑。在判断与报导两事上,我们肯定会被要求"客观"(objective):仅仅去注意事实,并且摆脱个人偏好、兴趣。在这个意义脉络里,一种"羞耻的"(shameful)感觉或者至少是"无说服力、不足"(weak)的感觉在 subjective 这个词的意涵里出现,虽然每个人都会承认自己的立场里通常会有"主观因素"(subjective factors)

包含在内。哲学上用来批判上述这些定义的体系架构存在于(已经被定义好的)subject 与 object 的其他用法里，以及一种繁复的知识论里。然而，在一般普遍的用法里，subjective 与新的衍生词 subjectivism 和 subjectivity(尤其是后者)是在 *objectivism* 被提出来批判的情况下才会被重新引介——在这种情况下，*objectivism*(客观论、客观主义)被视为是对"外在的"(external)世界的一种错误关怀；它忽略了"内在的"(inner)或"个人的"(personal)世界。

上述意涵我们现在还在使用。我们可以很容易地说这样一句话：所关涉的事物不仅是一个 object，也是一个 subject。但是，真正的问题在于每一个词背后的层层历史意涵，以及对于各种残存下来的传统的无比信心(这些传统现在形塑了各种不同的意涵)。subject 与 *object* 的用法所呈现出来的意涵普遍具有明确性，有时候显现出诡辩的特质(这只能产生更多的困惑)，然而，细究之下这些用法深具争议。可以这么说，subjective 与 *objective* 这两个词需要被通盘地考量——在语言上而不是在特别的学派里——如果我们希望以严谨的态度使用它们。

参见 Empirical, Experience, Idealism, Individual, Materialism, Positivism, Science

Taste（味道、鉴赏力、品位）

313

Taste这个词的身体意涵从13世纪起在英文里出现。它最早的意涵不单指"以嘴辨味"（tasting with the mouth），而且较接近现代的*touch*（触摸）或*feel*（感觉）。这个词最接近的词源为古法文*taster*，意大利文*tastare*——意指感觉、触摸。从14世纪以来，它与"嘴巴"有明显的关系，然而其普遍的意涵一直持续被使用，并且其衍生的隐喻留存至今。"Good taast"这个语汇指的是"好的理解力"（good understanding），在1425年的文献中可以找到。另外，"no spiritual tast"（没有性灵的感觉），则是在1502年的文献中可以发现。一个较广义的用法出现在弥尔顿的《复乐园》（*Paradise Regained*，IV）里："天国之歌，超越了所有真正的感受、体会（true tasts）。"这个词从17世纪（尤其是18世纪）起，变得意义复杂；在此时期，它的第一个字母被大写，用来表示一般的特质："改正他们的Taste（爱好、兴趣），或是生活中的Relish（爱好、兴味）"（沙夫茨伯里，《杂感》〔*Miscellaneous Reflections*〕，III，1，1714）。"常规（Rules）……我们如何仍保有写作的优雅风格

(fine Taste of Writing),这个问题在上流社会不断被谈论"（艾迪生，1712）。Taste 等同于 *discrimination*（鉴赏力）："Taste……指的是敏锐的辨识力或心智能力。通过敏锐的辨识力或心智能力我们可以准确区分好的、坏的或普通的。"（巴里〔Barry〕,1784）Tasteful（有鉴赏力的）与 tasteless（无鉴赏力的）在同一时期由 taste 衍生而来。

了解华兹华斯对 Taste 的批判（在 1800 年的《抒情歌谣集序言》〔*Preface to Lyrical Ballads*〕）是很重要的。他反对那些人的论点：

> 那些人认真地与我们谈论有关诗的鉴赏（taste for poetry），正如他们所表达的，仿佛那是一件普通的事情，就像体验走钢索的感觉或者是品尝伏隆提尼克酒（Frontiniac）与雪利酒（Sherry）的美味。

Taste 就是

> 一个隐喻，源自于一个被动的（passive）人体意涵，后来转而指涉在本质上非被动的（not passive）事物——也就是指心智上的行为与活动。情感上的深刻以及敏锐，思想与想象力的崇高与丰富……准确说来，是属于一种智能上的感受；如果没有沉浸在民族的精神里，这两者皆无法以这种隐喻来表达。Taste……在读者的心灵里，如果不存有同理心，情感上就没有足够的认同；如果没有这种辅助的力量，崇高与深刻的感受就不可能存在。

314

身体方面的感觉是否是一种"被动的意涵",也许可以把它暂放一旁先不去谈论。华兹华斯虽然赋予 taste 新的活力,将它视为一个隐喻,然其目的是要贬抑它(顺便一提,他所举的例子并不只是品酒,而且还包括走钢索的感觉)。他似乎不知道这种隐喻的转变已经有一段很久远的历史了(在他写作前的四个世纪就已存在),否则所提到的"沉浸在民族的精神"就没有意义了。然而,他所说的论点仍然是很重要的,因为他所批判的与其说是小写的 taste 倒不如说是(第一个)字母大写的 Taste。Taste 是一种抽象化的概念,通过字母的大写将"人的才能"(human faculty)化约为一个普遍的优雅特质。正如同在艾迪生的例子里,它与 *Rules* 的概念有很大的关联,并且在其他地方与 Manners(礼节)有关——Manners 本身已经从描述一般的行为转移到 etiquette(规范、礼仪)的相关意涵。华兹华斯已经正确地观察到这点。小写的 taste 所具有的浓厚的主动意涵已经被大写的 Taste 的抽象化概念(具习惯性的、不明显的特质)取代。要了解大写的 Taste 与小写的 taste 之间的区别,我们只要想到它的相关词的用法就可以得知,例如 *touch* 与 *feel* 的引申及隐喻意涵;这两个词尚未被抽象化,没有大写的形式,也没有被条理化。Taste 与 Good Taste 这两个语汇已经远离了主动的身体意涵(active human sense),转为与某些习惯或规范的获得有关,因此华兹华斯的批判是适切的,尽管他的批判带有反讽的味道,且未能注意 taste 的实际词义演变。有趣的是,tasteful 这个词在相关方面已经与下述(通常是琐碎的)意涵——"遵从外在的习惯"——妥协。但是,tasteless 这个词整体来说已经跟大写的 Taste 分离开来,并且具有较古老的与广泛的

feel、*touch* 与 understanding 的意涵（虽然不很明显），通常是用在道德而不是美学方面。

值得注意的是，taste 的概念不能够与 Consumer（消费者，参见本书）分开来谈。这两个概念在现代已经结合在一起。我们对 Art（艺术，参见本书）与 Literature（文学，参见本书）的反应，一直深受以下这种假说的影响：viewer（电视观众）、spectator（观众）或 reader（读者）都是一种 *consumer*（消费者），因为他们都运用与展现其鉴赏力（taste）。一些与食物直接有关的常用相关语汇——*feast*（盛宴）、*on the menu*（菜单上）、*goodies*（糖果、蜜饯）——一直支持这种假说。

参见 Aesthetic, Consumer, Criticism, Sensibility

Technology(工艺、技术)

　　Technology 从 17 世纪起,指的是对技艺(arts,参较 Art)做有系统研究的描述,或者描述某一种特殊技艺。其最接近的词源为希腊文 *tekhnologia*、现代拉丁文 *technologia*——意指有系统的处理。其词根为希腊文 *tekhne*——指一种技艺或工艺。在 18 世纪初期,technology 基本的定义就是"对于技艺的描述,尤其是对机械的器械(the Mechanical,1706,参较 Mechanical)"的描述。Technology 专指"实用技艺"(practical arts)主要是在 19 世纪中叶;这个时期也是一种technologist(工艺、技术专家)的时期。Science(科学,参见本书)与 scientist(科学家)这两个词开启了我们所熟悉的现代区分:知识(科学)与其实际的"应用事物"(工艺、技术)在特定领域里的划分。这导致区别 technical(描述实际建造的事物)与 technological(通常具有与 technical 同样的意涵,但它保留了"有系统的处理"之意——源自于 *logy* 这个词根)两者之间差异的困难。实际上,我们可以对下述两个名词做更进一步的区分:technique 指的是一个特殊的技术或方法,technology 指的是这种技术或方法的体系。于是，technological 被用来表示所有重要的生产体系，有别于特殊的"应用事物"。

  Technocrat（技术专家、官员）现在是一个普遍通用的词，虽然 technocracy（技术官僚领导）从 1920 年起，是一个较专门的政府（由在技术方面有专才的人所组成）政策；在 20 世纪 20 至 30 年代的美国，这种措辞通常具有反资本主义的精神。Technocrat 的用法现在比较局限在经济与工业的管理方面；它与 bureaucrat（官僚，参较 Bureaucracy）的用法有部分重叠。

参见 Art，Mechanical，Science

Theory(理论、学理、原理)

Theory 有一个有趣的词义演变与意义范围,而且它与 practice(实践)有明显的区别(后来演变为对立状态)。其最早的英文形式就是 *theorique*(14 世纪),后来是 *theory*(16 世纪)。最接近的词源为后期拉丁文 *theoria*、希腊文 *theoria*——意指沉思、景象、心里的想法(源自希腊文 *theoros*——意指观众,可追溯的最早词源为希腊文 *thea*,参较 *theatre*)。在 17 世纪它的意涵很广泛:(i)景象(spectacle):a Theory or Sight(一个景象,1605);(ii)冥想中所浮现的景象(contemplated sight):"当我想到一个骷髅头,脑海浮现出真正的死亡景象(true theory of death)"(布朗〔Browne〕,1643)、"所有他们冥想中所浮现的景象(all their theory and contemplation)——他们认为这些就是科学——只不过是清醒者的梦想,以及患者的幻想"(哈维〔Harvey〕,1653);(iii)(思想的)体系:"在这个教会里实行他们自己的(思想的)体系(Theorie)"(胡克〔Hooker〕,1597);(iv)用以解释的体系(explanatory scheme):"将这些学说(theories)留给那一些研究流星的人"(1638)。在 17 世纪 theory 与 practice 有很大的区分,在培根的文献中可以发现(1626):"哲学……分为纯理论的(speculative)与实践的(practical)这两部分"(1657);"只有在理论(Theory)方面是令人满意的,而不是在实践(Practice)方面"(1664);"没有实践的理论(Theorie without Practice)效用不大"(1692)。Theoretical(理论的、假设的)这个词从 17 世纪中叶被用来表达对(具有上述这些意涵的)theory 的一种关注,虽然其常用的意涵——指的是 hypothetical(假设的、假说的),且通常具有贬义——似乎是出现在 19 世纪初期以后。

有趣的是,在 theory 与 *speculation*(思索、推测)、theoretic(al)与 *speculative*(思索的、推测的)两组词里,均可以相互替代,它们具有同样的词根意涵。在我们这个时代,theory 与 *speculation* 有明显的区别;theoretical 的其中一个用法甚至与 speculative 的相关意涵(指的是 18 世纪以来的商业意涵——"投机的")有非常明显的不同。这种区别根据的是 theory 重大的词义演变,基本上是源自于它的(iv)意涵——实际上是指"对实践提出解释的一种思想体系"(a scheme of ideas which explains practice)。对于"体系"(scheme)的意涵仍须加以限制、说明:"如果一个理论(theory)公诸于世而无人反对的话,它必定不再只是一种理论(theory),而将成为一种规律(law)"(1850)。但是具有这种重要意涵的理论(theory)总是与实践(*practice*)有密切的关系:所做的、所观察的事物与对于这些事物(有系统的)解释两方面间的一种互动关系。这必然使 theory 与 *practice* 产生了区分,但并不见得会使它们彼此的意涵产生对立的关系。同时,很明显的是,

(ii)意涵与(iii)意涵至今仍常被使用,并且 theory/practice 的关系——在(iv)意涵里,这种关系具有中性的或正面的意涵——受到(ii)意涵与(iii)意涵的影响很大,有时候会令人困惑。在(ii)意涵里,现在比较明显的常用词是 speculation(思索、沉思、推测):这个词指的是脑海中所投射出的概念,不一定具有"实践"(practice)的意涵。在(iii)意涵里,相关的词就是 *doctrine*(主义、信条)或 Ideology(思想体系、意识形态),指的是一个大的观念体系,用来说明事物的特质为何。当然这些意涵彼此相互影响:(ii)意涵可能导致(iii)、(iv)意涵的产生(尤其是后者);在某一些人文科学的领域(有别于自然科学)里,(iii)意涵与(iv)意涵经常是密不可分的,因为"实践"(*practice*)这个词本身充满复杂性,不易厘清。*Practice* 的其中一个意涵指的是一件所做的(与所观察到的)特殊事物;这种特殊的事物与 theory 的(iv)意涵有直接的关系。*Practice* 有一个意涵是指一个重复的或习惯性的动作(参较 *practice* 的动词用法),在这个意涵里,theory/practice 的关系通常是一种对比:指一种做事的方式与另外一种做事的方式的对比;the theoretical 指的是所提议的事物,而 the practical 指的是现在经常在做的事情。重要的是,我们必须去区别这种关系与(iv)意涵里的关系的不同;这种关系经常使(iv)意涵令人困惑。同样重要的是,我们必须去区别这种关系与(ii)意涵里较不明显的关系二者之间的差异。在(ii)意涵里,"清醒者的梦想,以及患者的幻想"这一句话可以被拿来与"实践"(*practice*)这个词形成强力对比(虽然忽略了〔ii〕意涵里的明显关系——〔ii〕意涵与〔iii〕意涵部分重叠——是不利的,参较 Idealism)。另外值得注意的是,theory

的(iv)意涵——指对实践(practice)做有系统的解释,并且与实践保持规律与密切的关系——可能带有偏见。当 practice 开始很常见并且成为一种习惯时,这种意涵的 practice 很明显就可以视为 theory(iii)意涵与(iv)意涵的基础;theory 于是就变成一个贬义词,其原因为它对某一些习惯性的动作提出解释,并且(有意无意地)质疑这些动作。

Praxis 这个词现在一直被用在特别的意义脉络里,与 theory 的(iv)意涵有关:它与 practice 维持着一种新的关系。就自然科学而言,theory(iv)意涵很简单:指的是"解释"与"事件"——在特定的状况下所发生(或被迫发生)的事件——二者间的密切互动关系。Praxis 其最接近的词源为中古拉丁文 *praxis*、希腊文 *praxis*——意指实践(practice)与行动;它从16世纪末起,被用在英文里,用来表达对一种技艺或概念的实践或执行、一组实践的范例,以及所接受的惯例、习俗;在这些意涵里,没有一个是与"实践"(practice)的意涵脱离的(虽然"实践体系"〔scheme for practice〕的概念很明显强调 praxis 与 theory/practice 的对比无关):praxis 指的是将所了解的一套技艺做有系统的执行,但在英文的词义演变里,这种意涵并不是主流的。迟至1800年,柯勒律治使用了较广泛的意涵:"虚假的 theory,有害的 *praxis*。"现代的专门意涵是从1840年德文的词义演变而来(其根源是晚期的黑格尔思想,尤其是马克思思想);在这个意涵里,*praxis* 指的是"具有 theory 精神的 *practice*",同时也指(虽然较不明显)"具有 practice 精神的 theory"。这种意涵有别于"不具有 theory 精神(或与 theory 无关)的 practice",也有别于"无法用 practice 检验的 theory"(纯粹只是 theory 而已)。实际上,

praxis 这个词结合了 theory(ⅲ)与(ⅳ)之意涵,具有"实用的"(practical)——但并不是常见的或习惯的——活动之意涵:*practice* 被视为是一种 action(行动)。Praxis 的词义后来被扩大,用来指涉"一完整类型的活动";在这种类型的活动里,通过分析(也仅仅只能经由分析),theoretical(理论的)要素与 practical(实用的)要素才能被区隔开来。Praxis 就是指这类整体的活动,而且应该被如是看待。Theory 与 *practice* 二者间的区别或对比是可以被超越的。这种观点可以从各种形式的语汇看出,例如 informed and conscious practice(具有明显理论色彩的实践)与 theoretical practice(理论性的实践);后者主要的意涵被归类为 theoretical,也就是现代批评家所称的 theoreticist。

参见 Doctrinaire, Empirical, Ideology, Rational, Structural

Tradition（传统、常规）

Tradition 这个词就其现代普遍的意涵而言，特别复杂难解。它在 14 世纪出现在英文里，最接近的词源为古法文 *tradicion*、拉丁文 *traditionem*。可追溯的最早词源为拉丁文 *tradere*——意指交出、递送。*Tradere* 是一个名词，具有下述意涵：(i) 递送、交付；(ii) 传递知识；(iii) 传达学说、教义；(iv) 让与（surrender）或背叛（betrayal）。(i) 的普遍意涵于 16 世纪在英文里出现。(iv) 意涵，尤其是"背叛"，从 15 世纪末到 17 世纪中叶出现在英文里。但其主要的词义演变偏重在 (ii) 与 (iii) 意涵。威克里夫（Wyclif）在 1380 年写道："他们自己发明的明确的法律或学说"（a positive lawe or a tradycion that thai han hem silfe made）。这句话具有主动的意涵，但是在 15 世纪有一个较被动的意涵，出现在这个典型的例子里："唯一真实的教义"（the trewe tradicion）。上述这些意涵现在仍然很重要。以下的文献记载呈现出 tradition 的一个意涵："老歌经由传承（tradition），由祖先流传下来"（1591）；此处的 tradition 是指一个主动的、口头的传递。另外同样的意涵也出现在"表达或传递我们的知识给他人……我将会用 Tradition 或 Deliverie 这种常用的词汇来表示"(培根,1605)。但还有另外一个明显不同的意涵:"你以后还要嘲弄一个古老的传统(Tradition)吗?当初只是为了尊敬的因素。"(《亨利五世》,V,I)或:

> 抛弃敬意(Respect)、传统(Tradition)、形式(Forme)以及形式上的责任(Duties)……(《理查二世》,III,ii)

从上述的例子,我们很容易可以了解到,一个意指代代相传的事物的词汇,是如何在某一种思想脉络里被用来专指必要的"敬意"与"责任"。Tradition 现在被用来描述"传承的一般过程",然而它有一个非常明显(通常是主流)的意涵——包含了上述这种必要的"敬意"与"责任"。当我们检视任何一种 tradition(传承、传统)的详细过程,当我们了解 traditions(此处 traditions 为"真正的复数"名词,有别于"复数型的单数"名词,例如 values 以及 Standards——参见本书)是复数名词,以及当我们了解只有其中一部分的"传统"可以受到"尊敬"并且被视为"责任"时,我们才会了解 Tradition 的用法是如何的复杂难解——在抽象的、劝戒的或是(经常)实证的意涵等方面。

对特殊"传统"做研究的人,有时候可以观察到:要使任何一件事情变成 traditional(传统的、惯例的),只需要两个世代的时间:这是很自然的,因为 tradition 的意涵就是指"在进展中的过程"(active process)。但是 tradition 的词义始终倾向下述几方面的解释:"年代久远"(age-old)的事物,以及

"礼仪""责任"与"敬意"。如果我们仅考虑到有多少的 tradition 可以流传下来给我们,以及它有多少不同的面貌,那么我们就可以了解其所包含的"让与"(surrender)与"背叛"(betrayal)意涵。

另一方面,尤其是在"现代化理论"(*modernization theory*)里,tradition 尤其是 traditional 通常被视为贬义词,具有负面意涵并且缺乏特殊性。实际上 traditionalism(传统主义)似乎是用来专指妨碍任何改革的习惯或信念,而 traditionalist 几乎是个贬义词。

参见 Literature, Modern, Standards

Unconscious（无意识、未知觉的）

Conscious 于 17 世纪初在英文里出现，最接近的词源为拉丁文 *conscius*。可追溯的最早词源为拉丁文 *con* 与 *scire*；*con* 意指"一起""共同"，*scire* 意指"知道、了解"。其最早的英文词义，我们现在不是很熟悉：(i) 意涵难以界定，它与万物有灵论(animism)有关。在这种理论里，没有生命的事物被描述为可以察觉(aware)人类的行动："于是，对于这些丛林以及这些有知觉的(conscious)小树林"（德纳姆〔Denham〕，1643），"对于这些有意识的(conscious)石头，我们两个朝圣者同样也被它们察觉"（爱默生论巨石阵〔Stonehenge〕，1856）；(ii) 正如同其词根之意涵，指的是与其他人一起了解(knowing)某事物（参较 *conscience*，虽然这个词已经明显地转向个人方面的意涵——Private，参见本书）："当两个或是更多的人知道(know)一件同样的事实时，就可以说他们同样对它有知觉。"（霍布斯，1651）这个词具有普遍的"察觉、知觉"(awareness)之意，具有下述四种特别意涵：

(iii)自我察觉(selfaware):"意识到(conscious)自我,了解到自己的最大弱点"(厄舍尔〔Ussher〕,1620);(iv)主动地意识到、认识到:"感受到快乐或悲哀,却又没有意识到(without being conscious);对我而言,这似乎是矛盾的,而且是不可能的"(洛克,1690);(v)自我意识(selfconscious),具有自满与省思的意涵:"对于他们的脸部太过注重(too conscious)"(蒲伯,1714),有"意识的痴笑"(蒲伯,1728);(vi)有生气的、清醒的:"他最后终于清醒了"(利顿〔Lytton〕,1841);(vii)另外更进一步的意涵是用来描述一种类型的人所具有的特质,例如"有思想的"(thinking)或"理性的"(rational):"有思想的或自觉的人"(thinking or conscious beings)(瓦茨〔Watts〕,1725)。Consciousness 这个名词从 17 世纪中叶以后开始使用,其意涵是由(ii)、(iii)、(iv)意涵引申而来;从 19 世纪中叶起,其意涵由(vi)意涵引申而来。也有一个新的意涵出现于 19 世纪中叶,是由(ii)意涵间接演变而来。Consciousness 被视为一个词,用来表示一个群体的共同意识:"国家意识"(national consciousness)、"阶级意识"(class consciousness)。

在我们对 unconscious(潜意识)这个普遍的词了解之前,有必要先去了解 conscious 所包含的词义范围。Unconscious 出现在 18 世纪初期的文献里。在布莱克默(Blackmore)的一段文字中——"在潜意识(unconscious)的状态里,我没有感受到这些动作",unconscious 很显然指的是与(vi)相反的意涵。这种意涵也许可以适用在约翰逊的这段文字里(虽然意义稍有延伸):"也许是在潜意识下所表达出来的一种敬意"(a kind of respect perhaps unconsciously paid,1779)。布莱克默在 1712 年所写的双行诗里有关 unconscious 的意涵是

较复杂难解的:

> "不可知"(Unconscious)的动力仅赋予
> 他们最高的技能,展现他们最大的力量

Unconscious 似乎暗示着"未知"(not known),其意涵几近于后来所指的"不可知的"(not knowable),而不是指纯粹的"没有察觉到"(not aware)。柯勒律治所举的两个用法,呈现出这个词具有某些难以理解之处。第一个例子:"被迫产生的、不知不觉流露出的同情心(forced, unconscious sympathy)"(《克丽斯托贝尔》〔Christabel〕)。unconscious 在引文里被认定具有"unaware"的普遍意涵,也就是与(iv)相反,但它与 forced 并用时,这种用法似乎带出后来的意涵。第二个例子:"意识(the conscious)明显地铭刻在潜意识(the unconscious)里,出现在其中"(1817)。这也许是"the unconscious"首度出现的用法,它似乎暗示着有两个普遍的类别——conscious 与 unconscious——虽然前者显然具有优势,而且在这个例子里,后者的产生源自于前者。conscious 与 unconscious 的身体意涵出现在 19 世纪。在特定的用法里——"他被击倒,不省人事(unconscious)"——它们的意涵并不难理解,但是在 19 世纪心理学的发展里,对于若干暧昧不明的状况有越来越多的关注——身体(physical)的意识状况与心理的(Psychological,参见本书)意识状况是很难区分的;参较"睡眠、昏厥、昏睡、癫痫以及其他的'无意识'状态"(威廉·詹姆斯,1890)。另外一种重要的状态就是催眠。对于这些状态一直存有非常不同和有争议的解释;conscious 与 unconscious 在这些解释里面变成意义多变的关键词。此外,在一般意识(consciousness)状态下,许多身体的动作被定义为潜意识的(unconscious),具有新的意涵——被定义为"不需要意识的产生或控制",或被定义为"无法促使意识的产生或控制",正如同某一些基本的身体反应一样。我们不难将这一种专门意涵归属在(vi)意涵与其相反意涵。

比较难解但却最为广泛的用法,出现在弗洛伊德的著作里。其中 unconscious 有三种过程要素:(a)被(有意识的)知觉强力地压抑;(b)能够转化为意识的(变成知觉与反射)——仅仅通过特别的技巧,例如催眠与心理分析等;(c)是在不自觉的控制下——正如上述提到的新的身体反应状态,但并不只局限于身体的原因。这些定义引起了很大的争辩,而且很难厘清。这种争辩影响了这个词的意涵。可以这么说,原先的定义暗示着"无意识"(unconscious)的前身就是"意识"(conscious),并且暗示着 unconscious 的意涵——指的就是 unknowable(不可知的)——被用来专指与个人有关的状态;无意识(the unconscious)可以通过特别的技巧变成意识(conscious)。尤其是当这些词义由原本指涉一般的过程转而指涉一般的状态时,这些相关的意涵便显得复杂难解。原先的概念(认为某些事物可以被转化为潜意识的概念)现在已经被一种假说所取代——关于一个原始自主的、潜意识的心灵(mind)或存有(being)之假说。在容格(Jung)的"集体无意识"假说里(the collective unconscious),这种看法尤其正确。根据容格的说法,这种"集体无意识"是一种人类的普遍特质,先于意识的发展(在时间与重要性方面),但这种假说也可适用于较为普遍的用法;根据这种用法,无意识(the unconscious)——并不是指身体方面的意涵(原始的与"不自觉的"肢体动作的过程),而是指"产生基本的情感与观念"——不仅被视为比有意识(conscious)的心理与情感活动更具活力,而且是意识活动的真正(假如被隐藏起来)来源。这明显是唯心论(Idealism,参见本书)的一种形式。

在各派理论影响下,各种意涵间的重叠与混淆始终无法避免。有些动机与偏好是某个人先前没有意识到(conscious;iv 意涵)或是现在仍然无法意识到(unconscious;与 iv 意涵相反)。Unconscious 的最普遍意涵即是立基于这个层面:持续不断地察觉(意识)到上述这些没有(或无法)意识到的动机与偏好。我们不清楚这是否暗示着"无意识"或"无意识的心灵"(the unconscious mind)这种假说的存在。

323 实际上在语言结构里我们很难区别下述三者的不同:(1)将这类经验普遍化(generalization)——通常是指由 unconscious 转变为 conscious 的经验,然而却暗示着有一部分的经验是无法转化的。(2)将这类经验抽象化(abstraction),于是我们有 conscious 与 unconscious 两种类别的区分;(3)将这类经验物化(reification),于是意识(的心灵)与无意识(的心灵)被视为物质的实体,或者是两种不同的形式(具有不明确的结构甚至是社会性的结构)。虽然这三种过程明显不同,自成一体,但有时候过程(1)与过程(2)是发展到过程(3)的通道。

Unconscious 与 subconscious(下意识的、潜意识的)之间的关系,也有不明确的地方。Subconscious 于 19 世纪中叶出现在英文里(也许最先是出现在德昆西的作品里)。*Sub* 这个词首包含了 under 或 below(在……下面)之意,让 subconscious 与 unconscious 的后期用法相吻合,然而此词首包含了"不完美"(imperfectly)、"不完整"(incomplete)的意涵;这两种意涵使得 subconscious 与 unconscious 的许多用法相吻合——在这些用法里,unconscious 可以允许无意识与意识间的转换。在 20 世纪 20 年代弗洛伊德学说的普遍用法以及后来的常用用法里,subconscious 与 unconscious 被视为彼此可以替换。但有一个学派反对这种用法,认定 sub 这个词首只包含"不完美"(imperfectly)之意,并不具有"不完整"(incomplete)意涵,因此该学派抗拒无意识与意识间的"正常"转换之概念;其所坚持的是"一个完整的潜意识领域",认为转换是不可能的,除非通过特别的方法。于是,subconscious 被视为一种普遍的误解。尽管如此,subconscious 与 unconscious 仍然具有共通的意涵,因为它们具有"潜"(below)意识之意,而且似乎许多人从经验的体会中接受了 unconscious 的(1)意涵,并且发现 subconscious(尤其具有一些或许多的"正常"转换)足以解释这个现象。"我初始并未意识到(conscious 的 iv 意涵)我做那件事情的动机,但从那时起,我意识到(conscious 的 iv 意涵)我的真正动机。"在这句话里,我们不清楚是否可以这么说,"我当时没有意识到"就是指"它也许是 subconscious",或者是否暗示着一个当时"不可知"的领域(这个领域在许多的学说里似乎需要用更强烈的字眼来描述——unconscious);因为某一些明显的特别原因(这些原因有别于 the unconscious 的假说;在这个假说里,这些原因很自然地存在),使得"不可知"的意涵有别于"未知的"或"未能理解的"。简而言之,unconscious 与 subconscious

间的不确定关系,仿佛重演了 unconscious 这个词本身的不确定意涵。

Unconscious 在 20 世纪的专门用法导致了另外一个否定词"not conscious"广受欢迎。Conscious 的意涵始终是(iii),在普遍的用法里,是指意涵(v),在某些意义脉络里是指意涵(vi)。

参见 Psychological

Underprivileged(所享权益较少的、社会地位低下的、下层社会的)

　　Underprivileged 似乎是近代才开始使用,虽然它现在经常出现在与社会、政治有关的文献里。这个词相当有趣,因为它的主要意涵是由 *privilege*(特权、特别优待,参较 Private)演变而来。事实上,privilege 的最早意涵是指影响个人权益的法律条款,因而它指的是个人的或特别的权利。如果一个人缺乏这种权利,就可以被称为 underprivileged。然而,*privileged* 带有明显的现代的社会、政治意涵,这几乎不是 underprivileged 词义演变所循的轨迹。Underprivileged 可以被视为一个常用的委婉语,用来表示"贫穷的"(poor)或"受压迫的"(oppressed)之意。但是在一个混淆的——有时候是不带偏见的,有时候是错误的——意义脉络里,将"特权、特别优待"(*privilege*)看成是一种"正常的"状况,有时候会使事物复杂化。参较下面这段引人好奇的文字声明:"我们现在通通(或几乎)是中产阶级。"社会经济地位低下(underprivileged)的人于是被看成是一个"特例";underprivileged 被用来描述那些低于所认定的"正常的"社会生活水平。有关"正常"的认定于是变成问题。*Privilege* 在词义上有其持续性,带有"非常特别的、正面的社会优势"之意;这种意涵是社会经济地位低下的人想要模糊与破除的。

  Under-这个词首的词义与上述情况有很大的关系。参较 *underdeveloped*(低度发展的);在这个词的背后隐含着一种意识形态的假说,认定有一种"正常的"发展(Development,参见本书)的存在。"Sympathy for the underdog"(同情竞争失败者)这个有趣的用语,是用来表达人道主义甚至社会主义的情感。这个例子里的 *underdog* 具有一个类似的用法,从 19 世纪末开始经常被使用。它既包含了对于某一社会制度的受害者的同情,又包含了一个信念或者没有被注意到的假说——认定这种制度将会永远存在。

参见 Class, Development, Private

Unemployment(失业、失业状态)

关于 unemployment(失业、失业状态)的词义演变史,一直都有一些争议,因为扬格(G. M. Young)曾经说过:"unemployment 是超越任何早期维多利亚改革者所能掌控的概念,主要是因为这些改革者找不到任何适当的词来描述失业的状态……我并没有在 19 世纪 60 年代之前的文献中注意到这个词。"(《维多利亚时代的英格兰》〔*Victorian England*〕,27,1936)E. P. 汤普逊对这个观点提出质疑:"*unemployed*(失业的)、*the unemployed*(失业者)以及较不常用的 *unemployment*(失业、失业状态)通通可以在 19 世纪 20 及 30 年代的工会文献,以及激进的或欧文(Owen)信徒的文献里找到:我们必须从另一种角度来解释'早期维多利亚改革者'避而不谈的现象。"(《英国工人阶级的形成》,776n,1963)

的确,汤普逊所言为真,然而 unemployment 的词义演变是复杂难解的。Unemployed 这个形容词出现的时间较早。从 16 世纪以来,它被用来描述某种未被利用的东西,但从 17

世纪起可以用在对人的描述,例如弥尔顿的"闲来无事地漫游,无所事事"(rove idle unimploid,1667);此处的 unimploid 指的是"无所事事",而不是"失业"。1667 年的一个例子中,明显具有现代的意涵:"在英国与威尔士,十万穷人失业(unemployed)。"所引申出来的"失业"意涵是很重要的,因为它代表了生产力的专门化——受雇于人的、支薪的职业(employ,参较 Work,Job,Labour)。这一直是在资本主义演变的过程里,有关"生产"与"工资劳工"(wage-labour)的重要部分。在其他相关的词汇里,仍然可以看到这种资本主义演变的过程。一方面,industry(参见本书)从"勤勉"之普遍意涵演变为具有现代意涵的生产机制——"工业"。另一方面,unemployed 与 idle 演变为现代意涵,指的是"没有支薪的工作"或是"有职位而没有工作"(idle 原先的含义较广;它源自于古英文,意指"空闲的"与"无用的")。Employ 是从其普遍的意涵——"专注于事物"(1584)——演变为"定期支薪的工作";例如 publik employ(公职,1709)与 in their employ(在他们的职业里,1832)。在培根的文献里也有记载:"Secretaries and Employd Men"(秘书以及支薪人员,1625)。从 18 世纪起,employer(原先通常拼写成 imployer)具有现代的意涵——"雇主、雇用者"。Employé 及美式的 employee 在 19 世纪时跟着出现。从 17 世纪开始,employ 成为一个表示状况的名词。18 世纪后,employ 被当成一个抽象语词。在 18 世纪末与 19 世纪初,employ 与 unemploy 这两个词具有普遍与抽象的社会意涵,是一种描述状况的名词——现在分别被具有同样意涵的 employment 与 unemployment 所取代。在 18 世纪末之前,这些相关的重要词汇皆已出现,而且被广泛使用。从 19 世纪初,这些词汇都被用来表达社会的某种状况,可从中看出新的社会问题。

Employ 最接近的词源为法文 *employer*,是源自于拉丁文 *implicari* 的被动语态——意指"被卷入或附着于"。可追溯的最早词源为拉丁文 *implicare*,意指"包住"(enfold)、"包含"(involve)——imply 也是源自于这个拉丁文。Employ 的早期意涵指的是"将某事用于某种目的"(15 世纪),或是"某人专注于某种目标"(16 世纪);这两种意涵都很常见。在"工资劳工"(wage-labour)的历史里,正如我们所见,其意涵就变成"支薪的工作"。这个词与 *idle* 的互动尤其有趣。从 1450 年起,*idle* 的广泛意涵可以在文献中找到:

> 专心一致与仔细思考
> 如此投入,绝不怠惰(ydel)

然而,在从 1530—1531 年的一个法案里,我们可以找到例子来说明:"逮捕流浪汉与无所事事的(ydel)人。"这种意涵一直持续使用,但在 1764 年伯恩(Burn)提到:"他们无所事事(idle),因为没有他们能够做的事"——这句话就是 unemployment(失业)的现代意涵。显然,unemployment 的现代意涵(从 18 世纪末起)是从它与 *idle* 的紧密关系中分离开来;unemployment 所描述的是一种社会情况,而不是个人的状态——懒散、怠惰(*idleness*)。这种必要的区分一直遭到某种意识形态的抗拒,这也就是汤普逊批评扬格的原因。这种抗拒现在仍然经常出现,在新闻报道的遣词用字里尤其可见:*idle* 被用来描述工人的被解雇、停工与罢工等状态。这个词明显具有道德意涵；在这个语境下，它必然蕴含意识形态的意图与作用。"Many thousands idle"（数以千计的人空闲着，无事可做）这句话是大家耳熟能详的。

Unemployable 的现代意涵是"不适合受雇的"，它是 19 世纪末期出现的。

我们补充对 *dole* 这个词做一些解释。这个名词可以用来表示 unemployment benefit（失业救济金）或 compensation（补偿金）。从 10 世纪起，*dole* 指的是"一部分"（源自古英文 *dal*）；14 世纪后，它也可以用来指涉赈济物或救济金。它并不具有现在的"失业救济金"意涵，然而在过去它的意涵似乎是如此。

参见 Capitalism, Labour, Work

Utilitarian(功利主义的、以实用为目的的)

Utilitarian 的词义非常复杂:它是用来描述一种被广为接受的特殊哲学体系,虽然这个哲学体系的正式名称通常并没有被提到。它也被用来描述特定种类的特质或利益——实用性的(*practical*)或物质(*material*)的。有许多人认为这两方面的意涵都是出自同一根源:亦即,这是一种特别的唯物主义(Materialist,参见本书)哲学的必然结果。就像 materialist(唯物主义者)一样,utilitarian(功利主义者)一直肯定自己学派的假说,又受其敌对派别极尽诋毁。这个词源自于 utility(实用、功利);utility 最接近的词源为拉丁文 *utilitas*,可追溯的最早词源为拉丁文 *uti*——意指"使用、利用"。Utility 后来被分离出来作为"检验任何事物的价值"之主要依据;这种观念源自于 18 世纪法国、英国的主要思潮。它是一个锐利的工具,用以对抗具有某种社会目的的假说——这种假说排除了大多数人(或者,就某种意义而言,所有人)的利益,例如从现存的社会阶级或是从一神论的角度来对价值做定义的假说。关于价值的检验是指某件事物对人是否"有用",特别是指(随着观念的发展)对多数人——"最大多数"——是否有用。Utilitarian 在英文里作为一个明显的描述用语,是由边沁(Jeremy Bentham)首先使用的。它是用来强调(1781)——以第一个字母大写的英文词——并指称"一种新信仰的提倡者"(1802)。一个行动"符合实用的原则(principle of utility),当该行动的倾向是增进大于降低这个社群的幸福时……""幸福"(happiness)是这个信仰体系的一个关键词;在穆勒的《功利主义》(*Utilitarianism*,1861)里可以看到:"幸福……是唯一可以被描述为一种目的的事情。""幸福"与"欢愉"(*pleasure*)这两个词经常互用;"欢愉"——尤其是"他人的欢愉"——后来经常引起嫌恶;它具有多样意涵,甚至被严肃的人认定是一个"轻浮的"词。在讨论价值的问题时,这是一个极度复杂难解的词。此外,在特别的"功利主义"体系里,*usefulness*(有用、有益)的狭义意涵局限于与个人方面有关的实用性。穆勒(John Stuart Mill)将其描述为仅仅可以用来"规范社会机制中的纯粹商业行为"。后来这种狭义的意涵变成主流,并且将"欢愉"与"幸福"限制在实用性的层面上。反讽的是,这种狭义的意涵成为科层制的(Bureaucratic,参见本书)、工业资本主义社会(Industrial Capitalist Society,参见本书)的工作哲学。

另外有一个意涵,虽然受到哲学发展的影响,但并没有直接的相关性。科尔曼(Coleman)在 1859 年写道:"关于这棵树的用途,从形象化的(*picturesque*)或浪漫的(*romantic*)层面,转移到实用的(*utilitarian*)层面。"科尔曼很正确地提到某种树的若干用途（uses）。然而，在此时期，use 的意涵局限在东西或商品的"生产"（production），所以"形象化的"或"浪漫的"（两者明显是艺术用语）层面被视为是其他的用途。可以这么说，人们不仅使用（use）树当作木材，同时也拿它来遮阴或观赏，但是 use——尽管本身明显具有"消耗"（consume）意涵——其意涵不只局限在这层意义范围里。Utilitarian 所强调的，就是将某一种类的活动与其他的种类分离开来。Art（艺术，参见本书）这个明显实用的词，被用来专指另一种不同类型的活动，以及不同种类的"幸福"或"愉悦"——沉思的（contemplative）或美学的（Aesthetic，参见本书）。利用某种东西来制造其他东西的习惯存在已久，就其目的而言可以区分为两类：一种是 art，另一种是 utility。

这种区分是根据资本主义的生产而来。在资本主义的生产里，所有东西都被转化为商品。这种转化发生在"这个挣钱的、功利主义的时代"（1839）。就某种意义而言，它是一种实质的改变。但是，功利主义就如唯物主义一样，遭致各种令人困惑的反对声浪。许多功利主义与唯物主义的反对者，利用这两种主义"看待世界的方式"（ways of seeing the world）——实际上这些方式已经被广为接受——的争议性，试图以某一个传统的社会阶级的观点或一神论的观点，来鼓吹从前残存的价值；在他们眼里这些残存价值比"最大多数人的最大幸福"更为重要。在这点上，他们很神奇地将 utility 在理论与实际方面的意涵局限于资本主义生产的范围；尤其是将"最大多数人的最大幸福"局限于"有组织的市场"（organized market）——带有

19世纪常用的抽象意涵——这个范围(被视为一种机制,用来规范此终极目标)。Utility,这个重要的语汇,在此意义脉络里,不但是一个"确认的"描述用语,也是一个贬义词。要完全肯定"最大多数人的最大幸福"的原则,有赖其他词汇的出现。

参见 Consumer, Welfare

Violence(暴力)

Violence 现在经常是一个复杂难解的词,因为它的主要意涵是指对身体的攻击,例如"robbery with violence"(暴力抢劫)。然而,violence 也被广泛用于一些不易定义的方面。如果我们将"攻击身体"视为(i)意涵,那么可以将使用"力气"(physical force)视为一个清楚且普遍的(ii)意涵,其中包含了在远距离"使用武器与炸弹",但我们必须说,这似乎只局限在"未经许可的"(unauthorized)用法,亦即"恐怖分子"(terrorist)的暴力,而不是军队的武力——在军队里,"武力"是被喜欢的,且大多数的作战行动与备战行为被描述为"防卫",或是包含了类似的相关意涵,例如"putting under restraint"(监禁)、"restoring order"(恢复秩序),以及"police violence"(警察暴力)。我们也可注意到一个与(i)、(ii)意涵明显不同,但较简单的(iii)意涵,例如"violence on television"(电视暴力);这个词可以包含"肢体暴力事件的报道"之意涵,但主要是指"对于这些肢体暴力事件做戏剧性的描述"。

试图区别(iv)意涵(将 violence 视为一种威胁)与(v)意

涵（将 violence 视为难以驾驭的行为）的不同，其困难性是很大的。（iv）的意涵很清楚（当威胁是属于肢体暴力时），但 violence 也常被使用于这种情况——当真正的威胁成为无法驾驭的行为时；这种现象就是所熟知的"学生暴力"，包含了（i）意涵与（ii）意涵。这个词所涉及的情感强度，是无法预知的。

上述词义的复杂性由来已久。Violence 最接近的词源为古法文 *violence*、拉丁文 *violentia*——指热烈（vehemence）、狂热（impetuosity）。可追溯的最早词源为拉丁文 *vis*——意指力、力量。从 13 世纪起，violence 具有"气力"的意涵。1303 年时，violence 被用来描述对神职人员的痛殴。在同一个时期，我们听到一个似乎很熟悉的论调，说这个世界处在一种状态：

污秽、堕落（Of filthe and of corrupcion）
暴力、压制（Of violence and oppression）

然而这种用法很有趣，因为它提醒我们 violence 可以有两种不同的含义。弥尔顿在论及查理一世（Charles I）时提到："一场对抗臣民的冗长战争；在这场战争里，比起承平时期的专横暴力（arbitrary violences），有过之无不及"（1649）。violence 与 *violation*（violation 指的是违反某种风俗或侵害某种尊严）二词之间一直有明显的互动关系。这也是 violence 词义复杂难解的一部分原因。然而，violent 在英文里的用法，就如同在拉丁文里一样，指的是"强烈、热烈"："你就听我说罢，她当初是如何热烈地爱摩尔人（with what violence she first lov'd the Moor)"(《奥赛罗》,II,I);"强烈的党派精神"(violence of party spirit,柯勒律治,1818)。在1696年里,有一个有趣的注解:"violence……在象征上,指的是人的情欲与企图,在无法驾驭、控制时。"就是这种意涵与"力气"的相互影响,造成(iv)意涵与(v)意涵复杂难解。有一种(vi)意涵——例如"爱得很热烈"(violently in love)——事实上从未被误解过。然而,假如有人说"国家使用了武力(force)"——此处指的是(i)与(ii)意涵,尤其是(iv)意涵;"威胁"被视为是违反了不论何时何地所制订的"法律与秩序"的结果——则有人定会认为violence并不适合用来描述这件事,不只是因为这种"武力"是经由"授权的"(authorized),而且因为它并非"无法驾驭的"(unruly)。至于什么是"无法驾驭的"或"不能控制的"可以存而不论。尽管violence的用法有所改变,在口语上,大声的或热烈的(甚至非常强烈与持续的)批评,一直被普遍描述为暴力(violent)。这种观点源自于"无法驾驭的"(unruly)之意而不是"力气"(physical force)。此外,下述两个步骤——指对现存某些机制的威胁,以及实际武力的威胁——有时候指向violence明显的(i)与(ii)意涵。

Violence显然是一个在早期就需要特别加以定义的词,假如从16世纪末以来,它的意涵一直未被扭曲(亦即,并没有"遭受到暴力"),violence的(vii)意涵指的就是"遭受到暴力"(to be done violence to)。

Wealth(财富、资源、大量)

Wealth 这个词也许与 health 类似,源自于相关词 well(副词)——最接近的词源为古英文 wel, well。另一方面,wealth 也源自 weal(名词)——最接近的词源为古英文 wela。Wealth 指的是幸福(happiness)与兴旺(prosperity),但是假如词义产生疑问,它可以专指其中的任何一个意涵。其现代意涵可以很明确地从下列文句中看出:

因为此处有足够的财富(welth inogh)可得
可以让我们永远富有。(1352)

但 wealth 较广泛的意涵很明显可以在 worldly welthe(世俗的财富,1340)这个用语中看到。"Nullus est felicior"(没有一个人更快乐)这句话在 1398 年被译为"没有一个人更富有"。在 1450 年出现了这一段文字:"没有你,我就没有快乐与财富(welthe)。"在 1452 年怀亚特(Wyatt)所写的文字里,可清楚地看到"幸福"的意涵:"因为每一种价值都是与某些幸福(welth)有关。"在 commonwealth 的词义演变为一个相关的特殊意涵(指一种社会制度)之前,这个词原本就具有"社会福祉"的普遍意涵(它源自于 common weal, commonweal 与 common wealth〔意指公益、公共福利〕)。在 1463 年,"for the welth of my soul"(为了我灵魂的福祉)这句话仍然是通顺的。

从 14 世纪起,也许到 15 世纪中叶止,wealthy 这个形容词具有较广泛的意涵;其专门意涵是指"国家财富"与"个人财富"。前者出现的时间似乎早于后者。从 16 世纪末起,wealth 有一个残存意涵,用以表示某种东西很充裕:wealth of saumon(有很多鲑鱼)、wealth of examples(有很多例子)。在 17 与 18 世纪,这个词的意涵不只与金钱、财产有较直接的关系,另外也有一个强烈的贬义意涵。从亚当·斯密(在他最知名的著作里,使用了 17 世纪的语汇——国富论)以来,政治经济学家试图将"个人财富"与"社会财富"区分开来。前者经常带有贬义,与财产有直接关联;后者带有生产之意,这两者是有所区别的:参较"一个拥有财富的人……暗示着'量'……一种财富的来源……量并没有被暗示……产品"(1821)。但整体而言,wealth 与 wealthy 带有"个人主义"与"拥有"的意涵,明显与钱有直接关联。其他的词,例如 resources(物力、财力)被用来表达其他的经济意涵。原先所指的"幸福"(happiness)与"福祉"(well-being)的一般意涵,已经消失且被遗忘了,所以罗斯金(《留给这个后来者》〔Unto this Last〕,iv 26)被迫另创新词来表达"不幸福"与"浪费"("浪费"这个词是在某些种类的生产之后才出现)之意。这些因素导致 wealth 的专门意涵及其反义词 illth 存在的必要性。*Illth* 可以让人回想起最初形成的原因,尽管现在读起来有些古怪。在 *illth* 这个词出现之前,就已有 *illfare*(参见 Welfare)的先例可循;*illfare* 是 welfare(福利、幸福)的反义词,其在 14 世纪与 17 世纪之间偶尔被使用,在 19 世纪与 20 世纪之间又短暂地被重新使用。

参见 Common,Welfare

Welfare(福利、幸福)

Welfare 是由中古英文 *wel* 与 *fare* 组成的词。前者具有我们所熟悉的 *well* 的现在意涵;后者主要是指"旅程"或"到达",但后来也意指"食物的供应"。Welfare 从 14 世纪起被普遍用来表示"幸福"或"兴旺"(参较 Wealth):"你的邻居的福祉(welfare)"(1303);"整个国家的繁荣或衰败(welfare or ilfare)"(1559)。另外有一个贬义,在文献里经常可见,指"欢乐、狂欢"(merrymaking):"如此的喧闹、狂欢(welfare)与安逸"(1470);"酒与狂欢(welfare)"(1577)。Welfare 的一个引申意涵,出现在 20 世纪初期,指的是福利事业,以提供照顾与供应食物为目标。在这种意涵下,大部分较古老的词(尤其是 Charity,参见本书),让人产生不当的联想,无法接受。于是下列语词陆续出现:welfare-manager(福利事业管理人,1904)、welfare policy(福利政策,1905)、welfare work(福利事业,1916)、welfare centers(福利中心,1917)。The Welfare State(福利国家)这个词汇出现在 1939 年,它有别于 The *Warfare State*(好战国家)。

参见 Charity, Utilitarian, Wealth

Western(西方的)

Western 与 the West(西方)在国际政治的用语里,现在有一些有趣的用法。在某一些例子里,western 这个词,目前已经失去了它的地理意涵,可以用于这方面的描述:"日本是一个西方的(Western)或西方类型(Western-type)的社会。"而且 the West(以下将会讨论)很明显具有各种不同的地理与社会的专门意涵。同时,我曾经见过一种用法,将德国马克思主义者描述为"东方的"(Eastern)意识形态。

将西方与东方视为一种地理与社会方面的对比,由来已久。这种对比其最早的形式来自欧洲罗马帝国的分裂:西罗马帝国与东罗马帝国(三世纪中叶)。在基督教会分裂为西方(Western)与东方(Eastern)后,有一个明显的文化对比持续存在(从 11 世纪中叶起)。这些存在于部分地区里的区分,后来被扩大引申:West 被定义为属于基督教、希腊罗马的文化。East 被定义为属于伊斯兰的文化,或者较常用的定义是指从地中海延伸到印度、中国的区域。因此从 16 与 17 世纪以来,西方(Western)世界与东方(Eastern, Oriental)世界是这样被界定的。在欧洲地理学的发展里,我们看到东方以这样的方式被界定:近东(地中海到美索不达米亚)、中东(波斯到锡兰)以及远东(印度到中国),这种定义显然是欧洲的观点。在第二次世界大战之前,英国军队的管辖,跨越了这一种旧的称呼,将近东并入中东,这就是我们现在普遍的说法。然而,在此同时,欧洲也试图将西方与东方做区分(West-East divisions),将斯拉夫民族视为东方人。在第一次世界大战中,有一个与上述不同但相关的用法出现:西方的强权国家(Western powers)英、法两国,与东方战线(Eastern front)的俄国,共同对抗德国。在第二次世界大战里,西方的同盟国(Western allies),包括美国在内,当然与他们的东方盟邦(Eastern ally)苏联站在一起。直到战后欧洲分裂以及这些盟邦彼此间发生冷战之后,西方(West)与东方(East)才具有当代的政治形构(political configurations);当然这些政治形构立基于某些明显的地理特征,以及某些较早的(但是相异的)文化结构。这种定义在本质上是将 Western 或 the West 的意涵延伸,用来指涉自由企业(free-enterprise)或资本主义(capitalist)的社会,尤其是它们的政治与经济盟邦(这有时候使得地理区分变得复杂);同时,这种定义也将 Eastern 的意涵扩大,用来指涉社会主义(socialist)的社会或共产主义(communist)的社会——虽然这种用法较不常用。(这种对马克思主义的描述显得奇怪;它开始于"西方的"欧洲,竟然被描述为"东方的"意识形态。)以地理作区分所产生的明显的困难(源自于持续增加的政治上的定义)有时候可以由这些用语看出,例如,"Western-style"(西方风格)或"Western-type"(西方类型)。

在经历这种复杂的演变之后，要如何界定"西方文明"（Western civilization），远比表面上所看到的还要困难得多。"西方文明"是18世纪，尤其是19世纪的一个重要概念。有趣的是，将其文化方面的用法（希腊罗马的或基督教的）挪用来作为一个当代的政治用法——"西方"（the West）——一直是件复杂的事，因为"东/西"的区分已被"南/北"的区分（贫穷/富有、非工业/工业、不发达的社会与经济/已发达的社会与经济）所取代。从某些角度来看，以"南/北"来描述这个世界是一个较有意义的区分。当然，以"南/北"做区分是源自于"东/西"在政治与经济形态上的对比，不过"南/北"的区分自有其地理方面的复杂性。

参见 Civilization, Development

Work(工作、事、劳动、产品、作用)

Work 是一个现代英文词,源自于一个古英文名词 *weorc*,以及古英文的一个动词 *wyrcàn*。Work 是我们最常用的词,意指"做某件事"以及"某件被做的事";它的应用意涵包含的范围很广。有趣的是,这个词现在常被用来专指固定支薪的工作。这并不是唯一的意涵,我们会很自然地想到在花园里工作(working)。然而,举个明显的例子,一位勤于持家育子的女士与"有工作的女士"(a woman who works)不同(亦即从事支薪的工作)。另一个例子是:"早期的人,就工作的定义而言,都不算是在工作(work)……在农业时代,真正的工作(real work)、稳定的工作(steady work)、为了生计的劳动(labour)开始存在了"(1962)。Work 的基本意涵(指活动、努力或成就)随着其所处的状态不断被修正——其所强调的重点往往不同,例如"稳定的"或"有时间性的"工作,或者是"为了工资或薪水"的工作:被雇用(being hired)。

Work 与 Labour 这两个词(劳动、劳工、工作,参见本书)

之间存在着一个有趣的关系。Labour 有一个很明显的中世纪意涵——指辛苦(pain)与辛劳(toil);work 出现的时间更早,其中一个意涵显然也有辛劳(toil)之意。Toil 源自于拉丁文,可追溯的最早词源的意涵是搅动(stirring)与压碎(crushing);14 世纪时,在 toil 这个词还未有"辛劳"意涵之前,它最初是以 trouble(麻烦、费事)及 turmoil(骚动)的同义词出现。Labour 与 toil 是比 work 还要复杂难解的词汇,但是从 13 世纪以来,手工工人被统称为 labourers;从 17 世纪以来,这种劳力的供应被统称为 labour。那时 work 所表达的"活动"意涵较为广泛:"呸!这种安静的生活,我想要工作(worke)。"(《亨利四世,上篇》〔Henry IV, Part 1〕,II, iv)但是从 14 世纪起,labourer 也可以称之为 worker(劳工、工人),从 17 世纪起,出现了源自古英文的 workman;同一群组的词 workingman(劳工、工人)也相继出现。最迟在 15 世纪,实际的劳工(workfolk)阶层在文献中被提到。从 18 世纪起,同一群组的词 workpeople(劳工们、工人们)也出现了。通常,在我们所拥有的文献里可以见到一种熟悉的语调:"你没法想象,在此地工作的劳工(work people)是一群骗人的畜生!"(1708)19 世纪初,利用了这些早期明显的阶级定义,working 的其中一个意涵被用来专门描述 working class(工人阶级、劳动阶级,参见 Class)。

Work 被用来专指"有支薪的工作"(参见 Unemployment——失业)是资本主义生产关系发展的结果。"就业"(in work)或"失业"(out of work)与某些掌控生产资料的人有决定性的关系。于是 Work 的意涵有一部分从"生产劳力"转移到"支配性的社会关系"(predominant social relationship）。只有在这一种意涵里，一个持家育子的女人才可以被说成是"没有在工作"（not working）；另一方面，work 这个词的用法很普遍，因而我们可以看到这种说法：一个人独立地做他真正的工作（his real work）；"his work"有时候是不同于"his job"（他的职业）。有意思的是，花在这些支薪的工作以外的时间被描述为"你自己的时间"（your own time）、"空闲的时间"（free time）、"假日"（holiday，这个古老的英文词原先指的是宗教节庆的日子）或是"闲暇时间"（leisure-time）——leisure 源自拉丁文 licere，意指"许可"；从 14 世纪起，指的是"机会"或"休闲时间"。有意思的是，work 的意涵现在可以用来专指"休闲活动"（leisure-time activities），这些活动通常需要付出很大的辛劳，然而它们不属于"支薪时间"（paid time）的"工作"（work）。

　　Job 这个词的演变也许更有意思，其词源并不是很清楚。在 14 世纪被用来表示"块、片"（lump, piece）；在 16 世纪被用来表示"一辆马车的载运量"（cartload）。在 1557 年，我们看到"certain Jobbes of woorke"（一些工作量）这种用法。这种明显表示"少量工作"之意涵，出现于 17 世纪；于是 jobbing（零工、散工）与 jobber（打零工的人）这两个词——此意涵我们现在仍在使用——可以用来描述一些零星的、少量的工作（jobs of work）。Job 的应用意涵非常有趣，从 18 世纪初以来，这个词在一些窃贼使用的黑话里可以见到。这种"盗窃"意涵现在仍然常见。从 17 世纪中叶以来，这个词转向"诡诈的勾当"，以及"堕落、腐败"的意涵；这种意涵在目前仍在使用的 jobbery（营私、舞弊、假公济私）可以看出。在 17 世纪，货品是由代理商与商人——他们并没有拥有这些货品，但是从其中赚取金钱——大量购买再"分售给零售商"（*jobbed*）。到了20世纪中叶，*job* 这个词有效地替代旧的语词：不只可以替代"手工的工作""生意往来"，而且也用来替代先前与"工作"有关的一些语词——*situation*,*position*,*post*,*appointment* 等等。这些词可能仍然正式地被使用，但实际上，几乎每一个人都用 job 来替代它们：从政府部门或者是外交部的工作——在这些地方，人们也有他们的生涯志业（Career，参见本书）——到与公车、大学、建筑场所有关的工作都是用 job 来表达。我们可以看到，*job* 这个原先被用来专指"少量的、零星的工作"的词——其残存的意涵在"*a price for the job*"（打零工的酬劳）里可以看到；从这个词的演变史来看，将建筑上"承揽转包工程"的人描述为"the lump"（建筑行业的临时工），也是很有意思的——现在已经成为一个普遍的词，用来表示"规律的、一般的工作"。当然我们会说"a regular job"（一个固定的工作），但是我们也可以区别"*a proper job*"（一个适当的工作）是不同于打零工的"*jobbing*"。"*jobs problem*"这个词汇指的是有关"固定支薪的工作"的问题。

追溯 *job* 这个词的演变是非常困难的。显然，这个词的现代意涵首先在美国发展出来。然而，它一直被用来描述工作量的多寡——从工作者的角度来看。在这个词的贬抑用法出现之前，"犯罪"与"堕落"甚至是这个词的基本意涵。Work 这个词仍然是非常重要的；在许多日常的用法里，它仅仅是指 *labour* 或是 *a job*。然而，work 的正面意涵，有一部分会随着不同的工作性质而减低。Works 这个复数型的名词仍然具有中性意涵，但是 a work 是比较具有正面意涵的。

Labour(其普遍的意涵指的是困难的、辛劳的工作)现在已经变成用来表示一种商品以及一个阶级的语词。Labour(劳工阶级)很明显被当成政治运动的一个名词,它被用来肯定"劳工的尊严"。所有的这些演变、发展彼此相互影响,至今有许多仍然是很重要的。但是,在这些演变的过程里,*job* 一直是一个重要的词——一个拼写简单、口语化、受欢迎的词,它包含了各种实用意涵:一个工作;得到报酬的活动;必须把握、改变或是去做的事情;一般的工作经验。

参考书目

A New English Dictionary on Historical Principles. Ed. J. A. H. Murray, H. Bradley, W. A. Craigie, C. T. Onions. Oxford, 1884 – 1928. Corrected re-issue, with Introduction, Supplement and Bibliography, 13 volumes. Oxford, 1933. Supplements A – G, H – N. Oxford, 1972 – .

The Oxford Dictionary of English Etymology. Ed. C. T. Onions, with G. W. S. Friedrichsen and R. W. Burchfield. Oxford, 1966.

A Dictionary of the English Language. By Samuel Johnson. 2 volumes. London, 1755.

Webster's Dictionary. Ed. W. A. Neilson. Springfield, 1934.

A Dictionary of Modern English Usage. By H. W. Fowler. Oxford, 1937.

The Cambridge Bibliography of English Literature. Ed. F. W. Bateson. 'Language': Vol. I, 24 – 48. *Supplement*, ed. G. Watson, 8 – 36. Cambridge, 1940; 1957.

A Dictionary of American English, Ed. Craigie and Hulbert. 4 volumes. Chicago, 1938.

Dictionnaire de la Langue Française. Ed. E. Littré. 7 volumes.

Paris, 1956.

A Dictionary of New English. Ed. C. L. Barnhart, S. Steinmetz, R. K. Barnhart. London, 1971.

Harper Dictionary of Contemporary Usage. Ed. Morris. New York, 1975.

Dictionary of the History of Ideas. Ed. P. P. Wiener. 4 volumes. New York, 1968 – 1973.

Barfield, O. *History in English Words.* 2nd edition. London, 1954.

Bréal, M. *Semantics: Studies in the Science of Meaning.* London, 1900.

Empson, W. *The Structure of Complex Words.* London, 1951.

Öhman, S. ' Theories of the Linguistic Field ' in *Word*, IX (123-134), 1953.

Spitzer, L. *Essays in Historical Semantics.* New York, 1948.

Stern, G. *Meaning and Change of Meaning with Special Reference to the English Language.* Göteberg, 1931.

Trier, J. *Der Deutsche Wortschatz im Sinnbezirk des Verstandes.* Heidelberg, 1931.

Ullman, S. *Principles of Semantics.* Glasgow, 1957.

Volosinov, V. N. *Marxism and the Philosophy of Language.* New York, 1973.

Anderson, P. ' The Antinomies of Antonio Gramsci ' in *New Left Review*, 100, 1976-1977.

Bell, D. 'Sociodicy' in *American Scholar*, XXXV, 4, 1966.

Bestor, A. E. 'The Evolution of the Socialist Vocabulary' in *Journal of the History of Ideas*, Vol. IX, 3 (259 – 302), 1948.

Bezanson, A. 'Early Use of the Term Industrial Revolution' in *Quarterly Journal of Economics*, Vol. XXXVI (343 – 349), 1922.

Briggs, A. 'The Language of "Class" in Early Nineteenth-Century England' in *Essays in Labour History*, ed. Briggs, A. and Saville, J. London, 1960.

Briggs, A. 'The Language of "Mass" and "Masses" in Nineteenth-century England' in *Ideology and the Labour Movement*, ed. Martin and Rubinstein. London, 1979.

Bury, J. B. *The Idea of Progress.* London, 1920.

Clark, G. N. *The Idea of the Industrial Revolution.* Glasgow, 1953.

Collingwood, R. G. *The Idea of Nature.* Oxford, 1945.

Danby, J. F. *Shakespeare's Doctrine of Nature.* London, 1949.

Debray, R. *Le Pouvoir Intellectuel en France.* Paris, 1979.

Eichner, H. '*Romantic*' and its Cognates: the European History of a Word. Toronto, 1972.

Erametsa, E. *A Study of the Word 'Sentimental' and of Other Linguistic Characteristics of the Eighteenth-century Sentimentalism in England.* Helsinki, 1951.

Febvre, L. 'Capitalisme et Capitaliste' in *Annales d'Histoire Sociale.* Paris, 1939.

Ferrara, F. *The Origin and Decline of the Concept of 'Litera-*

ture'. *Annali*, Istituto Universitario Orientale. Napoli, 1973.

Frankfurt Institute for Social Research. *Aspects of Sociology*. London, 1973.

Goldmann, L. *Towards a Sociology of the Novel*. London, 1975.

Hill, C. *Change and Continuity in Seventeenth-Century England*. London, 1974.

Kroeber, A. L. and Kluckhohn, C. *Culture: a Critical Review of Concepts and Definitions*. Papers of the Peabody Museum of American Archaeology and Ethnology, vol. 47. Harvard, 1952.

Lovejoy, A. O. *Essays in the History of Ideas*. Baltimore, 1948.

Lukes, S. *Individualism*. Oxford, 1973.

Mckeon, M. Review of *Keywords* in *Studies in Romanticism*, Vol. XVI, 1, 1977.

Naess, A., with Christophersen, J. A. and Kvalo, K. *Democracy, Ideology and Objectivity*. Oslo, 1956.

Nelson, B. 'Sciences and Civilizations, "East" and "West"' in *Boston Studies in the Philosophy of Science*, XI, 1974.

Panofsky, E. 'Artist, Scientist, Genius' in *The Renaissance: Six Essays*. New York, 1962.

Panofsky, E. 'The History of Art as a Humanistic Discipline' in *The Meaning of the Humanities*. Princeton, 1938.

Popper, K. R. *The Poverty of Historicism*. London, 1957.

Schacht, R. *Alienation*. London, 1971.

Seeman, M. 'On the Meaning of Alienation' in *American Sociological Review*, Vol. XXIV (6), 1959.

Skinner, Q. 'Language and Social Change' in *The State of the*

Language, ed. Michaels and Ricks. Berkeley-Los Angeles, 1980.

Suvin, D. ' "Utopian" and "Scientific" ' in *Minnesota Review*, NS6, 1976.

Wellek, R. *The Rise of English Literary History*. Chapel Hill, 1941.

Wellek, R. *Concepts of Criticism*. New Haven, 1963.

Willey, B. *The Eighteenth Century Background*. London, 1940.

Williams, R. 'Keywords' in *Politics and Letters*. London, 1979.